民营企业党组织建设与高质量发展

陈 东○著

图书在版编目(CIP)数据

民营企业党组织建设与高质量发展 / 陈东著. 合肥：安徽大学出版社，2025.1. -- ISBN 978-7-5664-2861-5

Ⅰ. D267.1

中国国家版本馆 CIP 数据核字第 2024PP2328 号

民营企业党组织建设与高质量发展

Minying Qiye Dangzuzhi Jianshe Yu Gaozhiliang Fazhan

陈东 著

出版发行：	北京师范大学出版集团 安 徽 大 学 出 版 社 (安徽省合肥市肥西路3号 邮编230039) www.bnupg.com www.ahupress.com.cn
印　　刷：	合肥远东印务有限责任公司
经　　销：	全国新华书店
开　　本：	710 mm×1010 mm　1/16
印　　张：	19.75
字　　数：	350 千字
版　　次：	2025 年 1 月第 1 版
印　　次：	2025 年 1 月第 1 次印刷
定　　价：	69.00 元

ISBN 978-7-5664-2861-5

策划编辑：李　君		装帧设计：李　军　孟献辉		
责任编辑：汪　君		美术编辑：李　军		
责任校对：陈宣阳		责任印制：陈　如　孟献辉		

版权所有　侵权必究

反盗版、侵权举报电话：0551—65106311
外埠邮购电话：0551—65107716
本书如有印装质量问题，请与印制管理部联系调换。
印制管理部电话：0551—65106311

国家社科基金后期资助项目
出版说明

后期资助项目是国家社科基金设立的一类重要项目,旨在鼓励广大社科研究者潜心治学,支持基础研究多出优秀成果。它是经过严格评审,从接近完成的科研成果中遴选立项的。为扩大后期资助项目的影响,更好地推动学术发展,促进成果转化,全国哲学社会科学工作办公室按照"统一设计、统一标识、统一版式、形成系列"的总体要求,组织出版国家社科基金后期资助项目成果。

全国哲学社会科学工作办公室

前　言

党的十九大报告指出,中国经济已由高速增长阶段转向高质量发展阶段。党的十九届六中全会通过的《中共中央关于党的百年奋斗重大成就和历史经验的决议》强调,必须实现创新成为第一动力、协调成为内生特点、绿色成为普遍形态、开放成为必由之路、共享成为根本目的的高质量发展,推动经济发展质量变革、效率变革、动力变革。党的二十大报告进一步指出,高质量发展是全面建设社会主义现代化国家的首要任务。当前,百年未有之大变局加速演进,外部环境复杂严峻,推动高质量发展是中国经济社会发展历史、实践和理论的统一,是开启全面建设社会主义现代化国家新征程、实现第二个百年奋斗目标的根本路径,是实现中华民族伟大复兴的必然选择。

《中共中央　国务院关于促进民营经济发展壮大的意见》指出,民营经济是推进中国式现代化的生力军,是高质量发展的重要基础,是推动中国全面建成社会主义现代化强国、实现第二个百年奋斗目标的重要力量。改革开放40多年来,民营经济从小到大、从弱到强,取得了长足进步,贡献了50％以上的税收,60％以上的国内生产总值,70％以上的技术创新成果,80％以上的城镇劳动就业,90％以上的企业数量,已占据全部经济的半壁江山,是改革开放以来最重要的增量改革。特别是2012年以来,民营企业发展步伐进一步加快,2012—2021年,中国民营企业数量从1085.7万户增长到4457.5万户,10年间翻了两番多。因此,新时代高质量发展的大局,离不开民营经济高质量发展。而作为市场主体的主要组成部分,民营企业只有顺应高质量发展大局,才能在时代大潮中找准定位,获得更大的发展空间。但也要清醒地认识到,当前民营企业在发展上还存在诸多不足,创新能力不强、投资动力不足、结构"脱实向虚"、社会责任意识有待提升等,都会在一定程度上影响高质量发展目标的实现。要改变这种状况,不仅需要外部政策的支持引导,还需要民营企业自我苦练内功,提高公司治理能力。其中,作为党的基层组织,企业党组织扮演着这一特殊而重要的角色。

党的领导是中国特色社会主义最本质特征和最大优势。这不仅体现在宏观上对经济工作的集中统一领导,还体现在党的基层组织战斗堡垒作用上,为实现党对经济社会全面有力的领导奠定扎实的组织基础。党的十九大报告强调加强基层组织建设,要求以提升组织力为重点,把基层党组织建设成为宣传党的主张、贯彻党的决定、领导基层治理、团结动员群众、推动改革发展的坚强战斗堡垒。党的基层组织包括在企业、农村、机关、学校、科研院所、街道社区、社会组织、人民解放军连队和其他基层单位成立的组织,其中,企业党组织建设排在第一位。近年来,随着对中国特色政治经济学研究的深入,民营企业党组织(包括基层党委、党总支和党支部)建设正逐渐受到重视,这缘于民营企业党组织覆盖率的大幅度提升。2018年6月,《中国共产党党内统计公报》显示,已建立党组织的非公有制企业达187.7万个,占非公有制企业总数的73.1%。2021年6月,《中国共产党党内统计公报》显示,全国企业基层党组织151.3万个,基本实现应建尽建。党组织嵌入民营企业,已从早期的积极推进"组织覆盖""有形覆盖"逐步转型到大力提升"工作覆盖""有效覆盖",民营企业的高质量发展,正越来越依靠党组织的嵌入性服务。2018年11月2日,习近平总书记在民营企业座谈会上发表重要讲话,强调"有的人说加强企业党建和工会工作是要对民营企业进行控制,等等。这些说法是完全错误的,不符合党的大政方针"。为此,立足本土化、彰显时代性、对党组织嵌入支持民营企业高质量发展这一现实命题进行思考和阐释,具有重要的理论价值和现实意义。

现代企业制度的核心是法人治理结构,通过设立股东会、董事会、监事会"新三会"治理组织,形成有效的内在运行机制,推动治理结构有序规范运作。但对中国这样的发展中大国来说,由于民营企业发展路径和股权结构的独特性,以及所处的体制、市场条件、发展阶段的不同,完全照搬西方现代企业制度难以达到最优治理状态,需要打造中国特色的现代企业制度。民营经济的快速发展,是在党的路线方针指引下取得的,民营企业的治理结构,也需要体现党的领导这一优势。为此,本书立足于中国当前的发展实际,构建分析框架,分析政府从外部推动民营企业党建,到企业从自身发展利益角度出发,主动引入党组织,以及党组织从政治指导功能到发展职能跨界,嵌入公司治理结构的机理,推动党建与高质量发展同频共振、互促互进,把党组织嵌入的工作优势转化为民营企业的发展优势,以实现党建强、发展强,实现由现代企业制度的"以资本为中心"到中国特色现代企业制度的"以人民为中心"的根本转变,丰富和发展公司治理理论。党组织嵌入作为一种思维、手段、模式,必将催生新一轮中国特色现代企业制度理论的变革,这对于巩固党执政的阶级基础、扩大党执政的群众基础意义重大,对于推动民营企业健康发展和民营企业家健康成长,同样意义重大。

本书的主体架构是按照"背景分析-影响机制-实证研究-对策建议"的基本逻辑展开。全书共分十章:第一章是导论,介绍了选题的背景,阐述了研究思路、研究内容、研究价值,存在的创新和不足,并梳理了国内外相关研究文献。第二章属于基础知识解读部分,对民营企业概念的界定、高质量发展的内涵进行阐述,对落实高质量发展的五大着力点进行剖析,对中国民营企业发展的历史阶段进行梳理,总结发展经验,对未来高质量发展进行展望,为本书的核心内容提供基本研究基础。第三章属于制度环境阐述部分,对民营企业党组织嵌入的宏观要求和微观机制进行分析。宏观方面,主要从国家法律法规和党的方针政策角度出发,阐述党组织嵌入民营企业是落实党的领导的必然性要求;微观方面,主要从大中型民营企业党组织的嵌入模式、小微民营企业党组织嵌入的作用发挥途径两方面来阐述。第四章属于数理模型构建部分,对于党组织嵌入,基于笔者的研究,目前尚未发现学界有基于严密逻辑推导的数理模型构建,本书对此进行了初步探索。基于新兴古典超边际模型构建了党组织嵌入模型,并进行了角点求解、角点均衡和一般均衡求解。该理论有别于传统西方新古典经济学最优决策只考虑经济个体的自我效用,而是从整体系统出发,考虑全部参与者的利益和效用,在均衡的情况下让整体系统的效用达到最大化,这些为本书的研究提供了数理理论基础。第五章至第九章对党组织嵌入影响民营企业高质量发展进行实证检验。以政府大样本调查数据为基础,分别检验党组织嵌入对创新发展、协调发展、绿色发展、开放发展、共享发展的影响。第十章是结论部分,对全书研究内容进行了总结,对相应的启示进行了分析,并对未来进一步研究提出了展望。党组织嵌入对民营企业高质量发展的支持,是一种科学图景,也是一种现实图景。本书所探讨的相关研究内容,旨在为未来民营企业党组织嵌入在理论选择、实践逻辑方面提供参考。中国特色社会主义进入新时代,随着新发展理念的深入贯彻,党组织嵌入成为打开民营企业高质量发展之门不可或缺的一把钥匙。我们希望呵护好这道民营企业高质量发展的党建之"光",并期望通过这个领域示范促进基层党组织在更多的应用领域嵌入,找准定位,增加学科话语权,让高质量发展延伸到哪里,党组织嵌入工作就跟进到哪里。党组织嵌入对民营企业高质量发展的支持是一个新兴领域和方向,尤其是近几年,国内很多学者在相关方向倾注了大量的心血,产生了很多优秀的研究成果,形成了一些带有普遍规律的基本共识,这些成果和共识也给本书提供了有益的借鉴和参考,在此向他们表示真挚的感谢!

  由于编写时间仓促,加之本人才疏学浅,相关研究工作还有不足和粗疏之处,还请专家与读者不吝批评和指正。

目 录

第一章 导 论 ··· 1
一、问题的提出 ··· 1
二、文献回顾 ··· 17
三、规划设计 ··· 30

第二章 民营企业高质量发展：历史、启示与展望 ········ 33
一、概念界定及基本内容 ··································· 33
二、改革开放以来民营企业发展的历史阶段 ············· 44
三、改革开放以来民营企业发展的经验启示 ············· 51
四、民营经济高质量发展展望 ····························· 55

第三章 民营企业党组织嵌入的制度要求 ················ 63
一、民营企业党组织嵌入的制度设计 ····················· 63
二、大型民营企业党组织嵌入的作用发挥途径 ·········· 68
三、小微民营企业党组织嵌入作用发挥途径 ············· 73

第四章 民营企业党组织嵌入的超边际分析模型 ········ 78
一、基础模型构建 ·· 78
二、内生专业化决策及其角点解 ·························· 81
三、角点均衡及超边际一般均衡分析 ····················· 85

第五章 党组织嵌入对民营企业创新发展的影响 ········ 88
一、理论分析与研究假设 ·································· 89
二、数据与方法 ·· 92
三、基本回归分析 ·· 93

四、稳健性检验 …………………………………………………… 95
五、作用机制分析 ………………………………………………… 102
六、进一步分析 …………………………………………………… 110
七、本章小结 ……………………………………………………… 118

第六章　党组织嵌入对民营企业协调发展的影响 …………… 120
一、理论分析与研究假设 ………………………………………… 123
二、数据与方法 …………………………………………………… 129
三、实证检验 ……………………………………………………… 130
四、稳健性检验 …………………………………………………… 133
五、作用机制分析 ………………………………………………… 141
六、进一步检验 …………………………………………………… 151
七、本章小结 ……………………………………………………… 159

第七章　党组织嵌入对民营企业绿色发展的影响 …………… 161
一、理论分析与研究假设 ………………………………………… 163
二、数据与方法 …………………………………………………… 168
三、基本回归结果 ………………………………………………… 170
四、稳健性检验 …………………………………………………… 173
五、党组织对环保他律的替代及机制 …………………………… 180
六、哪一种环保推动对企业发展更有利 ………………………… 189
七、本章小结 ……………………………………………………… 191

第八章　党组织嵌入对民营企业开放发展的影响 …………… 193
一、理论分析与研究假设 ………………………………………… 195
二、数据与方法 …………………………………………………… 198
三、实证结果及分析 ……………………………………………… 199
四、稳健性检验 …………………………………………………… 201
五、作用机制分析 ………………………………………………… 208
六、进一步分析 …………………………………………………… 217
七、本章小结 ……………………………………………………… 226

第九章　党组织嵌入对民营企业共享发展的影响 ……… 227
一、理论分析与研究假设 ……………………………… 229
二、数据与方法 ………………………………………… 231
三、实证检验 …………………………………………… 232
四、稳健性检验 ………………………………………… 234
五、作用机制分析 ……………………………………… 242
六、进一步分析 ………………………………………… 253
七、本章小结 …………………………………………… 262

第十章　研究结论、启示与展望 …………………………… 264
一、研究结论 …………………………………………… 264
二、研究启示 …………………………………………… 271
三、研究展望 …………………………………………… 278

参考文献 ………………………………………………………… 279

第一章 导 论

党的十九大报告指出,中国经济已由高速增长阶段转向高质量发展阶段,建设现代化经济体系必须坚持质量第一、效益优先,推动经济发展质量变革。党的十九届六中全会通过的《中共中央关于党的百年奋斗重大成就和历史经验的决议》强调,必须实现创新成为第一动力、协调成为内生特点、绿色成为普遍形态、开放成为必由之路、共享成为根本目的的高质量发展,推动经济发展质量变革、效率变革、动力变革。实现高质量发展是中国经济社会发展历史、实践和理论的统一,是开启全面建设社会主义现代化国家新征程、实现第二个百年奋斗目标的根本路径(刘鹤,2021)。这进一步指出了中国经济发展进入新时代的基本特征,即转向了高质量发展。2021年12月,中央经济工作会议指出,当前,中国经济发展面临需求收缩、供给冲击、预期转弱三重压力(韩文秀,2021)。世界百年未有之大变局加速演进,外部环境更趋复杂严峻。必须坚持高质量发展,坚持以经济建设为中心,来应对各种困难和挑战,推动经济实现质的稳步提升和量的合理增长。那么,作为经济中占据半壁江山的民营企业,如何在党的领导下,在微观上践行高质量发展,实现新发展理念,是本书重点关注的内容。

一、问题的提出

(一)研究背景

1. 高质量发展现状

改革开放40多年来,民营经济从萌生、发展,到进入21世纪后的高速发展,从"拾遗补阙""有益补充",到"三足鼎立""半壁江山",在稳定增长、促进创新、增加就业、改善民生等方面发挥了重要作用,成为推动经济社会发展的重要力量。国家市场监管总局、国家统计局等数据显示,2012—2021年,中国民营企业数量从1085.7万户增长到4457.5万户,10年间翻了两番多,民营企业在企业总量中的占比由79.4%提高到92.1%。在全社会固定资产(不含农户)投资中,1980年民营经济投资占比为18.1%,2020年民间固定资产投资289264亿元,占全部投资比重的55.73%,成为推动经济发展的重要引擎。2018年11月1日,习近平总书记在民营企业座谈会上指出,民营经济具有"五六七八九"的特征,即贡献了50%以上的税收、60%以上的国内生产总值、70%以上的技术创新成果、80%以上的城镇劳动就业、90%以上的企业数量。在世界500强企业中,民营企业由2010年的1家增加到2018年的28家。中国民营经济已经成为推动国家经济发展不可或缺的力量,成为创业就业的主要领域、技术创新的重要主体、国家税收的重要来源,在中国特色社会主义市场经济发展、政府职能转变、农村富余劳动力转移、国际市场开拓等中发挥了重要作用。

民营企业在取得成绩的同时,也有隐忧。如,对照创新发展的要求,企业在创新能力上还存在许多不足。创新是新发展理念之首。推动高质量发展,提高全要素生产率,需要弥补关键领域核心技术不足这个短板,在新一轮竞争中赢得主动、占得先机,这是中国科技领域改革的重大任务。然而,中国民营企业的科技创新现状并不乐观,根据全国工商联发布的中国民营企业500强调研分析报告显示,2016年至2020年,民营企业500强研发强度低于1%的占比依次为56.85%、55.06%、55.31%、59.46%、61.73%,超过半数的企业研发强度处于较低水平,且近年来有走低趋势,自主创新能力有待提高。对照协调发展的标准,在产业协调上,许多民营企业在多元化旗帜下涉足房地产和金融领域,主业投资不足,投资"脱实向虚"倾向明显,已成为推动高质量发展不可回避的重大问题。根据全国工商联发布的2021中国民营企业500强调研分析报告显示,在资产总额前十名的民营企业中,仅华为和联想两家属于制造业,其他分布在房地产、互联网、石油煤炭加工等行业。从利润来看,在亏损的11家企业中,第二产业为7家。亏损最大的企业属于电气机械和器材制造业,超过75亿。房地产企业无亏损。从历史发展来看,在民营企业500强中,制造业企业从2015年的291家降到2020年的277家,而房地产企业则从2008年的16家增加到2020年的44家,另外还有36家建筑企业上榜,"脱实向虚"趋势明显。对照绿色发展的要求,很多民营企业科技含量低,绿色环保理念不强,造成了不少公共污染事件。相关研究也指出,很多民营企业走出去层次不高,对外投资具有一定的盲目性,社会责任意识不强。

民营企业投资在高质量发展上存在的不足,有着深刻的时代背景。2021年12月,中央经济工作会议指出:中国经济发展面临需求收缩、供给冲击、预期转弱三重压力。近年来,受国内外经济形势影响,中国面临出口锐减、消费不足、投资回报率降低等困境,实体经济往往因投入成本较高、产出周期偏长、利润空间有限而受到冷遇。广大专注于实体经济的企业,特别是中小型民营企业面临着严峻的生存危机,生产经营处于微利、无利状态,发展步履维艰,因而没有更多精力投向高质量发展。而反映的大多问题,如民间投资进入的"玻璃门""弹簧门""旋转门"现象仍然普遍存在,融资难、融资贵仍然是民营企业发展的主要障碍之一,投资和产权利益被侵害现象仍时有发生。

在宏观分析的基础上,有必要进一步从微观层面对民营企业发展情况进行调研,以相互印证。2022年10月,笔者依托政府相关部门,对东部某民营经济发达省份1513家民营企业进行问卷调查。[①] 样本描述性统计情况见表1-1、表1-2、表1-3。

表1-1 样本行业分布

行业名称	数量	比例
农、林、牧、渔业	55	3.64%
采矿业	3	0.20%
制造业	855	56.51%
电力、热力、燃气及水生产和供应业	30	1.98%
建筑业	141	9.32%
批发和零售业	140	9.25%
交通运输、仓储和邮政业	24	1.59%
住宿和餐饮业	42	2.78%
信息传输、软件和信息技术服务业	35	2.31%
金融业	6	0.40%
房地产业	30	1.98%
租赁和商务服务业	19	1.26%
科学研究和技术服务业	11	0.73%
水利、环境和公共设施管理业	4	0.26%

---

① 该数据最终整理完成时间为2022年年底。这些企业均为政府设在全省各地的观察点企业,具有样本分布科学、回收数据准确的特征。该省统计局联合省工商联,每季度均依托这些民营企业调研点的调查数据,发布民营经济季度形势报告。

续表

行业名称	数量	比例
居民服务、修理和其他服务业	12	0.79%
教育	4	0.26%
卫生和社会工作	9	0.59%
文化、体育和娱乐业	18	1.19%
其他	75	4.96%
合计	1513	100%

表1-2 制造业行业分布

行业名称	数量	比例
电气机械和器材制造业	43	5.03%
纺织服装、服饰业	39	4.56%
纺织业	81	9.47%
非金属矿物制品业	36	4.21%
废弃资源综合利用业	4	0.47%
黑色金属冶炼和压延加工业	21	2.46%
化学纤维制造业	10	1.17%
计算机、通信和其他电子设备制造业	39	4.56%
家具制造业、造纸和纸制品业	21	2.46%
金属制品、机械和设备修理业	12	1.40%
金属制品业	73	8.54%
酒、饮料和精制茶制造业	3	0.35%
木材加工和木、竹、藤、棕、草制品业	10	1.17%
农副食品加工业	10	1.17%
皮革、毛皮、羽毛及其制品和制鞋业	12	1.40%
汽车制造业	50	5.85%
石油、煤炭及其他燃料加工业	8	0.94%
食品制造业	26	3.04%
铁路、船舶、航空航天和其他运输设备制造业	12	1.40%

续表

行业名称	数量	比例
通用设备制造业	142	16.61%
文教、工美、体育和娱乐用品制造业	20	2.34%
橡胶和塑料制品业	51	5.97%
医药制造业	15	1.75%
仪器仪表制造业	19	2.22%
印刷和记录媒介复制业	13	1.52%
有色金属冶炼和压延加工业	15	1.75%
专用设备制造业	70	8.19%
合计	855	100%

表 1-3　样本规模分布

行业名称	数量	比例
微型	317	20.95%
小型	782	51.69%
中型	364	24.06%
大型	50	3.30%
合计	1513	100%

可以看出,在调研企业中,第一产业、第二产业、第三产业分别占比为3.64%、68.01%、28.35%,微型企业、小型企业、中型企业、大型企业分别占比20.95%、51.69%、24.06%、3.30%,从制造业内部来看,传统制造业、战略性新兴产业等各个行业均有涉及。样本统计分布和国家宏观层面的市场主体比例较为接近,分布较为合理。

下面依据此数据对民营企业发展现状进行统计分析。

首先,民营企业的成本负担。民营企业大部分是中小企业,负担高对企业生产经营的冲击非常大。民营企业的负担主要在土地、融资、电价、社保、中介等方面。由表1-4可知,受访企业虽然总体上满意度比例高于不满意度比例,但是对于降低制度性交易成本的各项措施表示非常满意的比例均不超过30%,一般的占比较高。另外,可以看出,对于这些与民营企业生产经营息息相关的成本,有相当比例的民营企业选择了不相关或不知道,其中对弹性出让土地的比例合计超过20%,而选择非常满意的比例也仅略超20%。可以看出,一方面,部分政策措施的覆盖面还不够,仍有相当部分民营企业并不知晓,以及未进入这些措施实施的范围之内;另一方面,相关政策措施的执行力度还需进一步加强,民营企业的满意度还有较大的提升空间。

表1-4 民营企业面临的制度性交易成本

满意程度	降电价	降社保	弹性出让土地	降低涉企收费	降低融资成本	降低中介服务收费
不太满意	5.49%	5.29%	3.83%	3.37%	2.31%	3.30%
非常不满意	1.32%	0.86%	1.06%	0.79%	0.73%	0.73%
一般	30.07%	27.23%	27.43%	28.49%	29.74%	28.62%
比较满意	30.01%	33.84%	25.84%	31.20%	30.93%	25.45%
非常满意	26.17%	28.88%	21.41%	25.71%	25.25%	22.41%
不相关	5.09%	2.18%	16.92%	7.53%	9.19%	15.93%
不知道	1.85%	1.72%	3.51%	2.91%	1.85%	3.56%

其次,对不同规模的民营企业在制度性交易成本上进行比较。将非常满意、比较满意、一般、不太满意、非常不满意依次赋分为2、1、0、-1、-2,分数越高,表示满意度越高。对比不同规模企业在这些措施评价上的区别,结果如表1-5所示。具体来看,受访企业中大型企业对这些政策的评价打分均在1分以上,明显高于中小微型企业的政策评分,这一结果表明在降低民营企业负担的政策措施上,政策对大型企业的侧重较为明显,而对中小微型企业的侧重则相对较弱。从具体的政策措施来看,在降低涉企收费和降低融资成本等方面,中小微型企业的满意度与大型企业的差距较大,相关政策在加大对中小微型企业支持力度、提升中小微型企业获得感上还需强化。

表1-5 分规模民营企业面临的制度性交易成本

企业规模类型	降电价	降社保	弹性出让土地	降低涉企收费	降低融资成本	降低中介服务收费
微型	0.8401	0.8914	0.7837	0.8333	0.8309	0.7944
小型	0.7669	0.8590	0.7823	0.8635	0.8704	0.8286
中型	0.7901	0.8771	0.7685	0.8610	0.8738	0.7550
大型	1.0652	1.1667	1.0488	1.1739	1.1489	1.1190

进一步分产业来看，由表1-6可知，第一产业的企业对这些政策的打分均在1分以上，第三产业的均分其次，第二产业的均分最低，这一结果表明，在降低民营企业负担的政策措施上，政策对第二产业的影响明显偏弱。而在第二产业中，从具体的政策措施来看，降低电价和弹性出让土地的得分最低。实体经济尤其是制造业是中国发展的根本，而在政策供给上反映最弱，因此，相关政策在加大对第二产业企业支持力度、提升第二产业企业获得感上还需强化。

表1-6 分产业民营企业面临的制度性交易成本

行业	降电价	降社保	弹性出让土地	降低涉企收费	降低融资成本	降低中介服务收费
第一产业	1.2037	1.1481	1.0408	1.1569	1.1731	1.1702
第二产业	0.7381	0.8463	0.7334	0.8162	0.8382	0.7545
第一产业	0.8906	0.9270	0.8827	0.9525	0.9183	0.9107

进一步对民营企业发展面临的压力进行分析。由图1-1可以看出，民营企业发展面临的最大压力是国际形势复杂多变，外部环境不确定，选择这一项的企业占比达53.07%，说明民营企业总体来说深度嵌入全球价值链中，国际环境对国内的民营企业有着较强的传导效应。位列第二的压力是企业技术创新和模式创新困难，有41.24%的民营企业选择这一项，说明民营企业知道创新的重要性，但在技术创新和模式创新上很难有突破。选择资金困难的比例为37.81%。位列第三的压力是资金困难，融资难题依然是民营企业的"千年难题"，想有效解决依然任重道远。选择市场需求不振的比例为32.78%。位列第四的压力是市场需求不振，这说明了国内需求不振，内循环力度需要加大。选择面临的环保压力大的比例为26.97%。位列第五的压力是企业面临的环保压力大。随着社会对绿色发展的追求提升，民营企业面临越来越大的环保压力，加之有些地方政府"重罚不重防"，搞突击检查，"一刀切"，对于民营企业很小的违规和可整改的初始违规也照罚不误，上信用平台，这些都给民营企业带来了不必要的环保压力。位列第六的压力是人才引育成本大。民营企业一般实力偏弱，对人才吸引力相对其他所有制企业处于弱势，另外，很多民营企业还面临着骨干员工流失的风险。位列第七的压力是鼓励民营经济发展的政策不稳定，这说明在一些地方，政策朝令夕改的现象仍然是存在的，让企业无所适从，但总体来说比例不高，相对外部环境不确定性要低得多。另外还有少

量的企业产权得不到有效保护,长期以来,民营企业的财产权、创新权甚至人身权经常被侵犯。近年来,党和国家高度关注民营企业的产权保护,营造"亲""清"政商关系,民营企业受到不公正待遇的现象得到有效缓解。

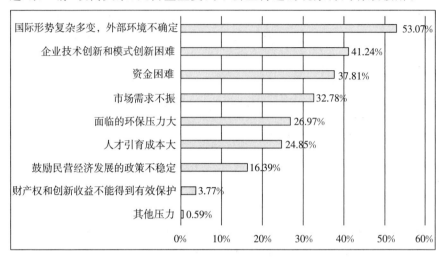

图 1-1　民营企业发展面临的主要压力

进一步对不同规模民营企业面临的发展压力进行对比分析,如表 1-7 所示。可以看出,不同规模的民营企业面临的发展压力从高到低基本相同,在部分指标上略有区别。其中,中型企业对国际环境形势复杂多变的压力感受最大,可能的原因是大型企业总体抗压能力比较强,小微型企业灵活应变的能力比较强,而中型企业则两边竞争力都不太强,既没有强大的抗压能力,又没有灵活的转向能力。在资金困难上,小微型企业感受到比大中型企业更大的压力。在人才需求上,微型企业反而感受到的压力相对较小,可能的原因是,微型企业一般对人才需求并不高,部分创新型微型企业本身就是技术人才创业,因而也暂时较少感受到人才需求的压力。

表 1-7　分规模民营企业发展面临的主要压力

	微型	小型	中型	大型
国际形势复杂多变,外部环境不确定	51.74%	49.36%	62.36%	52.00%
企业技术创新和模式创新困难	41.32%	41.69%	40.11%	42.00%
资金困难	40.06%	39.26%	32.97%	36.00%
市场需求不振	34.38%	34.02%	28.57%	34.00%

续表

	微型	小型	中型	大型
人才引育成本大	17.98%	25.96%	28.02%	28.00%
面临的环保压力大	26.18%	27.49%	27.20%	22.00%
鼓励民营经济发展的政策不稳定	15.77%	16.37%	17.03%	16.00%
财产权和创新收益不能得到有效保护	4.42%	3.84%	3.02%	4.00%
其他压力	0.95%	0.38%	0.55%	2.00%

进一步对不同产业的民营企业面临的发展压力进行对比分析,如表1-8所示。数据显示,第二产业对国际形势压力和创新压力感受最深,这说明中国的民营制造业企业更多地参与全球价值链中,也是中国出口的主力。近些年来,国外逆全球化浪潮对制造业企业冲击最大,民营制造业企业也更迫切需要加强技术创新和模式创新,做好转型升级,提升竞争力。另外,第二产业的民营企业面临的环保压力最大,一方面是由制造业企业本身的特点决定的,生产型企业产生更多的"三废"产品;另一方面也与中国民营制造业企业总体技术含量不高、绿色生产能力不足有关。

表1-8 分产业民营企业发展面临的主要压力

	第一产业	第二产业	第三产业
国际形势复杂多变,外部环境不确定	56.36%	56.75%	43.82%
企业技术创新和模式创新困难	40.00%	44.02%	34.73%
资金困难	49.09%	36.54%	39.39%
市场需求不振	32.73%	31.20%	36.60%
面临的环保压力大	23.64%	30.32%	19.35%
人才引育成本大	16.36%	25.07%	25.41%
鼓励民营经济发展的政策不稳定	18.18%	13.99%	21.91%
财产权和创新收益不能得到有效保护	3.64%	3.79%	3.73%
其他压力	0.00%	0.10%	1.86%

学界对民营企业这些外部制度环境约束的相关研究较多。在发展中国家,特别是在中国,外部制度环境对企业投资的影响较大,而广大民营企业特别是中小微型民营企业因为所有制因素,受到制度环境的影响更大。外部制度环境是指影响微观企业个体日常运行的所有外部制度因素总和,这些因素由国家和市场两种力量共同支配。中国虽然在改革开放后,外部

制度环境有了较大的提升,营商环境的改善得到了民营企业的普遍认可,但是民营企业家对营商环境的肯定是有保留的,如制度性交易成本较高,难以充分获得平等的市场主体地位,仍然是民营企业面临的痛点和难点。市场主体能有公平竞争的环境是优化营商环境的重要内容之一(朱妍,2019),但发展中国家制度环境中政府干预较多(Porta 等,2002),"掠夺之手"在地方政府中普遍存在(Ojo,2016),改变了企业的投资决策,降低了企业绩效(Rentschler 等,2018;Li 等,2022)。金融发展滞后,民营企业融资约束较重(Hope 等,2011,Mertzanis,2020),影响了在价值链中的位置(Chor 等,2021)。行业垄断壁垒严重(Wang 和 Chen,2012;Wan 等,2014),税费负担重(Huang 等,2013;Sineviciene 和 Railiene,2015)等。另外,近年来国内外发展环境的风险度上升,也严重冲击着民营企业的投资质量(陈东等,2021)。

为了做好民间投资引导工作,早在 2005 年 2 月,国务院就推出《关于鼓励支持和引导个体私营等非公有制经济发展的若干意见》(又称"非公经济 36 条"),放开了一部分垄断领域。2010 年 5 月,国务院又发布《关于鼓励和引导民间投资健康发展的若干意见》(又称"新 36 条"),进一步放开了投资限制。2012 年 4 月,《国务院关于进一步支持小型微型企业健康发展的意见》发布,为小微型企业发展量身定做了 29 条支持政策。近年来,政策从国务院层面开始转向党中央和国务院联合层面,民营企业的战略地位进一步上升,并根据新形势新发展新要求,重点转向加强产权保护、优化营商环境、激发和保护企业家精神上来。《中共中央 国务院关于完善产权保护制度依法保护产权的意见》(2016 年 11 月)、《中共中央 国务院关于营造企业家健康成长环境弘扬优秀企业家精神更好发挥企业家作用的意见》(2017 年 9 月)、《中共中央 国务院关于营造更好发展环境支持民营企业改革发展的意见》(2019 年 12 月)、《中共中央 国务院关于构建更加完善的要素市场化配置体制机制的意见》(2020 年 4 月)、《中共中央 国务院关于新时代加快完善社会主义市场经济体制的意见》(2020 年 5 月)发布。党中央和国务院如此密集地联合发布文件,表明了对民营经济发展的高度重视。另外,支持民营经济发展开始由政策层面转向法治层面。2019 年 10 月,《优化营商环境条例》出台,填补了中国专门优化营商环境的立法空白,为破解民营企业投资各类堵点难点提供了法制保障,具有里程碑式的意义。2020 年年初以来,以中小微企业为主体的民营企业面临很大的生存压力,从中央到地方密集出台了一系列帮扶组合政策,如实施援企稳岗、减免部分税费、免收所有收费公路通行费、降低用能成本、发放贴息贷款等。总体来看,政策"组合拳"推动了外部环境逐步改善,不过从近年来民间投资增速来看,投资意愿仍然不高,很多中小微型企业的发展质量依然在低层次徘徊,其背后原因值得深思。据调查数据分析显示,当前民营企业高质量发展依然存在着在一定程度上政策落实不到位的现象,政策效用被打折扣,具体如表1-9所示。

表1-9 关于当前帮扶民营企业政策执行状况

	政策宣传	政策解读	政策落地
非常不满意	0.33%	0.34%	0.67%
不太满意	0.93%	1.12%	1.72%
一般	24.98%	26.83%	27.83%
比较满意	41.71%	40.25%	39.06%
非常满意	32.05%	31.46%	30.73%

总体来说,民营企业对政策的宣传、解读和落地情况比较满意,但一般和以下的也占到四分之一以上,仍然有一定的提升空间。对比可以发现,民营企业的相关政策执行情况效果存在"宣传＞解读＞落地"的递减规律,政策落地的效果执行最弱,说明好的政策还要高度关注落地的"最后一公里"效果,破解落地存在的障碍。

以政策落地来进行行业和规模对比分析,将非常满意、比较满意、一般、不太满意、非常不满意依次赋分为2、1、0、-1、-2,分数越高,表示满意度越高。具体如图1-2所示。从产业对比可知,第二产业的均值低于第三产业和第一产业,说明支持政策的落地,第二产业中的民营企业感受度最低,可能的原因在于,一方面以制造业为主的第二产业近年来面临更严峻的发展危机,对政策落地期待更大;另一方面也反映了政策需要对第二产业中的民营企业更加关注。

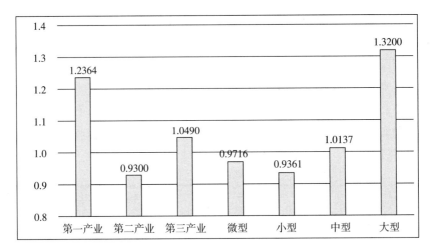

图 1-2　关于当前帮扶民营企业政策落地状况

再分规模对民营企业政策落地情况进行对比,可以发现,大型企业政策落地情况最好,小微企业政策落地情况靠后。事实上,小微企业是民营企业的主体,抗风险能力弱,获取资源能力弱,更需要得到政策的支持,但通过调研发现,情况刚好相反。因此,需要在政策落地上有更多的手段来推动。

2.党组织发展现状

2017年4月20日,习近平总书记在广西南宁主持召开基层代表座谈会时指出:"党要管党,党建要全覆盖。根据经济社会发展和结构变化,党的组织形式、工作方法也要与之适应。要积极推动民企党建工作探索,因地制宜抓好党建、促进企业健康发展。"习近平总书记的讲话为民营企业指明了两条主线,一是党建要全覆盖,民营企业同样也要实现党组织应建尽建;二是党组织要切实发挥作用,推动民营企业健康发展,防止"花架子"。

在新时代基本矛盾转换的背景下,破解民营企业高质量发展的障碍,适应现代化经济体系建设,不仅需要外部政策的支持引导,还需要民营企业自我苦练内功,提高公司治理能力,以及能有效担负起政企沟通的渠道,让政策能有效传到民营企业,让民营企业的声音能及时反馈到党委、政府。其中,作为党的基层组织,企业党组织承担了这一特殊而重要的角色。党的十九大报告明确提出加强基层组织建设,要求以提升组织力为重点,把基层党组织建设成为宣传党的主张、贯彻党的决定、领导基层治理、团结动员群众、推动改革发展的坚强战斗堡垒。其中,企业党组织建设排在第一位。近年来,随着对中国特色政治经济学研究的深入,民营企业党组织(包括党委、党支部、商协会党组织、园区党组织、产业链党组织、楼宇党组织等)建设正逐渐受到重视。民营企业党建工作在整个党建工作中越来越重要。2018年6月,中共中央组织部公布的《2017年中国共产党党内统计公报》显示,187.7万个非公有制企业已建立党组织,占非公有制企业总数的73.1%。而规模以上民营企业则表现相对较好,据全国工商联发布的2020中国民营企业500强调研分析报告显示,在485家对治理结构有效填写的企业中,设立党组织的企业有462家,占比达95.26%。从历史发展来看,基于中国民营企业的抽样调查,党组织覆盖率总体呈上升趋势,从2002年的27.42%上升至2018年的48.31%,具体如图1-3所示。

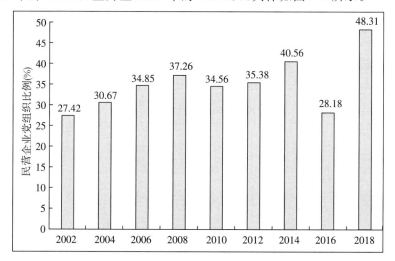

图1-3　民营企业中设立党组织的比例

数据来源:《中国私营企业调查2008—2018》(中华工商联合出版社,2019)。

改革开放以来,中国民营企业党建工作一直在探索中前行,并逐步形成了双重角色定位:一方面,党组织是中国共产党在民营企业的基层组织,发挥着政治核心作用,落实执政党的执政理念和政治追求,担负起政企沟通的有效渠道(徐细雄等,2020)。另一方面,党组织肩负着促进企业发展的跨界责任,需要以嵌入的形式影响企业的日常生产经营(陈东等,2021)。这就决定了中国民营企业党组织具有"嵌入型团队"的典型特征,需要跨越团队边界,加强与其他组织间的合作,推动团队绩效的提升,其背后所依托的就是"嵌入理论"(Granovetter,1985),党组织嵌入是西方公司治理结构所没有的。因此,要完整理解和探讨如何提升中国民营企业高质量发展的趋势,就要高度重视民营企业党组织嵌入公司治理的重要作用。

对党组织嵌入发挥的作用,中国民营企业调查报告有针对性地询问了企业中已设立党组织的民营企业家对党组织作用的评价。其中有以下若干选项:①有助于企业文化建设;②有助于企业内部团结稳定;③吸纳和培养优秀人才;④有助于企业合法守信经营;⑤有助于企业与政府部门沟通;⑥有助于企业技术、业务发展;⑦提高企业经济效益;⑧其他。报告对民营企业家的评价做了简要的统计,具体如图1-4所示。可以看到:在已设立党组织的民营企业中,大多数企业家认为党组织有助于企业文化建设与吸纳培养优秀人才。在企业对外关系中,有助于企业与政府部门沟通。对于企业自身发展来说,大多数企业家还认为党组织有助于推动企业技术、业务的发展,提高企业经济效益。而对于维护企业内部团结稳定,以及促进企业合法守信经营,企业家认为党组织在这两方面的作用较为有限。可见,设立党组织的民营企业,大多希望借党组织弘扬企业文化和吸纳人才,推动企业技术和业务的发展,提高企业经济效益。进一步地,利用党组织作为政企沟通的桥梁,加强企业与政府部门的沟通。

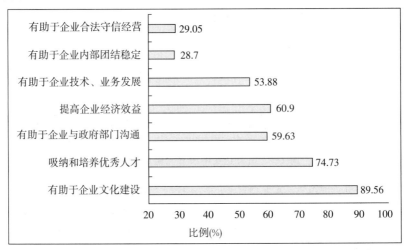

图1-4 已设立党组织的民营企业的企业家对党组织作用的评价

数据来源:《中国私营企业调查2008—2018》(中华工商联合出版社,2019)。

中国是制造业大国,制造业高质量发展是经济高质量发展的重要内容,是全面建成小康社会、全面建设社会主义现代化国家的关键战略支撑。在制造业中发展党组织,具有重要的意义,要提高民营制造业企业中党组织的覆盖率。2018年,中国民营企业抽样调查数据显示,不同行业的民营企业设立党组织的比例具有差异性。如图1-5所示,制造业的党组织覆盖率最高,达到61.71%;批发和零售业最低,仅为26.21%。可见,中国民营企业党组织设立比例在不同行业中的差距相当大,制造业的党组织设立比例相对较高。

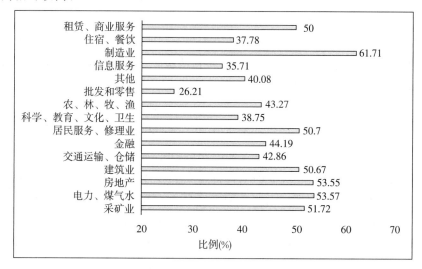

图1-5 2018年不同行业民营企业党组织设立比例

数据来源:《中国私营企业调查2008—2018》(中华工商联合出版社,2019)。

当前民营企业高质量发展的现状如何?支撑民营企业发展的内外部环境有哪些不足?党组织嵌入对民营企业高质量发展的作用机理是什么?其作用的有效性和福利效果怎么样?如何通过优化党组织嵌入推动民营企业向高质量发展转型?这些问题都亟待解决。本书旨在围绕民营企业党组织如何通过职能跨界,嵌入公司治理结构,影响其发展战略,提出相应的命题,进而以大样本调查的微观数据和实地调研为基础,对有关命题进行实证检验,并提出相应的政策建议。

(二)研究价值

1.理论意义

第一,立足发展中国家特性和中国特殊国情进行理论分析,丰富和发展了中国特色的公司治理理论。现代企业制度中最重要的是科学的公司治理结构,要从中国国情出发,探索中国特色的公司治理模式,绝不能照搬照抄西方公司治理模式。鉴于民营企业发展路径和股权结构的独特性,以及所处的体制、市场条件、发展阶段的不同,选择治理模式的驱动力和治理变革对投资的影响机理,与现代西方企业制度有着显著的差异,也不同于国有企业的治理方式。少数文献虽然也对民营企业引进党组织进行研究,但是多从宏观视角或政治职能角度进行分析,尚未涉及党组织嵌入与不同治理模式的机理研究。为此,本书立足于中国当前的发展实际,构建分析框架,分析政府从外部推动民营企业党建,到企业从自身发展利益角度出发,主动引入党组织,以及党组织从政治指导功能到发展职能跨界,嵌入公司治理结构的机理,从普通的人员嵌入到结构嵌入和文化嵌入的不同层级的战略驱动,从而丰富和发展了公司治理理论。

第二,基于党组织嵌入推动民营企业高质量发展的机理与实证分析,拓宽了企业投资的研究视角。本书立足于新时代高质量发展和建设现代化经济体系背景下中国民营企业新的发展趋势,把党组织嵌入作为推动中国民营企业投资和产业发展的一种新型战略,分析党组织嵌入对民营企业高质量发展的影响机理。在多重国际竞争压力和新旧动能转换发展的新趋势下,中国民营企业的党组织嵌入,并不仅仅是企业治理模式的选择,还需要站在打造现代化经济体系、产业兴国、制造强国和培养全球价值链上具有影响力的中国企业的战略高度。本书能为中国民营企业高质量发展提供一个新的分析视角,对完善和深化中国特色的企业投资发展理论具有重要的理论意义。

第三,创造性地对党组织嵌入民营企业设计了超边际模型并进行了多层次分析,以严密的数理模型推演为党组织嵌入提供理论基础和依据。20世纪50年代以来,西方理论界对"嵌入"理论的研究取得了很多成果,在社会学、法学和市场学基础上的跨界领域均有很大进展。但这些理论主要是基于西方的市场环境和社会环境,在嵌入的理论、方式和效应上,均和发展中国家有较大区别。中国是世界上最大的发展中国家,党在国家治理体系中处于核心地位,本书以中国民营企业为研究主体,立足于发展中国家的特性和中国国情建立分析框架,以新古典经济学中的超边际模型进行推演,从不同角度分析党组织嵌入对民营企业专业化分工的影响。这些层层推进的理论分析,能为中国从企业微观层面推动以党组织嵌入促进专业化分工和高质量发展提供理论基础。以中国民营企业为研究对象的计量、案例和对策分析,能为相关决策提供有力的证据支持。

2.实践意义

第一,能为民营企业等利益相关者更好地理解并选择党组织嵌入提供启示和参考。西方现代企业制度在具体实践过程中,也存在一些难以克服的缺陷,以新时代践行新的发展理念这个实践大舞台,从推动企业高质量发展视角而非单纯发挥政治功能视角出发,以民营企业为具体载体,对党组织嵌入治理结构进行规律探索,可以为中国不同所有制企业发展提供一个参考方案。本书深入比较分析了党组织嵌入的投资效应及其影响因素,有助于民营企业等利益相关者更好地理解党组织嵌入治理结构的目的和方式,为其选择合适的治理方式提供重要的启示和参考。

第二,能为相关部门的战略规划与政策制定提供理论基础和实践经验。目前,对推动企业高质量发展的研究主要集中在外部环境的塑造上,较少从企业内部治理角度来分析,而对民营企业党建工作的研究也多是从政治学研究视角出发,造成两类研究"脱节"和"两张皮"现象。从中国民营企业党组织嵌入的研究现状来看,缺乏系统性,没有从企业投资、产业发展和现代化经济体系建设的高度对其发展状况、影响因素和效应进行对比分析,从而也无法为中国民营企业党组织嵌入的政策体系提供有益建议,造成了不同治理模式的政策制定相互独立。本书把现代公司治理模式与党组织嵌入纳入统一的分析框架,并根据实证分析和实地调研,提出差异化的战略导向和对策,能为相关部门的战略规划与政策制定提供理论基础和决策参考。

第三,对振兴实体经济和建设现代化经济体系均具有重要的实践意义。民营企业用近40%的资源,缴纳了50%以上的税收,创造了中国60%以上的国内生产总值,贡献了70%以上的技术创新和新产品开发,提供了80%以上的就业岗位,发展成为中国特色社会主义市场经济的重要组成部分和经济社会发展的重要基础。坚持"两个毫不动摇"的基本经济制度,适应新时代社会基本矛盾的转换,推动经济高质量发展,打造现代化经济体系,都离不开民营企业的发展壮大和质量提升。在面临多重国际竞争和新的发展趋势下,中国民营企业投资能否更多关注实体经济,优化投资结构,提升创新能力和社会责任,实现高质量发展,直接关系到中国经济在开放条件下的国际竞争力,对振兴中国实体经济和建设现代化经济体系均具有重要意义。

二、文献回顾

目前相关研究主要集中在如下三个层面:一是"嵌入"理论的解析,二是投资理论的研究,三是党组织嵌入研究。

(一)嵌入理论的解析

1."嵌入"的概念内涵

嵌入理论(Embeddedness Theory)是建立在社会学、法学和市场学基础上的跨界理论,是关于社会组织在经济活动中如何提供治理和获得收益的一种解释(Granovetter,1985)。早期的研究主要是一种宏观上的论述,Polanyi(1957)首次在《大转型》(*The Great Transformation*)一书中提出"嵌入"的概念,并将其用于经济理论分析,他认为人类经济活动中必然有非经济制度的嵌入,对后者的研究极为重要,但当时纯粹的经济理论研究占据主流,Polanyi提出的理论并没有引起人们的广泛关注。20世纪80年代中期后,在Granovetter(1985)、Portes和Sensenbrenner(1993)、Uzzi(1997)、Dacin(1999)等研究的推动下,嵌入理论得到了迅速发展,逐渐从宏观论述转到细分研究,包括在战略管理、组织理论、区域经济、产业集群、GVC理论研究中均很快借鉴了"嵌入"理论的研究成果。其中,Granovetter(1985,1992,2005)的经典三部曲,使嵌入理论在学界奠定了核心地位。1985年的论文对"嵌入"概念进行了扩展,将信任和秩序问题嵌入经济活动中加以研究,该文截至目前被引用近5万次,成为《美国社会学杂志》(*American Journal of Sociology*)创刊以来被引用最多的一篇文章。1992年的论文对"嵌入"方式进行了分类,包括关系嵌入和结构嵌入。在2005年的论文中,对经济活动的"嵌入"内容进行了细分,包括社会网络、文化、政治和宗教嵌入。

综合经典理论开创者Granovetter与Polanyi均对嵌入理论予以肯定,认为经济活动离不开政治和社会的嵌入,纯粹的经济活动是不现实的,也是不经济的。区别在于:Polanyi认为嵌入性是社会学对抗、反击新古典经济学思想的无限扩张而诞生的概念,停留在社会理论层面,是思想性的,虽有启发,但是难以操作;Granovetter认为嵌入性既承认经济行为嵌入社会关系之内,又承认经济过程具有一定的自主性。Polanyi强调经济活动不仅仅是纯粹的经济领域,还是一个受环境影响的制度化过程,Granovetter认为这一社会化过程应该被视为人际互动,并在研究组织理论时强调人际互动产生的信任是组织从事交易的基础,也是决定交易成本的重要因素(Granovetter,2018)。Polanyi用它来限定经济系统仅仅是社会系统的一个子系统,不能让日益强大的经济系统破坏社会乃至整个人类文明。Granovetter 从研究人际关系如何影响人们找工作开始，讨论了嵌入的形式和嵌入的层次多样性对经济行动的影响。

2."嵌入"的具体形式

嵌入研究主要集中于：一是基于嵌入基本定义，在认知嵌入、文化嵌入、结构嵌入和政治嵌入下解构经济行为与社会关系；二是扩展到经济地理学、空间经济学等领域，基于时间嵌入、空间嵌入、社会嵌入、政治嵌入、市场嵌入与技术嵌入研究问题。关于具体嵌入形式的研究，现有研究主要从如下视角展开探讨：嵌入的基本定义视角、企业的社会情景视角、嵌入的社会层次视角、经济行为的内容视角、嵌入的泛化视角。

从基本定义出发，Granovetter(1985)将嵌入分为关系嵌入和结构嵌入。但是，Granovetter 在强调结构关系的同时忽略了其他类型的嵌入（如制度权力等）。一些学者对其进行了补充，Zukin 和 DiMaggo(1990)将结构嵌入、认知嵌入、文化嵌入和政治嵌入纳入理论框架中，并将政治嵌入界定为"行为主体所处的政治环境、政治体制、权力结构对主体行为产生影响"。Uzzi(1997)认为，结构嵌入主要是关于物质交换关系的质量和网络结构如何影响经济活动，而认知嵌入、文化嵌入和政治嵌入主要反映了嵌入的社会建构主义视角。Hagedoorn(2006)从社会情景视角出发，提出存在环境嵌入、组织嵌入、双向嵌入三种嵌入。Jessop(2001)从社会层次角度出发，将社会嵌入分为人际嵌入、组织间关系的制度嵌入和制度秩序的社会嵌入。人际嵌入主要讨论经济中的行动者由于网络差异对行动者身份、利益、能力的影响；组织间关系的制度嵌入主要讨论战略联盟和组织间网络的独特性；制度秩序的社会嵌入主要讨论复杂、离心社会环境下功能不同的制度秩序的社会嵌入问题。Andersson 等(2002)从经济行为的内容出发，将嵌入分为业务性嵌入与技术性嵌入，前者指企业理解和适应业务环境变化的能力，后者指企业间产品开发与产品过程开发中的相互依赖程度。Halinen 和 Törnroos(1998)从嵌入的泛化视角出发，把嵌入划分为六种形式：时间嵌入、空间嵌入、社会嵌入、政治嵌入、市场嵌入、技术嵌入。Hess(2004)提出了地理嵌入，促进了新经济地理学理论的发展。Wood 等人(2019)将规范性和网络嵌入性的概念结合在一起，重新连接了 Polanyi 思想的两个方面，并展示了对 Polanyi 嵌入性方法的综合理解对于理解当代经济转型的价值。

综上可以发现，嵌入方式既有从宏观层面看企业，又有从企业层面适应社会发展,也有从企业和社会双向嵌入适应对方。但无论是哪一种方式,均体现出企业受社会环境的影响,均脱胎于嵌入的基本定义,认为经济行为嵌入社会中,社会环境(包括社会中存在的文化、制度、政治)会影响经济行为倾向,经济行为与社会关系是基本的研究方向。

3. "嵌入"的作用机制

嵌入性理论在企业发展的作用机理研究主要集中在三个方面:一是嵌入的知识传递效应,二是嵌入的治理效应,三是不同嵌入的互动效应。一些学者认为由于隐性知识具有黏滞性、默会性和难以模仿性,只有建立在基于信任、关系专用投资和路径依赖基础上的嵌入关系,才可以帮助企业获得投资所应具备的竞争优势的源泉,必须从关注宏观环境转向探索嵌入的动态(Jha 等,2018;Arranz 等,2020)。因此,嵌入作用的第一种机理是揭示在隐性知识传递过程中发生的嵌入是如何作用的。从嵌入的治理效应来看,Uzzi(1996)、Rowley 等(2000)都认为,由于强关系形成的嵌入在建立网络成员间行为规范、互惠意识、合作理念及相关制度安排等方面起着较大作用,实质上是网络成员行为治理的控制机制。结构嵌入也会影响组织获得信息的数量和质量,网络结构位置的不同会给行动者带来不同的获得资源的能力。从不同的嵌入互动效应来看,Rowley 等(2000)在 Burt 的结构洞理论基础上,提出了嵌入具有相互依赖性。在高密度网络中,结构嵌入与关系嵌入可以互相替代以免出现过度嵌入。郭劲光、高静美(2003)认为,从信息收益角度看,网络中的关系嵌入和结构嵌入是两种可以帮助企业获得信息收益的机制。从关系嵌入角度看,行动者可以直接通过网络中结点间的相互联系纽带来获取信息,有利于提高信任程度,降低不确定性;从结构嵌入角度看,由于网络中各结点位置会产生信息优势差异,处于中心位置的结点具有更高的网络密度,因此会获得更多信息和资源。这两种嵌入都是针对信息收益分别从关系和结构两方面分析信息优势的产生。

4. "嵌入"的效用分析

"嵌入"的效用研究也是学术界一直关注的重点。目前,"嵌入"作用以正面评价为主(Knack 和 Keefer,1997;Jack 和 Anderson,2002)。对"嵌入"的绩效研究分为外部视角和内部视角。从外部视角来看,通过所嵌入的网络,企业可以获得各种资源与能力,如外部信息、项目反馈、外部支持等,为企业发展创造更有利的条件(Ancona 和 Caldwell,1992;Mowery 等,

1996；Oh 等，2006；Scott 和 Davis，2015）。通过嵌入建立与外部相关方的各种联系（如工作联系、情感联系等），促进团队及时获得外部信息，并在必要时争取外部的政治承诺与资源支持（Marrone，2010）。Larson（1992）、Uzzi（1997）、Lu 和 Shang（2017）认为强关系有利于提高绩效。Granovetter（1973）、Burt（1992）、Hansen（1999）和 Stam 等（2014）认为弱关系有利于提高绩效。Wei 和 Ma（2016）、Peng（2021）认为，弱关系发挥有利作用要依赖企业所处的市场条件，如果企业处于一般竞争市场中，弱关系有利于企业提高绩效，但如果市场具有不确定性，需要较高的信任与协同，则强关系有利于企业提高绩效。Uzzi（1997）认为嵌入创造了很难经由市场、合同或者垂直整合进行复制的经济机会。Baum 和 Oliver（1992）发现网络中的规则框架、政治联系及类似的制度模式能够影响组织的机会与绩效，经济交易往往嵌入政治情景中，企业在网络中的政治权力也是租金源，对交易成本产生影响，从而影响企业绩效。Yakubovich 等（2005）、Grabher 和 König（2017）则发现，制度嵌入对经济协调、政治规则等有促进作用，并且是组织或产业行为的基础。从内部视角来看，增强团队成员对外部需求的共同理解，促进内部沟通与协调，最终有助于团队绩效的提升（Choi，2002；Edmondson，2002；Walumbwa 等，2017）。当然，也有一些对嵌入行为的负面研究结论，认为嵌入行为在一定程度上对团队本身产生角色压力、团队冲突和任务模糊等负面效应（Marrone 等，2007；Schad 等，2016）。

(二)投资理论的研究

1. 加速模型

在古典投资的理论中，为寻求投资和储蓄之间的平衡，利率起到关键的作用，投资是利率的函数。Clark（1917）首先提出加速理论，对古典投资理论发起了挑战。之后，Clark（1944）舍弃了资本存量可以无成本迅速调整的假设并加以完善。与古典投资理论不同，加速理论认为投资是由产出的变化决定的。Chenery（1952）与 Koyck（1954）提出弹性加速模型，这种投资理论的特点是更注重投资形成过程。加速模型没有考虑到价格（特别是资本的成本）因素对投资行为的影响，因而饱受诟病。另外，还存在以下四个方面的不足：一是没有考虑资本的闲置，实际上现实中资本的闲置是很普遍的现象；二是假设了资本产出比固定，但实际资本产出比一直在变化；三是只存在产出而引发的投资，但实际上还存在自发性的投资；四是投资的动态性只是由几何分布来滞后刻画,缺乏微观的基础(李子奈,2008)。

2.凯恩斯投资理论

凯恩斯一生著述甚丰,其中《就业、利息和货币通论》是其经典著作,至今仍有巨大的影响力。这本书系统地阐述了投资的决定性作用,随后的经济学家们根据其中的思想提炼了凯恩斯的投资理论(任力,2009;龚刚等,2012)。《就业、利息和货币通论》就心理对有效需求的影响进行了详细阐述,这也是为人所熟知的三大心理规律。凯恩斯认为,资本主义之所以发生危机,重要原因之一就是社会有效需求不足,从而导致生产过剩。而有效需求不足就是因为三大心理规律的作用,在完全自由的市场经济中,宏观经济无法获得有效平衡,导致投资萎靡,消费不振。当市场的力量失去作用时,政府需要出面干预和调节经济,可加强政府的直接投资比重,增加社会的有效需求。

当然,凯恩斯投资理论仅仅考虑了利率对投资行为的影响,但是投资不仅仅是由利率决定的,还可能取决于一些非利率因素,如市场的需求、新技术的涌现、制度环境、政治氛围和投资者对未来的预期等。因此,凯恩斯投资理论是不稳定的。

3.Jorgenson投资理论

加速模型虽然在理论推导和经验数据验证上对投资增加有较好的解释力,但是也存在明显的缺陷。一是理论假设厂商都是资本的租赁者,并要付一定的租赁价格,但实际上厂商一般都有相当的自有资金进行生产。二是理论过于注重短期行为,对跨期最优选择和远期利润考虑不足。另外,加速模型和凯恩斯投资理论的研究更多是基于宏观视角,缺乏微观厂商基础。Jorgenson(1963)冲破以往理论的藩篱,聚焦于厂商这一微观经济主体投资行为,提出旨在研究以长期利润最大化为目标的最优投资行为理论。当时,凯恩斯投资理论已风靡几十年,而Jorgenson的分析则带来新的气象,很多更是建立在严密的高等数学分析基础上的,如边际分析方法,生产要素可替代法等,特别是生产要素可替代法更是Jorgenson投资理论的一大特色。而运用边际分析方法,根据厂商利润最大化原则,对Cobb-Douglas生产函数进行严密的数学推导,可得出最优资本函数,这也是新古典投资理论的精华。

在Jorgenson之后,其他一些经济学家,如Luca、Tobin等人,虽对新古典投资理论进行了一定的补充和完善,但并没有改变其本质内涵,这一理论目前仍然是影响最大的投资理论之一。

4. Tobin's q 理论

以上介绍的投资理论模型都不太完善,因为他们都是以产出水平作为前提条件,但产出水平在某种程度上是直接取决于投资,因而具有内生性。Brainard 和 Tobin(1968)、Abel(1983)及 Tobin(1969)则把投资理论往前推进了一大步,提出了全新的投资模型 Tobin's q 理论。该投资理论认为,投资是取决于两个变量的比率,即企业的现有市场价值和将先前已投入资本进行重新替换成本之间的比率,此比率被称为 Tobin's q 值。Tobin's q 值的分子是由股票市场决定的企业已投入资本的市场价值,分母是重新购买上述已投入资本的价格。Tobin's q 理论认为,企业的投资是 Tobin's q 值的增函数。其依据是,净投资应该取决于 Tobin's q 值与 1 的相对大小。如果 Tobin's q 值大于 1,则说明股票市场对已投入资本的市场的估价大于重新购买上述资本的重置成本,那么企业的决策者将会通过购买更多的资本来提高企业的市场价值,因而投资随之增加;反之,如果 Tobin's q 值小于 1,则说明股票市场对已投入资本的市场估价小于重新购买上述资本的重置成本,那么企业的决策者将不会购买新资本,甚至减少投资资本。

不过该理论有一个不足,就是 Tobin's q 值指的是边际值,而某一点的 Tobin's q 值是无法观察到的,所以在研究中一般以平均值来替代。然而实际的检验结果并不令人满意,往往与现实差别较大,说明平均值代替边际值的解释力是不完善的(Von Furstenberg 等,1977;Blanchard 和 Wyplosz,1981)。

5. 不确定性下调整成本模型

加速模型、凯恩斯的投资模型、Jorgenson 的新古典投资模型均不存在资本存量的调整成本,投资是在静态下推导的,但实际上这是不符合现实的。在动态投资理论中,有两类因素影响厂商的投资:调整成本和投资的不可逆性。这实际上催生了另一条投资思路,即调整成本理论和不可逆性投资理论。调整成本理论最早出现在 Eisner 和 Strotz(1963)的观点中,而 Rothschild(1971)和 Nickell(1978)则认为调整成本包含了固定的部分,提出了固定调整成本的模型。最先的 Tobin's q 模型并没有包含调整成本,在 20 世纪 70、80 年代,调整成本与 Tobin's q 模型相结合。Mussa(1977)推导出投资的边际调整成本等于已投资的资本边际价值为最优投资率的必要条件,Abel(1983)同样在随机性的理论框架下推导出相同的结果。

Arrow(1968)则最早在确定性的框架下论述了投资受不可逆性的影响。在不可逆的情况下,资本品一旦购买,或者不能再销售,或者再销售的价格要低于购买的价格,因而投资总量总是非负的。投资的不可逆性在不确定性框架下的理论也是适用的,如 Sargent(1980)、Bertola 和 Caballero(1994)就构建了不确定性框架下的包含不可逆的投资模型,相应的结论与 Arrow(1968)基本一致。随着时代的发展,学术界又开始探索将调整成本与投资不可逆性放到统一框架下并考察其对投资行为的影响。如 Lucas 和 Prescott(1971)将投资不可逆性引入调整成本的前提模型中。Caballero(1991)在假定非负投资会带来无穷大调整成本的前提下,将不可逆性引入调整成本中。上述研究均把不可逆性作为假定条件来构建投资模型。但这种假定并不切合实际情况,过于简单和理想化。事实上,投资的不可逆性有时候是企业的自我选择结果,或者是企业的最优化结果。Abel 和 Eberly(1998)则避免了上述假设,通过不确定性框架下引入广义的成本,从而构建了具有更广泛适用性的投资模型,包含投资的不确定性、调整成本和不可逆性,得到了与 Tobin's q 不一样的结论,即投资与边际值之间呈现非线性关系。这个投资模型因为其综合了更广泛的影响投资的各种现实因素,因而把新古典投资理论推向更高层次。国内对不确定性与投资的关系研究也较多。如陈东等(2021)研究了重大风险预期环境下企业家的投资类型抉择。

6.融资约束理论

上述投资的理论模型都隐含着一个共同的前提,即资本市场是完美的,厂商可自由获得资金,这样企业投资也仅仅是取决于未来的期望利润和资本的使用成本,而不受金融因素制约。在凯恩斯投资理论中,真正决定厂商投资的是投资项目的边际生产率。Tobin's q 理论的前提是股票反映基本面,不存在金融市场摩擦。事实上,资本市场也存在着道德风险、交易风险和逆向选择,厂商不可能按其所愿地进行融资。在 20 世纪 50、60 年代,部分学者探讨了金融对投资的影响,指出企业往往受制于自由现金流,最著名的当数美国的 Modigliani 和 Miller(1958)提出的 MM 理论。该理论认为,在不考虑税收和面临的经营风险时,资本结构的变化对企业的市场价值不产生影响。也就是说,同一个企业,当负债的比例发生变动时,其总价值并没有变化。1963 年,Modigliani 和 Miller 将税收的外在因素引入模型中考察最佳资本结构问题,对先前提出的理论进行了修正。研究发现,纳税会对企业价值产生负面影响,考虑到负债的利息无需纳税,因此,企业债务比例越高,综合资本成本就会越低,企业价值也就会越大,当负债比例接近100%时,就是最佳资本结构(Modigliani 和 Miller,1963)。可以看出,无论是原始的 MM 理论,还是修正的 MM 理论,有关资本结构中债务比例均存在极端看法。

在国内,预算软约束的相关研究较多,一般认为地方政府和国有企业存在预算软约束,而民营企业则普遍存在融资约束。Qian 和 Roland (1998)从预算软约束视角分析了转型经济背景下中国国有企业和地方政府的行为。钟伟和宛圆渊(2001)通过引入预算软约束的理论,借鉴 Dewartripont 与 Maskin(1995)模型和 Flood 与 Garber(1984)模型,研究得出在集中性金融体系中,预算的软化会引发信贷扭曲膨胀,为金融危机提供更可信的微观基础。黄宏斌等(2014)认为中国企业存在融资约束,通过资本市场发行股票是缓解融资约束的好途径。罗长林和邹恒甫(2014)则认为中国的投资研究并不必然与预算软约束发生联系,经济转型、财政分权及银行规制等问题都可以在其原本的框架下作出相应调整,并获得更好的解释。张曾莲和严秋斯(2018)研究指出,解决地方政府的债务风险问题和土地管理问题,必须严控土地资源的抵押转化,限制预算软约束。孟宪春等(2020)针对中国部分企业存在预算约束和生产效率差异的现实背景,构建了包含异质性企业的动态随机一般均衡模型,对中国当前实施的宏观政策作用机理和有效性进行仿真模拟研究。

总而言之,该理论认为企业的投资支出只取决于将来投资的盈利能力、资金使用成本等技术要素,而把投资行为和融资约束彻底分开,与现实情况并不相符。到 20 世纪 80 年代,经济学家开始把诸如信息不对称引入资本市场进行研究,从而将金融摩擦引入投资理论模型中(Hubbard 和 Palia,1999)。例如,Chatelain(1998)构筑的理论模型,分析了金融市场中信贷配给对企业投资的影响。

国内投资理论能结合中国转型实际进行有益的探索,其中,融资、利率、营商环境等与投资之间的关系均有涉及。彭方平和王少平(2007)以新古典投资模型为分析框架,检验了中国利率政策的微观有效性问题。李广众(2000)通过构建模型,分析了中国实际利率对投资的影响,得出利率和投资之间存在着负向关系,这与 McKinnon 和 Shaw 的金融抑制理论正好相反(Bencivenga 和 Smith,1992)。朱世武和陈健恒(2005)以利率均衡模型——Vasicek模型和CIR模型为基础,给出一套银行间债券市场浮动利率债券的定价方案,为中国的投资者提供了一个有益的定价方法。北京大学中国经济研究中心宏观组(1999)从产权逻辑的角度出发对转型时期中国投资膨胀进行了理论解读。陈东(2015)则从企业家背景的角度出发研究了其对投资的影响。董志强等(2012)研究了制度环境对企业投资和经济发展的影响。于文超、梁平汉(2019)研究发现,经营环境的不确定性可能提高企业非生产性支出和税费支出,从而挤占民营企业生产性资源,降低民营企业经营活力,这些相关研究为投资理论在中国实践提供了有效的检验。

(三)党组织嵌入研究

1.民营企业党组织嵌入的法理基础

相关研究认为,改革开放以来,中国民营企业党组织一直在探索中前行,并逐步形成了多重角色定位(朱斌等,2021)。一方面,党组织是党委和政府在民营企业的基层组织,是在民营企业内部的延伸和神经末梢,具有各种法律上的天然政治职能,如党组织要发挥政治核心作用(佟延成,2000;蒋铁柱、沈桂龙,2006;王玉鹏、李鑫,2020);落实执政党的执政理念和政治追求(原东良、周建,2020)。在合法性逻辑下,民营企业的党组织覆盖率不断提高,不同企业之间的差异逐渐缩小(朱斌等,2021)。另一方面,党组织肩负着促进企业发展的跨界责任,需要融入企业的日常生产经营过程中。因此,提升到战略层面来看,中国民营企业党组织不仅是执政党和工人阶级利益的维护者,还是国家经济建设的参与者和组织者,这是西方公司治理结构所没有的。有研究认为,党组织多重角色定位具有厚重的法理基础,《中华人民共和国宪法》就规定了党的领导核心地位和工人阶级的领导地位,保证了党组织在企业中的地位和作用。《中华人民共和国公司法》也规定了党组织的地位和作用,企业重大决策要充分听取党委会、工会和职工的意见(刘杰,2006;何轩、马骏,2018;蒋大兴,2017)。这样的多重角色定位决定了中国民营企业党组织不会以单一目标为驱动,也不会具有清晰的团队边界,而是具有"嵌入型团队"的典型特征(王永丽、郑婉玉,2012;初明利、张敏,2011)。对于"嵌入型团队"而言,需要跨越团队边界,加强与其他组织间的合作,推动团队绩效的提升(Uhlenbruck等,2003)。

2.民营企业党组织嵌入的作用机制

研究表明,在对外作用发挥上,相对于国有企业本身天然和政府的关系,民营企业党组织承担了更多的沟通协调功能。在对内作用发挥上,由于民营企业多存在家族式治理或一股独大的现象,故党组织在提高公司治理能力、打造和谐企业文化上有着重要的地位。相关研究总结如下。

(1)外部作用分析。①信号传递。相关研究认为,在党的领导下,民营企业党组织也是一种信号传输机制,更容易因为合法性、先进性的特征而得到与别人合作的机会(程博等,2017)。党建可被视为企业在趋同压力下获取合法性以提高外部竞争优势的过程(章高荣,2019),党组织可以帮助企业克服"社会形象欠佳"的弊病,提高信用等级,为企业发展营造和谐的环境,减少企业的和谐成本(王文吉,2015;程博等,2017)。近年来,在各种风险危机和不确定环境冲击下,经济减速换挡,民营企业投资机会较为缺乏,而党组织如果建设得好,本身就是一种形象塑造,通过信号传递提升企业价值,这是一种无形的资源支持,因而也有助于激发企业投资的热情。同时,党组织嵌入也可以推动民营企业在自身条件允许的情况下,加强社会责任的履行,增加正面形象的效应宣传(徐光伟等,2019)。②政策沟通。相关研究认为,经济发展的大政方针政策集中了全党全国智慧,具有全局性、科学性、导向性和前瞻性。民营企业党组织承担着与党委、政府和企业外部沟通联系的任务,可以得到充足的信息和党委、政府投资方向的指导与政治感知(周海江,2014;徐细雄等,2020)。企业发展最大的机遇就是党的方针政策(洪功翔,2020)。民营企业作为社会的经济细胞,应该按照党和国家的大政方针,布局企业发展(蒋铁柱,2007),这些既是民营企业的责任,又是发展的机会,也有利于政策法令的贯彻实施。当前,党和国家针对民营企业投资出台了各项政策、实施细则,以及派出各项工作组赴各地督察落实情况。各地在当下也面临着保增长、保就业的压力,因此也都对民营企业投资持开放的态度,这种有利的时机也有利于促进民营企业投资(陈东,2017)。③构建新型政商关系。相关研究认为,塑造"亲""清"政商关系可以为民营企业营造良好的投资环境。North(1990)将制度定义为一系列正式和非正式的规则之和。在转型国家和新兴经济体中,正规制度往往是缺失的或者不完善的(余明桂、潘红波,2008),需要通过非正式制度来弥补。但这也带来了一些负面影响,如"权钱交易"(王蔚、李珣,2016);政商合谋(范子英、田彬彬,2016);政商利益联盟(韩影、丁春福,2016)等。传统政商关系异化为一种"买卖关系"(邓凌,2016)。因此,随着制度环境的改善,必须建立以"亲""清"为基础的新型政商关系。政治吸纳以政党吸纳、行政吸纳、社团吸纳三种途径,通过提升民营企业家的政治地位和政治社会化这两种中介机制,起到了强化政治认同、增强改革信心的效果(孙明、吕鹏,2019)。对于党组织来说,因为具有政治上的天然先进性,发挥着政治核心作用,可对传统政商关系模式进行替代,营造优良的营商环境(何轩、马骏,2018;原东良等,2021)。让民营企业有一个稳定的发展环境预期,更愿意扩大投资,谋求长远发展(陆浩,2011,徐细雄等,2020),以及通过合法的渠道缓解资源约束,获得发展资源(何晓斌、柳建坤,2020)。

(2)内部环境分析。①重塑公司治理结构。相关研究认为,在跨界职能履行上,民营企业党建标准ISO9000为民营企业党组织建设提供了规范的参照系(肖云林,2007)。在现代企业制度正常运行的情况下,通过"五个双向",实现公司治理上的党企有效融合,即"班子双向进入、工作双向互动、人才双向培养、文化双向互促、制度双向互补"。通过这种方式,可使党组织的工作机制,如党的民主集中制、纪检反腐监督机制、制度选人机制运用到企业职能部门,有利于党委、政府的政策直接进入董事会的决策思维中(李明辉、程海艳,2020),如果民营企业出资人是中共党员,则更加有利于发挥党组织在公司治理中的作用(戴亦一等,2017)。民营企业"党委会""民主生活会"等可以有效将企业各类身份归统,以便以平等的身份讨论企业的"经营大计"。在制度完善上,党组织还能缓解现代企业制度存在的内外利益不平衡、内部人控制等问题,将企业利益和社会利益有效结合起来,用党的理想信念教育化解内部人控制,降低企业的制度运行成本(马连福等,2012;王元芳、马连福,2014;王曙光等,2019)。②营造和谐的内部氛围。相关研究认为,党组织发挥政治核心作用,以先进文化引领企业发展(郑长忠,2019)。党的理想信念、群众路线和思想工作方法,最能激励人、团结人、弘扬正气、化解矛盾。在社会矛盾凸显、信仰缺失、道德滑坡等不利的大环境下,民营企业可以靠党的政治优势,增强员工权益的契约保障,促进内部和谐,稳定职工队伍,激发创新潜能,提高竞争优势(徐细雄、严由亮,2021)。党组织还可以通过宣传增强企业对外部需求的共同理解,提高内部凝聚力。同时,根据政策规定,党组织作为工会等群团组织的领导,可以有效化解劳资双方的矛盾,促进企业发展(董志强、魏下海,2018)。另外,在国家的政治结构中,以民营企业家为代表的新社会阶层是国家政治稳定的安全阀,而在民营企业的政治结构中,党组织活动中的积极分子是企业内部政治稳定的安全阀,这也是民营企业党组织营造和谐内部氛围的重要内容之一(付佳迪、高红波,2016)。

3.民营企业党组织嵌入的实践应用

学界对民营企业嵌入的实践应用研究也较多关注。陈东等(2021)研究发现,民营企业党组织可以有效对冲重大社会风险对环保投资的负面影响,主要是通过提振信心、助推发展和内部监督三大机制实现。《中国私营企业调查综合报告(1993~2016):从高速增长到高质量发展》通过对全国大量的微观民营企业跟踪研究发现,近年来,民营企业内部治理结构已逐步发展到了较高水平,无论是"新三会"等现代治理结构,还是具有中国特色的党组织,比例都有大幅提升。但中国缺乏高素质的职业经理人,在委托代理过程中出现了不少诚信道德问题,"新三会"比例开始出现反复。与此对应的是伴随着在全国范围内开展的民营企业党建工作,在推动企业发展上作用发挥显著,党组织从政治引导向企业经营管理的跨界行为逐渐为民营企业家所支持。党的十九大报告明确提出要以提升组织力为重点,加强党的基层组织建设,其中就包括企业的基层党组织建设。陈东(2017)通过对江苏省民营企业抽样调查研究发现,党组织嵌入对扩大企业投资规模和提升绩效均有正向作用,特别是对加大研发投资有着重要的作用。在民营企业的日常运行中,企业所有者、管理层和普通员工的身份和职务明确,日常的办公会偏重于布置任务、分头执行,缺少一个机制充分沟通企业的决策和执行等问题,而"党委会""民主生活会"却可以将不同的身份和职务归零,大家都是党委委员,都是党员,便能开诚布公地讨论企业的"经营大计"。

(四)研究评述

基于上述文献梳理分析发现,尽管学者们对"嵌入"理论、投资理论、党组织嵌入对高质量发展的作用均进行了一定的研究,但尚未有融合这三个领域,立足于中国高质量发展背景,深入探索民营企业党组织治理嵌入的机理及其投资效应的研究。此外,上述研究还存在以下不足之处:

第一,在研究视角上,没有把党组织嵌入上升为影响民营企业高质量发展的重要因素。高质量发展已经成为新时代中国经济发展的重要背景,而且对中国民营企业的投资规模扩大、结构优化也带来了重要影响。传统的中国民营企业发展的影响因素,主要从外部营商环境和内部治理结构两个方向去研究。目前在研究民营企业公司治理上,一般多集中于"新三会"或家族治理方式,而党组织建设的研究相对较少,且主要集中在国有企业。

考虑到民营企业党组织建设已成为趋势,对民营企业党组织的嵌入研究显得非常重要。另外,对于面广量大的民营企业,现有的研究多基于政治核心作用视角,对嵌入性治理研究仍较为欠缺。

第二,在研究内容上,对党组织嵌入作用于高质量发展的具体机制研究较少。目前,党组织嵌入对企业投资的影响虽然也有学者们关注,但是这些研究主要立足于国有企业,大多基于政商关系理论,分析党组织嵌入对投资的影响,并没有深入民营企业党组织嵌入对投资影响的传导机制。同时,鲜有从对民营企业的细分投资结构和途径选择出发,分析在多种投资路径选择中选择党组织嵌入作为影响投资的一种重要战略的机制。此外,尽管有学者分析了党组织对民营企业投资的影响,但并没有基于嵌入角度分析,而是作为政治关联的一种进行研究,尚未对嵌入的程度、协调度等细分内容进行研究。

第三,在研究方法上,对党组织嵌入的有效性和福利效应的多指标动态考察少。有效性和福利效应是党组织嵌入能真正得到肯定的标准。但既往的研究主要从定性角度,以政府的政治需求为导向,缺乏相关实证研究。实证研究不足主要表现在两个方面,一是民营企业的微观数据收集不够。企业的高质量发展战略选择属于企业的核心机密,是企业参与市场竞争的重要手段,受数据可得性的限制,目前对相关发展战略分类研究不足。二是党组织跨界行为的量化指标测算较难,导致很多研究局限于定性描述,尚缺乏从民营企业党组织角度出发的实证研究。

第四,在研究对象上,对非上市民营企业的研究不充分,数据的针对性有待提高。推动经济高质量发展是国家"十四五"规划和2035年远景目标提出的主要任务,但对学术研究的数据时效性和权威性要求较高。目前,国内的研究对象一般集中在上市公司层面或工业企业数据库或局部范围内的调查问卷,而面广量大的民营企业和未上市企业则研究不多,缺乏一定的代表性和普遍性。一些微观数据,特别是金融危机发生后中国经济发展逐渐转入新的发展阶段下的数据,限于课题组各种力量的限制,很难在全国范围内按照统计学抽样调查的合乎逻辑的方法进行,样本的分布不太科学。

三、规划设计

(一)研究思路

在借鉴相关研究成果的基础上,本书基于相关调查数据和针对性调研,分析党组织嵌入对中国民营企业高质量发展的影响,主体架构是按照"背景分析-影响机制-实证研究-对策建议"的基本逻辑展开,图1-6演示了本书的研究思路。

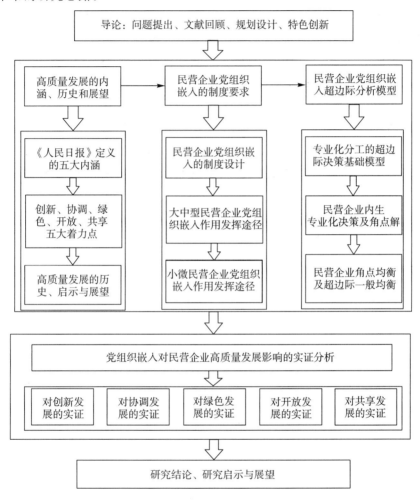

图1-6 本书的研究思路

(二)主要内容

全书共分十章,主要内容如下:

第一章,导论。介绍本书写作的背景,阐述研究思路、研究内容、研究价值,存在的创新和不足,并梳理国内外相关研究文献。

第二章,民营企业高质量发展:历史、启示与展望。对民营企业高质量发展的内涵进行阐述,对落实高质量发展的五大着力点进行剖析,对中国民营企业发展的历史阶段进行梳理,总结发展经验,对未来高质量发展进行展望。

第三章,重点从民营企业党组织嵌入的制度设计、大中型民营企业党组织嵌入作用发挥途径、小微民营企业党组织嵌入的作用发挥途径进行分析,从制度和实践层面对党组织嵌入有一个清晰的了解。

第四章,对民营企业党组织嵌入的数理模型进行分析。利用新兴古典经济学超边际分析,构建基于专业化分工的超边际决策模型,并重点对三种嵌入模式的内生专业化决策进行分析,求出相应的角点解,并对角点均衡和超边际一般均衡进行求解,对党组织嵌入后的结构稳定性进行探讨。

第五章至第九章,以民营企业调查数据为基础,分别检验党组织嵌入对创新发展、协调发展、绿色发展、开放发展、共享发展的影响,以及相应的作用机制。

第十章,对全书研究进行总结,分析研究带来的启示,并对未来研究进行展望。

第二章 民营企业高质量发展：历史、启示与展望

一、概念界定及基本内容

(一)民营企业概念界定

近年来,党的重大会议和国家相关政策文件越来越多地提及"民营企业"这一名词。2017年,党的十九大报告中使用"民营企业"这个词,这是第一次在党的最高会议上用"民营企业"代替了传统提法的"非公有制企业"。2018年11月1日,习近平总书记在民营企业座谈会上讲话指出:"大力支持民营企业发展壮大。"明确使用了"民营企业"一词。2019年12月,《中共中央 国务院关于营造更好发展环境支持民营企业改革发展的意见》发布,"民营企业"一词在党和国家的政策文件中被明确使用。

民营企业目前尚未形成较为清晰且统一的定义,国内对其界定与认识主要是从投资主体来看,认为民营企业是民间资本投资经营的企业(冯庆元,2021),这种分类界定和认识主要集中在两个方面(林家彬等,2014):第一,将民营企业视为与国有企业相对的一个概念;第二,认为民营企业涵盖了除国有企业、港澳台投资企业、外商投资企业外的其他企业。这可以从广义和狭义两个层面进行解读:广义上泛指除国有企业外的其他企业,包括港澳台投资企业和外商投资企业;狭义上指除国有企业、港澳台投资企业和外商投资企业外的其他企业。国家统计局在《关于印发民间固定资产投资定义和统计范围的规定的通知》(国统投字〔2012〕2号)中将民间资本投资定义为:非国有经济投资中扣除外商投资和港澳台投资的部分即为民间资本投资。在全国工商联每年开展的上规模民营企业调查中,明确指出国有企业、外资企业、港澳台资企业不在调研范围内,这些企业都是和狭义的民营企业相对应的。本书的研究采用狭义的民营企业这一范围。[①]

[①] 由于历史发展阶段的不同,在不同的时期和不同的场合下,还有非公有制经济、非公有制企业等称呼,其内涵和民营经济、民营企业接近。

(二)党组织嵌入概念界定

根据《中华人民共和国公司法》等国家法律法规,以及《中国共产党章程》等的要求,要努力做到对民营企业的"两个覆盖",即对于具备建立党组织条件的民营企业,要实现党的组织覆盖;因条件暂不具备尚未建立党组织的企业,实现党的工作覆盖。本书论述的党组织嵌入限定在前一种,即在民营企业内部成立党的组织,进行"组织覆盖"。对于部分条件不具备尚未建立企业党组织的,如一些小微企业,虽然各级党委从外部也进行了"工作覆盖",或将几家企业联合起来成立党组织,但不是党的基层组织单独直接嵌入民营企业内部发挥作用,因此不在本书的研究范围内。

(三)高质量发展概念界定

党的十九大报告提出中国经济已由高速增长阶段转向高质量发展阶段,建设现代化经济体系必须坚持质量第一、效益优先,推动经济发展质量变革。党的十九届六中全会通过的《中共中央关于党的百年奋斗重大成就和历史经验的决议》强调,必须实现创新成为第一动力、协调成为内生特点、绿色成为普遍形态、开放成为必由之路、共享成为根本目的的高质量发展,推动经济发展质量变革、效率变革、动力变革。这就进一步指出了中国经济发展进入新时代的基本特征,就是转向了高质量发展。国务院总理李强在2023年4月23日的国务院专题学习中指出,高质量发展具有丰富的实践内涵。要自觉把新发展理念贯穿到经济社会发展全过程,始终以创新、协调、绿色、开放、共享的内在统一来把握发展、衡量发展、推动发展。那么,对具体落实的微观主体来说,高质量发展就是要在投资中,践行创新、协调、绿色、开放、共享的观念,当前,特别要加强创新研发投入,提高发展的技术含量和在全球价值链中的地位;注重投资结构平衡,避免发展过程中的"脱实向虚";注重绿色环保投入,落实"金山银山就是绿水青山"的观念,避免在发展过程中产生环境负外部性;落实"双循环"发展格局,提升对外投资质量;落实社会责任理念,加强慈善捐赠、产业扶贫等社会公益事业的投入,把企业发展与社会责任有效结合起来。

(四)高质量发展主要内容

当前,民营企业要落实高质量发展,可从以下五个方面展开。

1. 加强研发投入,落实创新发展战略

从经济发展的大环境来说,改革开放以来,中国以低端要素加入全球价值链,并在出口导向型经济发展这个巨大引擎的拉动下,进入了开放型

经济"第一季",创造了举世瞩目的国民经济连续40多年高速增长的"中国奇迹",并迅速在世界各个经济体中确立了"经济大国"和"贸易大国"的地位。然而,尽管中国在很多重大技术装备上获得了突破,但是制造业大而不强,不少关键核心技术尚依赖国外进口。可以说,在全球竞争中中国产业陷入了高速增长与低自主创新能力并存的困境。而且,随着中国生产要素优势的逐渐散失,中国以低端要素加入全球价值链的红利已经透支。此外,沿着西方早期工业化技术路线和竞争方式推进的中国工业化进程,已经付出了极大的代价,导致了严重的不平衡和对资源环境的过度消耗与损害,这种传统的工业化道路是不可持续的。因此,中国必须实现经济发展方式的转变。

新一代信息技术与制造业深度融合,也正在引发影响深远的产业变革,形成新的生产方式、产业形态、商业模式和经济增长点。制造业服务化和智能化发展,以及3D打印技术发展,为中国产业转型升级提供了重大机遇。金融危机后,欧美等发达国家提出制造业回归和再工业化,其中,德国的工业4.0、美国的"先进制造业国家战略计划"、日本的"科技工业联盟"和英国的"工业2050战略"等,着力发展高端制造业,由此加大了对科技创新的投入,加快了对新兴技术和产业发展的布局;同时,发展中经济体如东盟、印度、中南美国家等正以更加低廉的成本优势参与国际分工,将逐步实现对中国制造的供给替代。这种双重国际竞争压力,使得"中国制造"处于被夹在中间的尴尬境地。此外,随着国际竞争的加剧,中国基于出口导向的发展模式已经受到其他国家的围堵。尤其在目前的国际形势下,西方某些大国欲利用其在国际经济中的地位,重新构建国际贸易和投资规则,进而影响世界经济规则。这些都迫使中国需要坚持创新发展战略,提升创新能力,主动推动产业转型升级,推进新的发展理念,构建新的发展格局,抢占产业新一轮竞争至高点。

在新的国际竞争背景下,随着国际分工进一步深化,企业间的竞争已经演变为其所依托的分工网络间的竞争。从跨国公司全球竞争模式来看,其对中国产业结构演化与自主创新的影响,主要是通过其所主导的价值链和产业链竞争,影响中国产业链上相关行业的生产模式和贸易模式,从而对中国的结构优化与自主创新产生影响。因此,要把创新升级研究放在全球价值链的视角下进行,需要利用全球价值链的专业化分工路径,而又不能被既有的国际分工和全球价值链所局限。同时,需要从产业链视角去探寻中国产业创新升级的资源、技术与市场支撑。

而企业处于全球价值链中的被治理者地位,其无法在全球竞争中获取全球资源、实现价值链攀升;产业链隔离造成的资源与市场割裂,则是造成本土企业与跨国公司间竞争不对等,在全球价值链中处于被治理地位。这意味着,价值链重塑和产业链联动需要上升到战略高度,通过国内价值链与产业链培育来整合国内资源、培育竞争力强的"链主",进而走向全球价值链和产业链竞争合作,获取全球创新要素,为企业增强"市场势力"和"技术实力"提供市场和资源支撑。

民营企业既要培养具有"链主"实力的大型企业,参与全球竞争和价值链重塑,又要考虑到多数是中小企业的实际,在创新发展上,需要瞄准"专精特新"方向进行突破。要实施产业链供应链生态建设工程和先进制造业集群行动计划,构建"头部企业+中小企业"生态圈,做长做宽产业链。中央相关会议强调,要开展补链强链专项行动,加快解决"卡脖子"难题,发展"专精特新"中小企业。这是由中国社会发展的主要矛盾决定的,是在新发展阶段运用新发展理念,加快推动形成新发展格局的具体行动。打造一个庞大的"小而美""小而精""小而优"的"专精特新"中小企业群落,既是中国在新发展格局下塑造差异化充满活力的经济生态,提升竞争优势的关键措施,又是中国补链强链与破解产业链"短边规则"的中坚力量、锻造在各种外部风险不确定性冲击下经济韧性重要保障、打造科技创新策源地和新兴产业聚集地建设的重要支撑。

在经济转型时期,因为体制的制约,民营企业创新发展需要制度转型先行。转型主要包括:一是经济体制转型,即把资源配置由政府主导转变为由市场决定;二是经济发展方式转型,即把粗放发展方式转变为科学和集约化发展方式。创新主要是微观层面尤其是企业经济层面的内容,即生产更好的产品、更有效率地生产或转移到更具技能的活动。因此,"转型"为"创新"提供重要的制度与市场环境,创新既是经济发展方式转型的重要模式,又倒逼体制转型。

2.避免"脱实向虚",落实协调发展战略

协调发展较为重要的一环是产业协调发展。国家统计局发布的数据显示,2022年,中国民间固定投资总额超过31万亿元,占全部投资重的54.2%,已成为推动经济发展的重要引擎。但成绩背后也有隐忧,如根据全国工商联发布的中国民营企业500强调研分析报告显示,2016年至

2021年,民营企业500强研发强度低于1%的占比依次为56.85%、55.06%、55.31%、59.46%、61.73%,超过半数的企业研发强度处于较低水平,自主创新能力有待提高。再比如对照协调发展的标准,在产业协调上,许多民营企业在多元化旗帜下涉足房地产和金融领域,主业投资不足,投资"脱实向虚"倾向明显,已成为推动高质量发展不可回避的重大问题。根据全国工商联发布的2021中国民营企业500强调研分析报告显示,在资产总额前10名的民营企业中,仅华为和联想2家属于制造业,其他分布在房地产、互联网、石油煤炭加工等行业。从利润来看,在亏损的11家企业中,第二产业有7家,亏损最大的企业属于电气机械和器材制造业,超过75亿元,没有一家房地产企业亏损。从历史发展来看,在中国民营企业500强中,制造业企业从2015年的291家降到2020年的277家,而房地产企业则从2008年的16家增加到2020年的44家,另外还有36家建筑企业上榜,"脱实向虚"趋势明显。近年来,习近平总书记多次就实体经济发展作出重要指示,提出明确要求。2019年1月17日,习近平总书记在天津港考察时指出:"实体经济是大国的根基,经济不能脱实向虚。要扭住实体经济不放,继续不懈奋斗,扎扎实实攀登世界高峰。"2020年8月,习近平总书记在安徽考察时指出:"要深刻把握发展的阶段性新特征新要求,坚持把做实做强做优实体经济作为主攻方向。"避免投资"脱实向虚"一直是政府重点关注的问题,2022年政府工作报告中提出:"发挥货币政策工具的总量和结构双重功能,为实体经济提供更有力支持。"

  导致企业投资"脱实向虚"的原因很多,对于民营企业来说,主要有四点:一是资源约束限制。融资难、用地难、准入难一直是民营企业面临的重大困难。一方面,相对于投资虚拟经济,在实体领域投资需要的资源多,调整成本高,一旦遇到问题沉没成本也较高。另一方面,由于外部资源存在明显的市场限制,如金融市场普遍存在信息不对称和合约摩擦,使外部融资成本大幅度增加(Fazzari等,1988,Cooper and Haltiwanger,2006),而虚拟经济投资的资产(如金融、房地产)则具有期限短、流动性强的特点,在当前环境下,民营企业持有的虚拟资产就成为另外一种重要的融资手段(刘贯春等,2018;聂辉华等,2020)。二是激励效应不足。由于民营企业主要是家族式企业,出资人一般通过财务资本直接控制企业。在智力资本逐步占主导地位的情况下,原来的外部激励转变为自我激励,强调自我驱动、文化驱动、内在驱动的新范式是企业最佳激励机制。但部分家族式民营企业并没有及时转向新时代智力资本导向,没有及时改变企业对智力资本的激励机制,导致优秀的管理层和员工动力不足,人才流失,这对于从事实体经济的企业是致命的,也进一步导致了民营企业投资被动式地从实体经济转向虚拟经济。三是交易成本较高。法律、产品市场、信用环境、控制权市场是传统范式的嵌入外部治理机制,直接影响企业的交易成本。近年来,随着经济的转型升级和人民群众对高质量生活的追求,企业在环境保护、安全生产、产品品质、信用等级、技术内涵上的标准均有了大幅度的提高。如果企业不能及时适应新的外部治理机制变化,交易成本将会大大增加,这给中国民营企业带来了很大的压力。而投资实体经济较投资虚拟经济有着更高的环保、安全方面的要求,许多民营企业因为多种原因,不能适应这种变化趋势,而将投资方向纷纷转向虚拟经济。四是财富传承障碍。一方面,当前老一辈民营企业家普遍面临着财富传承的困惑。中国民营企业大多以家族企业的形式存在,目前家族企业已经进入第一次代际传承的高峰时期。但由于时代和经历的不同,这些隐性知识因素很难在两代之间传承,而职业经理人在中国也不太成熟,所以第一代从事实体经济的民营企业家近年来倾向于将实体经济转向流动性更大的虚拟经济方面的投资,为下一代留下流动性高的资本而非流动性低的实体资产。另一方面,民营企业家子女对接班的意愿有较大分歧。特别是对于发展实体经济,由于中国民营企业所从事的产业主要处于全球价值链的中低端,受过良好教育的下一代并不愿意接班这些"传统"产业,考虑到子女很多不愿接班的现状,第一代企业家近年来也倾向于逐步退出实体经济领域。

3.加强环保投资,落实绿色发展战略

发展理念是发展行动的先导,是发展思路、发展方向、发展着力点的集中体现。推动高质量发展,需要在发展理念上植根固本,始终坚持生态优先、绿色发展的战略引领。以节约资源和保护环境为导向,在促进物质生产和财富积累的同时,在生产、流通、消费及废弃后的处理和再生全过程中,坚持低消耗、低排放,把自然资源与环境承载力作为一种刚性约束,作为发展的物理边界。坚决守护山清水秀的生态环境是高质量发展的应有之义,需要像保护眼睛一样保护生态环境,有度有序利用自然,还自然以宁静、和谐、美丽。着力实现绿水青山与金山银山的有机统一是高质量发展的科学路径,需要坚持在发展中保护,在保护中发展,使绿水青山产生巨大的生态效益、经济效益、社会效益。

绿色发展注重解决人与自然的和谐问题,是全面建成小康社会的内在要求。改革开放40多年来,中国经济持续快速发展,但生态环境也承受着越来越大的压力,在一定程度上影响着人民群众对美好生活的向往。据生态环境部通报,仅2021年1月至6月,全国下达环境行政处罚决定书就达到5.52万份,罚没款数额总计43.32亿元。一些重大违法案件也是触目惊心,2021年1月至6月,全国五类环境案件总数为6381件。如何实现经济发展与生态环境保护之间的科学平衡,既是党和政府施政的重点,又是人民群众高度关注的问题。"十四五"是中国全面迈向现代化建设的关键时期,环境保护形势复杂,环境管理的体制机制、管理方式面临转型的需求迫切。面对这种情况,党中央和习近平总书记多次强调要加强绿色发展理论,指出绿水青山就是金山银山,保护生态环境就是保护生产力,改善生态环境就是发展生产力。把绿色发展理念作为中国共产党科学把握发展规律的创新理念,明确了新形势下完成第一要务的重点领域和有力抓手,为中国共产党切实担当起新时期执政兴国使命指明了前进方向。

绿色发展注重处理好发展与环境的关系,是对人类社会发展规律认识的不断深化。发展是强国之基,资源环境是强国之本。从经济学意义上讲,绿色发展就是认可自然的价值。发展离不开绿色,只有认知并坚持绿色发展,发展才是有质量与可持续的。同时,发展也是为了更好地实现绿色。只有通过发展,不断积累起强大的物质财富和技术能力,我们才能不断加强市场投入和技术创新,才有可能提高效率、减少排放、治理污染,最终提高综合国力和竞争力。绿色低碳循环发展是当今时代科技革命和产业变革的方向,是最有前途的发展领域。节能环保产业是方兴未艾的朝阳产业,中国在这方面潜力巨大,可以形成很多新的经济增长点。推进绿色发展、绿色富国,将促进发展模式从低成本要素投入、高生态环境代价的粗放模式向创新发展和绿色发展双轮驱动模式转变,能源资源利用从低效率、高排放向高效、绿色、安全转型,节能环保产业将实现快速发展,循环经济将进一步推进,产业集群绿色升级进程将进一步加快,绿色、智慧技术将加速扩散和应用,从而推动绿色制造业和绿色服务业兴起,实现"既要金山银山,又要绿水青山"。坚持绿色发展,体现了绿色与发展之间的辩证统一,彰显了中国共产党推进社会主义生态文明建设的坚定信念。

落实绿色发展战略,不仅仅是党和政府的执政理念,还是企业应有的社会责任。企业是实现绿色发展的主要载体。有研究指出,企业的污染排放量占到全部污染排放量的80%,因此,加强企业绿色发展责任,是当前最重要也是最紧迫的任务。2016年,央视曝光的"常州外国语学校'毒地'事件",因近500名学生身体出现异常而受到极大关注。经调查,原因在于三家化工厂直接将有毒废水排出厂外,将危险废物偷埋到地下,造成周边土壤和地下水源遭到污染。2017年8月28日,震惊全国的"腾格里沙漠污染事件"经最高人民法院最终调解,8家企业因违法对周边土壤进行污染物排放,承担5.69亿元赔偿金,用于修复污染土壤,这是中国迄今为止最大赔偿金额的环境公益诉讼案。环境污染已经严重影响了人们对人与自然和谐发展的美好生活的向往,为此,2018年中央经济工作会议把污染防治作为未来几年实现高质量发展需要打好的"三大攻坚战"之一,生态文明建设被提高到了前所未有的高度。实际上,改革开放以来中国对环境保护立法就高度重视,《中华人民共和国环境保护法》于1989年通过,此后全国人大及其常委会制定了数十部关于环境与资源保护的法律,各地区也根据当地环境状况制定地方法规。然而,即使被称为"史上最严"的新《中华人民共和国环境保护法》于2015年1月1日正式实施,但环境污染事件还是时有发生。由于各类环境保护法以惩治性的监管为主要手段,而超过80%的环境污染物来源于企业(沈红波等,2012),而且环保腐败现象也时有见之于报道,如2016年扬州"大江化工污染环境案",扬州的环保、公安等多个部门官员因受贿被牵出,在公众质疑环保事件中的官商勾结行为时,有政治关联的民营企业往往首当其冲被推上浪尖。因此,面广量大的民营企业加强环境保护方面的投资,对于推动绿色发展战略,就显得尤为重要。

4. 提升对外投资,落实开放发展战略

开放是国家繁荣发展的必由之路。中国经济发展进入新的阶段,迫切需要以开阔的视野审视并确定新的发展战略。党中央多次提出,统筹国内国际两个大局,提出牢固树立并切实贯彻开放发展理念,根本目的在于着力解决发展内外联动问题,用好国内国际两个市场两种资源,广泛参与和引领国际规则制定和全球治理机制变革,再造新一轮开放红利期,掌握未来国际竞争主动权。开放发展理念的提出及其实践,必将丰富对外开放内涵、提高对外开放水平,为发展注入新动力、增添新活力、拓展新空间。党的十一届三中全会以来,中国共产党提出了对外开放的基本国策,中国实现了从封闭半封闭到全方位开放的伟大历史转折。40多年来,中国积极扩大对外贸易,大力推动双向投资,建立沿海经济特区,加入世界贸易组织,这一系列对外开放的重大举措,倒逼国内各项改革不断深化,推动经济建设取得巨大成功。特别是党的十八大以来,中国对外开放更加积极主动,企业走出去步伐明显加快,"一带一路"建设迅速推进,自贸园区成功设立,开放型经济新体制加快构建,一个更高水平的开放格局正在形成。可以说,中国的发展道路在不断扩大对外开放中越走越宽,以开放促改革、促发展是中国特色社会主义道路取得巨大成就的宝贵经验。开放发展理念体现了对这一历史经验的深刻总结,是对现代社会发展规律的深刻揭示。

走出去加强对外投资是新的发展趋势下中国民营企业高质量发展的重要突破口之一。根据全国工商联发布的中国民营企业500强调研分析报告显示,2020年,中国民营企业500强实现海外收入(不含出口)8305.49亿美元,较上一年增加1569.1亿美元,增幅约为23.30%。500强企业海外收入(不含出口)有较大的提升。走出去的主要动因是拓展国际市场,获取品牌、技术、人才等要素。这在新冠疫情发生的背景下,能取得如此的成绩非常不易。改革开放以来,中国企业国际化发展的困境,一方面源自以低端模式参与国际分工所造成的"低端锁定";另一方面源自市场机制不完善和政府干预造成产能过剩和创新能力低。当前,中国经济发展面临经济下行及来自发达国家和其他发展中国家"双向挤压"的严峻挑战,同时,新一轮科技革命和产业变革也将给中国企业创新带来新的机遇。那么,在新一轮科技革命促进产业发展方式变革、创新体系重构和全球分工版图深度调整的背景下,中国民营企业应该如何突破"低端锁定",在新一轮的国际分工中实现转型升级,如何以外部压力倒逼市场机制和体制改革,在全球竞争中通过对外投资,获取全球资源,增强"市场势力"和"技术实力",是中国民营企业所要面对的重要议题。

中国民营企业瞄准高质量发展既受自身瓶颈制约,又面临新的全球竞争格局和科技革命,因此必须放眼全球,加紧战略部署。《中国制造2025》为中国制造业转型升级部署了重大战略框架,其明确的9项战略任务和重点也正是中国制造业转型升级需要解决的重点问题。国家2035年远景目标纲要也指出,到2035年,关键核心技术实现重大突破,进入创新型国家前列。基本实现新型工业化、信息化、城镇化、农业现代化,建成现代化经济体系。然而,需要看到的是,这些战略任务和重点实施将因中国民营企业自身瓶颈、国际竞争等而面临诸多困难,如何切实推进中国民营企业创新升级,是目前重大战略框架下亟须解决的焦点问题。民营企业创新升级是个系统过程,在新一轮国际分工中,通过走出去推进中国民营企业创新发展,为中国民营企业高质量发展明确方向。但在推进过程中将面临各种问题和困难,还需要具体的路径。在新一轮国际分工中,随着技术创新变得更加复杂,越来越多的企业在信息、通信、交通等技术支持下,开始突破区域和国家界限,积极地寻求外部资源为己所用。由于企业间人员频繁地跨国流动所导致的技术知识的流动,以及用户、供应商、大学和科研机构人员对创新活动的深层次参与,使创新从企业内部的部门间协作,扩展到外部甚至国家之间的不同主体间的网络合作。为此,需要积极加入全球创新链。全球创新链是指企业在全球范围内搜索可利用的知识资源、关注资源使用权并且具备高度开放性的价值网络创新模式。相比于加入全球价值链,加入全球创新链在目标、决定因素、产业内容、集聚经济活动的力量、需求推动的方向、行为主体间的关系和后果都不同,这也是民营企业对外投资所要重点关注的方向。

"一带一路"倡议为中国主导的全球价值链走向全球创新链提供了实践契机。"一带一路"沿线各国资源禀赋各异,经济互补性较强。中国具有较强竞争优势但产能过剩的机械设备、通信干线网络建设、交通基础设施等制造业,是"一带一路"沿线各国所缺乏且急需的。但中国民营企业不应该以单个企业为单位走出去,而应该联合起来(包括和大型国有企业联合),通过产业链集聚和价值链延伸来实现与这些国家产业的协同发展,提升创新链"链主"地位。沿着"走出去—走进去—走上去"的路径,提升在"一带一路"价值链的治理权,并以此为契机,拓展全球价值链和全球创新链发展。

5.履行社会责任,落实共享发展战略

共享发展反映了中国特色社会主义的本质要求。社会主义的本质特征是共同富裕,而共享发展体现了这一本质要求,是社会主义制度优越性的集中体现。能否实现全体人民共享改革发展成果,决定着中国特色社会主义事业的成败。改革开放初期,经济社会的现实状况决定我们只能选择"让一部分人先富起来",竞争性的市场经济规则进一步强化了发展的不平衡性,贫富差距逐步拉大的现象随之产生。改革开放40多年来,伴随着经济的高速增长,中国经济总量跃居世界第二,综合国力实现跨越式提升。一方面,经济发展为我们追求共同富裕、实现共享发展奠定了坚实的物质基础;另一方面,发展中的不公平问题不断积累,已经影响到人民群众的幸福感,不平衡发展的老路难以为继,实现共同富裕和共享发展成为现实而紧迫的要求。站在新的发展起点上,中国共产党提出共享发展理念,既是坚持和发展中国特色社会主义的必然选择,又是确保未来中国经济平稳健康发展的先决条件。在党的坚强领导下,2020年年底,中国完成了新时代脱贫攻坚目标任务,现行标准下农村贫困人口全部脱贫,成为世界减贫史上的奇迹。

共享发展是激发人民群众创造活力的现实需要。党的十八届五中全会明确指出,坚持共享发展必须按照人人参与、人人尽力、人人享有的要求,坚守底线、突出重点、完善制度、引导预期,注重机会公平,保障基本民生,实现全体人民共同迈入全面小康社会。全面小康从根本上说是人的小康,发展的目的在人,发展的主体和推动力也在人,只有人人参与、人人尽力,才能最终实现人人享有;反之,如果没有人民群众发挥积极性、主动性、创造性,实现共享发展只能是一个美好梦想。14亿人民中蕴藏着无限潜能,只有坚持在实践中把共享发展理念贯穿到各个方面,使全体人民在共建共享发展中有更多获得感,才能真正激发起每个人的创造活力,汇聚形成实现"两个一百年"奋斗目标的强大动力。民营企业落实共享发展,履行社会责任,既是全社会共同参与的体现,又是市场经济发展到一定阶段,从传统走向创新、从粗放走向集约、从外延走向内涵的一种必然选择。对于民营企业来讲,社会责任绝不仅仅是公益捐赠和慈善事业,它还是企业发展、创新、增强竞争力的内生动力和促进企业与员工、企业与社会、企业与自然和谐共生的不竭源泉。民营企业在自身发展的同时越来越认识到承担社会责任的重要性,讲法制、守信誉、诚实劳动、合法经营、公平竞争,树立良好的社会信誉,已经成为越来越多民营企业的发展理念和自觉行动。民营企业一方面不断吸收现代商业文明的精髓,另一方面也在更加努力地践行中国特色社会主义的价值观和道德观,以期增强民营企业家群体"对中国特色社会主义的信念、对党和政府的信任、对企业发展的信心、对社会的信誉",推动中华民族商业文明的复兴。现代企业是社会的细胞,社会是孕育企业成长的母体,"落其实思其树,饮其流怀其源",中国民营企业理应成为推进共享发展的"主力军",企业和企业家对于如何更好地履行社会责任,应给予高度的关注和认真的思考。

民营企业履行社会责任促进了社会高质量发展。一是维护了社会的稳定。民营企业秉承坚持科学发展、实现共同富裕的宗旨，坚持"义利兼顾、以义为先"的理念，以产业化扶贫推动区域发展，以开展公益慈善促进民生改善，尤其是在光彩事业扶贫开发项目中，通过到贫困地区投资兴业、安置就业、培训人才等途径变"输血"为"造血"，增强其自我发展能力，有效改善了"老、少、边、穷"地区的贫困状况，有力推动了区域经济协调发展，为消除贫困、维护社会稳定，实现共享发展作出了贡献。二是促进社会和谐。在地震、泥石流等重特大自然灾害中，民营企业为国分忧、为民解难，纷纷踊跃捐款捐物，不少民营企业家甚至亲自奔赴灾区，抢险救灾，支援灾区重建，改善灾区人民生活。在新冠疫情的背景下，民营企业为民解难，顾大局、保民生、讲贡献，自觉不裁员、不减薪、不欠薪，并千方百计保障就业，促进社会和谐。三是促进社会可持续发展。广大民营企业在为社会提供产品或服务以获得利润的同时，注重兼顾"公平"，构建"和谐"，把企业的运行与员工、客户、环境及社会利益有机地结合起来，促进企业经济利益与各利益相关者的公共利益平衡、协调发展，有效缓解中国经济发展的结构性矛盾和不可持续性问题，避免责任危机，实现中国经济和社会的共同发展。

二、改革开放以来民营企业发展的历史阶段

改革开放以来，民营企业从小到大、由弱变强，民营企业家的健康成长和民营经济的健康发展是新时期思想解放的重要成果。习近平总书记在多个场合重申坚持"两个毫不动摇"、坚持中国特色社会主义基本经济制度。在2018年11月1日民营企业座谈会上，习近平总书记对民营经济的重要作用给予了高度肯定，并旗帜鲜明提出三个"没有改变"——"非公有制经济在中国经济社会发展中的地位和作用没有变！我们毫不动摇鼓励、支持、引导非公有制经济发展的方针政策没有变！我们致力于为非公有制经济发展营造良好环境和提供更多机会的方针政策没有变"！习近平总书记的话极大地坚定了、鼓舞了民营企业发展的信心和创新的热情。40多年来，民营企业发展可分为"初创发展""快速发展"和"高质量发展"三个阶段。

（一）初创发展阶段（1978—1991年）

这一阶段从1978年党的十一届三中全会开始，到1991年底党的十四大确立中国实行社会主义市场经济体制为止。社会主义市场经济的特征是在农村率先实行改革后，个体经济率先获得快速发展并萌生私营经济，

私营经济从无到有曲折发展。

由于"一大二公"的计划经济模式偏重重工业发展的高积累而轻慢生活资料的生产,更因为计划经济不可能计划生产包罗万象的生活资料和具有市场的丰富性、自洽性的根本性模式缺陷,加上"文化大革命"对全面生产发展的破坏和"宁要社会主义的草,不要资本主义的苗"之类极"左"思想的阻遏,人民的生活水平长期得不到有效改善和提高,人心思富、人心思变不可压制,1975 年复出后主持国务院工作的邓小平同志召开了解决工业、农业、科技等方面问题的一系列会议,提出"三项指示为纲",把发展经济放在首要的战略位置,坚持全面整顿发展经济,全国人民为之热切期盼,当年经济形势就有了明显好转,社会总产值增长 11.5%、国民收入增长 8.3%。粉碎"四人帮"后,万众欢腾,党中央洞悉民情,迅速调整方针,于 1978 年派出四个考察组,分别到西欧、东欧和日本等工业发达国家和港澳地区学习、借鉴工业建设和商贸经验,并作出经济建设新决策。1978 年 5 月 11 日,《实践是检验真理的唯一标准》刊登在《光明日报》头版,受到全社会各界的高度关注。11 月 13 日,邓小平同志在中央工作会议闭幕式上高度评价真理标准大讨论,指出"解放思想是当前的一个重大政治问题","不打破思想僵化,不大大解放干部和群众的思想,四个现代化就没有希望"。随后,十一届三中全会胜利召开,标志着全党工作重心转移到了社会主义现代化建设上来,预示着个体私营经济的破土生长和发展有了政策空间。1979 年 11 月 12 日,中共中央批转了中央统战部等六部门《关于把原工商业者中的劳动者区别出来的问题的请示报告》,在党和政府的关心下,在政策文件的具体指导下,经过细致工作,到 1981 年,原 86 万工商业者中有 70 万人恢复了劳动者的身份。

从十一届三中全会上提出的"让一部分人先富起来",到随后邓小平同志在"五老火锅宴"上希望工商界"钱要用起来,人要用起来",以及对小岗村"包产到户"的认可并在全国推广,其本质是从生产分配体制的调整上对调动个人积极性创造性地承认,农村改革出现了"承包户""种植大户""运输大户",1700 万知青大返城自主就业"逼"出个体户和私营企业。由于长期以来"左"倾的思想桎梏,私营经济的萌生发展极尽曲折,雇工的问题,姓"资"姓"社"的问题,私营业主"原罪"的问题,一波未平一波又起,步步艰难,但勇敢跨步向前。党的政策在探索中充分体现了思想解放和理论创新的时代特征,呼应民营经济实践并引领民营经济更向前发展。1979 年,党的会议明确"个体劳动者"的定位。1982年,党的十二大提出个体经济是"公有制经济必要的、有益的补充",1982年12月4日通过的《中华人民共和国宪法》将个体经济写入。1987年,党的十三大首次承认并允许私营经济发展。1988年,私营经济写入宪法,《中华人民共和国私营企业暂行条例》颁布,私营经济在法律上得到正式承认,并开始加速发展。

据统计,1978年,中国城镇个体劳动力只有15万人。到1982年,个体工商户注册户数即升到263.7万户,注册资金为8.25亿元,从业人员达到319.9万人。到1991年年底,个体工商户注册户数增加到1416.8万户,注册资金488.15亿元,从业人员达到2258万人。到1988年年底,全国登记注册的私营企业为4.06万户,从业人员72.4万人,注册资金为32.86亿元。到1991年年底,全国登记注册的私营企业为10.8万户,从业人员183.9万人,注册资金为123.2亿元。由于到1988年年底才有私营经济统计数据,因此在这之前的阶段个体经济统计数据含有私营企业。据1987年国家行政管理局摸底调查,全国约有私营企业22.5万户,雇工人数为360.7万人。其中,以个体工商户名义存在的有11.5万户,雇工人数为184.7万人;以合作经济组织名义存在的有6万户,雇工人数为96万人;以集体名义存在的有5万户,雇工人数为80万人。

(二)快速发展阶段(1992—2012年)

这一阶段从邓小平同志的南方谈话开始到世纪之交,党和国家确立和坚持社会主义基本经济制度,民营经济从少到多、由弱趋强,进入高速增长阶段。

邓小平同志在中国改革开放的关键时刻,于1992年年初视察南方并发表"南方谈话",解决了"姓'社'姓'资'"和"市场经济是不是社会主义"等问题。1992年10月,党的十四大"明确了我国经济体制改革的目标是建立社会主义市场经济体制"。1993年11月,党的十四届三中全会通过了《中共中央关于建立社会主义市场经济体制若干问题的决定》,指出"国家要为各种所有制经济平等参与市场竞争创造条件,对各类企业一视同仁"。以党的决议终结了姓"资"姓"社"的无谓纠缠,为民营经济发展创造了更加宽松的外部环境。1997年9月,党的十五大在理论上把非公有制经济的地位由"公有制经济必要的、有益的补充"提升为"社会主义市场经济的重要组成部分"。这意味着非公有制经济是中国经济"有机组成、不可缺少"的部分。1993年3月,八届全国人大一次会议通过的宪法修正案,确定

"国家实行社会主义市场经济",市场导向的经济模式得到了国家根本大法的确认。1996年3月,在八届全国人大四次会议上通过的《中华人民共和国国民经济和社会发展"九五"计划和2010年远景目标的纲要》,把继续鼓励和引导个体私营经济作为今后十五年发展国民经济社会必须坚持的方针,这是国家层面的施政目标。1999年3月,九届全国人大二次会议通过的宪法修正案,确定了社会主义初级阶段的基本经济制度,民营经济市场主体地位得到更进一步的合法确认。

随着中国社会主义初级阶段基本经济制度的确立,各种所有制平等竞争、相互促进的新格局逐步形成,民营经济发展速度进一步提升,非公有制经济政策理论再次创新。2002年11月,党的十六大提出"毫不动摇地巩固和发展公有制经济",与"毫不动摇地鼓励、支持和引导非公有制经济发展",统称为"两个毫不动摇"。同时提出一个"统一",即"统一于社会主义现代化进程",不能把两者对立起来。2007年10月,党的十七大首提"两个平等"思想,要求"坚持平等保护物权,形成各种所有制经济平等竞争、相互促进新格局"。同时,法律也及时予以跟进。2004年3月,十届全国人大二次会议通过的宪法修正案,确立了民营企业家"社会主义事业建设者"的政治地位,同时明确了对民营企业合法权益的保护。2007年3月,十届全国人大五次会议通过了《中华人民共和国物权法》,该法案历时13年的修改,是国家第一次以法律形式对公有财产和私有财产给予平等保护。除法律外,两项对民营经济发展具有里程碑意义的政策也应运而生。2005年2月,《国务院关于鼓励支持和引导个体私营等非公有制经济发展的若干意见》发布,包含7大措施36条(被称为"非公经济36条")。这是中华人民共和国成立56年来首部以中央政府名义发布,以促进民营经济发展为主题的政策性文件。2010年5月,《国务院关于鼓励和引导民间投资健康发展的若干意见》,内容同样也包含7大措施36条(又称为"新非公经济36条"),这是中华人民共和国成立以来国务院出台的第一份专门针对民间投资的政策文件。短短几年时间,两个文件的出台,彰显了党和国家对民营经济的高度重视和解决公平竞争问题的决心。

在这一过程中,广大个体私营主的政治地位得到极大提升。1993年3月,23名民营企业家以全国政协委员的身份,第一次走进人民大会堂,登上了参政议政的政治舞台。截止到2002年11月,全国民营企业家中担任县级以上各级人大代表的共有9065名,担任县级以上政协委员的有32025

名。2002年,在受表彰的全国五一劳动奖章获得者中,有4名民营企业家获此殊荣,实现零的突破。2004年,由中共中央统战部、国家发展改革委、人事部、国家工商行政管理总局和全国工商联联合举办的首届"优秀中国特色社会主义事业建设者"评选活动,共有100位民营企业家受到表彰,该活动也受到了党中央的高度重视和肯定。在党的十六大上,党的历史上首次有民营企业家党代表出席大会,其中4名来自江苏,他们是沙钢集团董事长沈文荣、江苏综艺股份有限公司董事长昝圣达、远东控股集团有限公司董事长蒋锡培、森达集团董事长朱相桂。政治地位的提高,趋于良好的社会文化环境,激发了民营企业的创业热情,第二代民营企业家开始崛起。1992年,大批体制内人员纷纷下海,辞职下海的有12万人,没辞职却投身于商海的超过1000万人,成为中华人民共和国民营经济发展史上第一次大规模下海潮。20世纪90年代末,科技创业新潮起,3万余名留学归国人员创办了民营科技企业,2000多名留学人员在全国50余家科技创业园创办企业。创业人员文化素质的提高,民营企业在量和质上有了双飞跃,为党和国家大力发展民营经济增添了信心。民营经济积极参与国有企业"抓大放小"的改革,进入一般性竞争领域,甚至涉足基础设施和公用事业领域。在产权领域,许多民营企业摘掉假的"红帽子"①,在市场经济的大海中搏击成长。民营科技企业异军突起,成为中国经济发展史上的一个新的增长点。2002年年底,中国个体工商户达2377.5万户,从业人员为4742.9万人,注册资金为3782.4亿元。私营企业达243.5万户,从业人员为3247.5万人,注册资金为24756.2亿元。个体私营经济等非公有制经济创造的增加值占国内生产总值的三分之一。截至2012年9月,中国登记注册的私营企业达1059.8万户,注册资金为29.8万亿元,从业人员和投资者超过1.1亿人。个体工商户总数达3984.7万户,注册资金达1.88万亿元,从业人员达8457.7万人。

(三)高质量发展阶段(2013—)

在党的十八大、十九大、二十大精神指引下,进入习近平中国特色社会主义新时代,构建"亲""清"新型政商关系,弘扬优秀企业家精神,民营经济

---

① "红帽子"是改革开放初期,在制度发展不完善的情况下民营企业采取的做法。具体包括三种类型:一是挂靠型,挂靠在某一集体企业或单位名下,实质仍然是个体经营;二是出租转让营业执照型,主管部门办好集体营业执照,然后将经营执照出租或发包给个人经营;三是"假合作型",在政府推动下,以"合作制"等名义,按集体企业登记领取营业执照,但实质仍是私营企业,不按集体企业制度进行管理,不需要提取公共积累。

由大到强迈进高质量发展新阶段。

国际金融危机爆发后,全球经济进入新一轮的调整期,中国经济发展进入新常态,民营经济也由高速增长转向高质量发展。以习近平同志为核心的党中央从统筹推进"五位一体"总体布局和协调推进"四个全面"战略布局、夺取新时代中国特色社会主义事业新胜利的战略高度,对全面深化改革作出一系列战略部署,对民营经济发展提出许多新思想、新论断和新举措,标志着中国民营经济迎来了一个新的历史机遇,是中国共产党在新的历史起点上全面深化改革的科学指南和行动纲领。2012年11月,党的十八大进一步提出了"三个平等"思想,包括"保证各种所有制经济依法平等使用生产要素、公平参与市场竞争、同等受到法律保护",要素平等使用被提高到战略高度。2013年11月,党的十八届三中全会召开,会上提出了"两个都是"的重要论述:"公有制经济和非公有制经济都是社会主义市场经济的重要组成部分,都是我国经济社会发展的重要基础。"强调"要坚持权利平等、机会平等、规则平等,废除对非公有制经济各种形式的不合理规定,消除各种隐性壁垒,制定非公有制企业进入特许经营领域具体办法"。这些都体现了党和国家下决心破除垄断,建设统一开放、竞争有序的市场体系和公平开放透明市场规则的信心和魄力。大会还明确提出,"公有制经济财产权不可侵犯,非公有制经济财产权同样不可侵犯"。此后,党和国家不断推进平等保护各类所有制经济产权的法治化进程。2014年10月,党的十八届四中全会提出:"健全以公平为核心原则的产权保护制度,加强对各种所有制经济组织和自然人财产权的保护,清理有违公平的法律法规条款。""两个不可侵犯"和全面推进依法治国,为广大民营企业安心、专心、用心谋发展创造了更加有利的制度环境。2017年,党的十九大重申坚持"两个毫不动摇"的方针,有着重大的意义。同时,还第一次在党的重要会议和文件上使用"民营企业"这个词,代替了传统提法的"非公有制经济"和"民营经济",表明党对民营企业的认识达到了新的历史高度。2022年10月,党的二十大再次重申坚持"两个毫不动摇"的方针,第一次明确提出"促进民营经济发展壮大"的重要决策,对促进民营经济发展壮大作出许多新的重大论述。2022年,中央经济工作会议强调,要从政策和舆论上鼓励支持民营经济和民营企业发展壮大。这些都表明党的一贯立场和支持鼓励民营经济发展的方针政策没有改变。

政商关系是中国社会关系中的重要关系,也是民营企业发展中不可轻视的重要内容。官商勾结、寻租渔利等负面行为严重破坏社会公平和恶化社会心态,不利于社会主义核心价值观的确立和弘扬,不利于团结一心实现"中国梦"。2016年3月4日,习近平总书记在全国政协民建、工商联界委员联组会上,把新型政商关系概括为"亲""清"两个字。在党的十九大报告中,习近平总书记进一步强调要构建"亲""清"新型政商关系。不健康的政商关系及负面行为得到遏制和清除,政商关系朝着健康的方向不断发展。企业家精神是民营企业发展的关键内在动力因素,也是党和国家建设社会主义核心价值观的重要内容。2017年9月8日,《中共中央 国务院关于营造企业家健康成长环境弘扬优秀企业家精神更好发挥企业家作用的意见》发布,界定了优秀企业家精神的内涵,提出了弘扬优秀企业家精神的政策举措和制度安排。进入2018年,恰逢改革开放40周年,针对民营经济的舆论波澜迭起,"消灭私有制论""民营经济离场论""新公私合营论""加强企业党建和工会工作是要对民营企业进行控制"等各种"向后退"的言论甚嚣尘上。在关键时候,2018年11月1日,党中央召开民营企业座谈会,习近平总书记主持会议并作重要讲话,再次表态党和国家坚持"两个毫不动摇"的方针、坚持社会主义基本经济制度,高度肯定了民营经济的作用,并以"自己人"来定位民营企业和民营企业家,强调"在全面建成小康社会进而全面建设社会主义现代化国家的新征程中,中国民营经济只能壮大、不能弱化,不仅不能'离场',而且要走向更加广阔的舞台"。这是给民营企业家吃了一颗定心丸。2021年下半年以来,社会上一些自媒体对民营经济进行贬损和丑化,民营企业和民营企业家被"污名化",在关键时刻,2022年10月,党的二十大再次提出全面构建"亲""清"政商关系的明确要求,提出"完善中国特色现代企业制度,弘扬企业家精神,加快建设世界一流企业","支持中小微企业发展",有力地驳斥了社会上各种否定民营经济的奇谈怪论。2022年年底的中央经济工作会议进一步强调,各级领导干部要为民营企业解难题、办实事,构建"亲""清"政商关系。在2023年的全国两会上,习近平总书记指出,"党中央始终坚持'两个毫不动摇''三个没有变',始终把民营企业和民营企业家当作自己人",这对于进一步推动民营企业和民营企业家消除顾虑,放下包袱,大胆发展起到了重要的作用。据统计,2012—2022年,中国民营企业数量从1085.7万户增长到4457.5万户,10年间翻了两番多,民营企业在企业总量中的占比由不到80%到超过90%。而个体工商户也突破了1亿户,达到1.14亿户。在国家级专精特新"小巨人"企业中,民营企业数量占比超过80%;民营上市公司数量突破3000家;在世界500强企业中,中国民营企业由2012年的5家增加到2022年的28家。

三、改革开放以来民营企业发展的经验启示

改革开放以来,中国共产党根据国情发展的实际和党的基本路线,对民营企业发展采取鼓励、支持、引导、服务的方针,收获了宝贵的历史经验和启示,主要包括以下六个方面。

(一)坚持党的领导是根本保障

党的领导是中国特色社会主义最本质特征和最大优势,民营经济是在党的方针政策指引下发展起来的。改革开放以来,党中央始终为经济社会发展把方向、定政策、促改革,坚持社会主义初级阶段基本路线,坚持和完善社会主义基本经济制度,推动社会主义市场经济体制的建立和完善。党中央始终高度重视民营企业党建工作,进行了系列部署,出台了相关政策,扩大了党的执政基础、群众基础和社会基础。这些都为民营经济发展提供了有力的理论指导、制度支撑和政治保障,营造了良好的营商环境。

党的十八大以来,习近平总书记把促进"两个健康"摆到重大经济问题和重大政治问题的战略高度,在不同场合对坚持基本经济制度和"两个毫不动摇"方针进行重申,多次深入民营企业考察调研,多次就支持民营经济发展壮大发表重要讲话,以"亲""清"关系内涵定位新型政商关系,以"内在要素""自己人"定位民营企业和民营企业家,亲自给"万企帮万村"精准扶贫行动中受表彰的民营企业家回信,引领民营经济走向高质量发展。

实践充分证明,党是最高政治领导力量,也是民营经济发展的最有力保障。在习近平中国特色社会主义新时代,党对民营经济的领导只能加强和改进,绝不能削弱和动摇;民营企业家"听党话、跟党走""走社会主义道路"的信念必须坚定不移,一刻都不能动摇;走中国特色社会主义道路、发展民营经济的实践必须坚定不移,一刻都不能偏离。

(二)抓好顶层设计是最大的机遇和红利

建设现代化的富强中国,实现民族复兴的"中国梦",是中国共产党执政为民的"初心"。十一届三中全会完成了党的思想路线、政治路线的拨乱反正,确立了实行改革开放和以经济建设为中心的基本路线。改革开放的根本是党中央着力抓好"顶层设计"——重大制度创新,寻求国家制度、发

展机制最大程度地贴近人民心意。并通过建立充满活力的体制机制,领导、规划、鼓励、坚定不移地支持民营经济大发展,形成了放手让一切劳动、知识、技术、管理、资本等要素活力竞相迸发,让一切创造社会财富的源泉充分涌流的良好局面。

改革开放以来,民营经济的地位逐步提升,从不合法逐步过渡到半合法,并最终被写入宪法和党章。民营经济的地位作用也被逐步认识,从起初的公有制经济必要和有益的补充,发展到社会主义市场经济的重要组成部分,最终提升到中国经济制度的"内在要素"。在对待民营经济上,党的方针政策从"允许在法律规定的范围内存在和发展",最终提升到"毫不动摇鼓励、支持、引导"。民营企业家政治地位在这一过程中也得到大幅提升,从最初体制外边缘人群,逐步走向"自己人"。对民营企业家作为人大代表、政协委员等的政治安排,也从无到有、从少到多、从低到高。在加入党组织的态度上,从最初的不允许入党到可以发展入党、可以当选党代会代表,推动民营企业建立党组织并要求"全覆盖",党员民营企业家兼任党委书记。

正是在这一系列顶层设计的引导下,全国人民的思想观念得到了大幅转变,推动了政策措施上的大幅创新,促进了全国上下齐心协力,大大释放了民营经济发展的活力和动力。民营经济成为中国共产党长期执政的群众基础,成为实现"两个一百年"奋斗目标和中国梦的重要力量。实践充分证明,科学的顶层设计每向前推进一步,民营经济发展就跨越大步,中国特色社会主义事业就大步前进。

(三)解放思想是必要前提

民营经济伴随着解放思想取得重大突破而发展壮大,无论是发展的动力,还是创新的动力,都来自解放思想。中国共产党坚持根据具体发展阶段情况制定政策和实践是检验真理的唯一标准,开创了当代中国的伟大社会变革。

改革开放后,解放思想,首先是正确理解党的改革开放方针政策和发展民营经济的政策措施,不断解放、扬弃僵化的思想,不断破除对姓"资"还是姓"社"的抽象争论,不断破除"左"的错误或"全盘西化"的倾向,不断突破、摒弃陈滞落后的观念,对民营经济地位与作用的认识不断走向深化、科学化,在公有制经济与非公有制经济、计划经济与市场经济、政府作用发挥与市场作用发挥的关系上,形成一系列重大思想理论创新成果,不断扫除制约民营经济发展的体制机制障碍。无论是 20 世纪 70 年代末农村改革时个体经济的初始发展,还是 20 世纪 80 年代"温州模式""苏南模式"时私营经济的创新发展;无论是 20 世纪 90 年代外向型经济大发展,还是 21 世纪前后加入 WTO 后民营企业较快发展态势,到 2003 年之后在科学发展观统领下民营经济的全面高速发展、转型发展,再到党的十八大后,在习近平新时代中国特色社会主义思想指引下,解放思想和统一思想,确立高质量发展目标,民营经济每一次的发展都是以解放思想为先导的,每一次发展的重大突破、重要进步,也都是运用解放思想的利器冲破种种陈旧思想和已有的经验束缚,勇于改革发展的结果。

走进习近平中国特色社会主义新时代,促进民营经济新发展,必须继续大力推动解放思想,必须坚定不移地在新思想中统一思想,形成思想解放与改革开放互为促进,观念创新和实践求索相互激荡,不断破解思想上的僵化与故步自封的惰性。

(四)尊重群众首创精神是不竭力量

中国共产党在理论上鲜明提出、在思想上明确要求、在实践中始终践行"以人民为中心",重视发挥人民的首创精神。民营经济的发展,从认识到实践上的每一次新生事物的产生、突破和发展,以及经验的创造和积累,无不来自人民群众"摸着石头过河"的大胆实践和智慧。

改革开放从农村联产承包责任制起步发端,并快速扩展到城乡经济领域,在此过程中民营经济的发展面对许多理论和实践问题,比如对民营经济的定性、"戴红帽子"企业改制,"温州模式"和"苏南模式"的转型升级、市场在资源配置中的作用、政府在引导和推动地方经济发展的作用,等等。无论是家庭联产承包责任制"破土而出",还是乡镇企业异军突起、次生型民营经济后来居上;无论是共享经济"遍地开花",还是互联网线上销售无处不在;无论是淘宝村、电商村重塑农村商务模式,移动支付改变生活,还是惠龙易通等物流公司、运满满等物联网企业提高供应链效率,无不来源于人民群众及企业家的伟大创造,中国民营经济原生型和次生型的共同发力发展,推动了全国上下深化对党的每一步理论创新的认识,推动了经济体制改革向纵深推进的步伐。

进入习近平中国特色社会主义新时代之后,民营经济发展有更广阔的空间,只要继续尊重和总结好人民群众的首创精神,充分吸纳人民群众中无尽的智慧和力量,民营经济就会拥有更美好的未来。

(五)营造优良营商环境是决定因素

全力营造优良营商环境是各级政府的基本职责。营商环境就是生产力,在经济建设的总格局中各地展开竞争,比的就是能否促进民营经济内生动力蓬勃昂扬,能否促进企业家精神弘扬发挥,能否成为吸引人才和投资的高地。营商环境没有最好,只有更好,对于民营经济来说,体现在四个关键性问题上:民营企业公平参与市场竞争有没有保障,民营企业合法权益能否得到平等保护,尊重和激励民营企业的政商关系和社会氛围是否良好,政府部门工作人员政策水平、专业服务水平是否符合民营企业家的要求。

中国各区域、各地民营经济发展程度有着较大的落差,民营经济发展还存在着不均衡、不协调的现象,究其原因,既有各地工商历史基因、工业发展基础条件、要素资源禀赋高低不同的影响因素,但在"有为政府"的作用方面,又有思想解放程度和改革开放步伐不同的因素,具体就落实在一个地方营商环境的优劣上。实践证明,政府是营商环境和民营经济发展的第一责任人,哪里市场取向改革相对不足,营商环境建设相对滞后,哪里民营经济就难以得到充分发育,创业创新观念就淡薄,区域经济路径就缺乏、增长就乏力。一个地方市场化程度越高,民营经济就越活跃和发达,经济发展就越有活力。营商环境的优良必须是全方位的优良,既要有长期的、一任又一任干部精心营造呵护,又渗透在一个地方整体文化氛围中,并产生马太效应。

进入习近平中国特色社会主义新时代之后,全国上下要以改革创新的精神、以改革创新的办法,以法治化、市场化、国际化的标准,既对症下药革除当下的陋习顽疾,又久久为功着眼长远施策,让亲商、安商、富商观念在全国蔚然成风,让广大民营企业家安心、专心、放心、舒心谋发展,进一步优化区域和各地营商环境,推动民营经济实现更高质量、更加均衡发展。

(六)弘扬优秀企业家精神是内生动力

随着民营经济的发展,改革开放以来,中国的企业家队伍不断发展壮大,企业家精神得到高度重视和大力弘扬,为推动中国经济持续繁荣、推动改革开放事业向纵深推进作出了突出贡献。

民营企业家是市场竞争的重要参与者,他们不断推陈出新、代际接力,既以自己的成功经验为改革开放事业积累了宝贵经验,又用自己的失败和不足为改革开放事业提供了有益的借鉴。他们不等不靠、不满足于既往成绩,不忧不惧、勇于脱胎换骨,成为时代迫切需要的企业家,他们弘扬优秀企业家精神,使命感和角色意识不断增强,事业目标更加远大,坚持不懈、积极进取成为企业家群体的精神风尚。他们实现了从冒险开拓、吃苦耐劳到持续创新、精益求精的演进,诚信、造福社会等更多迈向美好生活所必需的现代商业文明,成为优秀企业家的价值共识和不懈追求。

2012年以来,中国特色社会主义进入新时代,优秀企业家精神具体表现为"五有",民营企业家必须继续做好"五有":有立场,增强"四个意识",坚定"四个自信",永远与党同心同向同行,对实现"两个百年目标"充满信心;有思想,始终站在时代前沿,拥护和感激党的改革开放政策,支持党和国家的各项改革开放举措,坚信中国特色社会主义市场经济体系会不断完善,坚信中国经济有广阔前景,对民营经济发展充满信心,加强对企业未来发展的战略研究;有情怀,积极担负起对国家、民族和社会的责任,践行社会主义核心价值观,富而思源,富而思进,展现出新的格局和担当,积极投入光彩事业、精准扶贫和公益慈善事业;有坚守,讲正气、走正道,在合法合规中提高企业竞争能力;有匠心,专注品质、追求极致,实现企业的永续经营、基业长青。

实践充分证明,中国经济发展能够创造突出业绩,民营企业家功不可没。进入习近平中国特色社会主义新时代之后,我们要进一步营造让企业家健康成长的环境,弘扬优秀企业家精神,更好发挥企业家作用,让企业家精神引领中国民营经济高质量发展。

四、民营经济高质量发展展望

习近平总书记在民营企业座谈会上指出:"我国经济发展能够创造中国奇迹,民营经济功不可没!""贡献了50%以上的税收,60%以上的国内生产总值,70%以上的技术创新成果,80%以上的城镇劳动就业,90%以上的企业数量。"这是对中国民营企业发展成绩的高度概括。

当前,中国经济已由高速增长阶段转向高质量发展阶段。所谓高质量发展,就是能够很好满足人民日益增长的美好生活需要的发展,是体现新发展理念的发展,是创新成为第一动力、协调成为内生特点、绿色成为普遍形态、开放成为必由之路、共享成为根本目的的发展。进入新时代,民营企业在践行五大发展理论,推动经济高质量发展上,正在作出更加积极的贡献。

(一)民营企业更加创新发展

当前,世界新一轮科技革命和产业变革正在孕育兴起,市场空间压缩,产品和服务高端化,竞争的白热化状态持续升温,企业若不能转型创新,对接市场大趋势,将会面临被淘汰的风险。中国民营企业总体来说底子薄、资源少,具有巨大的创新动力,同时也具有机制灵活、市场嗅觉敏锐、经营高效等特点。他们通过不断技术创新、管理创新、制度创新,以及商业模式创新,为中国经济发展作出了重大贡献,取得了一系列创新成果。

民营企业有敢为人先、创新发展、劳动效率高、市场速度快的本质特征。早在20世纪80年代初,一大批科技企业异军突起,成为推进经济发展的重要支撑力量。20世纪90年代后,随着自身积累的增加,大量民营企业相继提出"二次创业"目标,其核心内容就是"创办实业",加速科技成果产业化。据统计,1997年,全国民营科技企业已达6.5万家,固定从业人员已有315.5万人,上缴税金265.6亿元,较1993年分别增长了2.5倍、3.2倍、7.1倍。1997年,民营科技企业投入的研究开发经费达2163亿元,占当年产品销售收入的5%,有的企业达到10%,远高于同期中国大中型工业企业研究开发经费占销售额1.2%的水平。在企业固定从业人员中,科技人员占30%以上,有的高达50%。进入21世纪,广大民营企业进一步投身于新智能制造、新材料、生物技术、金融科技等战略性新兴产业和新经济领域。2017年11月,科技部公布人工智能创新平台中的企业全部为民营企业。以华为和三大互联网公司为代表的高科技、新动能企业,以红豆、吉利等为代表的先进制造业,以腾讯、阿里巴巴、京东等为代表的新经济、新消费,以及一大批各细分领域的中小企业"隐形冠军",成为中国创新驱动和转型发展的重要引擎。党的十八大以来,民营企业加大自主研发投入,不断攻克关键领域核心技术难关,在创新发展上取得了显著成效,推动了经济高质量发展。民营企业的技术创新已占全国总量的65%,专利发明占全国总量的75%,新产品80%来自民营企业。规模以上民营企业是中国民营经济创新发展的主力军,根据全国工商联发布的2021中国民营企业500强调研分析报告显示,拥有研发人员的企业有340家,其中,占比员工总数超过3%的企业有229家。至少有5家企业研发投入超过195亿元,其中,华为研发费用为1419亿元,获得有效专利数达到10万项。有九成的企业在战略层面、管理层面、人才层面已实施或计划实施数字化转型工作。

(二)民营企业更加协调发展

协调发展既是国家的发展方略,又是民营企业肩负的使命担当。伴随着改革开放的步伐,推动区域经济协调发展始终是党和国家重要关注的发展内容。进入新时代,经济进入新常态,一些难啃的"骨头"摆在面前,中国经济发展中的结构性矛盾仍然较为突出:如在产业结构中,农业生产率很低,传统制造业占制造业比重较大,服务业特别是现代服务业发展较为落后,固定资产投资增速下降较快,特别是民间投资增速断崖式下跌,投资"脱实向虚"现象较为普遍;在城乡结构中,2021年城乡居民人均可支配收入差距指数仍为2.5,收入差距较大;在区域结构中,不仅传统的东西部差距较难有效解决,南北差距近年来也开始扩大,北方国有企业及老工业基地有趋于"铁锈化"的现象。这些协调发展上存在的不足,对经济高质量发展产生较大挑战。而民营企业作为重要的企业群体,则是化解各类结构不协调矛盾的重要力量。

长期以来,由于行业垄断等各类因素的阻碍,民营企业只能集中在一般竞争性领域互相搏杀,产业层次较低,也是制约全国整体产业结构不协调的重要原因。如在"非公经济36条"出台前,据全国工商联发布的2014年上规模民营企业调研数据分析,行业数量前10位的几乎都是传统劳动密集型产业,占比达68.62%,其中,纺织业占比13.12%,连续多年占据榜首,纺织业和建筑业的员工人数占全部企业人数的23.15%。在资产总额上,纺织业、化学纤维制造业资产总额最多。相对于上规模民营企业,面广量大的中小企业产业层次更低,2014年全国工商联等进行的第六次全国私营企业抽样调查数据分析综合报告显示,样本中仅商业餐饮业比重就达到24%。随着改革开放的向前深入,民营企业发展空间逐步拓展,结构明显升级。数据显示,在新登记的民营企业中,前三位的分别是批发零售业、商业商务服务业、科学研究和服务业。根据全国工商联发布的2021中国民营企业500强调研分析报告显示,相比较2016年,第二产业入围数量下降了22家,第三产业入围数量上升了23家。第二产业虽然总体数量下降,但在细分行业上,电气机械和器材制造业从2016年的18家增长到2020年的26家,计算机、通信和其他电子设备制造业等从2016年的18家增长到2020年的23家,行业结构持续优化趋势明显。

在推动区域和城乡协调发展上,民营企业积极参与国家重大战略,加强区域开发、振兴东北老工业基地、乡村振兴、对口扶贫,并呈现常态化、规范化、多元化、品牌化的特点,为解决区域和城乡经济差距,推动国家扶贫开发事业作出历史性贡献。早在1994年春,10位民营企业家为响应国家

"八七扶贫攻坚计划",联名倡议"让我们投身到扶贫的光彩事业中来",得到全国广大民营企业家的热烈响应和广泛参与,形成扶贫开发著名品牌"光彩事业"。截至2012年年底,民营企业先后参与"老少边穷"和中西部贫困地区投资开发、三峡库区移民、振兴东北等老工业基地、社会主义新农村建设等重大战略行动,实施光彩事业项目37727个,到位资金5035.75亿元,培训人员784.39万人,安排就业993.18万人,帮助带动1880.48万人脱贫。党的十八大以来,在党中央、国务院开展精准扶贫的总体部署下,全国工商联等发起了"万企帮万村"精准扶贫行动,为民营企业担当社会责任搭建平台,出现了恒大集团承包贵州一个建制县脱贫等充分发挥民营企业主体积极性的新形式。截至2018年年底,7.64万家民营企业参与其中,帮扶8.51万个村,产业投入712.46亿元,公益投入127.74亿元,安置就业67.97万人,技能培训84.60万人,惠及970余万贫困人口。民营企业还是城镇化的重要推手,数据显示,城镇化进程与民营经济发展水平高度正相关。从中华人民共和国成立到改革开放前,中国的城镇化率从10.64%增长到17.92%,年均增速稳定且缓慢;改革开放后,由于有广大民营企业的积极参与,工业化速度加快,农业人口大幅减少,城镇化率持续较快提高,到2021年提升到64.72%。

(三)民营企业更加绿色发展

习近平总书记在浙江主政期间就提出牢固树立和践行"绿水青山就是金山银山"理念,并使浙江走在全国前列,促进全国形成人与自然和谐发展的现代化建设新格局。党的十八大以来,在习近平"两山理论"生态文明思想指导下,民营企业积极践行绿色发展理念,通过加快生产设备升级、提高环保节能效率、调整自身能源使用结构、提高清洁能源占比、调整产业结构、淘汰高污染落后产能等方式,贯彻落实国家绿色环保战略,实施清洁生产,推动企业绿色发展,在落实国家环保战略中发挥了重要作用。

民营企业是市场经济的主体,也是生态环境治理保护的主体,是环境保护的重要参与者。根据2016年全国私营企业抽样调查数据显示,有46.65%的企业对既有产业作出了技术性调整,核心就是转产高端产品、减轻污染;有13.4%的企业已经通过试制新品转换既有的主业方向;有25.41%的企业在过去一年为治理污染有过资金投入。而从纵向趋势来看,企业在环保方面的支出呈稳定上升的态势,治污投入从2006年的13.62万元上升到2016年的40.21万元,环保治污费从2012年的8.07万元急速上升至2014年的39.36万元。上规模民营企业是推动绿色发展的主力军。2021上规模民营企业调研结果显示,民营企业500强中有81.8%的企业已参与污染防治攻坚战,较上年增长了1.49%。长期以来,民营企业在注重自身绿色环保生产、减少环境负外部性的同时,还致力于水土流失防治、生物多样性保护、国土绿化、沙漠治理等生态保护治理与修复活动。以参加"国土绿化"行动为例,非公有制林业企业目前已占全国林业企业总数的70%以上,非公有制林业经济总量占全国林业总产值的68%以上。在全国造林面积中,非公有制因素占60%以上。出现了民营企业家王文彪领导的亿利资源集团数十年来在库布齐沙漠坚持再造绿洲的先进典型事例,民营企业在推动绿色发展中的重要作用,也得到了生态环境部和全国工商联的高度肯定和重视。2019年1月,《生态环境部 全国工商联关于支持服务民营企业绿色发展的意见》发布,提出了营造企业环境守法氛围、健全市场准入机制、完善环境法规标准、规范环境执法行为、加快'放管服'改革、强化科技支撑服务、大力发展环保产业等18项重点举措。这为推动生态环境保护事业和非公有制经济共同发展开辟了更广阔的平台。

（四）民营企业更加开放发展

习近平总书记强调指出:"改革开放是决定当代中国命运的关键一招。""现在的问题不是要不要对外开放,而是如何提高对外开放的质量和发展的内外联动性。"随着自身实力的提升,广大民营企业积极发挥经营机制灵活、适应环境能力强的优势,主动走出国门,实施走出去战略,到更大的国际市场上去寻找生存和发展的机会,逐渐成为中国走出去的生力军。

民营企业在改革中发展的过程也是一个参与对外开放的过程。1995年,国家赋予10家民营企业外贸经营权,开始了民营企业走出去的破冰之旅,但直到1998年前,民营企业没有自营出口权。1999年1月1日施行的《关于赋予私营生产企业和科研院所自营进出口权的暂行规定》,提出采取多种措施帮助民营企业开拓国际市场,首批20家民营企业获得自营出口权。2001年年末,中国正式加入世界贸易组织。2004年7月1日,中国外贸经营权彻底放开,允许一切企业法人和个人从事进出口贸易。1995年前,中国外贸企业数量增长缓慢,1979年为14家,1994年为5000多家。从1995年开始,民营企业迅速占据主角,到2007年,具有外贸经营资格和进出口实绩的民营企业已有30多万家,占全部内资企业总数的90%以上。而在参与实施走出去战略的过程中,中国民营企业还积极加强对外投资,特别是抓住2008年国际金融危机的历史性机遇,审时度势、主动出击,有重点、有步骤地开展对外投资,对外投资合作取得新进展,呈现集群式、多元化、规模型发展的特征。

2013年,随着以习近平同志为核心的党中央提出"一带一路"倡议,中国民营企业迎来了一个全新的全球化走出去时代。他们抓住"一带一路"倡议的重大机遇和发展空间,围绕总体布局,聚集主业,聚集实体经济,重点在基础设施互联互通、能源资源开发利用、工业园区和经贸产业合作区建设、产业核心技术研发支撑等优先项目上开展合作,并涌现出了一批有实力、有能力、有国际化视野和梦想的企业。据统计,2020年中国民营企业进出口总值为14.98万亿元,同比增长11.1%,占中国外贸总值的46.6%,比2019年提升了3.9%。其中,出口总值为9.99万亿元,同比增长12.3%;进口总值为4.99万亿元,同比增长了8.8%。对外投资呈现更加积极的姿态,民营企业对外投资总量占中国对外投资存量的比重已经过半,成为境外并购的主力军。并购逐渐转向规模大、涉及高端技术与品牌的项目。据统计,2020年中国对外直接投资流量为1537.1亿美元,首次位居全球第一。其中,在对外非金融类投资流量中,非公有制经济控股的境内投资者对外投资流量为671.6亿美元,占50.1%,同比增长14.1%。2020年年末,在对外非金融类直接投资23106亿美元存量中,民营企业占53.7%,较上年增加3.8%。根据国家信息中心"一带一路"大数据中心发布的《"一带一路"贸易合作大数据报告2018》数据显示,2017年,民营企业与"一带一路"国家的进出口总额为6199.8亿美元,占中国企业与"一带一路"国家贸易额的43%。其中,民营企业对"一带一路"国家的出口额达4325.4亿美元,占中国企业对"一带一路"国家出口额的55.9%。根据全国工商联发布的中国民营企业500强调研分析报告显示,2014年,在"一带一路"倡议提出初期,中国民营企业500强中参与"一带一路"建设的企业数量为65家,至2020年,这一数据增长了近两倍,上升为191家。民营企业在参与"一带一路"建设过程中,主要以基础设施建设、建筑施工、电气机械、钢铁、房地产、计算机、通信和其他电子设备等具有竞争优势的行业为主,多年来已在促进"一带一路"沿线国家经济发展和民生改善中发挥了积极作用,成长为高质量共建"一带一路"生力军。

(五)民营企业更加共享发展

2020年7月,习近平总书记在民营企业座谈会上强调,"优秀企业家必须对国家、对民族怀有崇高使命感和强烈责任感,把企业发展同国家繁荣、民族兴盛、人民幸福紧密结合在一起,主动为国担当、为国分忧"。2020年11月,习近平总书记在江苏南通考察时指出:"民营企业家富起来以后,要见贤思齐,增强家国情怀、担当社会责任,发挥先富帮后富的作用,积极参与和兴办社会公益事业。"随着中国民营经济的不断发展壮大,许多民营企业家致富思源、富而思进,争当履行社会责任的引领者,既注重公益慈善的"输血"功能,又重视"造血工程",通过发展产业解决就业为社会共享发展贡献重要力量,是共同富裕的构建者。

党的十九大报告指出,就业是最大的民生。创造就业机会,助力改善民生,是民营企业推动共享发展的主要渠道,也是民营企业获取人口红利快速增长和扩张的"法宝"。早在改革开放之初,个体经济就是为解决就业应运而生的。据统计,1979年,城镇累计待业人员达到1500万人,仅在劳动部门登记的城镇失业人员就有568万人,城镇登记失业率达到5.4%。因为国有企业无法安置,打破原有的劳动就业体制,拓宽就业渠道,发展多种就业形式已成为必然选择。1980年7月,《中共中央办公厅关于召开全国劳动就业工作会议问题的通知》指出:"必须全面改革现行的劳动制度……拓宽就业渠道。"1980年8月,中共中央在北京召开全国劳动就业工作会议,提出"在解决劳动就业问题上……实行在国家统筹规划和指导下,劳动部门介绍就业、自愿组织起来就业和自谋职业相结合的方针",随后下发了《进一步做好城镇劳动就业工作》。可以说,民营经济最初的发展,其原动力之一就是"被迫"解决就业。20世纪90年代,民营经济又在解决国企下岗职工再就业中起到关键作用。据统计,1995年至2003年,中国国有企业数量从11.8万个下降至3.42万个,中国国有企业的劳动力数量从1.126亿下降到0.688亿,减少了近4400万人,约40%的国有企业职工在此期间下岗。这些人主要靠分流到民营企业再就业。1998年6月下发了《中共中央 国务院关于切实做好国有企业下岗职工基本生活保障和再就业工作的通知》,部分地区也结合实际下发了自己的通知,如辽宁出台了《关于鼓励国有、集体企业下岗职工从事个体工商户、私营经济有关问题的通知》。党的十八大以来,党中央对人民的就业高度重视,促进就业是保障和改善民生的头等大事,这也是民营企业承担的社会重要责任。据统计,目前民营企业提供了80%的城镇就业岗位,吸纳了70%以上的农村转移劳动力,大大缓解了社会就业压力。可以说,在民营经济越发达的地区,企业家精神越弘扬的地方,收入差距和就业压力就越小,人口净流入就越大,人口红利就越彰显。

在公益慈善事业上,广大民营企业家也踊跃参与。根据最近几届中国慈善榜数据显示,民营企业已经成为国内大额捐款的主力军,上榜的民营企业占榜单所有企业的60%以上,其捐款总额占榜单总捐款额的80%以上。在2014年以后的企业捐赠比例中,民营企业始终排在第一。在企业的大幅捐赠中,捐赠最多的100家企业平均捐赠超过1亿元,上榜的多为中国民营企业500强中的企业,民营企业贡献了大额捐款中的四成。2018年,中国大陆接收国内外款物捐赠1624.15亿元,其中现金总额突破1000亿元,创历史新高。而来自企业的捐赠共计890.84亿元,约占社会捐赠总量的61.89%。其中,民营企业捐赠约为450.32亿元,约占企业捐赠总量的50.55%,高居企业捐赠的首位。据《2020年度中国慈善捐赠报告》显示,中国内地接受款物捐赠共计2086.13亿元,企业捐赠为1218.11亿元,其中,民营企业的贡献约占51.79%,达630.84亿元。民营企业捐赠总额占企业捐赠总额的一半以上,是中国慈善捐赠的主力。

第三章 民营企业党组织嵌入的制度要求

本章从党的经济领导的宏观要求,党组织嵌入民营企业运行的微观运行机制等方面,进行理论剖析。

一、民营企业党组织嵌入的制度设计

(一)相关法律制度

改革开放以来,党和国家对如何在民营企业开展党建工作进行了有效的探索,出台了大量的法律法规和规章制度,推动了民营企业党建工作走上了科学化、法治化轨道,具体如表3-1所示。

表3-1 改革开放以来推动民营企业党建工作的相关法律文件

时间	来源	主要内容
1992年10月	党的十四大《加快改革开放和现代化建设步伐,夺取有中国特色社会主义事业的更大胜利》	提出:"在其他各种经济组织中,也要从实际出发,抓紧建立健全党的组织和工作制度。"
1993年12月	第八届全国人大常委会第五次会议审议通过的《中华人民共和国公司法》	规定:"在公司中,根据《中国共产党章程》的规定,设立中国共产党的组织,开展党的活动。公司应当为党组织的活动提供必要条件。"
1994年4月	中组部印发《关于加强股份制企业中党的工作的几点意见》	要求:"在组建股份制企业时,党组织的设置与调整工作应同步考虑和安排。""股份制企业中党的基层组织,处于政治核心地位,发挥政治核心作用,围绕生产经营开展工作。"
1994年9月	党的十四届四中全会《中共中央关于加强党的建设几个重大问题的决定》	提出:"在其他各种所有制企业中,都要加强党的工作。没有党组织的,要积极创造条件建立党的组织,采取适应各自特点的工作方法和活动方式,开展党的活动。"

续表

时间	来源	主要内容
1997年9月	党的十五大《高举邓小平理论伟大旗帜,把建设有中国特色社会主义事业全面推向二十一世纪》	提出:"要加强科学管理,探索符合市场经济规律和我国国情的企业领导体制和组织管理制度,建立决策、执行和监督体系,形成有效的激励和制约机制。要建设好企业领导班子,发挥企业党组织的政治核心作用,坚持全心全意依靠工人阶级的方针。"
1999年9月	《中共中央关于加强和改进思想政治工作的若干意见》	提出:"各级党委要紧密结合新的形势和任务,认真研究和解决基层组织建设薄弱的问题。要注意针对各类经济组织和社会组织日益增多、大批劳动力在产业间转移和地区间流动的新情况,建立健全党的基层组织,加强对党员的教育和管理。"
2000年9月	中组部印发《关于在个体和私营等非公有制经济组织中加强党的建设工作的意见(试行)》	提出在非公有制经济组织中加强党建工作的指导思想和原则,明确非公有制经济组织中党组织的地位作用和职责任务,是新时期推动非公企业党建工作的重要政策依据。
2002年11月	党的十六大《全面建设小康社会开创中国特色社会主义事业新局面》	提出:"必须毫不动摇地巩固和发展公有制经济,必须毫不动摇地鼓励、支持和引导非公有制经济发展。"党的十六大修改了党章,提出要把社会其他方面的优秀分子吸收到党内来,还提出:"非公有制经济组织中党的基层组织,贯彻党的方针政策,引导和监督企业遵守国家的法律法规,领导工会、共青团等群众组织,团结凝聚职工群众,维护各方合法权益,促进企业健康发展。"
2004年9月	党的十六届四中全会《中共中央关于加强党的执政能力建设的决定》	提出:"加大在新经济组织、新社会组织中建立党组织的工作力度,探索党组织和党员发挥作用的方法和途径。坚持标准,保证质量,重点在工人、农民、知识分子、军人、干部中发展党员,同时做好在其他社会阶层先进分子中发展党员工作,不断增强党的阶级基础、扩大党的群众基础。"
2006年10月	党的十六届六中全会《中共中央关于构建社会主义和谐社会若干重大问题的决定》	重申要"推进新经济组织、新社会组织党建工作,扩大党的工作覆盖面,发挥基层党组织凝聚人心、推动发展、促进和谐的作用"。

续表

时间	来源	主要内容
2007年5月	中组部印发《关于贯彻落实胡锦涛同志重要批示精神进一步加强非公企业党建工作的通知》	提出要"加强非公企业党建工作与农村、街道社区党建工作的有机衔接,充分利用农村、街道社区组织网络比较健全的优势,将尚未建立党组织企业中的党员组织起来开展活动"。
2007年10月	党的十七大《高举中国特色社会主义伟大旗帜为夺取全面建设小康社会新胜利而奋斗》	指出:"要落实党建工作责任制,全面推进农村、企业、城市社区和机关、学校、新社会组织等的基层党组织建设,优化组织设置,扩大组织覆盖,创新活动方式,充分发挥基层党组织推动发展、服务群众、凝聚人心、促进和谐的作用。以党的基层组织建设带动其他各类基层组织建设。"
2009年9月	党的十七届四中全会《关于加强和改进新形势下党的建设若干重大问题的决定》	提出:"要抓紧在非公有制经济组织建立党组织。"
2009年11月	中组部、中央深入学习实践科学发展观领导小组印发《关于在深入学习实践科学发展观活动中进一步推动建立健全非公有制经济组织党组织的意见》	提出:"非公有制经济组织中,凡有3名以上正式党员的,都要建立党的基层组织;正式党员不足3名的,可按照地域相邻、行业相近的原则,采取联合组建的方式建立党组织,也可依托工商联、个体劳动者协会、私营企业协会、行业协会或产业链龙头企业等建立党组织。"
2010年7月	中组部、中宣部、中央创先争优活动领导小组联合转发全国非公有制经济组织创先争优活动指导小组《关于在非公有制经济组织党组织和党员中深入开展创先争优活动的实施意见》	要求非公有制经济组织党组织和党员扎实开展创先争优活动。该意见对个私协会开展非公党建工作提出明确要求:在扩大"两个覆盖"方面,提出"正式党员不足3名的,可按照地域相邻、行业相近的原则,采取联合组建的方式建立党组织,也可依托工商联、个体劳动者协会、私营企业协会、行业商会(协会)或产业链龙头企业等建立党组织";在"加强协调配合"方面,明确"各级个体私营企业协会要充分发挥作用,组织建立在协会的个体私营企业党组织和个体私营经济从业人员中的党员积极参加创先争优活动"。

续表

时间	来源	主要内容
2012年5月	中共中央办公厅印发《关于加强和改进非公有制企业党的建设工作的意见(试行)》	该意见围绕明确非公企业党组织的功能定位、建立健全领导体制和工作机制、努力推进党的组织和工作覆盖、探索党组织和党员发挥作用的有效途径、加强以党组织书记为重点的党务工作者队伍建设、加强对非公有制企业出资人的教育引导、强化非公有制企业党建工作保障七个方面,提出了一系列重大举措和明确要求,具有很强的创新性、指导性、针对性和可操作性,是推进非公企业党建工作的纲领性文件,标志着非公企业党建工作进入新的发展阶段。
2012年11月	党的十八大《坚定不移沿着中国特色社会主义道路前进,为全面建成小康社会而奋斗》	重申"两个毫不动摇",重申"加大非公有制经济组织、社会组织党建工作力度",重申加强"两新"组织党建工作的重要性,强调要全面推进各领域基层党建工作,加强基层服务型党组织建设。
2014年5月	中共中央办公厅印发《关于加强基层服务型党组织建设的意见》	提出:"非公有制企业党组织要围绕促进生产经营、维护各方合法权益搞好服务,在职工群众中发挥政治核心作用,在企业发展中发挥政治引领作用。""非公有制企业和社会组织等领域,采取单独组建、区域联建、行业统建等方式建立党组织,加快推进党的组织和工作覆盖。""加大非公有制企业党建工作指导员选派力度,引导他们专心致志做好本职工作、履行服务职责。"
2017年10月	党的十九大《决胜全面建成小康社会夺取新时代中国特色社会主义伟大胜利》	提出:"要以提升组织力为重点,突出政治功能,把企业、农村、机关、学校、科研院所、街道社区、社会组织等基层党组织建设成为宣传党的主张、贯彻党的决定、领导基层治理、团结动员群众、推动改革发展的坚强战斗堡垒。""注重从产业工人、青年农民、高知识群体中和在非公有制经济组织、社会组织中发展党员。"
2018年10月	《中华人民共和国公司法》第四次修正	提出:"在公司中,根据中国共产党章程的规定,设立中国共产党的组织,开展党的活动。公司应当为党组织的活动提供必要条件。"

续表

时间	来源	主要内容
2019年10月	党的十九届四中全会《中共中央关于坚持和完善中国特色社会主义制度推进国家治理体系和治理能力现代化若干重大问题的决定》	提出:"健全总揽全局、协调各方的党的领导制度体系,把党的领导落实到国家治理各领域各方面各环节。""完善党领导人大、政府、政协、监察机关、审判机关、检察机关、武装力量、人民团体、企事业单位、基层群众自治组织、社会组织等制度,健全各级党委(党组)工作制度,确保党在各种组织中发挥领导作用。"
2019年12月	《中共中央 国务院关于营造更好发展环境支持民营企业改革发展的意见》	提出:"指导民营企业设立党组织,积极探索创新党建工作方式,围绕宣传贯彻党的路线方针政策、团结凝聚职工群众、维护各方合法权益、建设先进企业文化、促进企业健康发展等开展工作,充分发挥党组织的战斗堡垒作用和党员的先锋模范作用,努力提升民营企业党的组织和工作覆盖质量。"
2021年11月	党的十九届六中全会《中共中央关于党的百年奋斗重大成就和历史经验的决议》	提出:"党健全党的领导制度体系,完善党领导人大、政府、政协、监察机关、审判机关、检察机关、武装力量、人民团体、企事业单位、基层群众性自治组织、社会组织等制度,确保党在各种组织中发挥领导作用。"
2022年10月	党的二十大《高举中国特色社会主义伟大旗帜,为全面建设社会主义现代化国家而团结奋斗》	提出:"推进国有企业、金融企业在完善公司治理中加强党的领导,加强混合所有制企业、非公有制企业党建工作,理顺行业协会、学会、商会党建工作管理体制。加强新经济组织、新社会组织、新就业群体党的建设。"

(二)制度性要求

根据党和国家相关法律法规和政策文件,要努力做到对民营企业的"两个覆盖",即党的组织覆盖和工作覆盖,有条件的要实现组织覆盖,不具备单独组建党组织条件的要实现工作覆盖。民营企业党建包括党的政治引领、组织建设、作风建设、管理教育、监督制约、创新运行等体系建设。根据《中国共产党章程》《中国共产党和国家机关基层组织工作案例》《中华人民共和国公司法》等相关法律法规和党内规章制度,凡是有正式党员3人以上的民营企业,都应当成立党的基层组织;原则上,党员人数50人以上、100人以下的,设立党的总支部委员会(简称党总支);党员人数100人以上的,设立党的基层委员会(简称基层党委)。党员人数较多的支部,根据党员分布情况合理划分党小组。党员人数不足3名或暂不具备单独组建条件的,按地域相邻、行业相近、规模适当、便于管理的原则,组建联合党组织。联合党组织中具备单独组建条件的,及时单独建立党组织。从全国各地民营企业的实践来看,设立党委的企业,一般设委员7~9名,设书记1名,副书记1~2名,同时在党委下还设立党的纪律检查委员会或纪律检查委员;设立党的总支部委员会,一般设委员5~7名,设书记和组织委员、宣传委员、纪检委员等,必要时可以设副书记1名。设立党支部的企业,如果党员人数不多于7名,一般设支部书记1名,必要时可设副书记1名,如果党员人数超过7名的,一般设支部委员会,并设委员3~5名,设书记1名,必要时会增设副书记1名,并指定专人负责纪检工作。

二、大型民营企业党组织嵌入的作用发挥途径

习近平总书记指出:"非公企业党组织要能够发挥实质作用,防止成为'花架子'。"对大中型民营企业来说,由于规模较大,与党委、政府联系较多,企业内党员一般也较多,所以成立党组织相对较为容易,党建工作的组织覆盖和工作覆盖较为全面。如根据全国工商联发布的2020中国民营企业500强调研分析报告显示,在485家对治理结构有效填写的企业中,设立党组织的企业有462家,占比达95.26%,接近于全覆盖。对于民营企业党组织如何参与治理的运作机制,各地都在探索适应本地本企业的模式,如红豆集团党委探索构建了"现代企业制度+党的建设+社会责任"三位一体的企业治理模式、沙钢集团的"党建+产业链"生产模式、德力西集团的"党建指导+产品供销"的产业链党建联盟模式,均做到了事实上的"双向进入、交叉任职"的运作机制,即通过法定程序,推动符合条件的党组织领导班子成员进入管理层,推动管理层中符合条件的党员进入党组织。这样既能保留企业管理层运行效率高的优势,又能保证企业利益和国家利益、社会利益的一致性。

本书以党组织嵌入较为完整的民营企业为例,构建其嵌入模式。

(一)党组织的嵌入治理架构

本节设计了一个典型的包含集团公司和分公司的民营企业党组织架构,具体如图3-1所示。

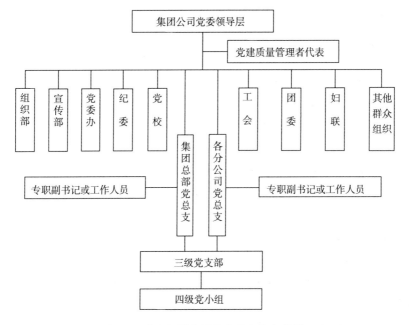

图 3-1 党组织嵌入民营企业组织架构图

从细分情况来看,组织架构首先要考虑的是组织覆盖,涉及内容包括民营企业有没有按照党章规定和党员数量等实际情况,规范化建立健全中国共产党的组织体系,从集团公司到各子公司、分厂、车间、班组,建立党委、党总支、党支部、党小组等机构,配备相应的党务工作者,做到每个党员都有相应的党组织,每个独立单位都有党组织,实现党组织全覆盖。相应有条件的企业,有没有对党的工作部门予以规范,如健全党的纪检、组织、宣传部门,创造条件设立党校。有没有建立民营企业党组织领导群团组织(工会、团委、妇联、武装部、关工委及其他一些群团组织)的规范化机制。随着民营企业党建理论的不断发展,对党组织嵌入效应的分析已不再限定在是否成立,企业成立占比,还涌现了很多测量的办法,如熵权法、距离协调度法、变化协调度法等,这些方法虽然设计初衷不同、适用对象不同,测量的结果也存在差异,但是都可以从某个独特视角对企业党组织的作用发挥进行定量描述。

党组织嵌入民营企业,是仅发挥政治核心作用,走党组织和公司治理结构平行路线,还是嵌入公司治理结构中,共同参与企业的治理,以及通过合适的方式实现治理的协调,是本节需要讨论的问题。

(二)党组织的"人员嵌入"架构

对于现代企业制度来说,公司的运行系统是由股东会、董事会、监事会和经理层(简称"三会一层")组成,并依此形成相应的决策分工形式和决策权分配格局。党组织嵌入与现代企业治理结构的协调,重要的基础性工作是人员的协调,主要方式是"双向交叉任职"。第一,通过一定的程序,推动"三会一层"的重要股东和领导层加入中共党组织,为人员协调去除身份上的障碍。第二,党委领导层进入"三会一层"领导层,通过发挥重要股东、董事、监事和经理党员作用,有利于党的纲领直接渗透到企业的决策思维中,提高监督的完备性和执行的有效性,以达到完善公司治理的目标。第三,"三会一层"中的重要股东和领导层由党员担任,并进入党的各级领导机构,可以熟悉党组织的价值取向和工作方式,同时将企业的管理工作嵌入党的各项工作中。第四,企业党组织的相关工作部门(组织部、宣传部、党校等)领导和经理层业务部门领导的"双向交叉任职",如人力资源部部长和组织部部长双向兼任、品牌文化部部长和宣传部部长双向兼任,提高在具体业务工作上的协调性。第五,党委纪检部门和监事会之间"双向交叉任职",如集团监事会主席兼任纪委书记,可以进一步提高相关监督工作的协调性。第六,党委领导下的群团组织领导和"三会一层"相关领导"双向交叉任职",可以减少劳资双方的矛盾,塑造和谐的内部氛围。具体模式如图3-2所示。

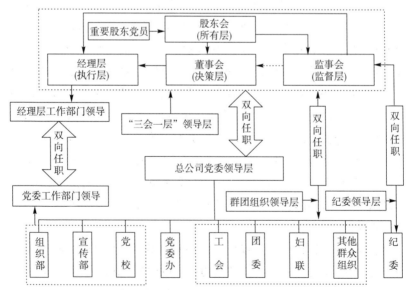

图3-2 民营企业党组织"人员嵌入"协调机制图

(三)党组织的"机构嵌入"架构

组织嵌入为党组织嵌入民营企业提供工作平台,是协调机制和核心。民营企业党组织的机构嵌入,是指在现代企业治理结构的"三会一层"中,设立党组织的派出机构或加挂党委工作部门的牌子,让这些党的具体办事部门能为党委提供决策参考,也能为"三会一层"提供决策建议。考虑到现代企业制度的特征是互相制衡,科学决策,而民营企业又不同于国有企业,党组织不是最终决策机构。因此,在党的组织嵌入上,一般不宜过多嵌入。

决策层机构嵌入。结合中国国情,可以尝试在公司内部治理机制的董事会中设置征询与保障委员会,作为党委派出机构,行使决策建议职能。根据公司章程和内部细则,对公司的经营目标、战略方针、重大决策等提出建设性意见,供董事会参考,促进董事会制度不断完善。

监督层机构嵌入。针对公司制民营企业只存在股东会和董事会、总经理和下层经理的委托代理关系,可以将党的纪检组织下设两个业务方向,建立双层制的内部辅助监督机构,满足这两个层次激励与约束的要求。即,第一层次,在监事会加挂纪委的牌子,下设监督与保障委员会,协助监事会开展工作,提供意见建议,以加强股东会对董事会及高层经理的权利制衡。第二层次,设立监察与保障委员会,可以和经理层审计部门合署办公,以加强高层经理各职能部门经理的权利制衡。监察与保障委员会独立于各职能部门之外,直接向总经理提供意见建议,确保其权威性。

执行层机构嵌入。对于经理层的职能部门嵌入,一般来说,党的机构不直接干预经理层活动,但可以辅助经理层的一些具体决策,一些工作部门可以和管理层的工作机构合署办公,加挂牌子,如人力资源部可以和组织部合署办公,品牌文化部可以和宣传部合署办公,党校可以和企业大学(培训机构)合署办公。相应的机构协调模式如图3-3所示。

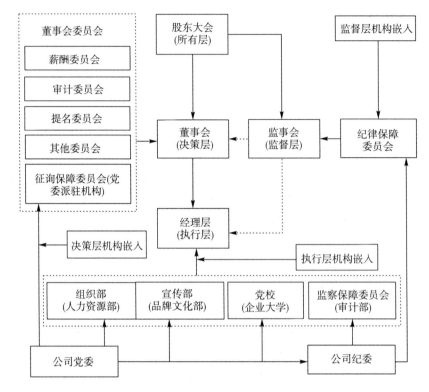

图 3-3 民营企业党组织"机构嵌入"协调机制图

党在"三会"中的派驻和内设机构活动应受《中国共产党章程》、党的文件、上级党组织有关规定及公司内部治理结构下的行政活动原则的多重约束。有关党的组织嵌入中的人员构成等事务应遵守党的组织原则,并接受上级党组织的领导;嵌入的组织在公司内部的工作职权根据"三会一层"的授权取得,相关建议质量向企业党组织和"三会一层"负责。

(四)党组织的"文化嵌入"架构

人员嵌入和机构嵌入是党组织嵌入协调机制的基础和核心,而文化嵌入则是党组织嵌入协调机制的灵魂。党组织的文化嵌入协调机制,是指党的价值取向和民营企业的价值取向之间的协调,寻求党的价值和企业价值之间存在的最大公约数。本书认为,党组织推动民营企业的文化嵌入,不仅需要制定明确的文化建设目标,还需要加强党组织的先锋模范带头作用,以党组织"文化嵌入"融入企业的日常管理经营,在不同的工作岗位、不同的工作团队、不同的工作区域、不同的业务流程中,将党组织的"文化嵌入"真正和企业发展有效结合起来,避免党企价值"两张皮"现象。民营企业党建通过自身的"文化示范"建设,把党的价值理念融入民营企业的文化建设中,具体模式如图3-4所示。

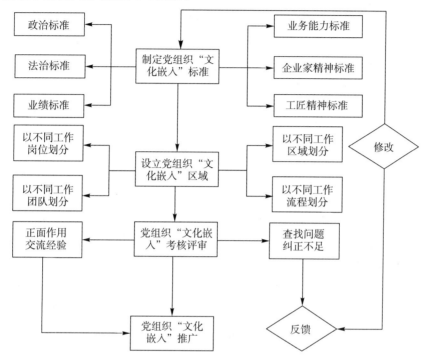

图 3-4 民营企业党组织"文化嵌入"协调机制图

三、小微民营企业党组织嵌入作用发挥途径

习近平总书记指出:"非公有制企业仍属于党建工作新领域,新情况新问题多,工作基础薄弱,需要下大力气来抓。"需要关注的是,民营企业中绝大部分是小微企业,就业人员遍布城乡,数量庞大,既有工人、农民工,又有企业家、管理者、科技人员,还有海归人员、自由职业者、年轻的"创客"等,这个群体思想多元、诉求多样。加强小微民营企业党建工作,有利于把这个重要群体紧紧团结在党的周围,成为努力发展生产、维护社会稳定、弘扬良好风尚的正能量,有利于夯实党在基层的执政基础、群众基础和社会基础。小微民营企业由于规模小,党员数量少,流动党员比例大,存在党组织组建难、稳定难、党的活动开展难、党组织作用发挥难等问题,因此无论是在提升党组织覆盖率,还是在提升党组织促进企业发展的能力上,都需要顺应需求、结合实际、因地制宜、多方探索,加强创新。对于党员人数较多、

符合单独设立党组织条件的小微民营企业,要积极推动成立党组织。对于没有达到单独组建要求的,可以采取联合建、挂靠建和依托行业组建等多种方式,灵活设置党组织,扩大党组织的工作覆盖。小微民营企业党组织嵌入模式本质上和大中型民营企业党组织嵌入模式相似,前者党组织主要以党支部的形式嵌入,而后者主要是以党委或党总支的形式嵌入,在党的工作部门和工作人员分工设置上,遵循相应的规定。大中型民营企业治理结构相对完备,党组织嵌入的架构也相应较为完备,小微民营企业本身治理结构就不太完备,因此党组织嵌入后在作用发挥上也不一定面面俱到,根据党组织规模和企业实际开展工作,保证党的重点工作可以推行即可。对于没有成立党组织的小微民营企业,党委政府重点在外部推动党的"工作覆盖"。

党组织嵌入是组织覆盖的形式,而有效开展工作则是提升党组织影响力的重要保障。很多小微民营企业虽然也实现了党组织的"组织覆盖",但由于党组织嵌入,很多由于规模小、人员少,难以做到"双向嵌入、交叉任职",没有能将党组织建设通过制度化嵌入企业的章程中,或者没有党组织负责人进入企业的核心管理层,相当部分还存在党组织乃至企业各个支部专业性不足、组织力不强,党建与业务"两张皮"等现象,因此,需要通过多种途径来保障小微民营企业党组织的作用发挥。

(一)通过激发党员先锋模范作用加强党建

党组织嵌入后,重要的就是要发挥党组织的战斗堡垒作用和党员的先锋模范作用,把党组织和党员的形象树起来。党员在民营企业中首先应该是一个合格乃至优秀的员工,在工作和生活方面均积极地发挥新时代共产党员的先锋模范作用。带头宣传和贯彻党和国家的方针政策、法律法规,推动落实"两个毫不动摇"的基本经济制度;带头维护党和国家的根本利益,维护企业经营者和职工群众各方面的合法权益;带头学习、运用先进科学技术与现代管理知识,做专家型党员、学习型员工;带头出色地完成本职工作和生产任务,主动为企业的发展献计献策,促进企业健康发展;带头吃苦在前,享受在后,主动迎接和圆满完成急、难、险、重任务;带头用自己的勤劳和智慧创造幸福生活;带头用建设中国特色社会主义的共同理想凝聚职工群众,帮助和引导企业增强生存和发展能力,带动企业共同发展;带头遵纪守法,敢于坚持原则,敢于弘扬正气,同各种违法乱纪行为和歪风邪气作坚决斗争,必要时牺牲自己个人的利益。

(二)通过发挥群团组织桥梁作用加强党建

根据党的组织章程,民营企业党组织要领导工会、共青团等群团组织,团结凝聚职工群众,把党的组织优势与民营企业灵活性有机结合,促进"两个健康"。小微企业党建工作,要注重在团结员工、凝聚人心上下功夫,发挥好工会、共青团、妇联、职工代表大会等群团组织的"桥梁"和"纽带"作用,在推动企业发展、维护各方利益、优化内部环境等方面凝聚起党群合力,把民营企业打造成温暖的党群之家、职工之家。具体来看,要把落实"两个健康"作为首要任务,利用群团平台,向员工征集优化完善公司规章制度和管理机制的意见建议,把党的方针政策和员工的意见建议有效传达给企业管理层,推动企业高质量发展;要站在更高的角度,协调好劳资双方的关系,让企业内部更加和谐,集聚高质量发展的强大动力;要在感情上贴近员工,做好解疑释惑、矛盾化解等工作;在生活上关心员工,及时关心员工冷暖、倾听员工呼声、回应员工诉求。通过组织党群活动让企业主感觉到党建工作的重要性,让员工感受到集体的温暖,增强组织归属感,激发工作的内生动力。

(三)通过与上级党组织工作联动加强党建

党组织嵌入民营企业,离不开所在地党委政府和党建职能部门的大力支持。很多小微民营企业的初次党组织嵌入,以及嵌入后的工作顺利开展,都离不开所在地党委政府和职能部门的关心支持。很多民营企业家对党组织作用的认识,对党组织嵌入的支持,都离不开当地党委政府及职能部门的政策普及、联系沟通和有效督促。上级党组织要细化责任清单,构筑形成责任明确、领导有力、规范有序、保障到位的工作机制,基层党委、组织部门、统战部门、市场监管部门、工商联等部门要形成合力,分类协作,经常研究、检验、督促、指导所属民营企业党组织建设情况,提升民营企业党组织工作能力,支持民营企业党组织开展工作,帮助民营企业协调解决党组织嵌入后开展工作的困难,如设置前置条件、企业各种评奖申报、参加各种招投标等,民营企业家参评各级"两代表一委员"、工商联常执委,以及相关职能部门的各种荣誉表彰,享受有关荣誉等,都需要得到民营企业党组织的认定,合格后方有资格,以提升民营企业党组织工作的抓手。如果民营企业负责人支持党建工作不力,则相应的职能部门或党委政府部门负责人可以与其进行谈心谈话,督促改正。

(四)通过延伸党组织"毛细血管"加强党建

小微民营企业党建工作开展难,很重要的一点就是党组织嵌入后,没有更多的分支机构能深入企业的生产经营环节中，"毛细血管"建设能力不足，只能导致党建工作浮在表面，难以下沉发挥作用。党组织嵌入并不只是在民营企业整体层面建立一个党组织，而是要学习"支部建在连上"的优秀传统，进一步把党的组织建设延伸到企业的每一条生产线、每一个项目、每一个运营过程、每一个创新环节、每一个销售平台，开展清单化推进工作。特别是要把党建工作和企业具体业务工作紧密结合，业务工作延伸到哪里，党的组织就要建到哪里，确保企业发展与党组织建设同步，确保基层党组织对企业全方位全流程的覆盖。要适应不同企业生产经营特点，及时建立健全或调整党组织的分支机构，明确每个点线的责任，细化党组织领导的责任与范围，既要保证党建工作不冲击企业的生产经营，又要确保党建工作在企业的各个末梢有影响力、有推动力。

(五)通过量化工作目标分解任务加强党建

小微民营企业普遍存在下列现象：现代企业制度建设不足，家族式管理现象比较普遍，没有严格的章程，企业的日常运行管理随意性较大，这也带来了党建工作标准化建设不足，工作开展绩效评估难。在这种情况下，要通过党建工作的量化工作目标制度制定和科学的任务分解，来带动企业决策运营标准化工作的开展。民营企业党组织发挥战斗堡垒作用，要建立明确的制度保障，有科学的规则可依，有可实现的目标遵循，有细化的指标可分解，把加强党建工作的每一个服务场景进行量化分解，科学管理，把党建工作的各项工作，转化成责任和任务清单，以清单量化形式严格落实到各级党组织中，以强大的组织力一级抓一级、层层抓落实。党组织嵌入要把制度建设与企业发展目标、量化指标和企业文化建设深度融合，围绕提高企业运行效率、经济效益、社会效益，制定党组织嵌入的组织建设、制度建设、作风建设等各个方面，制定党建绩效目标考核细则，把党建工作的"软任务"变成"硬指标"。

(六)通过培养企业发展骨干人才加强党建

很多小微民营企业党建工作开展不好，党组织有效发挥作用不足，关键在于缺少一支素质高、精党务、善协调、会经营、懂管理的优秀党务工作者队伍。党组织嵌入后开展工作，要重点培强选优党组织负责人和党务工作者，打造过硬的核心队伍。同时，人才是民营企业高质量发展的关键生产要素和内部动能。党组织首先要将党员骨干安排在企业一线部门，促使他们在各自工作岗位上发挥先锋模范作用，强化企业基层治理。党组织在人才培养上要与民营企业人才培养同频共振,推动实现"党员是企业骨干,企业骨干是党员"的培养目标,要通过各种重大任务攻关、加强内部优秀党员职工的选拔与培养,畅通职工上升通道。注重把企业中层以上管理技术人员和表现突出的职工作为培养、发展党员的重点,确保发展党员的质量。要结合企业自身发展情况,将党组织人才培养的主战场放在生产、技术、经营、管理等一线,为党建工作和企业发展选好"种子",从而实现"党建凝聚人才、人才引领发展"的最佳效果。

第四章　民营企业党组织嵌入的超边际分析模型[①]

国有企业党组织嵌入和民营企业党组织嵌入有着显著的区别,一般来说,国有企业的成立和党组织的嵌入是同步一体的,其本身就是在党组织的领导下发展的,党组织嵌入是一项必然的动作,其嵌入顺序甚至早于现代企业治理结构的建立。而在构建现代企业治理架构的基础上,党组织同样在"三重一大"等重大决策和日常管理中,扮演着至关重要的角色,可以说,国有企业党组织嵌入和现代治理结构不同主体之间既是分立的,又是一体的。而民营企业群体是伴随着改革开放的步伐而发展壮大的,党组织嵌入是伴随着法律政策的突破而逐步推开的。因此,党组织嵌入是一个伴随着企业内部治理结构逐步分工演进而推进的,民营企业党组织嵌入并不是要代替企业的重大决策权和日常管理权,也就是说并不是为了"分权",而是主要发挥外部资源链接功能和内部稳定维护功能,让企业能在正确的轨道上发展得更快、更好,走得更长远,民营企业党组织和民营企业所有者、经营者之间的边界是清晰的,分工是明确的。

在新兴古典经济学思想中,某个经济系统中微观行为主体的经济活动和资源配置,通常需要考虑是否需要外部嵌入者或承接者来完成。这与党组织嵌入民营企业的经济行为逻辑不谋而合,具有理论共性。因此,本章基于新兴古典经济学中的分工网络思想,借鉴并拓展郑小碧等(2020)的一体化与外包演进模型,构建超边际分析模型,以此解答党组织嵌入是否以及如何助推民营企业高质量发展的重要问题。

一、基础模型构建

假定民营企业所处的经济系统由 M 个生产者-消费者构成,他们需要消费民营企业高质量发展后生产的最终产品——民企产品 Y。民企产品 Y 的生产需要投入劳动 L、高质量发展 X、内部稳定维护 T 和外部资源链

[①] 南京大学商学院博士研究生刘俊哲、博士后赵春艳对本章内容的写作亦有重要贡献。

接 R。其中,高质量发展 X 是指民营企业进行高质量发展生产所必需的相关投入管理。考虑到中国特色民营企业发展历程的特殊性,即民营企业高质量发展和党组织的嵌入程度是伴随着民营企业内部治理结构和外部资源链接的分工专业化而不断深入的。在此,本文对郑小碧等(2020)的模型进行延伸拓展:其一,在中间产品——高质量发展 X 的生产链之前增加一种初级中间产品作为它的生产投入,即生产民企产品所必需的保障民营企业高质量发展顺利进行的经济活动,统称为内部稳定维护 T;其二,在最终产品——民企产品 Y 和中间产品——高质量发展 X 的生产链"外侧"设置一个共同中间产品,即生产民企产品和高质量发展所必需的融资渠道打通、政治资源桥梁搭建、前沿技术接触和学习等经济活动,统称为外部资源链接 R。由此,得到该经济系统的完整生产链关系,如图 4-1 所示。假设民营企业所处经济系统产生专业化分工,则这四种产品的交易者需承担一定的交易费用,在此不妨设 $k \in (0,1)$ 为民营企业所处经济系统的交易效率系数。

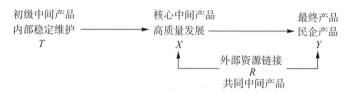

图 4-1 民营企业所处经济系统的生产链

(一)影响机制与模型构建的逻辑性函数构建

为清晰体现党组织嵌入对民营企业高质量发展的影响机制与模型构建的逻辑性,从初级中间产品——内部稳定维护 T 出发,进行模型函数的刻画:

$$t^p = t + t^s = \max\{0, l_t - e\} = \begin{cases} t, 若自给 \\ t^s, 若提供 \end{cases} \quad (1)$$

其中,$t^p \geq 0$、$t \geq 0$ 和 $t^s \geq 0$ 分别表示内部稳定维护的产量、自给量和市场供应量,该式表明内部稳定维护的产量由内部稳定维护的劳动投入份额 $l_t \in [0,1]$ 和学习成本 $e \in (0,1)$ 决定。

共同中间产品——外部资源链接 R 的生产函数为:

$$r^p = r + r^s = \max\{0, l_r - c\} = \begin{cases} r, 若自给 \\ r^s, 若提供 \end{cases} \quad (2)$$

类似地,这里 $r^p \geq 0$、$r \geq 0$ 和 $r^s \geq 0$ 分别表示外部资源链接的产量、自

给量和市场供应量,该式表明外部资源链接的产量由外部资源链接的劳动投入份额 $l_r \in [0,1]$ 和学习成本 $c \in (0,1)$ 决定。

核心中间产品——高质量发展 X 的生产函数为:

$$x^p = x + x^s = [(t+kt^d)^\eta (r+kr^d)^{1-\eta}]^\gamma (l_x - b)^{1-\gamma} \tag{3}$$

同理,$x^p \geqslant 0$、$x \geqslant 0$ 和 $x^s \geqslant 0$ 分别表示各类高质量发展指标的数量、自给量和市场供应量,$t^d \geqslant 0$ 和 $r^d \geqslant 0$ 分别表示高质量发展对内部稳定维护和外部资源链接的需求量,由于交易效率的存在,其从市场上实际得到的量为 $kt^d \geqslant 0$ 和 $kr^d \geqslant 0$。该式表明高质量发展的指标数量由民营企业用于生产的内部稳定维护投入 $(t+kt^d) \geqslant 0$、外部资源链接投入 $(r+kr^d) \geqslant 0$、高质量发展的劳动投入份额 $l_x \in [0,1]$ 和学习成本 $b \in (0,1)$ 决定。需要说明的是,本书设定民营企业面临的生产约束满足规模报酬不变的柯布-道格拉斯生产函数形式,即 $\eta\gamma + (1-\eta)\gamma + (1-\gamma) = 1$。其中,$\eta\gamma$、$(1-\eta)\gamma$ 和 $(1-\gamma)$ 分别反映了内部稳定维护 T、外部资源链接 R、劳动 L 在高质量发展 X 生产中的相对贡献度 $[0 < \eta\gamma < 1, 0 < (1-\eta)\gamma < 1, 0 < 1-\gamma < 1]$。

(二)最终产品生产函数的构建

最终产品——民企产品 Y 的生产函数为:

$$y^p = y + y^s = [(x+kx^d)^\mu (r+kr^d)^{1-\mu}]^\delta (l_y - a)^{1-\delta} \tag{4}$$

其中,$y^p \geqslant 0$、$y \geqslant 0$ 和 $y^s \geqslant 0$ 分别表示民企产品的产量、自给量和市场供应量,$x^d \geqslant 0$ 和 $r^d \geqslant 0$ 分别表示生产民企产品对高质量发展和外部资源链接的需求量,由于交易效率的存在,其从市场上实际得到的量为 $kx^d \geqslant 0$ 和 $kr^d \geqslant 0$。该式表明民企产品的产量由民营企业用于生产的高质量发展投入 $(x+kx^d) \geqslant 0$、外部资源链接投入 $(r+kr^d) \geqslant 0$、民企产品的劳动投入份额 $l_y \in [0,1]$ 和学习成本 $a \in (0,1)$ 决定。同样,本文设定民营企业面临的生产约束满足规模报酬不变的柯布-道格拉斯生产函数形式,即 $\mu\delta + (1-\mu)\delta + (1-\delta) = 1$。其中,$\mu\delta$、$(1-\mu)\delta$ 和 $(1-\delta)$ 分别反映了高质量发展 X、外部资源链接 R、劳动 L 在民企产品 Y 生产中的相对贡献度 $(0 < \mu\delta < 1, 0 < (1-\mu)\delta < 1, 0 < 1-\delta < 1)$。

生产者-消费者面临的时间禀赋约束条件为:

$$l_t + l_r + l_x + l_y = 1 \tag{5}$$

其中,l_t、l_r、l_x 和 l_y 分别反映了生产者-消费者在内部稳定维护、外部资源链接、高质量发展和民企产品上的劳动专业化水平,即经济个体专业化水平的变化由劳动 L 的数值变化体现。

生产者-消费者面临的预算约束条件为：
$$P_t(t^s - t^d) + P_r(r^s - r^d) + P_x(x^s - x^d) + P_y(y^s - y^d) = 0 \quad (6)$$

其中，P_t、P_r、P_x 和 P_y 分别表示内部稳定维护、外部资源链接、高质量发展和民企产品的市场交易价格。该式也表明了该经济系统达到一般均衡的条件，即过度需求与过剩供给的总额相等，生产者-消费者通过市场交易实现收支平衡。

（三）生产者-消费者面临的效用函数构建

民营企业所处经济系统中的每个生产者-消费者面临的效用函数为：
$$U = y + k\, y^d \quad (7)$$

其中，y 和 y^d 分别表示生产者-消费者对民企产品的自给量和需求量，由于市场交易效率的存在，民企产品的需求者从经济系统中实际得到的量为 $ky^d \geqslant 0$。该式表明生产者-消费者的效用由其消费的民企产品 Y 的数量决定。综上，式（1）至式（6）为约束条件，而式（7）是生产者-消费者的效用最大化目标函数，即民营企业高质量发展效用最大化目标函数。为突出本文的研究重心，假定超边际模型中涉及党组织嵌入的中间产品（内部稳定维护 T 和外部资源链接 R）的生产者要么全部自给，要么全部提供给经济系统中的需求者；而高质量发展的生产者将 X 全部提供给经济系统中的需求者。

二、内生专业化决策及其角点解

根据前文假定并参照图 4-1 所呈现的民营企业生产关系，可以排除一些不符合经济常理的结构模式，借助于新兴古典经济学中的最优模式定理可进一步排除非最优结构模式。由此，针对以下 3 种党组织嵌入结构进行分析。

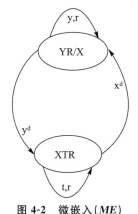

图 4-2 微嵌入（ME）

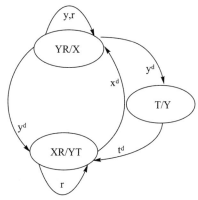

图 4-3 内部稳定维护嵌入（IE）

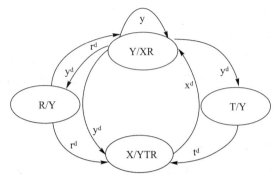

图 4-4 外部资源链接嵌入(OE)

(一)考虑党组织微嵌入(结构 ME)情境

如图 4-2 所示。由于学习成本和市场交易效率的存在,要实现高质量发展,民营企业所有者需要从市场购买所需目标($kx^d>0$),并通过自身经验和渠道联系获取外部资源,即在自我提供外部资源链接($r^p=r>0$)的情境下生产民企产品。高质量发展生产者则需要通过向市场购买民企产品($ky^d>0$),在自我内部稳定维护($t^p=t>0$)和自我外部资源链接($r^p=r>0$)的情境下生产高质量发展 X,并全部提供给市场($x^p=x^s>0$)。使用拉格朗日乘数法,求解得到党组织微嵌入的超边际行为决策解,如表 4-1 所示。此时,民营企业的规模较小,企业中的党员人数较少(少于 3 人),尚未成立党组织,或有一定数量的党员(3 人及以上),但党组织数量很少,在民营企业高质量发展过程中能够发挥一定作用,但较小。

表 4-1 党组织微嵌入的超边际行为决策解

经济主体	民企高质量发展优化问题	超边际行为决策解
民企产品生产者	$max\ U_{ME}^{YR} = y$ $s.t.\ r^p = r = l_r - b$ $y^p = y + y^s = [(kx^d)^\mu r^{1-\mu}]^\delta$ $(l_y - e)^{1-\delta}$ $l_r + l_y = 1$ $P_y y^s = P_x x^d$	$l_r = \dfrac{\delta(1-a)(1-\mu)+c(1-\delta)}{1-\mu\delta}$ $l_y = \dfrac{\delta a(1-\mu)+(1-\delta)(1-c)}{1-\mu\delta}$ $r = \dfrac{\delta(1-\mu)(1-a-c)}{1-\mu\delta}$ $x^d = \dfrac{\mu\delta(1-a-c)}{1-\mu\delta}\left(\varphi k^{\mu\delta}\dfrac{P_y}{P_x}\right)^{\frac{1}{1-\mu\delta}}$ $y^s = \dfrac{\mu\delta(1-a-c)}{1-\mu\delta}\left[\varphi\left(k\dfrac{P_y}{P_x}\right)^{\mu\delta}\right]^{\frac{1}{1-\mu\delta}}$ $U_{ME}^{YR} = (1-a-c)\left[\varphi\left(k\dfrac{P_y}{P_x}\right)^{\mu\delta}\right]^{\frac{1}{1-\mu\delta}}$

续表

经济主体	民企高质量发展优化问题	超边际行为决策解
高质量发展生产者	$max\ U_{ME}^{XTR} = ky^d$ $s.t.\ t^p = t = l_t - e$ $r^p = r = l_r - c$ $x^p = x^s = (t^\eta r^{1-\eta})^\gamma$ $(l_x - b)^{1-\gamma}$ $l_t + l_r + l_x = 1$ $P_x x^s = P_y y^d$	$l_x = (1-c-e)(1-\gamma) + b\gamma$ $l_t = \eta\gamma(1-b-c) + (1-\gamma)e$ $l_r = \gamma(1-\eta)(1-b-c-e) + c$ $r = \gamma(1-\eta)(1-b-c-e)$ $t = \eta\gamma(1-b-c-e)$ $x^s = \psi(1-b-c-e)$ $y^d = \psi \dfrac{P_x}{P_y}(1-b-c-e)$ $U_{ME}^{XTR} = k\psi \dfrac{P_x}{P_y}(1-b-c-e)$

注：$\varphi = [\delta\mu^\mu(1-\mu)^{1-\mu}]^\delta(1-\delta)^{1-\delta}$，$\psi = [\eta^\eta(1-\eta)^{1-\eta}]^\gamma(1-\gamma)^{1-\gamma}$，下同。

(二)考虑党组织内部稳定维护嵌入(结构 IE)情境

如图 4-3 所示。由于学习成本和市场交易效率的存在,要实现高质量发展,民企产品生产者依然选择从市场购买($kx^d > 0$),并在自我外部资源链接($r^p = r > 0$)的情境下生产民企产品 Y。高质量发展生产者则通过向市场购买民企产品($ky^d > 0$)和内部稳定维护($kt^d > 0$)的情境下生产高质量发展 X,并全部提供给市场($x^p = x^s > 0$)。此时,随着民营企业高质量发展过程对于内部稳定的需求不断提高,自我内部维稳已经不能满足。新的分工主体开始出现,即维稳型党组织,其通过嵌入民营企业的内部治理结构,向市场购买民企产品($ky^d > 0$)生产内部稳定维护 T 并全部提供给市场($t^p = t^s > 0$)。

(三)考虑党组织外部资源链接嵌入(结构 OE)情境

如图 4-4 所示。由于学习成本和市场交易效率的存在,民企产品生产者选择从市场购买高质量发展($kx^d > 0$)和外部资源链接($kr^d > 0$)生产民企产品 Y。高质量发展生产者通过从市场购买民企产品($ky^d > 0$)和内部稳定维护($kt^d > 0$)生产高质量发展 X,并全部提供给市场($x^p = x^s > 0$)。维稳型党组织通过向市场购买民企产品($ky^d > 0$)生产内部稳定维护 T 并全部提供给市场($t^p = t^s > 0$)。此时,随着民营企业高质量发展过程对于外部资源的需求量不断提高,自我外部资源链接已经不能满足。新的分工主体开始出现,即链接型党组织,其通过嵌入民营企业的内部治理结构,向市场购买民企产品($ky^d > 0$)生产外部资源链接 R 并全部提供给市场($r^p = r^s$

>0)。求解得到党组织内部稳定维护嵌入和外部资源链接嵌入的超边际行为决策解，如表 4-2 和表 4-3 所示。

表 4-2 党组织内部稳定维护嵌入的超边际行为决策解

经济主体	民企高质量发展优化问题	超边际行为决策解
民企产品生产者	$max\ U_{IE}^{YR} = y$ $s.t.\ r^p = r = l_r - b$ $y^p = y + y^s = [(kx^d)^\mu r^{1-\mu}]^\delta$ $(l_y - e)^{1-\delta}$ $l_r + l_y = 1$ $P_y y^s = P_x x^d$	$l_r = \dfrac{\delta(1-a)(1-\mu) + c(1-\delta)}{1-\mu\delta}$ $l_y = \dfrac{\delta a(1-\mu) + (1-\delta)(1-c)}{1-\mu\delta}$ $r = \dfrac{\delta(1-\mu)(1-a-c)}{1-\mu\delta}$ $x^d = \dfrac{\mu\delta(1-a-c)}{1-\mu\delta}\left(\varphi k^{\mu\delta}\dfrac{P_y}{P_x}\right)^{\frac{1}{1-\mu\delta}}$ $y^s = \dfrac{\mu\delta(1-a-c)}{1-\mu\delta}\left[\varphi\left(k\dfrac{P_y}{P_x}\right)^{\mu\delta}\right]^{\frac{1}{1-\mu\delta}}$ $U_{IE}^{YR} = (1-a-c)\left[\varphi\left(k\dfrac{P_y}{P_x}\right)^{\mu\delta}\right]^{\frac{1}{1-\mu\delta}}$
高质量发展提供者	$max\ U_{IE}^{XR} = ky^d$ $s.t.\ r^p = r = l_r - c$ $x^p = x^s = [(kt^d)^\eta r^{1-\eta}]^\gamma$ $(l_x - b)^{1-\gamma}$ $l_r + l_x = 1$ $P_x x^s = P_y y^d + P_t t^d$	$l_x = \dfrac{(1-c)(1-\gamma) + b\gamma(1-\eta)}{1-\eta\gamma}$ $l_r = \dfrac{c(1-\gamma) + \gamma(1-b)(1-\eta)}{1-\eta\gamma}$ $r = \dfrac{\gamma(1-\eta)(1-b-c)}{1-\eta\gamma}$ $t^d = \dfrac{\eta\gamma(1-b-c)}{1-\eta\gamma}\left(\psi k^{\eta\gamma}\dfrac{P_x}{P_t}\right)^{\frac{1}{1-\eta\gamma}}$ $x^s = \dfrac{1-b-c}{1-\eta\gamma}\left[\psi\left(k\dfrac{P_x}{P_t}\right)^{\eta\gamma}\right]^{\frac{1}{1-\eta\gamma}}$ $y^d = (1-b-c)\left[\psi\dfrac{P_x}{P_y}\left(k\dfrac{P_y}{P_t}\right)^{\eta\gamma}\right]^{\frac{1}{1-\eta\gamma}}$ $U_{IE}^{XR} = (1-b-c)\left[\psi k\dfrac{P_x}{P_y}\left(\dfrac{P_x}{P_t}\right)^{\eta\gamma}\right]^{\frac{1}{1-\eta\gamma}}$
维稳型党组织	$max\ U_{IE}^{T} = ky^d$ $s.t.\ t^p = t^s = l_t - e$ $l_t = 1$ $P_t t^s = P_y y^d$	$t^s = 1 - e$ $y^d = \dfrac{P_t}{P_y}(1-e)$ $U_{IE}^{T} = k\dfrac{P_t}{P_y}(1-e)$

表 4-3 党组织外部资源链接嵌入的超边际行为决策解

经济主体	民企高质量发展优化问题	超边际行为决策解
民企产品生产者	$max\ U_{OE}^Y = y$ $s.t.\ y^p = y + y^s$ $= [(kx^d)^\mu (kr^d)^{1-\mu}]^\delta$ $(l_y - a)^{1-\delta}$ $l_y = 1$ $P_y y^s = P_x x^d + P_r r^d$	$x^d = \frac{\mu\delta(1-a)}{1-\delta}\left[\varphi k^\delta \frac{P_y}{P_x}\left(\frac{P_x}{P_r}\right)^{\delta(1-\mu)}\right]^{\frac{1}{1-\delta}}$ $r^d = \frac{\delta(1-\mu)(1-a)}{1-\delta}\left[\varphi k^\delta \frac{P_y}{P_r}\left(\frac{P_r}{P_x}\right)^{\delta\mu}\right]^{\frac{1}{1-\delta}}$ $y^s = \frac{\delta(1-a)}{1-\delta}\left[\varphi k^\delta \left(\frac{P_y}{P_r}\right)^\delta \left(\frac{P_r}{P_x}\right)^{\delta\mu}\right]^{\frac{1}{1-\delta}}$ $U_{OE}^Y = (1-a)\left[\varphi k^\delta \left(\frac{P_y}{P_r}\right)^\delta \left(\frac{P_r}{P_x}\right)^{\delta\mu}\right]^{\frac{1}{1-\delta}}$
高质量发展提供者	$max\ U_{OE}^X = ky^d$ $s.t.\ x^p = x^s =$ $[(kt^d)^\eta (kr^d)^{1-\eta}]^\gamma$ $(l_x - b)^{1-\gamma}$ $l_x = 1$ $P_x x^s =$ $P_t t^d + P_r r^d + P_y y^d$	$r^d = \frac{\gamma(1-\eta)(1-b)}{1-\gamma}\left[\psi k^\gamma \frac{P_x}{P_r}\left(\frac{P_r}{P_t}\right)^{\eta\gamma}\right]^{\frac{1}{1-\gamma}}$ $t^d = \frac{\eta\gamma(1-b)}{1-\gamma}\left[\psi k^\gamma \frac{P_x}{P_t}\left(\frac{P_t}{P_r}\right)^{(1-\eta)\gamma}\right]^{\frac{1}{1-\gamma}}$ $x^s = \frac{1-b}{1-\gamma}\left[\psi k^\gamma \left(\frac{P_r}{P_t}\right)^{\eta\gamma} \left(\frac{P_x}{P_r}\right)^\gamma\right]^{\frac{1}{1-\gamma}}$ $y^d = (1-b)\left[\psi k^\gamma \frac{P_x}{P_y}\left(\frac{P_y}{P_r}\right)^\gamma \left(\frac{P_r}{P_t}\right)^{\eta\gamma}\right]^{\frac{1}{1-\gamma}}$ $U_{OE}^X = (1-b)\left[\psi k \frac{P_x}{P_y}\left(\frac{P_y}{P_r}\right)^\gamma \left(\frac{P_r}{P_t}\right)^{\eta\gamma}\right]^{\frac{1}{1-\gamma}}$
维稳型党组织	$max\ U_{OE}^T = ky^d$ $s.t.\ t^p = t^s = l_t - e$ $l_t = 1$ $P_t t^s = P_y y^d$	$t^s = 1 - e$ $y^d = \frac{P_t}{P_y}(1-e)$ $U_{OE}^T = k\frac{P_t}{P_y}(1-e)$
链接型党组织	$max\ U_{OE}^R = ky^d$ $s.t.\ r^p = r^s = l_r - c$ $l_t = 1$ $P_r r^s = P_y y^d$	$r^s = 1 - c$ $y^d = \frac{P_r}{P_y}(1-c)$ $U_{OE}^R = k\frac{P_r}{P_y}(1-c)$

三、角点均衡及超边际一般均衡分析

(一)角点均衡求解

根据效用均等条件,求解得到三种党组织嵌入结构的角点均衡效用,分别为:

$$U_{ME} = \varphi k^{2\mu\delta}(1-a-c)^{1-\mu\delta}[\varphi(1-b-c-e)]^{\mu\delta} \tag{8}$$

$$U_{IE} = \varphi(1-a-c)^{\frac{1-2\mu\delta}{1-\mu\delta}}[\varphi k^{2+\eta\gamma}(1-b-c)^{1-\eta\gamma}(1-e)^{\eta\gamma}]^{\mu\delta} \tag{9}$$

$$U_{OE} = \varphi k^{2\delta+\mu\delta\gamma} (1-a)^{1-\delta} [\psi(1-b)^{1-\gamma}(1-e)^{\psi}]$$
$$(1-c)^{\mu\delta\gamma(1-\eta)+\delta(1-\mu)} \tag{10}$$

通过分类讨论并两两比较以上均衡效用即可得到党组织嵌入结构跃迁或演进的临界值,如表 4-4 和表 4-5 所示。

(二)超边际一般均衡结果分析

为简化结构演进临界值表达结果,代入特定值($\mu=\delta=\eta=\gamma=0.5$)进行求解。

表 4-4　超边际一般均衡分析结果(1)

综合学习成本	$0<a+c<1$						
	$0<b+c+e<1$				$1<b+c+e<3$		
	$0<b+c<1$		$1<b+c<2$		$0<b+c<1$		$1<b+c<2$
交易效率	$0<k<k_3$	$k_3<k<k_1$	$k_1<k<1$	$0<k<k_2$	$k_2<k<1$	$0<k<k_1$	$k_1<k<1$	N/A
均衡结构	ME	IE	OE	ME	OE	IE	OE	OE

注:$k_1 = (1-a-c)^{\frac{32}{27}}(1-b-c)^{\frac{1}{3}}/(1-a)^{\frac{8}{9}}(1-b)^{\frac{2}{9}}(1-c)^{\frac{5}{9}}$,$k_2 = (1-a-c)^{\frac{6}{5}}(1-b-c-e)^{\frac{2}{5}}/(1-a)^{\frac{4}{5}}(1-b)^{\frac{1}{5}}(1-c)^{\frac{1}{2}}(1-e)^{\frac{1}{10}}$,$k_3 = (1-a-c)^{\frac{4}{3}}(1-b-c-e)^{4}/(1-b-c)^{3}(1-e)$。为简化结果,不考虑效用为零的临界值。下同。

表 4-5　超边际一般均衡分析结果(2)

综合学习成本	$1\leqslant a+c<2$						
	$0<b+c+e<1$		$1<b+c+e<3$				
	$0<b+c<1$	$1<b+c<2$	$0<b+c<1$		$1<b+c<2$		
交易效率	N/A	$0<k<k_1$	$k_1<k<1$	$0<k<k_2$	$k_2<k<1$	$0<k<k_3$	$k_3<k<k_1$	$k_1<k<1$
均衡结构	OE	IE	OE	ME	OE	ME	IE	OE

由此可见,只有在民企产品生产者的综合学习成本较低且市场交易效率较低的特殊情形下,党组织不嵌入或微嵌入的均衡效用才占优,是民营企业所处经济系统中的均衡结构。当民营企业高质量发展存在内部摩擦或面临外部资源短缺时,民营企业在内部稳定维护、外部资源链接、高质量发展和民企产品上的综合学习成本较高,此时虽然市场交易效率较低,但是结构 OE 和结构 IE 将成为经济系统中的均衡结构选择,即党组织嵌入民营企业是占优选择。随着市场交易效率的提高,党组织嵌入民营企业的结构模式将由微嵌入(结构 ME)向内部稳定维护嵌入(结构 IE)和外部资

源链接嵌入(结构 OE)跃迁或演进。在党组织嵌入结构的跃迁或演进过程中,民营企业内部的经济主体发生专业化分工,即民企产品生产者、高质量发展提供者、维稳型党组织和链接型党组织在高质量发展效用最大化和相关约束条件下,分别作出最优的超边际行为决策。而这个跃迁或演进就是党组织嵌入助推民营企业高质量发展的过程。

当然,本章仅对当前民营企业党组织嵌入的主要功能进行高度凝练概括并纳入模型中,由于民营企业党组织嵌入和功能发挥本身是一个在逐步发展和创新的过程,对于基层党建理论上在未来也可能会有更多的突破,党组织可能会为民营企业高质量发展创造出更多的专业化产品和服务,产生更多的治理专业分工,而对于新古典经济学的超边际模型来说,其对专业化分工演进和影响路径是开放的,可以在此基础上,进一步设置嵌入变量和作用途径,进行模型求解,寻求角点均衡,让党组织在嵌入民营企业后发挥着更多更好的作用,推动民营企业高质量发展。

第五章　党组织嵌入对民营企业创新发展的影响

创新是引领发展的第一动力,是建设现代化经济体系的战略支撑。党的十九届五中全会通过的《中共中央关于制定国民经济和社会发展第十四个五年规划和二〇三五年远景目标的建议》提出:"强化企业创新主体地位,促进各类创新要素向企业集聚。"企业是集聚科技创新要素的天然载体,是开展科技创新工作的实施主体,担负着科技创新主要需求者、积极推动者、要素集成者和重要管理者等多重角色。坚定实施创新驱动发展战略,强化创新第一动力的地位和作用,突出以科技创新引领全面创新,发挥好企业的创新主体作用,特别是发挥了占据市场主体数量90%以上的民营企业的创新主体作用,对于提升实体经济发展水平,推动"十四五"时期高质量发展,实现经济行稳致远、社会安定和谐有着重要的作用。

主导国家发展命运的决定性因素是社会生产力发展和劳动生产率提高(刘志彪,2015)。只有把以学习和模仿为主的"后发优势战略"转型为以创新驱动为主的"先发战略",才能有效地带动经济转型升级,避免使发展过程进入"中等收入陷阱",才能成功地进行发展动力源的切换。因此,当前中国嵌入全球价值链的任务,一方面要在原有全球价值链基础上进行产业升级,融入发达国家主导的全球创新链,另一方面要在"一带一路"沿线重构以我为主的全球价值链(刘志彪、吴福象,2018)。不过也要看到,俘获型网络治理关系成为发展中国家在现有国际贸易格局下不得不接受的既成事实,由此造成发展中国家的代工企业无法实现功能升级与链的升级的高端价值链攀升(刘志彪、张杰,2009)。中国在科技创新领域仍然有一系列令人担忧的现象。长期以来,中国专利申请量一直位居世界第一。但其中真正体现技术含金量的发明专利不到总量的三分之一,实用新型和外观设计专利居多。国家知识产权局在其2019年组织的一次专利调查中发现,中国国内有效专利的产业化率仅为32.9%,国内有效专利许可率为5.5%。为应对这种不足,国家知识产权局印发的《推动知识产权高质量发展年度工作指引(2021)》,明确提出要引导各地向推动知识产权高质量发展上转变。Amiti 和 Freund(2011)研究指出,1997 年至 2005 年,中国出口品种没有增加,这意味着尽管中国的出口总量持续增加,但依旧是以低科技含量、低附加值的初级产品为主。金洪飞和陈秋羽(2021)指出,中国企业在全球价值链中处于低端的困境,需要通过产学研来破解。戴翔和金碚(2013)认为,中国出口贸易在取得"爆炸式增长奇迹"成就的同时,出口产品附加值低及服务贸易发展的相对滞后,是中国外贸发展备受诟病的焦点。赵文军和于津平(2012)基于中国 30 个工业行业数据的实证研究发现,中国工业经济增长方式的粗放型特征不仅没有弱化,反而还出现强化的现象。从外向型经济走向开放型创新经济,其基本的特征是要把竞争战略的焦点,从过去主要集聚于对物质资本的竞争,转化为主要对人力资本、技术资本和知识资本的竞争。由此凸显高层次人才战略的主体地位。陈启斐和刘志彪(2014)指出,在现有的全球价值链中,发达国家的跨国公司和国际大买家(链主)可以提高"技术壁垒"或者"行业标准",来封锁中国的产业升级路径,对国家的 R&D(科学研究与试验发展)补贴或者企业研发收益进行稀释。因此,加大对企业的技术研发投资,对于推动中国企业转型升级和创新型国家的建立,具有重要的理论和现实意义。民营企业是中国数量最多的市场主体,是中国专利来源的最大主体,是中国自主创新的最大潜在力量。在推动建设创新型国家的过程中,必须提高对民营企业在中国自主创新中的重要地位与作用的认识,充分发挥他们在建立创新型国家中的重大作用。

一、理论分析与研究假设

民营企业党组织作为中国共产党的基层组织,不仅在企业中发挥着政治核心作用,还肩负着推动企业创新发展的职能跨界角色,把双重任务落实到治理实践中。党组织对创新发展的作用发挥所依托的理论可从以下几个角度分析。

稳定发展信心。创新的高风险性和高投入性,决定了企业需要有一个稳定的外部环境,特别是需要有一个新型政商关系,这样才可以心无旁骛地加强投入,摒弃短期行为。民营企业党组织通过跨界行为,建立与各级党委、政府及相关方的有效联系,优化营商环境,为企业争取良好的外部环境,这对于高风险的研发投资是很有必要的(原东良等,2021)。党组织的嵌入，是通过政商关系转型来实现的。制度变迁中的"路径依赖"理论认为，制度变迁过程中存在着自我强化机制，好的制度会得到遵从，负面制度也会得到强化。改革开放以来的转型过程，正规制度并不会立刻走向健全，而是处于逐步完善的过程中，在这期间，民营企业往往会寻找一些非正式制度来弥补，这其中有正式的途径，如人大、政协等参政议政平台，也有非正规渠道，如游离于法律灰色地带的政商关系。在发挥积极作用的同时，也带来了一些负面影响，如"利益联盟""权钱交易""政商合谋"等，传统政商关系滑向"买卖关系"（赵军，2019），且这种非正式制度会存在自我强化的现象。由于传统的非正式制度"路径依赖"主要是基于出资人或高管层的政商关系，根植于微观企业中而难以从宏观上有效清除，对于民营企业党组织来说，因为具有政治上的天然先进性，且直接嵌入企业内部，可以对传统政商关系模式进行改造或替代，推动"亲""清"新型政商关系的建立，让民营企业有一个稳定的创新环境预期，能一心一意谋长远发展。李明辉和程海艳（2021）研究也发现，党组织参与公司治理与创新产出、创新效率呈显著的正向关系。

提高管理水平。创新是一项高投入、高风险的活动，既需要巨大的投入，又需要科学的管理。企业是嵌入特定社会环境中的组织（Meyer和Rowan，1977），研究其创新行为必须考虑制度环境的影响（Granovetter，1985；Williamson，2000）。外部制度环境的作用需要企业内部制度环境的遵从，特别是良好的治理结构可以将外部制度有效贯彻到企业日常运行中，推动企业管理水平的提高。法人治理结构是现代企业制度最重要的框架，中国的民营企业很多是家族式治理，迫切需要进行管理转型，民营企业党组织参与治理可遵循党建ISO9000标准，实行"五个双向"，即"班子双向进入、工作双向互动、人才双向培养、文化双向互促、制度双向互补"，使党组织成熟的工作机制，如党委会决策民主集中机制、干部人才工作机制、宣传文化机制等运用到企业职能部门，推动中国特色现代企业制度建设（周海江，2014）。党内民主可以有效"中和"民营企业的管理硬化，"党委会"和"民主生活会"等可以将管理层身份归统，以党内平等身份讨论"经营大计"（柳学信等，2022；郑登津等，2020）。如创新发展的方向、资源的投入、目标的管理，这些事关企业未来发展的重大事项，需要党组织嵌入，推动科学决策和良好管理。

培养核心团队。核心团队既包括企业家，又包括高层管理人才，是企业战略方向的策划者,对企业创新发展具有重大的引领作用。核心团队最重要的就是其成员都要拥有企业家精神,每一个成功的企业背后,都有一个伟大的企业家精神作支撑。民营企业由于股权的高度集中性,企业家精神主要集中在主要出资人身上,即传统上的民营企业家。随着民营企业的发展壮大,传统的家族治理结构很多变成现代企业治理结构,通过股权激励或上市的方式,企业出资人开始多元化,很多高管也成了企业的重要股东。党组织嵌入民营企业,不仅要给企业带来发展资源,还要推动企业出资人和管理层作为市场的"孤勇者",发挥企业家精神,积极主动面对重大风险和不确定性,大胆尝试与创新;不仅要创造"铺天盖地"的在关键领域具有极强竞争力的专精特新企业和行业"小巨人",还要打造众多"顶天立地"的企业航母,创造新产品、开拓新市场、延伸新产业。企业党组织同时要加强与当地党委、政府的协调,推动外部制度环境建设,允许民营企业具有试错的氛围和宽容失败的制度安排,让万千民营企业家敢创、敢干、敢投,敢为天下先,这对于中国经济的增长和未来,对于中华民族伟大复兴,具有至关重要的意义。

推动社会协作。创新发展需要有一个良好的内外部合作环境,从企业内部来说,需要研发部门和生产部门、市场部门沟通,掌握产品特征和市场需求。从外部来说,需要借助于外脑和公共研发平台,加强和外部科研部门、科研人员的合作,特别是一些重大技术攻关,需要在政府、行业组织等的组织协调下,开展合作研究。内部的合作在上级的协调下,组织起来相对容易,而外部协作因为无隶属关系,需要加强沟通协调,有畅通的沟通渠道,能让多个不同单位的科研力量同频共振,共同发挥力量。这时候,不同单位的党组织就可以有效发挥联系沟通的作用。不同企业、科研部门之间的党组织,都是党组织系统的基层网络节点,相互之间具有天然的联系,可以推动所在单位之间加强合作。如果在同一个行业组织内,可以由商协会联合党组织协调各个企业开展合作。如果是在同一个行政区域内,可以由所在地的地方政府党组织开展协调工作。由于党组织之间的天然联系性,可以有效推动企业与外部之间的沟通协调。

提升信用等级。创新离不开外部环境的支持,如风投基金、战略投资者、创新产品市场认可等,因而需要展示一个良好的正面形象。"信息传递理论"认为,在信息不对称的情况下,企业需要通过一定的方式向外界传递公司信息,塑造良好形象,一般包括创新规划、产品宣告、高效治理等。在社会主义市场经济环境下,民营企业党组织可以扮演着信息传输角色(程博等,2017),展示其合法性、先进性和时代性的特征,提升信用等级,更容易得到与其他经济体合作的渠道,获取各种合作的机会。党组织也可以通过提高劳动收入份额来展示其合法性(刘长庚等,2022)。经济发展进入新阶段,经济减速换挡,产业结构升级,正是民营企业进行大规模技术改造的有利时机,党组织如果建设得好,本身就是一种形象塑造,通过传递正面信息提升企业品牌形象,更易获得各类合作机会,如创投基金、风险资金、人才加盟等的支持。这里重要的是两个资源,一是资金资源。因为信用等级的提升,有更好的安全等级和发展前景,各类资金愿意投入企业中,从而缓解企业的融资约束。二是人才资源。各类人才愿意到企业来发挥作用,党组织也会发挥人才培养的功能,让人才有更大的发展空间。

基于以上分析,本章提出:民营企业建立党组织会有效推动企业的研发投资。

二、数据与方法

(一)数据来源

本章数据来自 2018 年开展的第十三次全国私营企业抽样调查,该调查是由中共中央统战部、国家工商行政管理总局、中华全国工商业联合会、中国民(私)营经济研究会组成的课题组(以下简称"课题组"),依托各省(区、市)工商局和工商联的力量完成的。调查采取多阶段抽样方式,按全国民营企业户数 5.5% 比例抽样,调研对象涵盖国民经济全部行业,分别为农林牧渔、采矿业、制造业、电力煤气水、建筑业、交通运输、信息服务、批发零售、住宿餐饮、金融、房地产、租赁、商业服务、科研技术、公共设施、居民服务、卫生、教育、国际组织、社会组织、文化体育。为了控制极端值对实证的影响,采用 $Winsor$ 方法,对极端值进行修正,对小于 1% 分位数和大于 99% 分位数的变量,令其值分别等于 1% 分位数和 99% 分位数。同时,在每一次回归中,均剔除相关缺失数据。

(二)模型设定

为了检验党组织对研发投资的单项作用,构建如下模型:

$$RD = \alpha_0 + \alpha_1 Party + \alpha_i Control + \varepsilon$$

(三)变量选择

1.被解释变量

研发投资(RD):本书重点关注民营企业党组织对研发投资的影响,因此将研发投资作为核心被解释变量,主变量以研发投资数量的规模来衡量,取研发投入的对数($RD1$)。同时,以研发强度($RD2$,以研发投入占销售额的百分比来衡量)和研发倾向($RD3$,以是否有研发投入来衡量,有取1,没有取0)进行进一步对比检验。

2. 核心解释变量

党组织($Party$):将企业中有相关组织的设为1,没有的设为0。

3. 控制变量

根据调查问卷,设置了两类控制变量。一是企业主的自然变量,包括企业主的性别($Gender$)、年龄($Ceoage$)、教育层次($Ceoedu$)。二是企业变量,包括企业规模($Size$)、企业存续时间($Firmage$)、企业杠杆率(Lev)。具体说明如下:

性别($Gender$):我们将男性企业出资人设置为1,女性企业出资人设置为0。

年龄($Ceoage$):调查问卷报告了企业出资人的出生年份,因此,年龄=2018-出生年份。

教育层次($Ceoedu$):调查问卷报告了企业出资人的文化程度,分为六个层次,分别为小学及以下、初中、高中和中专、大专、大学、研究生,分别赋值为1、2、3、4、5、6。

企业规模($Size$):以企业员工数量来衡量,单位为百人。

企业存续时间($Firmage$):调查问卷报告了企业注册的时间,因此,企业存续时间=2018-注册年份。

企业杠杆率(Lev):以企业的资产负债率百分比来衡量。

另外,本文还对行业($Indus$)和区域($Prov$)进行了控制:

行业控制变量($Indus$),对所有15个大类行业进行控制。

区域控制变量($Prov$),对所有的31个省级单位进行控制。

三、基本回归分析

(一)描述性统计

从描述性统计表5-1可以看出,样本企业的研发强度平均约为2.2%,其中,约有28.3%的企业有研发投入。样本企业中约有39.5%建立了党组织,说明组建党组织还有一定的空间。男性企业出资人占比约为76.9%,女性企业出资人占比较低。企业出资人平均教育层次超过3,略高于高中和中专水平。企业出资人平均年龄约为 45.48 岁,处于中年水平。企业平均存续时间约为 11.88 年,员工平均超过 139 人,负债率平均约为 24.16%,均处于较为健康的水平。

表 5-1 描述性统计

变量名	样本数	均值	标准差	最小值	最大值
$RD1$	6902	3.9449	6.3749	0.0000	17.5997
$RD2$	5821	2.2070	7.0937	0.0000	53.0504
$RD3$	6902	0.2827	0.4503	0.0000	1.0000
$Party$	7473	0.3952	0.4889	0.0000	1.0000
$Gender$	7438	0.7693	0.4213	0.0000	1.0000
$Ceoedu$	7381	3.0568	1.1024	1.0000	6.0000
$Ceoage$	7380	45.4846	9.8841	18.0000	81.0000
$Firmage$	7303	11.8824	7.1127	1.0000	67.0000
$Size$	7095	1.3974	3.5889	0.0100	25.0000
Lev	5853	24.1655	27.9327	0.0000	99.3600

(二)基本回归结果

表 5-2 为验证民营企业党组织对研发投资影响的基准回归,其中,模型 1、模型 2、模型 3 为添加行业和区域控制变量的回归检验,模型 4、模型 5、模型 6 为添加企业主和企业控制变量的回归检验,模型 7、模型 8、模型 9 为添加所有控制变量的回归检验。可以看出,无论是在哪一种情况下,民营企业成立党组织,对研发投入的回归系数均为正,且全部通过了 1% 水平上显著性检验,即民营企业党组织显著推动了民营企业的研发投资。假设得到了检验。

表 5-2 党组织对研发投资的影响检验

	模型 1	模型 2	模型 3	模型 4	模型 5	模型 6	模型 7	模型 8	模型 9
	研发规模	研发强度	研发倾向	研发规模	研发强度	研发倾向	研发规模	研发强度	研发倾向
$Party$	10.5669***	6.9350***	1.4815***	8.4041***	5.8464***	0.9272***	6.6911***	4.8606***	0.9545***
	(22.6894)	(13.1133)	(21.6866)	(15.1109)	(10.0351)	(12.4213)	(13.4803)	(8.2000)	(11.2677)
$Gender$				3.8284***	2.6679***	0.4614***	1.9257***	1.3472*	0.3031***
				(5.9381)	(3.9320)	(5.3661)	(3.3315)	(1.9454)	(2.9773)
$Ceoedu$				2.5064***	2.2890***	0.2943***	2.4543***	2.0625***	0.4143***
				(10.5710)	(9.2082)	(8.7821)	(11.1726)	(7.9064)	(10.3173)

续表

	模型1	模型2	模型3	模型4	模型5	模型6	模型7	模型8	模型9
	研发规模	研发强度	研发倾向	研发规模	研发强度	研发倾向	研发规模	研发强度	研发倾向
$Ceoage$				0.0437	0.0218	0.0049	0.0246	0.0095	0.0052
				(1.5553)	(0.7303)	(1.3082)	(0.9803)	(0.3118)	(1.1914)
$Firmage$				0.2331***	0.0717*	0.0275***	0.1024***	−0.0189	0.0156***
				(6.2708)	(1.8243)	(5.1125)	(3.0729)	(−0.4694)	(2.6510)
$Size$				0.7784***	0.3675***	0.1901***	0.5399***	0.2452***	0.1497***
				(12.4360)	(5.7443)	(5.9864)	(9.9342)	(3.8628)	(6.1830)
Lev				0.0538***	0.0247***	0.0055***	0.0260***	0.0088	0.0032**
				(6.3255)	(2.7095)	(5.2033)	(3.3272)	(0.9266)	(2.4385)
$Indus$	Y	Y	Y	N	N	N	Y	Y	Y
$Prov$	Y	Y	Y	N	N	N	Y	Y	Y
$\_cons$	−2.0086	−1.6696	−0.5307***	−20.627***	−18.006***	−2.6211***	−9.4699***	−6.7407***	−1.9884***
	(−1.6264)	(−1.1959)	(−2.7595)	(−11.0471)	(−9.2351)	(−10.4036)	(−4.5226)	(−2.6969)	(−5.2319)
N	6706	5671	6685	5493	4790	5493	5371	4691	5368
$Pse R^2$	0.1160	0.0680	0.2831	0.0725	0.0309	0.1845	0.1348	0.0730	0.3385
$Log lik.$	−9381.5090	−8785.2174	−2867.2195	−8422.5242	−7916.1606	−2741.4250	−7700.8580	−7435.1318	−2176.2428
Chi^2	2463.0897	1281.9175	1509.6634	1316.5005	504.4990	751.9151	2400.4582	1170.6839	1246.9915
p	0.0000	0.0000	0.0000	0.0000	0.0000	0.0000	0.0000	0.0000	0.0000

说明：括号内为 t 值，***、**、*分别表示1%、5%、10%的显著性水平，下同。

四、稳健性检验

内生性问题是实证完整性的重要一环。第一，就本章的样本数据而言，数据是课题组在全国相应地区按照一定比例的多阶段抽样，其权威性得到了认证和检验，因此不用担心测量误差问题。第二，就本章的主要内容而言，逆向因果问题也不必过于忧虑，根据相关法律法规，企业是否设立党组织并非根据企业研发投入来确定，只要党员人数达到3人即应该设立党组织，而且党组织一旦设立也并不会因为企业研发投入下降而撤销。第三，潜在的内生性问题可能是无法控制的遗漏变量问题带来的。在此进行多种工具变量的内生性检验。

（一）Heckman 选择模型

借鉴刘一鸣和王艺明（2022）的文献，以各省份"已设立党组织的社会团体数/社会团体数"（Soc）作为党组织嵌入的工具变量，该变量为作者根据《中国民政统计年鉴》手动整理得出的数据，并按照被调查企业所属省份进行数据库匹配。各地区社会团体设立党组织的比例代表着该地区社会团体党组织嵌入的程度,与民营企业党组织嵌入具有一定的相关性;但各地区社会团体设立党组织的比例不会直接影响单个民营企业的研发投入,满足工具变量的外生性。从表5-3回归结果可知,在第一阶段回归中,当地社团设立党组织比例与民营企业党组织之间存在显著正相关关系,即地方社团党组织设立比例越高,民营企业建立党组织的比例也越高。在第二阶段回归中,IMR系数显著为负,并且党组织嵌入对民营企业研发投入仍然存在显著的正向促进作用,说明考虑了样本自选择问题后,所得出的结论依旧稳健。

表 5-3　Heckman 选择模型

	模型1	模型2	模型3	模型4
	党组织	研发规模	研发强度	研发倾向
Soc	0.1049***			
	(3.0396)			
$Party$		5.1296***	3.9181***	0.7950***
		(10.3023)	(6.4214)	(9.0511)
$Gender$	0.1738***	−0.5966	−0.2529	−0.1062
	(3.6012)	(−0.9873)	(−0.3424)	(−0.9338)
$Ceoedu$	0.2029***	−0.2367	0.3559	−0.0326
	(9.9377)	(−0.7826)	(0.9667)	(−0.5355)
$Ceoage$	0.0085***	−0.0882***	−0.0632*	−0.0145***
	(3.7674)	(−3.3497)	(−1.9450)	(−2.9772)
$Firmage$	0.0289***	−0.2597***	−0.2473***	−0.0446***
	(8.6606)	(−5.9041)	(−4.6162)	(−5.1870)
$Size$	0.1926***	−0.1506*	−0.1842**	−0.0113
	(5.7127)	(−1.9532)	(−2.0084)	(−0.6515)
Lev	0.0044***	−0.0418***	−0.0344***	−0.0076***
	(6.6310)	(−4.4265)	(−2.9551)	(−4.2759)
IMR		−20.2535***	−13.0055***	−3.3410***
		(−12.1705)	(−6.4671)	(−9.5058)
$Indus$	Y	Y	Y	Y
$Prov$	Y	Y	Y	Y
$\_cons$	−2.0351***	27.3178***	16.4162***	4.1833***
	(−10.4582)	(7.2297)	(3.5749)	(5.3560)
N	5587	5368	4688	5368
$Log\ lik.$	−2925.9250	−7625.9643	−7413.9803	−2131.5542
Chi^2	903.9769	2547.8603	1210.8293	1314.4692
p	0.0000	0.0000	0.0000	0.0000

(二)工具变量检验

借鉴刘长庚等(2022)、陈东等(2021)的做法,使用"组群类"工具变量,即样本中观测个体所在更高层级群体的特征作为个体层面特征的工具变量。选择两种工具变量。一是绝对变量。利用2016年第十二次全国私营企业抽样调查的数据计算行业-区域党组织成立变量,对当前的企业进行行业-区域匹配,由于时间不可逆,所以这个变量具有外生性。二是趋势变量。首先利用2018年的数据对行业-区域党组织成立情况进行计算,然后减去2016年计算出来的数据,再利用 $Iv\text{-}tobit$ 方法进行检验。从表5-4可以看出,无论是添加部分控制变量,还是添加全部控制变量,在工具变量检验下,党组织对民营企业研发投资的规模和强度均通过了1%水平上显著性检验,显示了结论的稳健性。

表5-4 党组织对研发投资的影响检验

	模型1	模型2	模型3	模型4	模型5	模型6
	研发规模	研发强度	研发规模	研发强度	研发规模	研发强度
$Party$	12.2648***	0.0738***	32.0231***	0.2331***	8.0578***	0.0509*
	(6.7009)	(3.5627)	(14.6959)	(10.9300)	(3.6910)	(1.9376)
$Gender$			1.6251**	0.0086	1.8126***	0.0128*
			(2.1898)	(1.1354)	(3.0600)	(1.8079)
$Ceoedu$			0.5780*	0.0086***	2.3522***	0.0203***
			(1.8426)	(2.7503)	(8.8985)	(6.4227)
$Ceoage$			−0.0389	−0.0005	0.0202	0.0001
			(−1.1807)	(−1.3994)	(0.7817)	(0.1999)
$Firmage$			−0.0437	−0.0012**	0.0891**	−0.0002
			(−0.8923)	(−2.4653)	(2.2548)	(−0.5096)
$Size$			0.0977	−0.0010	0.5031***	0.0024***
			(1.0328)	(−1.1133)	(6.3933)	(2.6449)
Lev			0.0071	−0.0001	0.0237***	0.0001
			(0.6790)	(−0.9081)	(2.7434)	(0.7855)
$Indus$	Y	Y	N	N	Y	Y
$Prov$	Y	Y	N	N	Y	Y
$\_cons$	−3.0008*	−0.0193	−17.9575***	−0.1653***	−9.5052***	−0.0655***
	(−1.8797)	(−1.0561)	(−8.4708)	(−7.7674)	(−4.5323)	(−2.6311)
N	6693	5659	5481	4779	5361	4682
Log lik.	−13387.5059	−3776.6786	−11237.8418	−3046.4171	−10519.5735	−2665.8305

续表

	模型 1	模型 2	模型 3	模型 4	模型 5	模型 6
	研发规模	研发强度	研发规模	研发强度	研发规模	研发强度
Chi^2	1510.2293	837.9001	879.5277	386.6045	1664.2007	787.3935
p	0.0000	0.0000	0.0000	0.0000	0.0000	0.0000
稳健弱识别检验 Anderson-Rubin Wald	46.60***	16.76***	310.10***	150.17***	14.98***	6.76**

(三)倾向得分匹配(PSM)检验

在现实中,民营企业是否存在党组织可能不是随机因素,而是由民营企业本身特征所决定的。为避免自选择问题,借鉴相关研究方法,本书引入倾向得分匹配(PSM)方法,将控制变量作为协变量进行多项匹配检验,匹配后的数据均符合检验要求。表5-5汇报了平均处理效应 ATT,分别为1:1近邻匹配、1:4近邻匹配、半径卡尺内匹配、核匹配、马氏匹配。可以看出,无论从哪一项结果来分析,ATT 均为正,并通过1%水平上显著性检验,说明民营企业党组织对研发投资作用的稳健性,与前面的实证完全吻合。

表 5-5 ATT 效应检验

PSM	ATT-RD1
$n(1)$	1.6171***
	(4.2800)
$n(4)$	1.5674***
	(5.2600)
$radius\ cal(0.01)$	1.7151***
	(6.5100)
$kernel$	1.8753***
	(7.3700)
$mahal$	2.4278***
	(8.9800)

利用匹配后的数据对研发规模进行实证,相关结果见表5-6,可以看出,党组织嵌入对研发投资的作用同样全部通过了1%水平上显著性检验,显示了结果的稳健性。

表 5-6 PSM 匹配后影响检验

	模型 1	模型 2	模型 3	模型 4	模型 5
	n(1)	n(4)	n(4) cal(0.01)	kernel	mahal
$Party$	4.4064***	5.6186***	6.5414***	6.5308***	6.1247***
	(5.6640)	(9.9186)	(12.9660)	(13.0649)	(11.3634)
$Gender$	2.0814**	1.5529**	1.9598***	1.9623***	2.5637***
	(2.0606)	(2.1673)	(3.3329)	(3.3683)	(3.8191)
$Ceoedu$	2.7306***	2.4510***	2.4649***	2.4793***	2.3629***
	(6.8748)	(8.8179)	(10.8869)	(11.1725)	(9.0817)
$Ceoage$	−0.0044	0.0152	0.0254	0.0259	0.0117
	(−0.0994)	(0.4838)	(0.9826)	(1.0233)	(0.3831)
$Firmage$	0.0427	0.0681	0.1104***	0.1083***	0.0999**
	(0.6866)	(1.5683)	(3.1886)	(3.2141)	(2.4239)
$Size$	1.3179***	1.0686***	0.6785***	0.6780***	1.1763***
	(7.3190)	(9.1358)	(10.7129)	(10.8067)	(10.3571)
Lev	0.0240*	0.0227**	0.0257***	0.0251***	0.0292***
	(1.8038)	(2.4113)	(3.2318)	(3.1899)	(3.2204)
$Indus$	Y	Y	Y	N	N
$Prov$	Y	Y	Y	N	N
_cons	−6.8923*	−9.0705***	−9.5525***	−9.5572***	−8.3154***
	(−1.8213)	(−3.4628)	(−4.4596)	(−4.5269)	(−3.4090)
N	1888	3668	5278	5318	4109
Pse R^2	0.1006	0.1085	0.1336	0.1346	0.1177
Log lik.	−2883.5815	−5501.9451	−7471.5221	−7579.3652	−6147.7812
Chi^2	645.2067	1339.7987	2303.3192	2356.8028	1639.9994
p	0.0000	0.0000	0.0000	0.0000	0.0000

(四)熵平衡检验

在倾向得分匹配法处理样本的过程中,可能因为无法成功匹配而将部分样本剔除,造成样本丢失。为了减少该问题对研究结论的影响,采用熵平衡重新处理样本(见表 5-7、表 5-8)。可以看出,在调整后,处理组和加权调整后的对照组的年龄均值、方差和偏度都非常相近。具体回归结果见表 5-9,党组织嵌入与民营企业研发投资之间依旧存在显著正相关关系,即党组织嵌入提高了民营企业的研发投资。

表 5-7 平衡前

	处理组			对照组		
	均值	方差	偏度	均值	方差	偏度
$Gender$	0.8376	0.1361	−1.8300	0.7302	0.1971	−1.0370
$Ceoedu$	3.4070	1.2110	−0.0786	2.8530	1.1330	0.0871
$Ceoage$	47.6100	93.5000	−0.1413	44.5400	95.5500	0.1996
$Firmage$	14.7100	57.8200	1.2730	10.2500	38.7900	1.2800
$Size$	2.8300	25.4700	3.1110	0.4113	1.4840	10.9800
Lev	34.8200	857.2000	0.4103	20.3300	881.3000	1.4380

表 5-8 平衡后

	处理组			对照组		
	均值	方差	偏度	均值	方差	偏度
$Gender$	0.8376	0.1361	−1.8300	0.8375	0.1361	−1.8300
$Ceoedu$	3.4070	1.2110	−0.0786	3.4070	1.2110	−0.0785
$Ceoage$	47.6100	93.5000	−0.1413	47.6000	93.5000	−0.1411
$Firmage$	14.7100	57.8200	1.2730	14.7100	57.8200	1.2730
$Size$	2.8300	25.4700	3.1110	2.8300	25.4700	3.1110
Lev	34.8200	857.2000	0.4103	34.8200	857.2000	0.4104

表 5-9 熵平衡后党组织对研发投资的影响检验

	模型1	模型2	模型3	模型4	模型5	模型6	模型7	模型8	模型9
	研发规模	研发强度	研发倾向	研发规模	研发强度	研发倾向	研发规模	研发强度	研发倾向
$Party$	3.1954***	1.9622***	0.5442***	3.3261***	1.9395***	0.4991***	2.9094***	1.9922***	0.5678***
	(4.7761)	(3.5638)	(4.8554)	(4.2940)	(3.1731)	(4.7721)	(5.1985)	(3.8089)	(5.3348)
$Gender$				2.7448***	1.3627**	0.3467***	1.0954	0.7663	0.2380*
				(3.2885)	(1.9958)	(2.9450)	(1.6363)	(1.0953)	(1.7592)
$Ceoedu$				2.7779***	2.0510***	0.3587***	2.6296***	1.7206***	0.5080***
				(8.4009)	(7.1696)	(6.7933)	(9.7111)	(7.0491)	(8.3382)
$Ceoage$				0.0096	−0.0054	0.0001	0.0031	−0.0014	−0.0007
				(0.2438)	(−0.1682)	(0.0182)	(0.1028)	(−0.0471)	(−0.1037)
$Firmage$				0.1544***	−0.0052	0.0185*	0.0581	−0.0641*	0.0108
				(2.5903)	(−0.1259)	(1.9281)	(1.6365)	(−1.9374)	(1.4716)

续表

	模型1	模型2	模型3	模型4	模型5	模型6	模型7	模型8	模型9
	研发规模	研发强度	研发倾向	研发规模	研发强度	研发倾向	研发规模	研发强度	研发倾向
Size				0.7497***	0.3407***	0.1515***	0.5214***	0.2157***	0.1509***
				(16.1896)	(8.6689)	(5.9319)	(9.8665)	(5.2010)	(7.3011)
Lev				0.0425***	0.0186*	0.0048***	0.0122	0.0042	0.0009
				(3.5212)	(1.8421)	(2.6629)	(1.2851)	(0.4225)	(0.4908)
Indus	Y	Y	Y	N	N	N	Y	Y	Y
Prov	Y	Y	Y	N	N	N	Y	Y	Y
_cons	−2.0086	−1.6696	−0.5307***	−20.627***	−18.006***	−2.6211***	−9.4699***	−6.7407***	−1.9844***
	(−1.6264)	(−1.1959)	(−2.7595)	(−11.0471)	(−9.2351)	(−10.4036)	(−4.5226)	(−2.6969)	(−5.2319)
N	5371	4691	5368	5493	4790	5493	5371	4691	5368
$PseR^2$	0.0883	0.0532	0.2523	0.0406	0.0148	0.1193	0.1142	0.0601	0.3285
Log lik.	−8891.6305	−8354.0990	−2259.8388	−9556.5603	−8871.7500	−2719.5986	−8639.2290	−8293.3442	−2029.3398

（五）其他检验

企业出资人是党员，可能会倾向于加强党建工作，这样党组织作用的发挥或许潜在地被放大了，而如果出资人是非党员，党组织作用的发挥就会更加客观。因此，剔除企业出资人是党员的样本，继续进行检验，具体结果见表5-10。结果显示，相对于出资人是党员背景的，出资人是非党员背景的企业，党组织在推动研发投资上的作用力度更大，t值显示的拟合度也更高，说明党组织的作用发挥是基于治理结构的需要，而非企业家的个人意愿，具有客观必然性。

表 5-10　党组织对研发投资的影响检验

	模型1	模型2	模型3	模型4	模型5	模型6	模型7	模型8	模型9
	研发规模	研发强度	研发倾向	研发规模	研发强度	研发倾向	研发规模	研发强度	研发倾向
Party	11.1126***	7.8308***	1.4486***	8.2200***	6.2092***	0.8417***	6.7691***	5.2500***	0.8803***
	(17.6673)	(10.6359)	(17.2230)	(10.9916)	(7.5782)	(8.7189)	(10.0845)	(6.4111)	(8.2131)
Gender				3.8229***	2.8856***	0.4122***	2.0621***	1.5949*	0.2886**
				(4.8095)	(3.2884)	(4.1803)	(2.8555)	(1.7982)	(2.5190)
Ceoedu				2.7342***	2.6979***	0.2891***	2.6153***	2.3391***	0.3743***
				(8.6083)	(7.7243)	(6.8966)	(8.6333)	(6.3384)	(7.7236)
Ceoage				0.0459	0.0179	0.0031	0.0397	0.0064	0.0048
				(1.2017)	(0.4205)	(0.6573)	(1.1343)	(0.1484)	(0.8837)

续表

	模型1 研发规模	模型2 研发强度	模型3 研发倾向	模型4 研发规模	模型5 研发强度	模型6 研发倾向	模型7 研发规模	模型8 研发强度	模型9 研发倾向
$Firmage$				0.3056*** (5.7390)	0.1266** (2.1361)	0.0332*** (4.8685)	0.1447*** (3.0075)	−0.0036 (−0.0606)	0.0220*** (2.9122)
$Size$				1.0233*** (9.8277)	0.5467*** (4.9036)	0.2634*** (4.5421)	0.6685*** (7.2311)	0.3206*** (2.8918)	0.1981*** (4.1222)
Lev				0.0558*** (4.9549)	0.0260** (2.0570)	0.0052*** (4.0217)	0.0250** (2.3678)	0.0043 (0.3247)	0.0027* (1.6943)
$Indus$	Y	Y	Y	N	N	N	Y	Y	Y
$Prov$	Y	Y	Y	N	N	N	Y	Y	Y
_cons	−0.8606 (−0.5292)	0.6519 (0.3418)	−0.2248 (−0.9643)	−23.694*** (−9.6180)	−21.405*** (−7.9688)	−2.6853*** (−8.7125)	−9.2562*** (−3.2761)	−4.1593 (−1.2050)	−1.4890*** (−3.1959)
N	4838	3993	4826	3928	3339	3928	3842	3271	3822
$Pse\ R^2$	0.1127	0.0730	0.2625	0.0706	0.0321	0.1753	0.1332	0.0797	0.3182
$Log\ lik.$	−5873.1191	−5502.0817	−1951.8418	−5223.9085	−4940.7297	−1824.2723	−4776.4435	−4613.5322	−1473.2581
Chi^2	1492.3435	866.8376	970.4816	793.8948	327.6986	459.8974	1467.4159	798.8106	784.9919
p	0.0000	0.0000	0.0000	0.0000	0.0000	0.0000	0.0000	0.0000	0.0000

五、作用机制分析

本小节进行党组织对创新发展影响的机制检验。

(一)提高管理水平

企业创新发展,从内部来看,涉及协调各种高级生产要素的投入,要求科研人员的投入,要求创新发展和维持现有发展之间的平衡,要求创新发展战略的落实,要求对外部各种重大机会的把握,要求应对各种风险并加以处理,诸如此类,都需要较高的管理水平来协调。党组织嵌入民营企业治理结构中,可以以自身天然先进性,提高民营企业的内部管理水平,进而推动民营企业研发创新。因此,本小节将民营企业内部管理水平($Manage$)作为中介变量,进行中介效应检验。本研究推测,党组织可有效推动民营企业内部管理水平,并推动民营企业的研发创新投入。管理水平变量来自调查问卷,分为三档,分别为较低、居中、较高,分别赋值为1、2、3。计量检验结果见表5-11。

表 5-11 管理水平的中介效应检验

	模型 1	模型 2	模型 3	模型 4	模型 5	模型 6	模型 7	模型 8
	管理水平	研发投入规模	研发投入强度	研发投入倾向	管理水平	研发投入规模	研发投入强度	研发投入倾向
$Manage$		4.0658***	3.4245***	0.6023***		2.7378***	2.3817***	0.4519***
		(10.1508)	(7.3172)	(9.3520)		(6.6917)	(4.8037)	(6.0706)
$Party$	0.2316***	9.2625***	6.0656***	1.3398***	0.1663***	6.0477***	4.4457***	0.8696***
	(14.6246)	(20.0127)	(11.2510)	(18.7837)	(8.6750)	(12.1654)	(7.3977)	(9.9485)
$Gender$					0.0142	1.9030***	1.2685*	0.3177***
					(0.6944)	(3.2805)	(1.8060)	(3.0233)
$Ceoedu$					0.0674***	2.2262***	1.8834***	0.3852***
					(7.9550)	(10.1373)	(7.1447)	(9.3513)
$Ceoage$					0.0021**	0.0163	0.0012	0.0035
					(2.1594)	(0.6476)	(0.0405)	(0.7871)
$Firmage$					0.0027**	0.0913***	−0.0279	0.0145**
					(2.0068)	(2.7514)	(−0.6892)	(2.4018)
$Size$					0.0160***	0.4954***	0.2120***	0.1425***
					(6.4131)	(9.1729)	(3.3171)	(6.0764)
Lev					0.0003	0.0232***	0.0070	0.0028**
					(0.9657)	(2.9627)	(0.7267)	(2.0616)
$Indus$	Y	Y	Y	Y	Y	Y	Y	Y
$Prov$	Y	Y	Y	Y	Y	Y	Y	Y
$\_cons$	2.0050***	−9.3561***	−8.2399***	−1.6508***	1.6253***	−13.1668***	−10.1971***	−2.6154***
	(43.9050)	(−6.3108)	(−4.8051)	(−7.0209)	(20.1198)	(−5.9691)	(−3.8281)	(−6.4299)
N	6673	6253	5390	6232	5244	5040	4471	5037
$Pse\ R^2$	0.0386	0.1181	0.0688	0.2909	0.0565	0.1335	0.0721	0.3388
$Log\ lik.$	−6290.6272	−9082.3464	−8567.9149	−2703.2055	−4889.2649	−7500.0589	−7266.7705	−2079.9014
Chi^2	505.7914	2433.4329	1265.3322	1469.0190	586.0676	2310.8064	1129.6109	1212.2571
p	0.0000	0.0000	0.0000	0.0000	0.0000	0.0000	0.0000	0.0000

模型 1、模型 2、模型 3、模型 4 仅添加行业和区域控制变量进行中介效应检验,模型 5、模型 6、模型 7、模型 8 添加所有控制变量进行中介效应检验。从模型 1 可以看出,党组织对民营企业管理水平的回归系数为正,且通过了 1% 水平上显著性检验。模型 2、模型 3、模型 4 显示,党组织和民营企业管理水平($Manage$)对研发投资规模、强度和倾向的作用均为正,且均

通过了1%水平上显著性检验。模型5、模型6、模型7、模型8添加全部控制变量后,得出同样的规律,管理水平(Manage)的中介效应得到了检验。

(二)培养核心团队

民营企业党组织的重要功能之一就是培养各类人才队伍,其中主要包括两大类,核心团队和员工队伍。核心团队包括核心管理团队、核心研发团队,其中,核心管理团队是民营企业家精神的主要承载者,核心研发团队是创新精神的主要承载者。员工队伍,从整体上来看包含整个员工的学历层次、敬业精神、工匠精神等。核心团队对于民营企业创新发展具有关键的引领带头作用,由于党组织的加入,民营企业的核心团队水平和民营企业家精神会有较大的提高,包括党组织负责人嵌入民营企业高级管理层,党组织的部门负责人和民营企业管理部门之间的双向嵌入等,核心管理团队对民营企业创新发展具有重要的把关定向和引领作用。核心研发团队培养是推动民营企业创新发展的关键因素之一,也是创新精神的主要承载者,很多中小企业的专精特新建设,主要靠几个核心研发团队的人员来完成,而如何加强对这一类人才队伍的培养,把优秀研发骨干吸收到党的队伍中来,是党组织在新形势下面临的重要任务之一。本书设想,党组织嵌入民营企业中,可以有效推动核心团队建设,进而推动民营企业的创新发展。因此,培养核心团队可能是党组织推动创新发展的重要中介变量之一。核心团队(Coreteam)的变量直接来自调查问卷,基本内容为有哪些竞争优势。核心团队优势为其中的选项之一,有取1,没有取0,我们把第一竞争优势或第二竞争优势选择核心团队的取值为1,定义为有该项竞争优势;两者均没有选的取值为0,定义为没有该项竞争优势。计量结果见表5-12。

表5-12 核心团队的中介效应检验

	模型1	模型2	模型3	模型4	模型5	模型6	模型7	模型8
	核心团队	研发投入规模	研发投入强度	研发投入倾向	核心团队	研发投入规模	研发投入强度	研发投入倾向
Coreteam		2.6874***	2.3342***	0.4060***		1.4310***	1.1020*	0.2448***
		(5.0752)	(3.8447)	(4.9023)		(2.6723)	(1.7203)	(2.5828)
Party	0.5360***	10.3513***	6.7634***	1.4542***	0.3985***	6.6112***	4.8106***	0.9407***
	(8.2686)	(22.2579)	(12.7737)	(21.2049)	(5.0198)	(13.3181)	(8.1094)	(11.0758)
Gender					0.0778	1.9044***	1.3300*	0.2999***
					(0.9040)	(3.2969)	(1.9204)	(2.9397)

续表

	模型1	模型2	模型3	模型4	模型5	模型6	模型7	模型8
	核心团队	研发投入规模	研发投入强度	研发投入倾向	核心团队	研发投入规模	研发投入强度	研发投入倾向
$Ceoedu$					0.2202***	2.4093***	2.0298***	0.4076***
					(6.1129)	(10.9536)	(7.7642)	(10.1529)
$Ceoage$					−0.0001	0.0244	0.0091	0.0053
					(−0.0332)	(0.9733)	(0.2981)	(1.2048)
$Firmage$					−0.0025	0.1024***	−0.0188	0.0157***
					(−0.4462)	(3.0767)	(−0.4667)	(2.6770)
$Size$					0.0024	0.5397***	0.2447***	0.1497***
					(0.2434)	(9.9414)	(3.8564)	(6.2388)
Lev					0.0014	0.0257***	0.0085	0.0032**
					(1.1991)	(3.2898)	(0.8973)	(2.3817)
$Indus$	Y	Y	Y	Y	Y	Y	Y	Y
$Prov$	Y	Y	Y	Y	Y	Y	Y	Y
_cons	−1.7239***	−2.4800**	−2.0920	−0.6094***	−2.3372***	−9.5839***	−6.8231***	−2.0165***
	(−8.9098)	(−2.0085)	(−1.4957)	(−3.1512)	(−6.8713)	(−4.5804)	(−2.7296)	(−5.2952)
N	7201	6706	5671	6685	5590	5371	4691	5368
$Pse\ R^2$	0.0585	0.1172	0.0688	0.2861	0.0712	0.1352	0.0732	0.3395
$Log\ lik.$	−3454.0776	−9368.7065	−8777.8646	−2855.3132	−2677.1830	−7697.3025	−7433.6565	−2172.9576
Chi^2	400.5763	2488.6947	1296.6231	1506.9757	377.9293	2407.5691	1173.6345	1240.0119
p	0.0000	0.0000	0.0000	0.0000	0.0000	0.0000	0.0000	0.0000

模型1、模型2、模型3、模型4仅添加行业和区域控制变量进行中介效应检验,模型5、模型6、模型7、模型8添加所有控制变量进行中介效应检验。从模型1可以看出,党组织对民营企业核心团队的回归系数为正,且通过了1%水平上显著性检验。模型2、模型3、模型4显示,党组织和民营企业核心团队对研发投资规模、强度和倾向的作用均为正,且均通过了1%水平上显著性检验。模型5、模型6、模型7、模型8添加全部控制变量后,虽然显著性略有下降,但是得出同样的规律,核心团队($Coreteam$)的中介效应得到了检验。

(三)吸引优秀人才

人才队伍建设是党组织嵌入民营企业所发挥的重要功能之一,上面分析了党组织通过加强核心团队建设,推动民营企业创新发展。除核心团队外,企业员工的整体素质则是创新发展的重要支撑,高素质的员工队伍,可以有效落实管理层的决策规划,技术人员的创新成果在生产过程中实现,同时可以在生产过程中发现创新发展存在的不足及需要进一步提升改进的地方,给民营企业管理层和研发人员反馈,进一步推动民营企业加强创新发展。员工队伍素质的衡量标准虽有多样,但一个普遍的指标就是文化水平,一般企业统计中都会将大学及以上人员的占比作为重要指标,提高员工中高学历人才占比,既可以通过招聘相应的人才来充实,又可以通过岗位上送学培养来实现。本小节将企业中大学及以上文化程度的员工数占员工总数的比例($Highedu$)作为人才队伍的变量,进行中介效应检验,相关数据直接来自调查问卷,计量结果见表5-13。

表 5-13 人才队伍的中介效应检验

	模型1	模型2	模型3	模型4	模型5	模型6	模型7	模型8
	人才队伍	研发投入规模	研发投入强度	研发投入倾向	人才队伍	研发投入规模	研发投入强度	研发投入倾向
$Highedu$		0.0733***	0.0877***	0.0104***		0.0515***	0.0707***	0.0086***
		(9.3073)	(9.3419)	(8.3815)		(6.1015)	(6.7710)	(5.5283)
$Party$	11.7861***	9.8852***	6.4527***	1.4369***	6.4025***	6.5186***	4.6896***	0.9504***
	(12.7622)	(21.4282)	(12.0674)	(20.2376)	(6.1488)	(13.1529)	(7.8016)	(10.8411)
$Gender$					0.5832	2.0132***	1.3889*	0.3242***
					(0.5172)	(3.4547)	(1.9575)	(3.0558)
$Ceoedu$					11.4379***	1.9138***	1.4721***	0.3297***
					(24.5271)	(8.3534)	(5.3216)	(7.7291)
$Ceoage$					−0.0856	0.0307	0.0130	0.0066
					(−1.6358)	(1.2141)	(0.4192)	(1.4185)
$Firmage$					0.0325	0.1234***	0.0012	0.0199***
					(0.4504)	(3.7080)	(0.0282)	(3.2789)
$Size$					−0.3340**	0.5173***	0.2333***	0.1509***
					(−2.4790)	(9.5887)	(3.6443)	(5.9856)
Lev					0.0523***	0.0239***	0.0081	0.0029**
					(3.2733)	(3.0593)	(0.8376)	(2.0940)
$Indus$	Y	Y	Y	Y	Y	Y	Y	Y
$Prov$	Y	Y	Y	Y	Y	Y	Y	Y
$\_cons$	24.0103***	−2.9431**	−3.4032**	−0.7008***	−13.2393***	−8.6230***	−6.4289**	−1.9143***
	(9.0213)	(−2.3581)	(−2.3657)	(−3.4957)	(−2.9783)	(−4.1133)	(−2.5252)	(−4.8688)

续表

	模型1	模型2	模型3	模型4	模型5	模型6	模型7	模型8
	人才队伍	研发投入规模	研发投入强度	研发投入倾向	人才队伍	研发投入规模	研发投入强度	研发投入倾向
N	6637	6237	5303	6216	5263	5063	4421	5060
$Pse\ R^2$	0.0243	0.1218	0.0726	0.2991	0.0409	0.1384	0.0752	0.3493
$Log\ lik.$	−27405.9910	−8931.1556	−8394.4872	−2650.6760	−21375.0878	−7386.7917	−7155.3061	−2041.3083
Chi^2	1366.2323	2478.5072	1313.5686	1437.8528	1822.9891	2372.8597	1163.1544	1179.4118
p	0.0000	0.0000	0.0000	0.0000	0.0000	0.0000	0.0000	0.0000

模型1、模型2、模型3、模型4仅添加行业和区域控制变量进行中介效应检验,模型5、模型6、模型7、模型8添加所有控制变量进行中介效应检验。从模型1可以看出,党组织对民营企业人才队伍建设的回归系数为正,且通过了1%水平上显著性检验。模型2、模型3、模型4显示,党组织和民营企业人才队伍对研发投资规模、强度和倾向的作用均为正,且均通过了1%水平上显著性检验。模型5、模型6、模型7、模型8添加全部控制变量后,得出同样的规律,人才队伍($Highedu$)的中介效应得到了检验。

(四)推动科研合作

本小节将外部科研合作($Scico$)作为中介变量,对此进行中介效应检验,相关检验结果见表5-14。我们预计,党组织可以推动民营企业加强与外部科研部门、科研人员的合作,进而推动民营企业的研发投入。和外部科研部门、科研人员是否有合作,直接来自调查问卷,有这类合作的取1,没有这类合作的取0。

表5-14 外部科研合作的中介效应检验

	模型1	模型2	模型3	模型4	模型5	模型6	模型7	模型8
	外部科研合作	研发投入规模	研发投入强度	研发投入倾向	外部科研合作	研发投入规模	研发投入强度	研发投入倾向
$Scico$		12.4056*** (28.6766)	10.8602*** (19.8399)	2.2006*** (27.2474)	10.6939*** (23.5671)		9.9144*** (16.8809)	2.0622*** (22.0148)
$Party$	1.1106*** (17.1457)	6.9191*** (16.7478)	4.1336*** (7.7819)	1.1786*** (15.4419)	0.7499*** (9.2917)	4.6504*** (10.3366)	3.1617*** (5.3695)	0.7807*** (8.4755)
$Gender$					0.1303 (1.3901)	1.6555*** (3.1545)	1.2034* (1.7526)	0.2971*** (2.6213)

续表

	模型1 外部科研合作	模型2 研发投入规模	模型3 研发投入强度	模型4 研发投入倾向	模型5 外部科研合作	模型6 研发投入规模	模型7 研发投入强度	模型8 研发投入倾向
$Ceoedu$					0.4082*** (10.9892)	1.4516*** (7.2677)	1.2291*** (4.7385)	0.2938*** (6.6389)
$Ceoage$					0.0081** (1.9997)	0.0016 (0.0685)	−0.0103 (−0.3411)	0.0031 (0.6289)
$Firmage$					0.0015 (0.2730)	0.0933*** (3.0945)	−0.0323 (−0.8111)	0.0190*** (2.7789)
$Size$					0.0901*** (6.7349)	0.3444*** (7.0648)	0.0860 (1.3817)	0.1103*** (5.0363)
Lev					0.0001 (0.0434)	0.0259*** (3.6327)	0.0104 (1.0947)	0.0038*** (2.6776)
$Indus$	Y	Y	Y	Y	Y	Y	Y	Y
$Prov$	Y	Y	Y	Y	Y	Y	Y	Y
$\_cons$	−0.6539*** (−3.5227)	−5.8032*** (−5.1877)	−6.1167*** (−4.3286)	−1.3473*** (−6.5370)	−2.2273*** (−6.2464)	−8.7562*** (−4.6123)	−7.1831*** (−2.9034)	−2.3427*** (−5.6831)
N	6743	6396	5431	6375	5337	5157	4512	5154
$Pse\,R^2$	0.1664	0.1555	0.0884	0.3877	0.2169	0.1654	0.0896	0.4202
$Log\,lik.$	−3240.8595	−8811.6852	−8472.8267	−2375.1912	−2449.1468	−7329.0478	−7217.6184	−1858.0695
Chi^2	972.8574	3246.0978	1644.0221	1677.4837	892.6112	2905.6335	1419.9208	1331.1473
p	0.0000	0.0000	0.0000	0.0000	0.0000	0.0000	0.0000	0.0000

模型1、模型2、模型3、模型4仅添加行业和区域控制变量进行中介效应检验,模型5、模型6、模型7、模型8添加所有控制变量进行中介效应检验。从模型1可以看出,党组织对外部科研合作的回归系数为正,且通过了1%水平上显著性检验。模型2、模型3、模型4显示,党组织和外部科研合作对研发投资规模、强度和倾向的作用均为正,且均通过了1%水平上显著性检验。模型5、模型6、模型7、模型8添加全部控制变量后,得出同样的规律,外部科研合作($Scico$)的中介效应得到了检验。

(五)缓解融资约束

根据前文相关论述,党组织可以提高信用等级形象,有效缓解民营企业的融资约束,因为民营企业研发投入需要大量的资金,仅靠民营企业自身的积累难以完成,故而需要外部融资的支持。因此,进行中介效应检验,考虑到民营企业资金主要分两个部分：流动资金和扩大再生产资金，而外部贷款可以对这两个用途加以支持，因此，用流动资金中的贷款比例（Loan1）和扩大再生产资金中的贷款比例（Loan2）作为中介效应指标，进行分类检验，数据直接来自调查问卷，相关检验结果见表5-15。本研究推测党组织可以推动流动资金和扩大再生产资金中的贷款比例，进而推动民营企业的研发投入。

表5-15 融资约束的中介效应检验

	模型1	模型2	模型3	模型4	模型5	模型6	模型7	模型8
	流动资金中的贷款比例	研发投入规模	研发投入强度	研发投入倾向	扩大再生产资金中的贷款比例	研发投入规模	研发投入强度	研发投入倾向
$Loan1$		0.0707***	0.0421***	0.0132***				
		(6.9190)	(3.4402)	(7.0324)				
$Loan2$						0.0756***	0.0605***	0.0143***
						(7.5252)	(4.8768)	(7.4052)
$Party$	11.4484***	6.1604***	4.3409***	0.8928***	16.3521***	6.1483***	4.2664***	0.8765***
	(8.1948)	(11.9779)	(7.0533)	(9.7331)	(7.4849)	(11.1081)	(6.2034)	(8.8688)
$Gender$	7.8182***	1.5891***	1.1991*	0.2442**	8.9607***	1.4915**	1.1893	0.2403**
	(4.8705)	(2.6385)	(1.6547)	(2.2076)	(3.5928)	(2.3300)	(1.4871)	(2.0411)
$Ceoedu$	1.0040	2.4332***	2.0883***	0.4340***	0.9662	2.2819***	2.0554***	0.4045***
	(1.6249)	(10.7203)	(7.7366)	(9.8465)	(0.9910)	(9.2636)	(6.7515)	(8.5865)
$Ceoage$	0.1939***	0.0233	0.0256	0.0056	0.0068	0.0166	0.0244	0.0045
	(2.7340)	(0.8919)	(0.8098)	(1.1490)	(0.0604)	(0.5821)	(0.6805)	(0.8699)
$Firmage$	0.5022***	0.1039***	−0.0219	0.0157**	0.3012**	0.1373***	0.0091	0.0216***
	(5.2241)	(3.0138)	(−0.5254)	(2.4529)	(1.9616)	(3.6484)	(0.1941)	(3.0337)
$Size$	0.2811*	0.5174***	0.2342***	0.1486***	0.8185***	0.5395***	0.2549***	0.1755***
	(1.7187)	(9.5482)	(3.6856)	(5.8048)	(3.1417)	(8.8359)	(3.4356)	(5.2004)
Lev	0.3724***	0.0109	−0.0005	0.0007	0.3810***	0.0190**	0.0040	0.0019
	(17.0748)	(1.2785)	(−0.0501)	(0.4581)	(11.2197)	(2.1318)	(0.3601)	(1.1985)
$Indus$	Y	Y	Y	Y	Y	Y	Y	Y
$Prov$	Y	Y	Y	Y	Y	Y	Y	Y
$\_cons$	−28.5838***	−9.7309***	−7.7358***	−2.1777***	−41.7621***	−9.1930***	−7.7333***	−2.0573***
	(−4.7319)	(−4.5353)	(−3.0098)	(−5.3331)	(−4.3717)	(−3.9671)	(−2.6760)	(−4.8107)
N	4666	4514	3968	4511	4091	3974	3465	3962
$Pse\,R^2$	0.0492	0.1349	0.0703	0.3464	0.0451	0.1348	0.0699	0.3473

续表

	模型1	模型2	模型3	模型4	模型5	模型6	模型7	模型8
	流动资金中的贷款比例	研发投入规模	研发投入强度	研发投入倾向	扩大再生产资金中的贷款比例	研发投入规模	研发投入强度	研发投入倾向
Log lik.	−12422.8997	−6841.9243	−6630.1922	−1859.6585	−8612.4427	−5956.3881	−5798.4643	−1623.5163
Chi^2	1285.5924	2133.3481	1002.4369	1058.3883	814.3848	1855.6059	871.6360	923.4337
p	0.0000	0.0000	0.0000	0.0000	0.0000	0.0000	0.0000	0.0000

模型1、模型2、模型3、模型4将流动资金中的贷款比例作为中介效应指标。从模型1可以看出,党组织对流动资金中的贷款比例的回归系数为正,且通过了1%水平上显著性检验。模型2、模型3、模型4显示,党组织和流动资金中的贷款比例对研发投资规模、强度和倾向的作用均为正,且均通过了1%水平上显著性检验,流动资金中的贷款比例($Loan1$)的中介效应得到了检验。

模型5、模型6、模型7、模型8将扩大再生产资金中的贷款比例作为中介效应指标。从模型5可以看出,党组织对扩大再生产资金中的贷款比例的回归系数为正,且通过了1%水平上显著性检验。模型6、模型7、模型8显示,党组织和扩大再生产资金中的贷款比例对研发投资规模、强度和倾向的作用均为正,且均通过了1%水平上显著性检验,扩大再生产资金中的贷款比例($Loan2$)的中介效应得到了检验。

对比作用系数可以看出,党组织对扩大再生产资金中的贷款比例($Loan2$)的作用系数要显著高于对流动资金中的贷款比例($Loan1$)的作用系数,其说明党组织在推动融资约束上,更倾向于将资金引向服务扩大再生产中的研发投入上,这对社会扩大投资,提振经济信心有较强的正向作用。

六、进一步分析

(一)异质性检验

1.考虑企业规模异质性的影响

根据产业经济学相关理论,不同规模的企业在创新发展上会表现出一定的差异性。本书依据世界银行对调查企业的界定,将企业分为大企业和中小企业(张三峰、魏下海,2019),然后再分别进行回归分析,结果见表

5-16。结果表明,党组织嵌入在不同规模的企业可以推动大部分企业增加研发投资,其中,在中小企业群体中的作用相对更强。进行具体对比,以研发规模对比来看,党组织嵌入对中小型企业研发投资推动作用约为大型企业的2.56倍;以研发强度对比来看,党组织嵌入对中小型企业研发投资推动作用显著,而对大型企业的推动作用则不显著;以研发倾向对比来看,党组织嵌入对中小型企业研发投资推动作用约为大型企业的1.25倍。可以看出,党组织嵌入在中小型企业中的作用更为明显。这对当前的工作也有较大启示,中小型企业是专精特新企业的主力军,在规模实力上与大企业有一定差距,更需要在创新发展上有所作为,而党组织恰恰是发挥了更大的创新推动作用。考虑到中小型企业党组织的组建率要小于大型企业,因而可以进一步创造条件,推动更多中小型企业加强党组织组建并发挥作用。

表 5-16 党组织对研发投资影响的规模异质性检验

	模型 1	模型 2	模型 3	模型 4	模型 5	模型 6
	研发规模		研发强度		研发倾向	
	中小型企业	大型企业	中小型企业	大型企业	中小型企业	大型企业
$Party$	4.3391***	1.6903***	4.7585***	0.2844	0.5074***	0.4047**
	(5.1828)	(2.8149)	(4.3150)	(0.3987)	(4.3933)	(2.3317)
$Gender$	1.7649*	1.2816*	1.5272	0.4018	0.2041*	0.3849*
	(1.9246)	(1.8055)	(1.2570)	(0.4743)	(1.6665)	(1.7727)
$Ceoedu$	2.0493***	1.4224***	2.4439***	0.8870***	0.2697***	0.4192***
	(5.2193)	(6.3155)	(4.6610)	(3.3709)	(5.0266)	(5.6439)
$Ceoage$	−0.0175	0.0131	−0.0530	0.0371	−0.0003	0.0033
	(−0.3945)	(0.5034)	(−0.8845)	(1.1978)	(−0.0444)	(0.3813)
$Firmage$	−0.0463	0.0105	−0.1240	−0.0619*	−0.0053	0.0022
	(−0.7200)	(0.3291)	(−1.4265)	(−1.6414)	(−0.6122)	(0.2296)
$Size$	23.5360***	0.2312***	1818.4596***	0.0541	2.9310***	0.0599***
	(14.0917)	(5.7282)	(8.2777)	(1.1477)	(14.1214)	(3.6905)
Lev	−0.0024	−0.0123	−0.0195	−0.0025	−0.0004	−0.0046
	(−0.1808)	(−1.3534)	(−1.0798)	(−0.2314)	(−0.2167)	(−1.5986)
$Indus$	Y	Y	Y	Y	Y	Y
$Prov$	Y	Y	Y	Y	Y	Y
$\_cons$	−13.9026***	4.1716*	−12.2046**	1.1542	−1.8973***	−0.3839
	(−3.8842)	(1.8203)	(−2.5713)	(0.4250)	(−3.7920)	(−0.5535)

续表

	模型1	模型2	模型3	模型4	模型5	模型6
	研发规模		研发强度		研发倾向	
	中小型企业	大型企业	中小型企业	大型企业	中小型企业	大型企业
N	3942	1429	3305	1386	3896	1426
$Pse\ R^2$	0.1204	0.0892	0.0784	0.0391	0.2604	0.3043
$Log\ lik.$	−3659.2905	−3661.9683	−3566.0163	−3598.1506	−1339.9341	−637.3783
Chi^2	1001.7874	717.7016	606.4124	292.9466	649.5824	384.2475
p	0.0000	0.0000	0.0000	0.0000	0.0000	0.0000

2. 考虑生命周期异质性的影响

不同生命周期的企业,在面对党组织嵌入情况下可能会有不同的反应。以企业成立时间中值为参照,低于中值的为成长期,其他为成熟期,进行分类检验,相关结果见表5-17。结果显示,无论是成长期企业,还是成熟期企业,党组织对研发投资的作用都是显著的,而成长期企业党组织的作用相对强一些。进行具体对比,通过研发规模对比来看,党组织嵌入对成长期企业研发投资推动作用约为成熟期企业的1.28倍;通过研发强度对比来看,党组织嵌入对成长期企业研发投资推动作用约为成熟期企业的1.73倍;通过研发倾向对比来看,党组织嵌入对成长期企业研发投资推动作用和成熟期企业基本一致。产生上述结果可能的原因是成长期企业面临的竞争环境更激烈,有更大的研发投资提升需求,但受实力所限难以有较多的投入,因而更愿意通过配合党组织嵌入,以获取更多的支持。成熟期企业,相对来说已经采用较先进的机器设备,拥有相对成熟的生产技术和商业模式,且发展稳定,一般更会注重现有发展状态的维持。因此,可以进一步创造条件,推动更多成熟期企业加强党组织组建并发挥作用。

表5-17 党组织对研发投资影响的生命周期异质性检验

	模型1	模型2	模型3	模型4	模型5	模型6
	研发规模		研发强度		研发倾向	
	成长期	成熟期	成长期	成熟期	成长期	成熟期
$Party$	7.4667***	5.8342***	6.3642***	3.6810***	0.9180***	0.9284***
	(8.3150)	(9.8301)	(5.4079)	(5.7360)	(7.2166)	(7.9138)

续表

	模型1	模型2	模型3	模型4	模型5	模型6
	研发规模		研发强度		研发倾向	
	成长期	成熟期	成长期	成熟期	成长期	成熟期
$Gender$	2.4881**	1.2540*	2.9554**	0.2333	0.3023**	0.2638*
	(2.4773)	(1.7578)	(2.2233)	(0.3023)	(2.1396)	(1.7458)
$Ceoedu$	2.5407***	2.3894***	2.7642***	1.5352***	0.3306***	0.4972***
	(6.0835)	(9.5104)	(4.9700)	(5.7656)	(5.5928)	(8.5697)
$Ceoage$	0.0144	0.0241	−0.0242	0.0328	0.0020	0.0066
	(0.3022)	(0.8257)	(−0.3737)	(1.0453)	(0.3077)	(1.0396)
$Firmage$	0.5586***	0.0645	0.3776*	−0.0152	0.0688***	0.0124
	(3.4861)	(1.4651)	(1.7602)	(−0.3211)	(2.9372)	(1.3050)
$Size$	1.1751***	0.4480***	0.7877***	0.1608***	0.2607***	0.1288***
	(6.0794)	(8.7254)	(3.1834)	(2.9657)	(4.0846)	(5.5291)
Lev	0.0298**	0.0171*	0.0004	0.0088	0.0031*	0.0025
	(2.1260)	(1.7937)	(0.0193)	(0.8404)	(1.6712)	(1.2771)
$Indus$	Y	Y	Y	Y	Y	Y
$Prov$	Y	Y	Y	Y	Y	Y
$\_cons$	−13.8843***	−7.2000***	−8.8500*	−7.4064***	−1.9831***	−2.1672***
	(−3.5221)	(−2.7714)	(−1.6998)	(−2.6562)	(−3.4227)	(−3.8519)
N	2836	2535	2353	2338	2828	2535
$Pse\ R^2$	0.1194	0.1313	0.0770	0.0706	0.2744	0.3593
$Log\ lik.$	−3051.5029	−4584.0298	−2952.8635	−4362.5761	−1047.9392	−1098.5816
Chi^2	827.5833	1385.2797	492.9039	662.6999	513.0641	679.0209
p	0.0000	0.0000	0.0000	0.0000	0.0000	0.0000

3.考虑行业异质性的影响

中国是世界上最大的制造业国家,制造业和服务业在研发需求上有较大的区别,为此,进行分类计量检验,相关结果见表5-18。结果显示,无论是制造业还是服务业,党组织对研发投资的作用都是显著的,而制造业中党组织的作用发挥明显要弱于服务业。进行具体对比,通过研发规模对比来看,党组织嵌入对服务业企业研发投资推动作用约为制造业企业的1.68倍;通过研发强度对比来看,党组织嵌入对服务业企业研发投资推动作用约为制造业企业的2.95倍;通过研发倾向对比来看,党组织嵌入对服务业企业研发投资推动作用约为制造业企业的1.09倍。产生上述结果可能的原因是,当前中国虽然整体上处在全球价值链的中低端,但相对于制造业而言,中国的生产性服务业发展相对较弱,为制造业提供的服务也不够,需要提升的空间也较大。而一些生活性服务业,还处在低价低质的恶性竞争阶段,也迫切需要进行技术和模式的改变,提高发展效率。因此,服务业更需要在研发投入上提升,而党组织恰恰能满足服务业的这种需求,所以表现出更有力的推动功能。在现实中,服务业的党组织覆盖率要显著低于制造业,因而可以进一步创造条件,创造方式方法,让更多的民营企业有条件、有意愿建立党组织,以发挥更大的作用。

表 5-18 党组织对研发投资影响的行业异质性检验

	模型 1	模型 2	模型 3	模型 4	模型 5	模型 6
	研发规模		研发强度		研发倾向	
	制造业	服务业	制造业	服务业	制造业	服务业
$Party$	5.6247***	9.4574***	3.1724***	9.3618***	0.8914***	0.9750***
	(10.4238)	(7.2416)	(4.8806)	(5.8692)	(5.8456)	(7.1259)
$Gender$	2.9080***	1.0772	1.7579**	0.6532	0.6457***	0.0697
	(4.1797)	(0.8218)	(2.0957)	(0.4040)	(3.7394)	(0.4843)
$Ceoedu$	2.0416***	2.7895***	1.4532***	2.7589***	0.4571***	0.2973***
	(9.1360)	(4.6133)	(5.4817)	(3.6720)	(7.1366)	(4.4424)
$Ceoage$	0.0571**	−0.0418	0.0425	−0.1256	0.0156**	−0.0043
	(2.1400)	(−0.6208)	(1.3243)	(−1.4566)	(2.1631)	(−0.6110)
$Firmage$	0.0893**	0.1523	−0.0143	0.0241	0.0154	0.0153
	(2.5409)	(1.6284)	(−0.3416)	(0.2009)	(1.5683)	(1.5455)
$Size$	0.3876***	1.0280***	0.1038*	0.6862***	0.3379***	0.1075***
	(7.5784)	(4.7807)	(1.7381)	(2.6340)	(2.8625)	(3.6105)
Lev	0.0360***	0.0195	0.0179*	−0.0007	0.0049**	0.0018
	(4.0948)	(1.0160)	(1.6716)	(−0.0300)	(2.0529)	(0.9235)
$Indus$	Y	Y	Y	Y	Y	Y
$Prov$	Y	Y	Y	Y	Y	Y
$\_cons$	−3.9151	−26.6715***	−1.2359	−22.3436***	−1.9563***	−2.7579***
	(−1.6102)	(−4.7915)	(−0.4299)	(−3.2666)	(−2.8215)	(−4.4623)
N	1623	2807	1529	2354	1616	2800
$Pse\ R^2$	0.0814	0.0833	0.0235	0.0692	0.2727	0.1735
$Log\ lik.$	−4004.8954	−2260.1780	−3944.3884	−2141.9169	−785.9142	−929.6806
Chi^2	709.4108	411.0179	189.4634	318.5505	305.4535	326.0473
p	0.0000	0.0000	0.0000	0.0000	0.0000	0.0000

(二)绩效检验

企业加强研发投资,主要有两个目标,一是在技术来源上,能否实现一定程度上的以自主研发替代技术引进,这是解决技术"有"和"无"的问题;二是在技术定位上,能否实现在同行业的技术领先地位,这是解决技术"好"和"坏"的问题。这两个方面都是有效应对外部技术"卡脖子"的重大现实问题,检验党组织是否能通过推动民营企业的研发投资实现创新发展上的这两大目标。因此,进行创新绩效检验。

在数据赋值上,数据库给出了技术来源和技术定位的调查数据,都分为10个等次,分别对应1到10。对技术来源来说,数字越小,越以引进为主;数字越大,越以自主研发为主。对技术定位来说,数字越小,越以跟随模仿为主,数字越大,越以技术引领为主。调查问卷还对五年后的相对应技术来源和技术定位进行同样的赋值,可以检验党组织研发绩效的远期预期影响,相关结果见表5-19和表5-20。

1.对技术来源自主性的检验

首先,进行党组织对民营企业技术来源自主性影响的检验,模型1、模型2、模型3、模型4是对当前技术来源的回归,模型5、模型6、模型7、模型8是对五年后技术来源的回归。从模型1可以看出,党组织对当前技术来源的回归系数为正,且通过了1%水平上显著性检验,说明党组织可以显著提升民营企业的技术来源自主性。模型2、模型3、模型4分别添加研发投入规模、强度、倾向指标,可以看出,党组织对技术来源自主性的推动作用同样通过了1%水平上的正向检验。再看研发投入规模、强度、倾向指标,均对技术来源自主性的作用为正,且通过了1%水平上显著性检验。结合表5-2结果可知,党组织通过了研发投资的中介,推动了民营企业技术来源自主性水平的提升。模型5、模型6、模型7、模型8显示的规律与模型1、模型2、模型3、模型4一致,说明党组织同样通过推动研发投资,可以持续在五年后同样提升民营企业技术来源自主性水平,且从系数对比来看,其作用力度要略强于当前的作用,这也说明党组织在推动民营企业创新发展上的重要作用。

表 5-19 党组织对技术来源自主性检验

	模型 1	模型 2	模型 3	模型 4	模型 5	模型 6	模型 7	模型 8
	当前技术来源				五年后技术来源			
$RD1$		0.1054*** (17.1439)				0.1202*** (17.2200)		
$RD2$			0.0516*** (10.4939)				0.0575*** (10.1831)	
$RD3$				1.3790*** (16.4245)				1.5787*** (16.6044)
$Party$	0.5916*** (7.9766)	0.3532*** (4.7474)	0.5378*** (6.9345)	0.3732*** (5.0113)	0.6764*** (8.0830)	0.4132*** (4.9162)	0.5885*** (6.7244)	0.4327*** (5.1434)
$Gender$	−0.0470 (−0.5980)	0.0286 (0.3703)	−0.0105 (−0.1246)	0.0282 (0.3640)	−0.0977 (−1.1131)	−0.0127 (−0.1471)	−0.0452 (−0.4808)	−0.0131 (−0.1507)
$Ceoedu$	0.2717*** (8.3489)	0.1674*** (5.1441)	0.2372*** (6.8996)	0.1842*** (5.6661)	0.2805*** (7.6315)	0.1728*** (4.6915)	0.2367*** (6.0844)	0.1901*** (5.1702)
$Ceoage$	0.0079** (2.1654)	0.0062* (1.7304)	0.0071* (1.8164)	0.0068* (1.8685)	0.0060 (1.4680)	0.0038 (0.9372)	0.0062 (1.4084)	0.0044 (1.0722)
$Firmage$	0.0105** (2.0370)	0.0066 (1.2934)	0.0128** (2.3733)	0.0070 (1.3844)	−0.0006 (−0.1023)	−0.0068 (−1.1740)	−0.0006 (−0.1059)	−0.0061 (−1.0607)
$Size$	0.0417*** (4.2432)	0.0059 (0.5852)	0.0430*** (4.3110)	0.0198** (1.9959)	0.0429*** (3.8716)	0.0010 (0.0878)	0.0439*** (3.8984)	0.0161 (1.4367)
Lev	0.0029** (2.5499)	0.0021* (1.8628)	0.0026** (2.1830)	0.0022** (1.9994)	0.0029** (2.2671)	0.0021* (1.6743)	0.0028** (2.0656)	0.0022* (1.7969)
$Indus$	Y	Y	Y	Y	Y	Y	Y	Y
$Prov$	Y	Y	Y	Y	Y	Y	Y	Y
$\_cons$	4.1916*** (13.4675)	4.0597*** (13.2016)	4.0634*** (12.3263)	3.9823*** (12.9086)	5.3220*** (15.1188)	5.1645*** (14.8085)	5.1966*** (13.9388)	5.0792*** (14.5256)
N	5042	4884	4276	4884	4992	4836	4223	4836
$Pse\ R^2$	0.0379	0.0519	0.0448	0.0509	0.0336	0.0476	0.0397	0.0467
$Log\ lik.$	−10778.0831	−10289.9562	−9054.1074	−10301.3547	−10935.2169	−10454.8917	−9134.9290	−10464.8123
Chi^2	848.7826	1127.3236	850.0301	1104.5266	761.5089	1044.5791	754.4449	1024.7379
p	0.0000	0.0000	0.0000	0.0000	0.0000	0.0000	0.0000	0.0000

2.对技术层级引领性的检验

首先,进行党组织对民营企业技术层级引领性影响的检验,表 5-20 中的模型 1、模型 2、模型 3、模型 4 是对当前技术层级的回归,模型 5、模型 6、模型 7、模型 8 是对五年后技术层级的回归。从模型 1 可以看出,党组织对当前技术层级的回归系数为正,且通过了 1% 水平上显著性检验,说明党组织可以显著提升民营企业的技术引领层级。模型 2、模型 3、模型 4 分别添加研发投入规模、强度、倾向指标,可以看出,党组织对技术层级引领性的推动作用同样通过了 1% 水平上的正向检验。再看研发投入规模、强度、倾向指标,均对技术层级引领性的作用为正,且通过了 1% 水平上显著性检验。结合表 5-2 可知,党组织通过了研发投资的中介,推动了民营企业技术层级引领性的提升。模型 5、模型 6、模型 7、模型 8 显示的规律与模型 1、模型 2、模型 3、模型 4 一致,说明党组织同样通过推动研发投资,可以持续在五年后同样提升企业技术层级引领性水平,且从系数对比来看,其作用力度要略强于当前的作用,这也说明党组织在推动民营企业创新发展上具有重要作用。

表 5-20 党组织对技术层级引领性检验

	模型 1	模型 2	模型 3	模型 4	模型 5	模型 6	模型 7	模型 8
	当前技术层级				五年后技术层级			
$RD1$		0.0795***				0.0944***		
		(14.0093)				(14.0103)		
$RD2$			0.0375***				0.0434***	
			(8.4111)				(8.0475)	
$RD3$				1.0402***				1.2476***
				(13.4422)				(13.5971)
$Party$	0.4550***	0.2860***	0.4024***	0.2994***	0.6112***	0.4221***	0.5333***	0.4344***
	(6.8119)	(4.2025)	(5.7402)	(4.3980)	(7.7562)	(5.2553)	(6.4811)	(5.4081)
$Gender$	−0.1412**	−0.0984	−0.1084	−0.0988	−0.1666**	−0.1149	−0.1031	−0.1143
	(−2.0025)	(−1.3980)	(−1.4296)	(−1.4015)	(−2.0210)	(−1.3945)	(−1.1694)	(−1.3864)
$Ceoedu$	0.2209***	0.1449***	0.1979***	0.1573***	0.2286***	0.1435***	0.1933***	0.1567***
	(7.5401)	(4.8760)	(6.3652)	(5.3020)	(6.6252)	(4.0929)	(5.2982)	(4.4801)
$Ceoage$	0.0052	0.0036	0.0043	0.0040	0.0009	−0.0015	0.0017	−0.0010
	(1.5796)	(1.0969)	(1.2252)	(1.2213)	(0.2246)	(−0.3855)	(0.4221)	(−0.2560)
$Firmage$	0.0163***	0.0123***	0.0179***	0.0126***	0.0025	−0.0026	0.0020	−0.0022
	(3.5161)	(2.6543)	(3.6689)	(2.7141)	(0.4548)	(−0.4768)	(0.3459)	(−0.3971)
$Size$	0.0379***	0.0086	0.0350***	0.0191**	0.0453***	0.0099	0.0431***	0.0217**
	(4.2377)	(0.9247)	(3.8398)	(2.0899)	(4.3335)	(0.9152)	(4.0711)	(2.0256)

续表

	模型1	模型2	模型3	模型4	模型5	模型6	模型7	模型8
	当前技术层级				五年后技术层级			
Lev	0.0048*** (4.7125)	0.0043*** (4.2547)	0.0045*** (4.1695)	0.0044*** (4.3728)	0.0055*** (4.5792)	0.0050*** (4.2134)	0.0054*** (4.2947)	0.0052*** (4.3221)
$Indus$	Y	Y	Y	Y	Y	Y	Y	Y
$Prov$	Y	Y	Y	Y	Y	Y	Y	Y
$\_cons$	4.6644*** (16.5895)	4.6232*** (16.4051)	4.6132*** (15.4399)	4.5628*** (16.1548)	5.9834*** (18.0979)	5.9305*** (17.8852)	5.8212*** (16.6731)	5.8547*** (17.6261)
N	5223	5056	4431	5056	5094	4932	4312	4932
$Pse\ R^2$	0.0319	0.0410	0.0350	0.0403	0.0304	0.0396	0.0334	0.0391
$Log\ lik.$	−10929.9225	−10492.5625	−9190.5398	−10500.0713	−10952.9160	−10524.0882	−9154.0187	−10529.6103
Chi^2	719.7259	897.0795	666.6322	882.0618	687.0879	867.5627	631.6544	856.5186
p	0.0000	0.0000	0.0000	0.0000	0.0000	0.0000	0.0000	0.0000

七、本章小结

本章运用一般线性回归模型，利用全国民营企业抽样调查数据，分别进行了整体层面、分产业层面、分地区层面对党组织作用于研发投资的检验，有以下重要发现：第一，从促进研发投资作用来看，民营企业建立党组织对研发投资规模、研发投资强度和研发投资倾向均有显著的促进作用。第二，从异质性检验来看，这种作用在不同规模、不同生命周期、不同行业企业均表现出较强的稳健性，其中党组织在中小型企业、成长期企业和服务业企业中的作用表现更强。第三，从绩效检验来看，党组织嵌入可以通过推动研发投资，显著促进民营企业技术来源的自主性水平，提升民营企业技术层次的引领性水平。第四，从作用机制分析来看，党组织通过外部作用机制和内部作用机制两个方向来推动民营企业的创新发展，外部作用机制包括缓解融资约束、推动与外部科研部门和科研人员的合作来实现；内部作用机制包括提高企业管理水平、培养企业核心团队、加强人才队伍建设来实现。

当前，中国经济恢复的基础尚不牢固，需求收缩、供给冲击、预期转弱三重压力仍然较大，对民营企业的发展影响较深。民营企业必须加大创新力度，以创新应对发展环境的冲击，挖掘发展潜力，提升发展动力。因此，本章的研究有着非常重要的政策性意义,即在推动民营企业加强研发投资谋求转型升级上,应该抓住民营企业党组织建设这个关键点加强改革创新,加大民营企业党组织建设力度,鼓励和帮助符合条件的民营企业成立党组织,鼓励党组织在民营企业内部进行跨界工作,把党组织与内外部作用机制发挥有效结合起来,切实推动民营企业的创新发展。

第六章 党组织嵌入对民营企业协调发展的影响

　　从宏观上来说,协调发展主要包括区域协调发展、城乡协调发展、经济建设与社会建设协调发展、物质文明和精神文明协调发展等。从微观角度来看,协调发展是在符合国家战略的前提下,以提升企业竞争力为目标,加强投资结构优化、产业链布局优化、区域布局优化,具体包括对不同行业的投资、不同产业链环节的投资、不同区域的投资等。协调发展所面临的竞争环境和发展基础有着很大的不同,对于投资结构优化发展来说,很多企业响应国家号召,践行制造强国战略,加强实体行业投资,提高企业发展韧性和后劲。不过也有很多企业不愿意投资实体经济,感觉实体经济固定资产投资占比大,资产结构优化难,资产回报率慢,竞争环境激烈,面临的发展风险大。对于在新冠疫情冲击和逆全球化浪潮下,如何保证产业链、供应链畅通安全,避免上下游断链和被"卡脖子"风险,是企业面临的又一重大战略问题。有实力的企业会积极加强转型,向产业链上下游延伸,有的企业则因为没有及时把握好转型发展机会,未及时开拓新的产业链领域,而只是固守自己的传统领域,最后失去市场和客户。区域布局优化是企业降本增效的重要途径,企业跨区域投资注重目标产业的区域基础禀赋,基于市场收益、成本节约和利润导向,根据要素成本、区位优势等情况,选择向目标地区投资或整体迁移,区域资源、市场空间、技术条件、劳动力成本及产业政策等是推动和制约企业跨区域投资的重要条件。

　　企业协调发展是高质量发展的必由之路,但在实践中,会面临很多困难。如对于投资结构优化来说,投资实体行业如果没有核心技术作支撑,仅靠低价竞争,必然会面临发展困境。对于产业链布局优化来说,投资上游对技术开发、资源禀赋要求高,投资下游对产品开拓、利益相关者协调要求高,还包括上下游投资如何衔接,企业内如何进行资源分配、生产分工,避免形成"大企业病",都需要企业去认真论证。对于区域协调发展来说,虽然有些区域生产要素成本低,但产业配套跟不上,营商环境有不足之处,可能让企业投资面临失败。近年来,很多投资实体行业的企业没有发展好,长期在亏损的边缘徘徊,或变成"僵尸企业";有些在产业链上下游延伸,但没有形成产业合力,反而加重了企业多元化投资负担;有些企业积极进行区域优化,但投资中西部经济欠发达地区,并没有给企业带来利润,反而要母公司给这些公司持续输血。可以说,协调发展是"双刃剑",既有成功的案例,又有失败的案例,需要企业科学预研、精确规划、量力而行。

在协调发展中,社会首要关注的是投资结构优化情况,推动民间投资转向实体行业,避免"脱实向虚"。实体经济是中国经济的立身之本,是高质量发展的主战场。然而近年来,中国经济发展存在显著的"脱实向虚"非协调性发展倾向,引起了学术界高度警觉。刘志彪(2017)指出,中国经济运行中出现"重大结构性失衡"现象主要表现之一就是实体经济与虚拟经济之间的严重失衡:一方面,社会资源不断涌入金融化房地产和以金融业为代表的虚拟经济部门,资产价格不断飙升甚至连续翻番;另一方面,很多实体企业无法赚取社会平均投资回报率,纷纷主动退出市场,或被动破产倒闭。要坚决抑制虚拟经济尤其是房地产业过旺过火趋势,让实体经济企业能够获取社会平均利润率。这是实体经济企业生存发展的前提,更是走向创新驱动、转型升级的宏观经济环境和基础。金培(2012)指出,要牢牢把握发展实体经济这一坚实基础,坚决抑制社会资本"脱实向虚"、以钱炒钱,防止虚拟经济过度自我循环。陈享光和黄泽清(2020)指出,建立在货币化、货币资本化和资本虚拟化基础上的金融化催生了脱离实体经济的虚拟经济的发展,从而使"脱实向虚"问题凸显。中国人民大学中国宏观经济分析与预测课题组(2019)指出,实体经济与虚拟经济相对收益下滑所带来的进一步"脱实向虚"难题,已经成为中国宏观经济摆脱持续探底困境的核心障碍之一。张晨和冯志轩(2016)指出,要吸取美国经济金融化和去工业化的教训,防止经济"脱实向虚",避免经济陷入过度金融化的陷阱。陈东等(2021)也指出,需要从政府加强保障服务、企业提升应急反应能力和发挥企业家精神等多个角度来应对,对冲"脱实向虚"的现象。

民间投资"脱实向虚"和其他非协调发展的投资行为,是企业趋利行为的必然体现,同时呈现着不同的个体、区域甚至文化差异。我们不禁会思考,在中国特色社会主义进入新时代的背景下,民营企业的投资战略背后推动因素有哪些?政策层面如何科学引导民营企业投资"脱虚向实"转型、产业链和区域协调发展?是单从产业和政策层面进行调整,还是从公司治理层面加以引导?政策的制定需要理论上的支撑,而理论界对企业行为也有大量的研究和阐述(Jensen 和 Meckling,1976;Shleife 和 Vishny,1989;Fazzari 等,1988)。主流的"资源基础理论"研究认为企业的管理者是理性的(Porter,1979,陈传明、孙俊华,2008),应根据自己的资源禀赋作出投资决策(Penrose,1959;Wernerfelt,1984;Teece 等,1997)。因此,政府可以通过贷款、土地等重要资源影响和引导民营企业投资决策。不过这在现实中遇到了一些挑战,许多民营企业并不能真正享受到政策所传导的红利。而国家对民营企业出资人又不能如对国有企业负责人那样施加直接指导,因此,在党委、政府和民营企业之间架起一座有效的沟通桥梁相当重要。传统的渠道就是企业出资人或高管的政治关联(宫晓辰等,2022;邓新明,2011;唐松、孙铮,2014)。但这些参政议政平台涉及面较窄,只有少数发展较好的民营企业才能得到,面广量大的中小微企业和政府沟通的渠道仍然匮乏。同时参政议政平台也导致一些不良"政商关系"频发,平台变成部分企业家谋取私利的渠道,同时由于政府管制和权力资本化也会导致官员寻租行为和政治腐败(党力等,2015)。因此,寻找一个适应新型政商关系要求、能有效担负起政企沟通的渠道就非常重要。近年来,随着对中国特色政治经济学研究的深入,民营企业党组织(包括党委、党总支、党支部)建设正逐渐受到重视。党的领导是中国特色社会主义的最本质特征(吴家庆、瞿红,2019;张亮亮,2018)和最大优势(丁俊萍,2017;吴家庆、瞿红,2019)。民营企业建立党组织是《中国共产党章程》的要求,也是《中华人民共和国公司法》的规定。企业党组织可以作为政府引导企业行动的重要渠道(Chang 和 Wong,2004,马连福等,2013),在促进民营企业发展中发挥着关键作用(何轩、马骏,2018)。而工会、职代会等群众组织接受企业党组织的领导,不仅是员工权益的维护者,还是企业生产的管理者,担负着双重角色,党组织和工会、职代会等不仅可以分别发挥作用,还可以在功能上实现融合,共同对公司行为发挥重要影响(Chang 和 Wong,2004;董志强、魏下海,2018)。

　　加强民营企业党组织建设是巩固党的执政根基的客观要求。民营企业作为社会的经济细胞,应当服务、服从于国家的整体利益,在党的领导下为发展社会主义市场经济、建设小康社会作出贡献(杨小勇、余乾申,2022;蒋铁柱,2007)。适应新时代高质量发展的需求,防止经济非协调发展是当前宏观经济的重要任务,金融业的"去杠杆"、资本市场的注册制改革、"房住不炒"、加强"延链强链补链"行动、推动区域平衡发展等都是围绕这一任务展开的。民营企业党组织与党委、政府有着天然的密切联系,对各项政策法令有更全面、更深入的理解,会将宏观环境的有效信息提供给民营企业的决策者,这样不仅有利于企业出资人作出顺应政治环境的决策,而且有利于政府政策法令的贯彻实施。党组织负责人和管理层之间"双向进入、交叉任职",有利于党委、政府的政策和广大职工的意见建议直接融合到董事会的决策思维和经理层的日常管理中,以达到推动企业协调发展的目标。如果遇到重大经济风险冲击,党组织参与管理层可以对冲这种冲击(叶永卫等,2021)。如果民营企业法人代表本人为中国共产党党员,其担任公司董事长则更加有利于发挥党组织在公司治理中的作用(初明利、张敏,2011),更倾向于宣传党的路线方针政策,维护职工的合法权益,积极推进企业先进文化建设,通过企业党组织和党员创先争优活动推动企业发展。民营企业"党委会"和"民主生活会"等可以将企业出资人、管理层、工会和普通员工有效统合起来,把各类身份归统,以便能开诚布公地讨论企业的重大发展战略,因而氛围较好,员工积极向上,各方力量可以有效形成合力,可较好地响应国家号召,有效地推动企业协调发展。另外,从资源基础观出发,融资问题是制约企业协调发展的重要障碍,而党组织参与治理可以较好地解决融资难的问题(尹智超等,2021)。转型期政府和企业之间的联系并没有完全切断,政府手里仍然掌握着较为充足的资源,可以通过市场经济手段进行间接引导(Opper 等,2002;Chang 和 Wong,2004;马连福等,2013;陈仕华、卢昌崇,2014)。由于党组织便于和党委、政府加强沟通,且能积极引导企业顺应国家支持协调发展的产业政策,因而更容易得到这些资源的支持。

因此,研究党组织在民营企业协调发展战略中的作用具有非常重要的现实意义。

一、理论分析与研究假设

企业加强协调发展,离不开党委、政府的政策支持和引导。党委、政府引导企业健康发展,既是党的目标和宗旨决定的,又是落实党的决议的具体举措。既要发挥好市场的决定性作用,又要发挥好政府的作用。为每一个市场主体创造最好的制度环境条件,提供最好的政策引导,以及相应的政策配套支持。新制度主义对制度的界定认为:任何制度都是一定的经济、政治、文化和社会环境的产物,都是为特定时期的特定目标服务的(道格拉斯·C.诺斯,1994)。当环境发生重大变化时,制度必须顺应历史潮流,及时实现制度创新。首先,随着高质量发展不断向前推进,国家先后出台了较多关于协调发展的战略,推动经济行稳致远。面对经济面临的"脱实向虚"和产业链的不安全性,出台了多项振兴实体经济和制造业发展的政策,如《中国制造2025》《关于大力发展实体经济积极稳定和促进就业的指导意见》等,支持企业自强,推动"双循环",避免被"卡脖子"。在区域协调发展上,出台了多项政策,如推进西部大开发,振兴东北地区等老工业基地,促进中部崛起,鼓励东部地区率先发展,加大力度支持革命老区、民族地区、边疆地区、贫困地区加快发展。其次,建立系统完善的配套政策,让民营企业有着良好的发展环境,如出台关于加强营商环境建设、产权保护方面的各类文件。再次,大力发挥企业党组织的政策引导作用。推动民营企业党建链接到全国党建网络中,打造企业强节点,将宏观政策引导落实到具体的微观企业实践中,推动企业了解政策、支持政策,并积极参与国家各项战略建设,把企业的个体发展和国家的发展融为一体,在国家整体高质量发展的大潮中做大做强自己,实现微观企业的高质量发展。

民营企业加强协调发展,是在新的战略环境下抓住新的战略机遇的必然要求,也是应对风险和挑战、解决新发展矛盾的必然选择。协调发展不仅是对内部发展资源的重新分配调整,同时也需要加大增量投入,在新的产业和区域有所作为,这必然对资源有极大的需求。在协调发展过程中,因为要面临新的投资领域和发展环境,必然会遇到一系列问题和困难,其中最突出的是资金供给困难。融资难、融资贵是长期以来困扰民营企业的主要困难之一,目前民营企业解决资金难题,主要有以下两个方面的路径:自有资金和外部资金。其中,外部资金包括引入战略投资者、股票市场融资、债券市场融资、银行借贷、民间借贷、政府资助等,主要依靠自有资金很难适应快速发展的企业态势,外部资金支持是企业做大做强的主要路径。在外部资金来源中,股票市场和债券市场只是针对少部分有实力、有资质、有核心竞争力的企业,占整个民营企业的比例极小,难以满足面广量大的中小型企业。引入战略投资者对民营企业发展前景要求较为苛刻,数量较少,且可能对企业的战略决策产生较大的制约。民营借贷的资金使用成本较高,且多是短贷长用,使用风险较大,不能成为民营企业持续性的融资渠道。政府资助一般带有引导性、杠杆性,既可以直接提供补助,又可以由政府基金提供担保,政策资助在企业成立初期或发展关键时期可以发挥较大作用,但很难成为高速成长全过程的常规资金渠道来源。因此,银行借贷仍然是民营企业的主要融资渠道。近年来,为帮助民营企业高质量发展,提高政策执行的精准性,国家相继出台了一系列扩大普惠贷款比例、提高信用贷款占比、延期还本付息、低息再贷款、创新抵押资产方式等扶持政策,从实践情况看,取得了较为明显的成效,但民营企业贷款难、贷款贵的问题仍普遍存在。由于民营企业整体规模较小,资金实力相对不足,商业性金融机构出于自身利益考虑,大多不愿意承担民营企业在快速发展过程中面临的风险,贷款条件苛刻,金额也非常有限,远远不能满足民营企业融资需求。党组织嵌入民营企业中,可以利用自身的网络优势和信用优势,积极协调银行等金融机构和企业之间加强信息沟通和合作,提高民营企业信用等级,让金融机构敢于贷款、愿意贷款,为民营企业协调发展提供数量更多、成本更低的贷款,输送新鲜的金融血液。如党组织可以推动银行等金融机构依托于核心企业信用的供应链对企业融资,包括付款代理、云证、信用证议付、商票保贴等,大力推进供应链融资,以核心优质客户的授信兜底,为其供应商提供融资,加快民营企业应收账款的回笼。党组织可以加强和政府相关部门的沟通,推动小微企业数据的标准化、数据的保密化、数据接口便利化等,推动银行依托于各类数据模型创新数据贷,如围绕出口退税数据的海关退税贷、围绕结算交易的流水贷、围绕纳税的税收贷等。

民营企业在推进协调发展的过程中,难免遇到各种矛盾纠纷。化解矛盾,让企业发展行稳致远,是党组织的一项重要职责。近年来,随着中国市场经济的快速发展,与民营企业发展直接相关的各类民商事案件越来越多。特别是在涉及企业民商事案件过程中不断出现的新情况、新问题及新类型矛盾,不仅增加了民商事矛盾解决的难度,而且在一定程度上影响了企业的声誉,制约了企业的发展,打乱了企业良好的发展态势。如,在投资发展过程中,很多家族管理式的企业不习惯签订书面合同或者签订的合同不规范,导致合同履行过程中产生分歧。在新的领域和区域发展中,受当地不健全的营商环境影响,以及政府在招商引资过程中的过度许诺,而产生的政策兑现过程中的矛盾。受到市场行情瞬息万变以及熟人社会的行事风格影响,为把握商机,民营企业选择交易的对象时一般比较看重友谊、交情,比较相信经验,而不太注重合同的作用,不签合同或者签订的合同过于简单,导致合同在履行过程中经常发生纠纷。民营企业没有协调好企业与利益相关者之间的关系,在环境保护、安全生产等方面与社会公众之间产生矛盾。矛盾纠纷产生后的解决方式很多,如协商、调解、仲裁和诉讼等,只要方法运用及时、恰当,就会收到事半功倍的效果。一般来说,通过法律途径解决是国内外通行的做法,但这种方法一般耗时耗力,有时候案件久拖不决,会严重影响企业的正常发展步伐,而如果能协商解决,则可以起到快速高效的效果。在这个过程中,党组织嵌入民营企业,建立健全党组织参与的调解机制体系,发挥引领、推动、保障作用,满足纠纷多元化解、快速化解和有效化解的实际需求,可以起到独特的纠纷解决功效。如在涉及与营商环境相关的纠纷调整中,党组织可以及时向上级党委汇报,与政府沟通,与工商、劳动、民政、税务等部门协调,与其他纠纷当事方加强协商,推动政府健全完善涉民企调解制度和机制,耐心细致地做好当事人及涉纠纷公司、企业职工的思想疏导工作,坚持在协调过程中的以法服人,以理服人,积极化解矛盾,防止矛盾激化,为民营企业营造一个稳定的外部环境。

党组织的重要职能之一就是推进企业先进文化建设。十年企业看管理,百年企业看文化,民营企业加强协调发展,其所体现的文化要适应新的产业和区域发展需要,必须有自己独特的优秀企业文化。企业放弃传统的舒适区,投资新的实体经济领域、延伸上下游产业链条、在其他区域加强布局,都需要企业凝聚共识、整合资源、形成合力,以应对发展过程中的不确定性挑战,克服协调发展的磨合期。对民营企业来说,企业文化首先就是要有和谐的文化,改变企业的家族文化氛围,推进厂务公开和民主管理,妥善处理劳动争议,在法治框架内构建和谐的劳动关系,让企业管理层和员工能心往一处想,劲往一处使,共同推进企业做大做强,共同为社会作出贡献。加强企业制度建设,建立良好的企业运行管理和考核制度,给所有为企业发展作出贡献的人员,回报以合理化有竞争力的薪酬激励和股权激励。党员骨干在关键岗位上发挥工匠精神和先锋模范带头作用,在企业内部形成比学赶帮超的良好文化氛围。在这种企业文化的熏陶下,无论是企业股东,还是管理层或普通员工,甚至产业链供应链上的企业,都会积极支持企业的这一行动,并在日常的生产管理中加以体现。而党组织嵌入民营企业的重要职能之一就是积极打造健康向上的企业文化,推动企业和谐发展、积极向上,这种将民营企业制度协调与文化协调同步发展的做法,是推动民营企业发展的成功之道,也是企业党组织所应承担的责任之一。

不过在现实中,很多民营企业内部由于现代企业制度建设不完善,未完全按照《中华人民共和国公司法》及公司章程的规定依法管理、规范公司行为,而是仍然延续以前的家族式管理,混淆了企业与家族资产之间的区别,导致企业在运行决策过程中出现较多的出资人与管理层矛盾,管理层和员工矛盾,内部关系紧张。如果没有形成和谐的企业文化,完全靠冷冰冰的制度,难以发挥高管和员工的积极性和创造力,企业出资人、管理层和股东之间也难以形成默契,企业的委托代理成本相对较高,企业在此种文化的驱使下,很难有较大的发展前景,亦较难实现协调发展。再者,企业投资新的实体经济领域和延伸产业链投资,或在不同区域增开新厂,或对其他公司进行收购兼并,或参股混合所有制企业,母公司与其他企业之间迫切需要短时间内加强磨合,这种磨合不仅是制度的磨合,还是文化的磨合,如果能将母公司的企业文化导入,则磨合期会缩短,不同企业之间迅速形成合力,而如果没有文化上的导入,则可能会出现管理上的冲突,造成内耗,轻则导致人才流失、人浮于事、效率低下,重则导致新设企业破产倒闭。因此,推动和谐企业文化的建设是党组织嵌入的重要职能之一。

人才兴则企业兴,加强高水平的人才队伍建设是党组织的又一重要职能。民营企业在实体投资、产业链延伸、区域布局过程中,需要全方位培养、引进、用好人才,才能为企业协调发展打好人才基础。党组织嵌入民营企业中,把党长期以来形成的关于人才培养的先进理念导入民营企业中,引导和直接推动民营企业树立人本理念,加强人才需求侧管理,贯通人才高水平引进、大力度培养和精准化使用等环节,补齐民营企业现代管理体系、人力管理能力等方面的短板。具体可以做到以下五点。一是做好人才工作顶层设计。结合民营企业协调发展对人才需求的实际,健全党企联席的人才工作组织领导体制与联席工作机制,统筹协调企业人才队伍发展,突出企业人才工作顶层设计,制定企业人才发展文件,完善企业人才战略布局,精准设定企业人才配套标准,健全人才政策激励扶持。二是加强人才引进工作。民营企业投资新的实体企业,进军产业链上下游,在不同区域优化布局,都需要领军性管理人才和专业性技能人才,才能在新开辟领域站稳脚跟,成长壮大。企业党组织要根据协调发展的实际,建立企业"高精尖缺"人才目录库,加强与外部的联系,动态发布人才供求信息,缓解信息不对称导致的人才引进难题。发挥组织联系优势,畅通民营企业与人力资源服务机构党组织的合作渠道,常态化举办民营企业专场招聘、校园招聘等引才活动,为协调发展引进各类急需人才。三是发挥党组织联系优势培养企业人才。发挥党组织网络优势,加强和地方党委、政府的联系,为民营企业搭建企业出资人培训班、高层人才管理研修班等载体,推动借力培训,强化政治引领,助力人才成长。四是充分挖掘并做好内部培训工作。加强企业大学和日常培训平台建设,健全培训机制,加强内部交流,挖掘岗位优秀人才师资,让身边的优秀人现场教学示范,提高生产专业化水平。五是做好人才使用考核工作。指导企业健全人力资源战略体系,完善绩效考核机制和薪酬激励机制,畅通员工职业成长晋升通道,形成人人重视人才、人人支持人才的良好局面,释放人才在高质量发展中的新动能。

企业实施协调发展战略,涉及面广,时空跨度大,是一项事关企业发展甚至是生死攸关的重大战略决策,必须建立在充分论证的基础上,必须建立在科学决策、民主决策、依法决策的基础上,必须依托于有效的现代企业制度来实施,避免"拍脑袋"决策,这对民营企业的决策管理制度提出了极高的要求。在协调发展中,加大实体投资虽然是国家鼓励的重要方向,但是实体投资固定资产占比高,产品质量要求高,市场竞争激烈,尤其近几年逆全球化的趋势愈演愈烈,西方一些国家构建"小院高墙",极力去"全球化",去"中国化",技术上对中国"卡脖子",中国制造在国际上遇到了高税收、高壁垒等重大困难,因此投资实体经济,如果没有很强的技术储备能力和市场开拓能力,仅凭市场热情很难成功。延伸产业链同样面临较大困难,虽然从理论上说,企业向上向下延伸产业链,建立全产业链,可以避免关键时候产业链供应链不脱节,但这又与深耕专注的方向相违背,一个企业既想做好当前主业,又想在上下游构建全产业链,对资金、技术、管理、人才、专业化等方面都提出了巨大的要求,若协调不够充分,相对来说与合作伙伴加强合作则更安全、更专业、更有效率。对于区域协调发展来说,虽然从理论上说,根据不同区域的资源禀赋,寻求最低的成本供应地和最靠近市场的地方进行布局,可以有效降低企业成本,开拓市场,但人力资源和原材料充足的地方,往往经济不发达,产业集聚效应差,产业配套不齐,高层次技术管理人才不稳定,制度性交易成本较高,均对协调发展带来了较大的不确定性影响。因此,协调发展需要严格做好科学分析和决策判断。中国民营企业很多由家族企业构成,表现在规章制度不健全、决策流程较随意,重大决策或日常管理由企业出资人来拍板,这种决策虽然高效,执行力强,但是如果方向不对,则执行力越强对企业伤害越大,特别是在全新的行业和区域进行投资,民营企业家本身受信息渠道、自身评价或判断能力等方面因素的影响,很难正确判断某项目是否具有发展前景。党组织嵌入民营企业后,会积极督促民营企业改变家族治理的非科学性,推动各类规章制度的制定和执行,进而通过建章立制,推动民营企业协调发展,走上科学的轨道。

基于此,提出假设:党组织嵌入对民营企业协调发展具有显著的推动作用。

二、数据与方法

(一)数据来源

本章数据来自2013年至2018年中国东部地区4502家上规模民营企业调查数据,调查对象为上一年度营业收入总额在5亿元人民币以上的民营企业、非公有制经济成分控股的有限责任公司和股份有限公司,国有绝对控股企业、外资绝对控股企业、港澳台控股企业不在调查范围内。该调查数据是由工商联系统组织实施,通过对上规模民营企业连续多年的调查和研究,为分析民营经济发展趋势、民营企业发展规律提供依据,为党委、政府分析民营经济发展水平及存在的问题、制定民营经济发展政策提供参考。为了控制极端值对实证的影响,采用$Winsor$方法,对连续变量极端值进行修正,对小于1%分位数和大于99%分位数的变量,令其值分别等于1%分位数和99%分位数。同时,在每一次回归中,剔除相关缺失数据。

(二)模型设定

为了检验党组织对企业协调发展的作用,构建如下模型:

$$Coord = \alpha_0 + \alpha_1 Party + \alpha_i Control + \varepsilon$$

(三)变量选择

1. 被解释变量

企业协调发展($Coord$):本章重点关注民营企业党组织对企业协调发展的影响,因此将企业协调发展作为核心被解释变量,结合数据的可得性,主要定义在三个方面:一是产业结构优化($Coord1$)。即避免在投资的产业结构上"脱实向虚",顺应科技革命和产业变革趋势,专注实体投资,前瞻谋划布局战略性新兴产业、资本和技术密集型制造业,培育新优势、新动能。在调查问卷中,涉及未来投资方向的选项,其中有进入战略性新兴产业、进入资本和技术密集型制造业两个选项,只要有其一,就取1,一项都没有的就取 0。二是产业链完善($Coord2$)。对企业来说,在现有产业发展的基础上,适当的向上下游产业链延伸布局,构建"业务共生,生态共建,利益共享"的企业共同体,强化产业链供应链安全。在调查问卷中,涉及投资方向的选项有向上下游产业链延伸,选择此项的取 1,没有的取 0。三是区域布局优化($Coord3$)。准确定位区域特点,梳理资源禀赋、产业基础、人才支撑、交通区位、环境容量等特点,突出比较优势,坚持有所为有所不为,做好在不同区域之间的优化布局。在调查问卷中,涉及投资方向的选项有调整企业区域布局,选择此项的取 1,没有选择的取 0。对于协调发展综合指标,一类为是否有协调发展($Dumcoord$),只要三类中选择一项就取 1,均没有的取 0,另外就是将类别相加($Sumcoord$),显示协调发展的类型数量。

2. 解释变量

党组织($Party$):将企业中有相关组织的设为 1,没有的设为 0。

3. 控制变量

根据调查问卷,设置相关控制变量如下:

企业规模($Size$):以企业员工总数来衡量,单位为万人;

企业年龄(Age):企业至调查年份的实际存续时长/100;

资产周转率(Tat):即当年销售收入与资产总额的比值;

资产净利率(Roa):净利润/总资产;

资产负债率(Lev):负债总额/总资产;

成长机会(Inc):(本期营业收入一上期营业收入)/上期营业收入;

资本密集度($Capi$):即人均固定资产(单位为元),取对数。

为避免极端值的影响,对连续性变量采取上下 1% 缩尾处理。

三、实证检验

(一)描述性统计

通过表 6-1 可以看出,有 62.82% 的企业参与协调发展战略中。其中,投资到战略性新兴产业或资本和技术密集型制造业中的企业占比为 41.76%,立足主业向上下游产业链延伸的企业占比为 33.74%,加强区域优化布局的企业占比为 30.32%。成立党组织的企业比例为 79.56%,企业平均超过 3300 人,规模较大,但最小的企业仅有 17 人,最大的企业有 46000 人。企业平均存续时间为 17.78 年,总资产周转率超过 2,资产净利率为 5.91%,资产负债率为 56.58%,营业收入年均增长率为 20.12%,总体处于较为健康的水平。

表 6-1 描述性统计

Variable	N	Mean	Sd	Min	Max
Dumcoord	4502	0.6282	0.4833	0.0000	1.0000
Coord1	4502	0.4176	0.4932	0.0000	1.0000
Coord2	4502	0.3374	0.4729	0.0000	1.0000
Coord3	4502	0.3032	0.4597	0.0000	1.0000
Party	4502	0.7956	0.4033	0.0000	1.0000
Size	4495	0.3303	0.7228	0.0017	4.6000
Age	4502	0.1778	0.1077	0.0100	0.6900
Tat	4495	2.0329	2.1905	0.2588	14.6389
Roa	4494	0.0591	0.0674	−0.0677	0.3961
Lev	4494	0.5658	0.2200	0.0086	0.9934
Inc	4483	0.2012	0.6439	−0.4325	5.0055
Capi	4484	12.0990	1.4525	7.6847	14.9224

(二)基本回归结果

1. 对协调发展总体指标的影响

表 6-2 验证民营企业党组织对协调发展影响的基准回归,其中,模型 1 和模型 2 是对协调发展哑变量的回归,采取 $Probit$ 方法,模型 3 和模型 4 为对协调发展类型数量的影响,采取 $Tobit$ 的方法。可以看出,无论哪一种情况,民营企业成立党组织,对民营企业协调发展的回归系数均为正,且全部通过了 1% 水平上显著性检验,即民营企业党组织不仅显著推动了民营企业的协调发展,而且推动多种协调发展类型的增长,假设得到了检验。进一步从控制变量来看,企业规模增加、企业存续时间增加、企业资本密集度增加,均有助于推动民营企业协调发展。而企业总资产周转率上升,则不利于民营企业协调发展。负债率增加的回归系数为负,但不显著,可能一方面会带来资金压力,不利于协调发展,另一方面负债率本身也可以解决企业资金难题,因此其作用是多方面的。虽然总资产周转率上升代表周转速度快,但背后可能是降低总资产带来的,如短期内大量固定资产的报废或股权投资和无形资产的下降,反而是企业协调发展能力的下降;也可能是仅仅增加销售额,薄利多销加强资金回收,而投资新的产业、区域短期

内并不能形成销售额,会占用大量的资金,因而从这个角度来说民营企业会降低协调发展类的投资。

表 6-2 党组织对协调发展的影响检验

	模型 1	模型 2	模型 3	模型 4
	Dumcoord		Sumcoord	
$Party$	0.6720*** (14.2994)	0.5583*** (11.1325)	0.9208*** (15.4713)	0.7068*** (11.7928)
$Size$		0.3876*** (8.2351)		0.4606*** (14.6757)
Age		0.1903 (0.9639)		0.5134** (2.3882)
Tat		−0.0260*** (−2.6741)		−0.0497*** (−4.2979)
Roa		−0.0030 (−0.0089)		0.1824 (0.4849)
Lev		−0.1542 (−1.5496)		−0.1425 (−1.2675)
Inc		−0.0008 (−0.0255)		0.0255 (0.7177)
$Capi$		0.0843*** (5.4937)		0.0946*** (5.5912)
_cons	−0.2002*** (−4.8099)	−1.1311*** (−5.1556)	−0.0351 (−0.6384)	−1.0766*** (−4.4018)
N	4502	4470	4502	4470
$Pse\,R^2$	0.0348	0.0603	0.0185	0.0386
$Log\,lik.$	−2867.5405	−2769.0229	−6475.2175	−6302.5259
Chi^2	204.4728	289.4650	243.9628	505.4648
p	0.0000	0.0000	0.0000	0.0000

2.对协调发展分类指标的影响

根据前面的定义,企业协调发展主要分为三种类型,党组织在推动不同类型协调发展上的作用表现如何,本小节进行检验,相关结果见表 6-3。模型 1、模型 2 为党组织对民营企业产业结构优化的影响检验,模型 3、模型 4 为党组织对民营企业产业链完善的影响检验,模型 5、模型 6 为党组织对民营企业区域布局优化的影响检验,每一类也是采取单变量检验和添加全部控制变量检验的方法。通过表6-3可以看出,党组织对不同类型协调发展都有显著的正向影响。从推动力度来看,对民营企业产业结构优化推动力度最大,其次是产业链完善,最后对区域布局优化。

表6-3 党组织对协调发展分类影响检验

	模型1	模型2	模型3	模型4	模型5	模型6
	$Coord1$		$Coord2$		$Coord3$	
$Party$	0.5798*** (11.6841)	0.4505*** (8.6211)	0.5355*** (10.3108)	0.4080*** (7.4197)	0.4290*** (8.2214)	0.3165*** (5.7488)
$Size$		0.3005*** (8.9018)		0.3898*** (11.6123)		0.2878*** (9.3997)
Age		0.3685* (1.9449)		0.5308*** (2.7475)		0.1598 (0.8331)
Tat		−0.0566*** (−4.7992)		0.0037 (0.3686)		−0.0445*** (−3.8837)
Roa		0.5347 (1.5899)		−0.5442 (−1.5598)		0.4023 (1.1619)
Lev		−0.2308** (−2.3343)		−0.1017 (−1.0133)		0.1743* (1.7046)
Inc		0.0557* (1.7570)		0.0150 (0.4759)		−0.0146 (−0.4348)
$Capi$		0.0735*** (4.8373)		0.0979*** (6.2514)		−0.0081 (−0.5203)
_cons	−0.6779*** (−15.0754)	−1.4325*** (−6.5253)	−0.8573*** (−18.1060)	−2.0864*** (−9.2194)	−0.8651*** (−18.2260)	−0.8371*** (−3.7275)
N	4502	4470	4502	4470	4502	4470
$Pse R^2$	0.0232	0.0524	0.0194	0.0543	0.0127	0.0376
$Log lik.$	−2988.1452	−2878.9020	−2822.3082	−2707.3055	−2727.0401	−2642.2715
Chi^2	136.5192	248.8169	106.3129	257.6026	67.5916	185.2380
p	0.0000	0.0000	0.0000	0.0000	0.0000	0.0000

四、稳健性检验

内生性问题是实证完整性的重要一环。第一,就本部分的样本数据而言,数据来自官方调查,其权威性不言而喻,因此不用担心测量误差的问题。第二,就本书的主要内容而言,逆向因果问题也不必过于忧虑,根据相关法律规章,企业是否设立党组织并非根据企业协调发展投入来确定的,只要党员人数达到 3 人即应该设立党组织,而且党组织一旦设立也并不会因为企业的各种协调发展而受影响。第三,潜在的内生性问题可能是无法控制的遗漏变量问题带来的。在此进行多种工具变量的内生性检验。

(一)Heckman 选择模型

考虑到样本内生性自选择偏误,借鉴陈东等(2021)的方法,使用上位法的党组织指标作为 Heckman 模型的工具变量。其中,上位法的工具变量为基于样本的行业-年份的党组织均值($IVParty$)来测度。从表 6-4 回归可知,在第一阶段中,工具变量与党组织之间存在正相关关系。在第二阶段中,IMR 系数显著为负,并且党组织对民营企业协调发展存在显著正向促进作用,说明研究结论是稳健的。

表 6-4 Heckman 选择模型

	模型 1	模型 2	模型 3	模型 4	模型 5	模型 6
	$Party$	$Dumcoord$	$Sumcoord$	$Party$	$Dumcoord$	$Sumcoord$
$IVParty$	3.3402*** (12.0087)			2.5628*** (9.1850)		
$Party$		0.6389*** (13.3857)	0.8664*** (14.3958)		0.5384*** (10.5306)	0.6742*** (11.0497)
$Size$				0.3537*** (4.0774)	0.3486*** (6.9047)	0.4126*** (11.4805)
Age				3.3048*** (10.3944)	−0.2325 (−0.7878)	−0.0617 (−0.2048)
Tat				−0.0663*** (−6.4726)	−0.0096 (−0.7508)	−0.0262* (−1.8200)
Roa				0.2842 (0.7230)	−0.0759 (−0.2244)	0.0688 (0.1818)
Lev				−0.1975* (−1.6795)	−0.1065 (−1.0221)	−0.0732 (−0.6348)
Inc				−0.1271*** (−3.9772)	0.0253 (0.7322)	0.0634* (1.6616)
$Capi$				0.0501*** (2.7998)	0.0776*** (4.9015)	0.0853*** (4.9434)

续表

	模型 1	模型 2	模型 3	模型 4	模型 5	模型 6
	Party	Dumcoord	Sumcoord	Party	Dumcoord	Sumcoord
IMR		−0.5963***	−0.9318***		−0.3897*	−0.5670***
		(−3.0946)	(−4.9933)		(−1.8401)	(−2.7219)
_cons	−1.8111***	0.0395	0.3405***	−2.1466***	−0.8700***	−0.7086**
	(−8.2038)	(0.4647)	(3.6999)	(−6.1436)	(−3.3476)	(−2.5414)
N	4502	4502	4502	4470	4470	4470
Pse R^2	0.0315	0.0375	0.0204	0.1150	0.0611	0.0391
Log lik.	−2207.8606	−2859.5101	−6462.5871	−1990.5302	−2766.6342	−6298.8024
Chi^2	144.2087	206.6032	269.2236	358.5245	292.3291	512.9118
p	0.0000	0.0000	0.0000	0.0000	0.0000	0.0000

(二)倾向得分匹配(PSM)

借鉴相关研究方法,本书引入倾向得分匹配(PSM)方法,将控制变量作为协变量进行多项匹配检验,匹配后的数据均符合检验要求。表 6-5 汇报了对两类协调发展被解释变量的平均处理效应 ATT,分别为 1:1 近邻匹配、1:4 近邻匹配、半径卡尺内匹配、核匹配、马氏匹配。由此可以看出,无论从哪一项结果来分析,ATT 均为正,并通过了 1% 水平上显著性检验,说明党组织对民营企业协调发展作用具有稳健性,与前面的实证完全吻合。

表 6-5　ATT 效应检验

PSM-ATT	Dumcoord	Sumcoord
n(1)	0.2533***	0.4679***
	(8.6600)	(8.8400)
n(4)	0.2533***	0.4639***
	(10.0200)	(10.2000)
radius cal(0.01)	0.2507***	0.4577***
	(9.9000)	(10.0500)
kernel	0.2508***	0.4712*** (11.4300)
	(10.9900)	
mahal	0.2575***	0.5050*** (11.2900)
	(10.9200)	

为进一步验证结果的稳健性,将匹配后的样本进行回归,实证结果见

表 6-6 和表 6-7,可以看出,党组织对民营企业协调发展的作用均同样显著为正,与匹配前的回归结果相一致,进一步验证了结论的稳健性。

表 6-6 PSM 匹配检验(一)

	模型 1	模型 2	模型 3	模型 4	模型 5
	$n(1)$	$n(4)$	radius cal(0.01)	kernel	mahal
	Dumcoord				
Party	0.5525***	0.5373***	0.5373***	0.5590***	0.5453***
	(7.9862)	(10.0445)	(10.0445)	(11.1213)	(10.1861)
Size	0.3076***	0.4177***	0.4177***	0.3953***	0.3943***
	(2.8201)	(4.7312)	(4.7312)	(8.1070)	(4.5709)
Age	−0.1812	−0.1195	−0.1195	0.1826	0.0423
	(−0.4112)	(−0.3858)	(−0.3858)	(0.9130)	(0.1309)
Tat	−0.0264*	−0.0202*	−0.0202*	−0.0280***	−0.0155
	(−1.8143)	(−1.8438)	(−1.8438)	(−2.8573)	(−1.4113)
Roa	0.3328	−0.0250	−0.0250	0.0043	0.3026
	(0.6382)	(−0.0627)	(−0.0627)	(0.0129)	(0.7588)
Lev	−0.0429	−0.2281*	−0.2281*	−0.1567	−0.0953
	(−0.2554)	(−1.8435)	(−1.8435)	(−1.5700)	(−0.7839)
Inc	−0.0757*	−0.0317	−0.0317	−0.0073	−0.0252
	(−1.6936)	(−0.9296)	(−0.9296)	(−0.2345)	(−0.7443)
Capi	0.0903***	0.0856***	0.0856***	0.0873***	0.0949***
	(3.4895)	(4.5730)	(4.5730)	(5.6991)	(5.0523)
_cons	−1.2148***	−1.0691***	−1.0691***	−1.1623***	−1.3120***
	(−3.2458)	(−3.9460)	(−3.9460)	(−5.2995)	(−4.7789)
N	1382	2699	2699	4436	2700
Pse R^2	0.0488	0.0519	0.0519	0.0587	0.0495
Log lik.	−908.1047	−1744.1580	−1744.1580	−2756.9685	−1748.2272
Chi^2	90.9029	179.6962	179.6962	290.7681	174.5996
p	0.0000	0.0000	0.0000	0.0000	0.0000

表 6-7　PSM 匹配检验(二)

	模型1	模型2	模型3	模型4	模型5
	$n(1)$	$n(4)$	$radius\ cal(0.01)$	$kernel$	$mahal$
	\multicolumn{5}{c}{$Sumcoord$}				
$Party$	0.6845***	0.6823***	0.6823***	0.7114***	0.7118***
	(7.7127)	(10.2512)	(10.2512)	(11.8147)	(10.5199)
$Size$	0.3932***	0.5291***	0.5291***	0.4568***	0.4962***
	(3.6832)	(7.8920)	(7.8920)	(13.6816)	(7.4440)
Age	−0.2231	−0.0909	−0.0909	0.4604**	0.3540
	(−0.3872)	(−0.2414)	(−0.2414)	(2.0657)	(0.8921)
Tat	−0.0427**	−0.0415***	−0.0415***	−0.0525***	−0.0379***
	(−2.2430)	(−3.0146)	(−3.0146)	(−4.4657)	(−2.6736)
Roa	0.5716	0.2621	0.2621	0.1857	0.5323
	(0.8732)	(0.5495)	(0.5495)	(0.4909)	(1.0981)
Lev	−0.0804	−0.2648*	−0.2648*	−0.1502	−0.1066
	(−0.3717)	(−1.7751)	(−1.7751)	(−1.3288)	(−0.7133)
Inc	−0.0762	−0.0154	−0.0154	0.0175	−0.0168
	(−1.3043)	(−0.3680)	(−0.3680)	(0.4840)	(−0.3950)
$Capi$	0.1139***	0.1045***	0.1045***	0.0984***	0.1071***
	(3.4657)	(4.6086)	(4.6086)	(5.7768)	(4.6801)
$\_cons$	−1.3194***	−1.0980***	−1.0980***	−1.1084***	−1.3137***
	(−2.7876)	(−3.3519)	(−3.3519)	(−4.5024)	(−3.9339)
N	1382	2699	2699	4436	2700
$Pse\ R^2$	0.0249	0.0304	0.0304	0.0358	0.0291
$Log\ lik.$	−1822.1396	−3671.1411	−3671.1411	−6251.2708	−3700.0478
Chi^2	93.1474	229.9005	229.9005	464.7931	221.9540
p	0.0000	0.0000	0.0000	0.0000	0.0000

(三)熵平衡法

在倾向得分匹配法处理样本的过程中,可能因为无法成功匹配而将部分样本剔除,造成样本丢失。为了减少该问题对研究结论的影响,采用熵平衡法重新处理样本。从表 6-8 和表 6-9 可以看出,在调整后,处理组和对照组的各个指标的均值、方差和偏度都非常相近。具体回归结果见表 6-10,党组织嵌入与民营企业协调发展之间依旧存在显著正相关关系,即党组织嵌入推动了民营企业协调发展。

表 6-8 平衡前

	处理组			对照组		
	均值	方差	偏度	均值	方差	偏度
$Size$	0.3823	0.6071	3.7940	0.1327	0.1502	8.2840
Age	0.1900	0.0124	1.6940	0.1322	0.0059	1.4700
Tat	1.8540	3.4720	3.6480	2.6930	8.8860	2.5310
Roa	0.0602	0.0042	2.2730	0.0559	0.0058	1.7660
Lev	0.5565	0.0457	−0.2844	0.6021	0.0562	−0.5005
Inc	0.1663	0.2776	6.4660	0.3386	0.9371	3.7500
$Capi$	12.1100	2.0100	−0.7967	12.0600	2.4330	−0.9010

表 6-9 平衡后

	处理组			对照组		
	均值	方差	偏度	均值	方差	偏度
$Size$	0.3823	0.6071	3.7940	0.3823	0.6071	3.7940
Age	0.1900	0.0124	1.6940	0.1900	0.0124	1.6940
Tat	1.8540	3.4720	3.6480	1.8540	3.4770	3.6470
Roa	0.0602	0.0042	2.2730	0.0602	0.0042	2.2730
Lev	0.5565	0.0457	−0.2844	0.5565	0.0457	−0.2845
Inc	0.1663	0.2776	6.4660	0.1663	0.2779	6.4650
$Capi$	12.1100	2.0100	−0.7967	12.1100	2.0100	−0.7967

表 6-10 熵平衡后回归

	模型 1	模型 2	模型 3	模型 4
	$Dumcoord$		$Sumcoord$	
$Party$	0.6524***	0.6727***	0.8714***	0.8631***
	(8.3809)	(9.8752)	(7.1451)	(8.1607)
$Size$		0.3259***		0.4954***
		(3.7475)		(7.0275)
Age		−0.4735		−0.2490
		(−1.0333)		(−0.3671)

续表

	模型 1	模型 2	模型 3	模型 4
	Dumcoord		Sumcoord	
Tat		−0.0395*	−0.0681**	
		(−1.8974)	(−2.1100)	
Roa		0.8507*		1.1435*
		(1.6826)		(1.6748)
Lev		−0.0442		−0.0163
		(−0.2964)		(−0.0848)
Inc		−0.0870		−0.0911
		(−1.5956)		(−1.1648)
$Capi$		0.1078***		0.1459***
		(3.8308)		(3.7286)
$\_cons$	−0.1789**	−1.4603***	−0.0208	−1.8324***
	(−2.3941)	(−3.7146)	(−0.1699)	(−3.3314)
N	4470	4470	4470	4470
$Pse\ R^2$	0.0477	0.0768	0.0226	0.0451
$Log\ lik.$	−4666.7954	−4524.3757	−9865.3341	−9637.8638
Chi^2	70.2403	184.0946		
p	0.0000	0.0000	0.0000	0.0000
F			51.0526	26.7706

(四)工具变量法

为解决内生性问题,采用工具变量法来进行检验。借鉴刘长庚等(2022)、陈东等(2021)、魏下海等(2018)的做法,使用"组群类"工具变量,即样本中观测个体所在更高层级群体的特征作为个体层面特征的工具变量。采取两个工具变量:一是基于行业-年份的党组织工具变量($IVParty$),二是参考魏下海等(2018)的做法,采取基于行业-年份的工会工具变量($IVUnion$)。分别采用 $IV\text{-}Probit$、$IV\text{-}Tobit$、$2SLS$ 等多种方法来检验,具体见表6-11。所有检验均拒绝了弱工具变量,并显示工具变量的外生性。同样,党组织对协调发展的各变量均有显著的正向推动作用,内生性问题得以解决。

表 6-11 工具变量法

	模型1	模型2	模型3	模型4	模型5	模型6
	Dumcoord		Sumcoord			
	IV-Probit		IV-Tobit		2SLS	
Party	1.6852***	1.6714***	2.7994***	2.7500***	1.6955***	1.5123***
	(9.6384)	(6.7785)	(7.9881)	(5.7498)	(6.9899)	(4.8333)
Size		0.2737***		0.3445***		0.2911***
		(5.1813)		(7.6919)		(10.3785)
Age		−0.6364**		−0.8945**		−0.4013
		(−2.3267)		(−2.1967)		(−1.5516)
Tat		0.0085		0.0057		0.0016
		(0.6713)		(0.3116)		(0.1469)
Roa		−0.1589		−0.1051		−0.0826
		(−0.5048)		(−0.2442)		(−0.3007)
Lev		−0.0361		0.0345		0.0298
		(−0.3604)		(0.2583)		(0.3577)
Inc		0.0493		0.1134**		0.0693**
		(1.5745)		(2.5256)		(2.2813)
Capi		0.0631***		0.0746***		0.0458***
		(3.9068)		(3.7922)		(3.5974)
_cons	−1.0400***	−1.7532***	−1.5296***	−2.3885***	−0.2908	−0.7535***
	(−6.8069)	(−7.4488)	(−5.4415)	(−5.8005)	(−1.4999)	(−2.8110)
N	4502	4470	4502	4470	4502	4470
adj.R^2					−0.1765	−0.0725
Log lik	−5075.2930	−4767.8209	−8675.5947	−8296.0649	−6753.7775	−6497.6432
Chi^2	92.8988	374.9754	63.8098	329.0495		
p	0.0000	0.0000	0.0000	0.0000	.	.
F					48.8375	57.4757
Weakiv Wald	46.07	22.91	63.81	33.06		
KP−LM					90.239	55.693
KP−F					86.267	53.124

续表

	模型 1	模型 2	模型 3	模型 4	模型 5	模型 6
	Dumcoord	Sumcoord				
	IV-Probit	IV-Tobit			2SLS	
Cragg-Donald					81.324	48.946
Hansen J					2.424	8.081
Exogeneity chi^2	22.95	12.44	35.44	22.52***		

五、作用机制分析

基于前述的分析,本小节开展党组织对民营企业协调发展的作用机制检验。

(一)外部作用机制检验

1.加强政策支持引导

对民营企业加强政策支持引导($Policy$),调查问卷涉及这一选项,政府是否对民营企业进行政策支持引导,如果是,则赋值为1;如果否,则赋值为0。计量结果见表6-12。

模型1显示,党组织对民营企业政策支持引导的回归系数为正,通过了1%水平上显著性检验,说明党组织可以做好地方党委、政府和民营企业的中介,做好政策的引导。模型2和模型3显示,政策支持引导变量对协调发展两类总指标的回归系数为正,且通过了1%水平上显著性检验,同时党组织的作用系数为正,并通过了1%水平上显著性检验,说明党组织部分通过推动政策支持引导这一渠道,推动了民营企业的协调发展。模型4、模型5、模型6为检验政策支持引导对三类协调发展分类变量的中介效应,可以看出,政策支持引导对民营企业不同类型协调发展的作用系数全部通过了1%水平上显著性检验,党组织的作用也全部通过了1%水平上显著性检验,政策支持引导变量($Policy$)的中介效应得到了检验。

表6-12 政策支持引导的中介效应检验

	模型 1	模型 2	模型 3	模型 4	模型 5	模型 6
	Policy	Dumcoord	Sumcoord	Coord1	Coord2	Coord3
Party	0.4626***	0.4899***	0.5975***	0.3820***	0.3642***	0.2525***
	(7.7633)	(9.7172)	(10.2858)	(7.2151)	(6.5769)	(4.5306)

续表

	模型1 Policy	模型2 Dumcoord	模型3 Sumcoord	模型4 Coord1	模型5 Coord2	模型6 Coord3
$Size$	0.2274*** (7.6928)	0.3267*** (7.3532)	0.3936*** (12.9376)	0.2571*** (7.7446)	0.3595*** (10.8474)	0.2494*** (8.1346)
Age	−0.0188 (−0.0915)	0.2535 (1.2609)	0.5175** (2.4965)	0.3981** (2.0756)	0.5449*** (2.8152)	0.1757 (0.9049)
Tat	−0.0576*** (−4.5271)	−0.0177* (−1.8210)	−0.0375*** (−3.3618)	−0.0491*** (−4.1466)	0.0093 (0.9300)	−0.0367*** (−3.2213)
Roa	1.1887*** (3.3206)	−0.2537 (−0.7388)	−0.1116 (−0.3073)	0.3203 (0.9310)	−0.7025** (−2.0011)	0.2071 (0.5861)
Lev	−0.0712 (−0.6769)	−0.1388 (−1.3695)	−0.1229 (−1.1327)	−0.2203** (−2.1889)	−0.0924 (−0.9126)	0.1898* (1.8254)
Inc	0.0678** (2.0089)	−0.0156 (−0.5068)	0.0108 (0.3143)	0.0463 (1.4791)	0.0086 (0.2722)	−0.0243 (−0.7136)
$Capi$	0.0454*** (2.7860)	0.0771*** (4.9522)	0.0815*** (4.9937)	0.0666*** (4.3265)	0.0931*** (5.9509)	−0.0164 (−1.0419)
$Policy$		0.7799*** (14.8476)	0.8303*** (17.1089)	0.6363*** (13.9243)	0.3913*** (8.5491)	0.5281*** (11.5545)
$\_cons$	−1.6268*** (−6.9171)	−1.1559*** (−5.2126)	−1.0277*** (−4.3569)	−1.4515*** (−6.5407)	−2.0947*** (−9.2794)	−0.8295*** (−3.6675)
N	4470	4470	4470	4470	4470	4470
$Pse\ R^2$	0.0405	0.1011	0.0605	0.0849	0.0672	0.0620
$Log\ lik.$	−2409.0730	−2648.6884	−6158.4140	−2780.0850	−2670.5037	−2575.4676
Chi^2	174.3235	471.6595	793.6887	443.1505	330.8096	310.3864
p	0.0000	0.0000	0.0000	0.0000	0.0000	0.0000

2. 加强融资支持

对于民营企业的融资支持(Fin),相关文献采用了多种办法,本小节采用调查问卷法中的一个指标:民营企业新增投资资金主要来源是否来自银行贷款,对于选此项的取1,对于没有选此项的取0,然后进行验证,相关结论如表6-13所示。

模型1显示,党组织对民营企业银行贷款的回归系数为正,通过了1%水平上显著性检验,说明党组织可以做好金融机构和民营企业的中介,推动其向民营企业提供融资支持。模型2和模型3显示,银行贷款变量对协调发展两类总指标的回归系数为正，且通过了1%水平上显著性检验，同时党组织的作用系数为正，并通过了1%水平上显著性检验，说明党组织部分通过推动银行贷款支持这一渠道，推动了民营企业的协调发展。模型4、模型5、模型6为检验银行贷款支持对三类协调发展分类变量的中介效应，可以看出，银行贷款支持对民营企业不同类型协调发展的作用系数全部通过了1%水平上显著性检验，党组织的作用也全部通过了1%水平上显著性检验，融资支持变量（Fin）的中介效应得到了检验。

表6-13 银行融资支持的中介效应检验

	模型1	模型2	模型3	模型4	模型5	模型6
	Fin	$Dumcoord$	$Sumcoord$	$Coord1$	$Coord2$	$Coord3$
$Party$	0.5008***	0.4927***	0.6104***	0.4014***	0.3488***	0.2608***
	(9.9868)	(9.7412)	(10.2485)	(7.6046)	(6.2631)	(4.6777)
$Size$	0.1439***	0.3726***	0.4331***	0.2877***	0.3760***	0.2749***
	(4.7152)	(8.1859)	(13.9915)	(8.5525)	(11.2809)	(9.0961)
Age	0.4349**	0.1276	0.4180**	0.3175*	0.4776**	0.1043
	(2.2740)	(0.6485)	(1.9722)	(1.6771)	(2.4583)	(0.5426)
Tat	−0.0021	−0.0257***	−0.0498***	−0.0574***	0.0037	−0.0451***
	(−0.2247)	(−2.6295)	(−4.3701)	(−4.8150)	(0.3609)	(−3.9176)
Roa	−0.3500	0.0519	0.2437	0.5862*	−0.5062	0.4455
	(−1.0805)	(0.1542)	(0.6577)	(1.7366)	(−1.4369)	(1.2803)
Lev	0.3808***	−0.2138**	−0.2227**	−0.2805***	−0.1579	0.1246
	(3.9106)	(−2.1351)	(−2.0056)	(−2.8083)	(−1.5468)	(1.1976)
Inc	0.0225	−0.0043	0.0231	0.0545*	0.0130	−0.0168
	(0.7284)	(−0.1377)	(0.6616)	(1.7108)	(0.4110)	(−0.4976)
$Capi$	0.0826***	0.0740***	0.0776***	0.0653***	0.0877***	−0.0185
	(5.5992)	(4.7594)	(4.6427)	(4.2794)	(5.5872)	(−1.1860)
Fin		0.3837***	0.5051***	0.2947***	0.3276***	0.3172***
		(9.5317)	(11.3753)	(7.4058)	(8.0232)	(7.6534)
$\_cons$	−1.6299***	−1.1062***	−0.9949***	−1.4143***	−2.0527***	−0.8016***
	(−7.6434)	(−4.9961)	(−4.1329)	(−6.4461)	(−9.0532)	(−3.5678)
N	4470	4470	4470	4470	4470	4470
$Pse R^2$	0.0337	0.0758	0.0484	0.0615	0.0656	0.0485
$Log lik.$	−2983.3185	−2723.2731	−6238.0516	−2851.1916	−2675.0049	−2612.6126

续表

	模型1	模型2	模型3	模型4	模型5	模型6
	Fin	Dumcoord	Sumcoord	Coord1	Coord2	Coord3
Chi^2	196.0522	391.6697	634.4136	307.2525	320.3278	247.8783
p	0.0000	0.0000	0.0000	0.0000	0.0000	0.0000

3. 做好纠纷协商

调查问卷给出了当民营企业面临矛盾纠纷时具体的解决办法,包括协商解决(Nego),选择此项的取1,未选择的取0,这条途径也是党组织可积极发挥作用的地方,将此指标作为中介效应指标进行分类检验,相关结果见表6-14。

模型1显示,党组织对协商解决的回归系数为正,通过了1%水平上显著性检验,说明党组织可以显著推动民营企业在遇到矛盾纠纷时协商解决。模型2和模型3显示,协商解决变量对协调发展两类总指标的回归系数为正,且通过了1%水平上显著性检验,同时党组织的作用系数为正,并通过了1%水平上显著性检验,说明党组织部分通过协商解决这一渠道,推动了民营企业的协调发展。模型4、模型5、模型6为检验协商解决对民营三类协调发展分类变量的中介效应,可以看出,协商解决对民营企业三类协调发展的作用系数均通过了1%水平上显著性检验,党组织的作用也全部通过了1%水平上显著性检验,协商解决变量(Nego)的中介效应部分得到了检验。

表6-14 协商解决的中介效应检验

	模型1	模型2	模型3	模型4	模型5	模型6
	Nego	Dumcoord	Sumcoord	Coord1	Coord2	Coord3
Party	0.5648***	0.6430***	0.8557***	0.4822***	0.5335***	0.3618***
	(8.9561)	(10.0393)	(10.5523)	(7.0984)	(7.3116)	(5.2181)
Size	−0.0229	0.3550***	0.4265***	0.2618***	0.3686***	0.2594***
	(−0.6548)	(6.8780)	(10.8759)	(6.8954)	(9.5383)	(7.3620)
Age	−0.2477	0.2400	0.4896*	0.4638**	0.6706***	−0.1664
	(−1.0039)	(0.9713)	(1.7427)	(1.9648)	(2.7869)	(−0.6944)
Tat	−0.0167	−0.0338***	−0.0569***	−0.0698***	0.0057	−0.0412***
	(−1.3414)	(−2.6392)	(−3.6461)	(−4.2815)	(0.4290)	(−2.9474)
Roa	−0.0731	−0.3649	−0.1077	0.2579	−0.8702*	0.6112
	(−0.1709)	(−0.8474)	(−0.2118)	(0.6010)	(−1.9079)	(1.3993)

续表

	模型1	模型2	模型3	模型4	模型5	模型6
	$Nego$	$Dumcoord$	$Sumcoord$	$Coord1$	$Coord2$	$Coord3$
Lev	−0.1238	−0.0603	0.0541	−0.2468**	0.1293	0.3864***
	(−0.9621)	(−0.4765)	(0.3645)	(−1.9870)	(1.0056)	(3.0505)
Inc	0.0664	−0.0119	0.0103	0.0680*	0.0088	−0.0517
	(1.5898)	(−0.3124)	(0.2196)	(1.7579)	(0.2169)	(−1.2661)
$Capi$	−0.0354*	0.0815***	0.0963***	0.0978***	0.0970***	−0.0284
	(−1.9418)	(4.3977)	(4.4924)	(5.2322)	(5.1481)	(−1.5598)
$Nego$		0.2560***	0.3274***	0.1168**	0.1865***	0.2632***
		(4.8190)	(5.1252)	(2.1772)	(3.3452)	(4.7476)
$\_cons$	0.6482**	−1.3794***	−1.5017***	−1.7982***	−2.4512***	−0.7578***
	(2.4768)	(−5.1304)	(−4.7687)	(−6.6104)	(−8.8261)	(−2.8571)
N	2894	2894	2894	2894	2894	2894
$Pse R^2$	0.0262	0.0786	0.0434	0.0599	0.0686	0.0451
$Log lik.$	−1728.6430	−1762.1243	−4138.0846	−1854.3265	−1733.4872	−1785.6192
Chi^2	92.1738	272.0239	375.6293	184.8125	227.9817	163.3203
p	0.0000	0.0000	0.0000	0.0000	0.0000	0.0000

(二)内部作用机制检验

1.打造和谐文化

对于民营企业和谐文化建设(Cul),调查问卷设计了相关题目,询问民营企业是否形成相应的文化,其中,询问是否已推进厂务公开和民主管理,妥善处理劳动争议,在法治框架内构建和谐的劳动关系,对选择此项的赋值为1,没有选择的赋值为0,并进行中介效应检验,计量检验结果见表6-15。

模型1显示,党组织对民营企业和谐文化的回归系数为正,通过了1%水平上显著性检验。模型2和模型3显示,民营企业和谐文化变量对两类协调发展总指标的回归系数为正,且通过了1%水平上显著性检验,同时党组织的作用系数为正,并通过了1%水平上显著性检验,说明党组织部分通过打造和谐文化这一渠道,推动了民营企业的协调发展。模型4、模型5、模型6为检验和谐文化对三类协调发展分类变量的中介效应,可以看出,和谐文化对民营企业不同类型协调发展的作用系数全部通过了1%水平上显著性检验,党组织的作用同样也通过了1%水平上显著性检验,民营企业和谐文化变量(Cul)的中介效应得到了检验。

表 6-15　民营企业和谐文化的中介效应检验

	模型 1	模型 2	模型 3	模型 4	模型 5	模型 6
	Cul	$Dumcoord$	$Sumcoord$	$Coord1$	$Coord2$	$Coord3$
$Party$	0.9870***	0.5301***	0.7091***	0.3669***	0.4538***	0.2871***
	(12.6723)	(6.8905)	(7.2311)	(4.5421)	(5.2079)	(3.3921)
$Size$	0.0183	0.3395***	0.4197***	0.2389***	0.3615***	0.2804***
	(0.3733)	(5.6214)	(9.2224)	(5.5262)	(8.0385)	(6.7649)
Age	−0.1719	0.2413	0.5025	0.4403	0.5506**	0.0110
	(−0.5483)	(0.8395)	(1.5407)	(1.6081)	(1.9831)	(0.0396)
Tat	−0.0033	−0.0422***	−0.0712***	−0.0857***	0.0139	−0.0642***
	(−0.2005)	(−2.7930)	(−3.7531)	(−4.4408)	(0.9163)	(−3.6265)
Roa	0.6082	−0.7072	−0.5347	−0.0018	−0.8630*	0.2328
	(1.0398)	(−1.4507)	(−0.9207)	(−0.0038)	(−1.6642)	(0.4523)
Lev	−0.0172	−0.0089	0.1308	−0.1690	0.1649	0.4351***
	(−0.1019)	(−0.0616)	(0.7651)	(−1.2034)	(1.1283)	(2.9726)
Inc	−0.0042	−0.0183	0.0061	0.0568	0.0007	−0.0427
	(−0.0875)	(−0.4152)	(0.1105)	(1.2802)	(0.0159)	(−0.9208)
$Capi$	0.0095	0.0666***	0.0758***	0.0789***	0.0814***	−0.0355*
	(0.4072)	(3.1648)	(3.0750)	(3.8039)	(3.8251)	(−1.7115)
Cul		0.6554***	0.8465***	0.4118***	0.4666***	0.5026***
		(8.7021)	(8.7700)	(5.2569)	(5.5058)	(5.9650)
_$cons$	0.0701	−1.4779***	−1.6244***	−1.7217***	−2.4562***	−0.8780***
	(0.2057)	(−4.8248)	(−4.4709)	(−5.6585)	(−7.7843)	(−2.8838)
N	2214	2214	2214	2214	2214	2214
$Pse\ R^2$	0.0893	0.0982	0.0515	0.0630	0.0734	0.0595
$Log\ lik.$	−949.7987	−1325.3095	−3145.1557	−1415.8941	−1324.2978	−1334.3066
Chi^2	186.8435	253.9136	341.5856	152.5562	186.2476	157.6514
p	0.0000	0.0000	0.0000	0.0000	0.0000	0.0000

2.加强人才队伍建设

对于民营企业人才队伍建设($Talent$),结合调查问卷,设计了两类指标,一是人才引进($Talent1$)指标,问卷给出了"加大人才引进力度"的选项;二是人才培养($Talent2$)指标,问卷给出了"加强企业内部员工培训"的选项。我们对选择相应项的赋值为1,没有选择的赋值为0,分类进行中介效应检验。

首先,计算党组织推动民营企业协调发展中的人才引进($Talent1$)中介效应,计量检验结果见表 6-16。

模型 1 显示,党组织对民营企业人才引进的回归系数为正,通过了 1% 水平上显著性检验。模型 2 和模型 3 显示,民营企业人才引进变量对两类协调发展总指标的回归系数为正,且通过了 1% 水平上显著性检验,同时党组织的作用系数为正,并通过了 1% 水平上显著性检验,说明党组织部分通过人培养进这一渠道,推动了民营企业的协调发展。模型 4、模型 5、模型 6 为检验人才引进对三类协调发展分类变量的中介效应,可以看出,人才引进对民营企业不同类型协调发展的作用系数全部通过了 1% 水平上显著性检验,党组织的作用也基本通过了 1% 水平上显著性检验,企业人才引进变量($Talent1$)的中介效应得到了检验。

表 6-16　民营企业人才引进的中介效应检验

	模型 1 $Talent1$	模型 2 $Dumcoord$	模型 3 $Sumcoord$	模型 4 $Coord1$	模型 5 $Coord2$	模型 6 $Coord3$
$Party$	0.6045*** (12.0437)	0.3489*** (6.7246)	0.4082*** (7.3344)	0.3005*** (5.5838)	0.2731*** (4.8125)	0.1342** (2.3121)
$Size$	0.2943*** (7.0600)	0.2968*** (6.6640)	0.3513*** (12.3346)	0.2432*** (7.2529)	0.3440*** (10.5057)	0.2290*** (7.4351)
Age	0.5904*** (3.0272)	−0.0406 (−0.1883)	0.2390 (1.2245)	0.2083 (1.0705)	0.3961** (2.0114)	−0.0135 (−0.0671)
Tat	−0.0462*** (−4.6971)	−0.0085 (−0.8316)	−0.0252** (−2.3682)	−0.0471*** (−3.8497)	0.0183* (1.7398)	−0.0304** (−2.5106)
Roa	1.3467*** (3.9436)	−0.6667* (−1.9139)	−0.5141 (−1.4916)	0.1853 (0.5420)	−0.9525*** (−2.6523)	−0.0236 (−0.0648)
Lev	0.0719 (0.7243)	−0.2039* (−1.9308)	−0.1838* (−1.7908)	−0.2732*** (−2.6763)	−0.1331 (−1.2891)	0.1661 (1.5470)
Inc	0.0427 (1.3367)	−0.0203 (−0.6347)	0.0032 (0.0995)	0.0451 (1.4310)	0.0023 (0.0690)	−0.0297 (−0.8293)
$Capi$	0.0312** (2.0558)	0.0837*** (5.1729)	0.0799*** (5.1787)	0.0701*** (4.5235)	0.0961*** (6.0568)	−0.0183 (−1.1439)
$Talent1$		1.1748*** (27.4340)	1.3304*** (29.9696)	0.8206*** (19.1420)	0.7084*** (15.9289)	0.9136*** (19.3389)
$\_cons$	−0.8297*** (−3.8161)	−1.5127*** (−6.5507)	−1.3619*** (−6.0826)	−1.7139*** (−7.6590)	−2.3578*** (−10.2435)	−1.1192*** (−4.8230)

续表

	模型1	模型2	模型3	模型4	模型5	模型6
	$Talent1$	$Dumcoord$	$Sumcoord$	$Coord1$	$Coord2$	$Coord3$
N	4470	4470	4470	4470	4470	4470
$Pse\ R^2$	0.0623	0.1930	0.1076	0.1153	0.1007	0.1118
$Log\ lik.$	−2821.7767	−2377.8869	−5850.0127	−2687.7203	−2574.4666	−2438.6477
Chi^2	322.2242	1013.2315	1410.4913	637.3403	525.5318	548.4874
p	0.0000	0.0000	0.0000	0.0000	0.0000	0.0000

其次,计算党组织推动民营企业协调发展中的人才培养($Talent2$)中介效应,计量检验结果见表6-17。

模型1显示,党组织对民营企业人才培养的回归系数为正,通过了1%水平上显著性检验。模型2和模型3显示,民营企业人才培养变量对两类协调发展总指标的回归系数为正,且通过了1%水平上显著性检验,同时党组织的作用系数为正,并通过了1%水平上显著性检验,说明党组织部分通过人才培养这一渠道,推动了民营企业的协调发展。模型4、模型5、模型6为检验人才培养对三类协调发展分类变量的中介效应,可以看出,人才培养对企业不同类型协调发展的作用系数全部通过了1%水平上显著性检验,党组织的作用也全部通过了1%水平上显著性检验,民营企业人才培养变量($Talent2$)的中介效应得到了检验。

表6-17 民营企业人才培养的中介效应检验

	模型1	模型2	模型3	模型4	模型5	模型6
	$Talent2$	$Dumcoord$	$Sumcoord$	$Coord1$	$Coord2$	$Coord3$
$Party$	0.5444***	0.3907***	0.4702***	0.3315***	0.3020***	0.1753***
	(10.9174)	(7.6066)	(8.3246)	(6.1918)	(5.3640)	(3.0654)
$Size$	0.2449***	0.3300***	0.3749***	0.2600***	0.3558***	0.2432***
	(6.4508)	(7.1296)	(12.9368)	(7.7522)	(10.6562)	(7.8213)
Age	0.2903	0.1143	0.3934**	0.3213*	0.4886**	0.0726
	(1.4912)	(0.5449)	(1.9773)	(1.6651)	(2.4889)	(0.3639)
Tat	−0.0305***	−0.0168*	−0.0352***	−0.0525***	0.0118	−0.0378***
	(−3.1756)	(−1.6467)	(−3.2494)	(−4.3494)	(1.1438)	(−3.2360)
Roa	0.6661**	−0.2867	−0.1130	0.3962	−0.7247**	0.2637
	(2.0280)	(−0.8147)	(−0.3229)	(1.1607)	(−2.0454)	(0.7329)

续表

	模型 1	模型 2	模型 3	模型 4	模型 5	模型 6
	$Talent2$	$Dumcoord$	$Sumcoord$	$Coord1$	$Coord2$	$Coord3$
Lev	0.0718	−0.1975*	−0.1797*	−0.2653***	−0.1203	0.1704
	(0.7248)	(−1.8830)	(−1.7198)	(−2.6115)	(−1.1747)	(1.5949)
Inc	0.0281	−0.0138	0.0098	0.0510	0.0061	−0.0294
	(0.9121)	(−0.4391)	(0.2960)	(1.5988)	(0.1907)	(−0.8588)
$Capi$	0.0147	0.0906***	0.0921***	0.0756***	0.1012***	−0.0109
	(0.9772)	(5.6599)	(5.8463)	(4.8564)	(6.3403)	(−0.6775)
$Talent2$		1.0956***	1.2322***	0.7294***	0.6174***	0.8664***
		(25.9107)	(27.4132)	(17.1546)	(14.0936)	(18.4265)
$\_cons$	−0.4638**	−1.6555***	−1.5634***	−1.7883***	−2.4183***	−1.2464***
	(−2.1507)	(−7.2622)	(−6.8158)	(−7.9555)	(−10.5239)	(−5.3886)
N	4470	4470	4470	4470	4470	4470
$Pse R^2$	0.0437	0.1781	0.0967	0.1028	0.0901	0.1050
$Log lik.$	−2849.3211	−2421.8982	−5921.4543	−2725.9678	−2604.8368	−2457.2948
Chi^2	239.2630	942.5766	1267.6081	565.8808	458.0324	532.9585
p	0.0000	0.0000	0.0000	0.0000	0.0000	0.0000

3. 做好科学决策

对于民营企业科学决策变量(Dec),调查问卷涉及这一选项,企业是否已执行现代企业制度,确保依法决策、民主决策、科学决策,如果是,赋值为1;如果否,赋值为0。计量结果见表6-18。

模型1显示,党组织对民营企业科学决策的回归系数为正,通过了1%水平上显著性检验,说明党组织可以有效推进民营企业加强科学决策。模型2和模型3显示,民营企业科学决策变量对两类协调发展总指标的回归系数为正,且通过了1%水平上显著性检验,同时党组织的作用系数为正,并通过了1%水平上显著性检验,说明党组织部分通过推动民营企业科学决策这一渠道,推动了民营企业协调发展。模型4、模型5、模型6为检验民营企业科学决策对三类协调发展分类变量的中介效应,可以看出,民营企业科学决策对民营企业不同类型协调发展的作用系数全部通过了1%水平上显著性检验,民营党组织的作用也全部通过了1%水平上显著性检验,民营企业科学决策变量(Dec)的中介效应得到了检验。

表 6-18　民营企业科学决策的中介效应检验

	模型 1	模型 2	模型 3	模型 4	模型 5	模型 6
	Dec	$Dumcoord$	$Sumcoord$	$Coord1$	$Coord2$	$Coord3$
$Party$	1.0542***	0.5491***	0.7248***	0.3485***	0.4809***	0.3019***
	(12.3321)	(7.1522)	(7.3705)	(4.2884)	(5.5216)	(3.5591)
$Size$	0.2028**	0.3199***	0.4022***	0.2281***	0.3515***	0.2694***
	(2.4718)	(5.4993)	(8.8064)	(5.3491)	(7.9618)	(6.5716)
Age	−1.2363***	0.3684	0.6649**	0.5299*	0.6235**	0.0916
	(−3.5309)	(1.2724)	(2.0293)	(1.9377)	(2.2504)	(0.3293)
Tat	−0.0289*	−0.0379**	−0.0650***	−0.0823***	0.0160	−0.0602***
	(−1.6752)	(−2.5079)	(−3.4109)	(−4.2478)	(1.0596)	(−3.4028)
Roa	0.2708	−0.6485	−0.4574	0.0268	−0.8073	0.2722
	(0.4274)	(−1.3366)	(−0.7848)	(0.0564)	(−1.5705)	(0.5307)
Lev	0.1808	−0.0401	0.0966	−0.1970	0.1532	0.4112***
	(1.0175)	(−0.2759)	(0.5638)	(−1.3994)	(1.0518)	(2.8111)
Inc	0.0041	−0.0183	0.0031	0.0572	−0.0003	−0.0443
	(0.0732)	(−0.4152)	(0.0556)	(1.2927)	(−0.0071)	(−0.9401)
$Capi$	0.0073	0.0664***	0.0777***	0.0790***	0.0817***	−0.0338
	(0.2821)	(3.1666)	(3.1462)	(3.7980)	(3.8658)	(−1.6332)
Dec		0.6892***	0.9474***	0.5839***	0.3985***	0.5344***
		(7.7216)	(8.1102)	(5.9434)	(3.9802)	(5.1291)
_cons	0.4294	−1.5714***	−1.8176***	−1.8901***	−2.4555***	−0.9736***
	(1.1588)	(−5.0741)	(−4.9113)	(−6.0326)	(−7.7383)	(−3.1741)
N	2214	2214	2214	2214	2214	2214
$Pse\ R^2$	0.1195	0.0931	0.0499	0.0665	0.0679	0.0566
$Log\ lik.$	−729.7481	−1332.8433	−3150.4763	−1410.6946	−1332.0869	−1338.4188
Chi^2	198.2185	247.4699	330.9444	157.6067	174.0876	144.8099
p	0.0000	0.0000	0.0000	0.0000	0.0000	0.0000

六、进一步检验

(一)异质性分析

1. 考虑生产效率异质性的影响

党组织推动民营企业协调发展,对民营企业自身条件有着较高的要求,因此,本书提出,不同生产效率的民营企业,在协调发展上是否表现出异质性?在此,提出"协调发展动力说"和"协调发展能力说"两个假说。其中,"协调发展动力说"认为,如果民营企业当前发展态势不好,则会有动力去加强协调发展,以提高竞争能力;"协调发展能力说"认为,如果民营企业当前发展态势好,则有能力去进一步进行协调发展,加强市场开拓。哪一种假设更符合实际,或在什么条件下更占优势,本小节将对此进行检验。

参考相关研究,以样本企业资产净利率(Roa)的均值作为分界点,把企业生产率分为高(H)和低(L)两类,分别对整体协调发展指标和不同类别协调发展指标进行检验,相关结果如表6-19所示。

表6-19 民营企业生产率的异质性检验

	模型1	模型2	模型3	模型4	模型5	模型6	模型7	模型8	模型9	模型10
	高生产率	低生产率	高生产率	低生产率	高生产率	低生产率	高生产率	低生产率	高生产率	低生产率
	Dumcoord		Sumcoord		Coord1		Coord2		Coord3	
Party	0.5741***	0.5402***	0.7090***	0.6882***	0.3975***	0.4728***	0.4442***	0.3845***	0.3193***	0.2975***
	(7.0249)	(8.4094)	(7.2304)	(9.0182)	(4.7060)	(7.0645)	(4.8544)	(5.5576)	(3.5185)	(4.2602)
Size	0.3625***	0.4015***	0.4755***	0.4428***	0.3175***	0.2768***	0.3975***	0.3872***	0.3358***	0.2593***
	(5.5975)	(5.9455)	(9.4548)	(10.9076)	(5.9798)	(6.3606)	(7.9535)	(8.5052)	(6.9934)	(6.4789)
Age	0.2742	0.0983	0.6045*	0.3754	0.7421**	−0.0073	0.4222	0.6292**	0.0022	0.2150
	(0.9043)	(0.3736)	(1.8689)	(1.2916)	(2.5553)	(−0.0286)	(1.4435)	(2.4062)	(0.0074)	(0.8308)
Tat	−0.0239	−0.0267**	−0.0448**	−0.0503***	−0.0481***	−0.0608***	−0.0007	0.0069	−0.0380**	−0.0451***
	(−1.5007)	(−2.1185)	(−2.4482)	(−3.2778)	(−2.6621)	(−3.7512)	(−0.0426)	(0.5183)	(−2.0817)	(−3.0405)
Roa	−0.1261	1.2413	−0.1799	2.4000*	0.0545	2.3231**	−0.7565	−0.3065	0.2132	2.7362**
	(−0.2525)	(1.1229)	(−0.3214)	(1.8808)	(0.1096)	(2.0526)	(−1.4216)	(−0.2699)	(0.4130)	(2.3501)
Lev	−0.2060	−0.0662	−0.1939	−0.0138	−0.1568	−0.1987	−0.2387	0.0218	0.1303	0.2835**
	(−1.2624)	(−0.4995)	(−1.0451)	(−0.0917)	(−0.9733)	(−1.4956)	(−1.4416)	(0.1635)	(0.7663)	(2.0641)
Inc	−0.1101**	0.0554	−0.1031	0.0858**	−0.0042	0.0865**	−0.0067	0.0262	−0.1409**	0.0407
	(−2.1356)	(1.4166)	(−1.5862)	(2.0025)	(−0.0817)	(2.1787)	(−0.1243)	(0.6715)	(−2.1332)	(1.0139)

续表

	模型1	模型2	模型3	模型4	模型5	模型6	模型7	模型8	模型9	模型10
	高生产率	低生产率	高生产率	低生产率	高生产率	低生产率	高生产率	低生产率	高生产率	低生产率
	Dumcoord		Sumcoord		Coord1		Coord2		Coord3	
$Capi$	0.0856***	0.0848***	0.1026***	0.0947***	0.0601**	0.0867***	0.1014***	0.0986***	0.0271	−0.0228
	(3.3162)	(4.3910)	(3.5961)	(4.4439)	(2.3314)	(4.5311)	(3.7534)	(5.0665)	(1.0128)	(−1.1767)
$\_cons$	−1.1055***	−1.2018***	−1.1063***	−1.1758***	−1.2739***	−1.6051***	−2.0245***	−2.1913***	−1.1944***	−0.7710***
	(−3.1107)	(−4.2205)	(−2.7837)	(−3.6987)	(−3.5789)	(−5.5934)	(−5.3836)	(−7.5378)	(−3.1813)	(−2.6736)
N	1686	2784	1686	2784	1686	2784	1686	2784	1686	2784
$Pse R^2$	0.0641	0.0604	0.0418	0.0378	0.0510	0.0558	0.0614	0.0510	0.0460	0.0367
Chi^2	126.0820	174.3216	207.8853	307.8583	98.2375	161.4391	115.8535	145.3782	90.6303	111.2358
p	0.0000	0.0000	0.0000	0.0000	0.0000	0.0000	0.0000	0.0000	0.0000	0.0000

从模型1、模型2、模型3、模型4可以看出,对整体层面的民营企业协调发展来说,在高生产率和低生产率两种情况下,党组织对民营企业协调发展虽均有显著的正向推动作用,但从推动力大小来看,高生产率企业党组织的推动作用要占据一定的优势。这可能是因为"协调发展能力说"占优势,因为高生产率企业有更大的资源和前期发展的基础优势,因此有更多的能力参与协调发展中,党组织的作用发挥也更有空间。

分类型进行分析。一是对产业结构优化(Coord 1)进行分析,虽然在高生产率和低生产率不同的组中间,党组织对协调发展的推动作用均通过了显著性检验,但从作用系数来看,反而是在低生产率企业中,党组织的推动作用较大,显示"协调发展动力说"占优势。低生产率的企业,更迫切想提升企业的科技含量,投身于战略性新兴产业、资本和技术密集型制造业,来提高企业的核心竞争能力,推动转型升级。虽然从"协调发展能力说"来看,投资战略性新兴产业、资本和技术密集型制造业,需要更大的资金实力、更高的资金占用成本、更多的固定资产投资、更长的投资回收期,以及一定的前期技术储备,因而只有高生产率的企业,才能有能力投资这些产业。但是因为党组织的存在,更加了解低生产率企业的需求,会积极努力去弥补低生产率企业发展能力的不足,会为企业引导更好的发展方向,寻求更多的市场合作机会,创造更加良好的内外部发展环境,构建更加科学的发展战略,这些对低生产率的企业尤为重要,因而,党组织有更好地推动产业结构优化的动力和效用。

二是从产业链完善(Coord 2)来看,和对总体的协调发展的作用规律相似,党组织的推动作用在高生产率企业中更占据优势。民营企业在发展过程中,通过向产业链上下游延伸,打通全产业链,可保障自己的产业链供应链安全,有些产业链环节因为被国外"卡脖子",需要进行延链补链强链。在这种情况下,龙头型企业有更大的优势和能力去完成,特别是一些关键环节的打通,需要有大量的资源投入,一般赢利能力较强的企业,会更有实力去完成,有时候这些延链补链强链,是国家战略行为,也是产业链安全自主可控的需要,党组织会通过发挥自身的优势,引导有实力的企业为实现这种产业链结构优化,发挥更大的边际作用。

三是从区域布局优化(Coord 3)可以看出,在高生产率的企业中,党组织的推动作用更强一点,显示"协调发展能力说"占据优势。区域协调发展,对于赢利能力较强的企业来说,是一种比较倾向于选择的战略,有能力也有动力进行区域布局。如在国内,国家提出很多区域发展战略,如长江经济带战略、东北振兴战略、西部大开发战略等,这些都需要有实力、有意愿的企业积极参与,既是对企业能力的考验,又是对企业家精神的考验,同时也顺应了经济发展规律的需要。很多东部的企业因为当地成本高,环境、安全的标准高,会积极调整区域布局,将企业向中西部地区转移,在支持中西部地区建设的同时,也降低了经营成本。但到新的区域投资,面临着前期投入大,回收期长的矛盾,有些中西部地区营商环境也需要进一步优化提升,这些都对企业短期经营产生一定的压力,因而赢利能力强的企业才更有实力进行进一步优化。也有一些企业,会沿"一带一路"进行国际布局,很多民营企业为降低企业要素成本和出口关税成本,将企业转移到东南亚等成本较低、国际贸易壁垒更少的地区。对于这种顺应国家政策的区域布局优化,党组织都可以更好地发挥推动作用,进行政策引导,并协调提供政策和资源支持。当然,对于民营企业来说,优化区域布局,不仅仅看眼前的利益,还要从长远看能否为民营企业带来新的发展空间与新的竞争优势,要在区域优化过程中提升民营企业的核心竞争力,而不是仅仅为降低成本而盲目跟风。

2.考虑生命周期异质性的影响

不同生命周期的企业,在面对党组织嵌入情况下可能会有不同的反应。同样可以从"协调发展动力说"与"协调发展能力说"两个角度来阐释。"协调发展动力说"认为,处于成长期的企业,党组织可以推动企业有更大的动力和意愿加强协调发展,投资重点鼓励产业,打通上下游产业链环节,加强区域布局,快速将自身做大做强,提高企业的市场竞争能力,党组织也可以协调更多的资源,为企业的协调发展提供基础。"协调发展能力说"认为,处于成熟期的企业,有稳定的市场和客户,有稳定的核心产品和赢利方式,有持续不断的现金流,因而党组织在推动协调发展上,可以调动更多的资源以推动协调发展,进行提档升级,也更容易被企业管理层所接受,更能和企业的发展战略相契合。究竟哪一种假说占据优势,需要进行实证检验。以民营企业成立时间均值为参照,低于均值的为成长期,高于均值的为成熟期,分类进行检验,相关结果如表 6-20 所示。结果显示,处于不同阶段的民营企业党组织对协调发展的作用有一定的区别。

表 6-20　民营企业生命周期的异质性检验

	模型 1	模型 2	模型 3	模型 4	模型 5	模型 6	模型 7	模型 8	模型 9	模型 10
	成熟期	成长期	成熟期	成长期	成熟期	成长期	成熟期	成长期	成熟期	成长期
	Dumcoord		*Sumcoord*		*Coord1*		*Coord2*		*Coord3*	
$Party$	0.7567***	0.5027***	0.8939***	0.6618***	0.5094***	0.4574***	0.4905***	0.4045***	0.4849***	0.2367***
	(7.4824)	(8.5763)	(7.6327)	(9.2474)	(4.8681)	(7.4858)	(4.3140)	(6.3119)	(4.2211)	(3.6967)
$Size$	0.4018***	0.3441***	0.4426***	0.4607***	0.3249***	0.2697***	0.3722***	0.4133***	0.2697***	0.2871***
	(6.3062)	(4.8518)	(11.8188)	(7.8719)	(7.5441)	(4.6116)	(9.1750)	(6.6336)	(7.0839)	(5.1547)
Age	0.3180	0.2420	0.8275**	0.4495	0.7390**	−0.6905	1.3591***	0.0344	−0.3100	1.6557**
	(0.9891)	(0.3445)	(2.5470)	(0.5541)	(2.4586)	(−0.9985)	(4.5147)	(0.0477)	(−1.0193)	(2.2647)
Tat	−0.0479**	−0.0207*	−0.0801***	−0.0404***	−0.0851***	−0.0526***	−0.0163	0.0077	−0.0612***	−0.0320**
	(−2.4478)	(−1.8145)	(−3.7457)	(−2.8734)	(−3.8670)	(−3.7388)	(−0.8271)	(0.6111)	(−2.7528)	(−2.3817)
Roa	0.5109	−0.2133	0.7520	−0.1176	1.7371***	−0.0783	−0.8059	−0.5260	0.3587	0.4978
	(0.8348)	(−0.5261)	(1.1900)	(−0.2477)	(2.9314)	(−0.1877)	(−1.3056)	(−1.2352)	(0.6003)	(1.1745)
Lev	0.1041	−0.2955**	0.2925	−0.4117***	−0.0853	−0.3436***	0.2606	−0.3488***	0.6120***	−0.0462
	(0.6187)	(−2.3664)	(1.6389)	(−2.8219)	(−0.5222)	(−2.7426)	(1.5478)	(−2.7618)	(3.6215)	(−0.3591)
Inc	0.0297	−0.0114	0.0711	0.0062	0.0560	0.0429	0.0465	−0.0043	0.0581	−0.0219
	(0.4370)	(−0.3241)	(0.9448)	(0.1502)	(0.8715)	(1.1923)	(0.6900)	(−0.1173)	(0.8701)	(−0.5451)
$Capi$	0.0691***	0.0931***	0.0739***	0.1077***	0.0985***	0.0581***	0.0768***	0.1106***	−0.0363	0.0124
	(2.7662)	(4.7794)	(2.9287)	(4.7346)	(3.9177)	(2.9497)	(3.1811)	(5.3199)	(−1.5014)	(0.6011)
$\_cons$	−1.3067***	−1.1026***	−1.3050***	−1.0318***	−1.9484***	−1.0166***	−2.3231***	−2.0150***	−0.7184**	−1.1100***
	(−3.6897)	(−3.7946)	(−3.4967)	(−3.0394)	(−5.6476)	(−3.4206)	(−6.5162)	(−6.4797)	(−2.0752)	(−3.5600)
N	1823	2647	1823	2647	1823	2647	1823	2647	1823	2647
$Pse R^2$	0.0707	0.0513	0.0449	0.0322	0.0600	0.0451	0.0721	0.0457	0.0549	0.0265
Chi^2	120.7631	170.4379	246.3800	243.9256	123.0171	130.2658	147.0745	126.3462	105.8040	75.7825
p	0.0000	0.0000	0.0000	0.0000	0.0000	0.0000	0.0000	0.0000	0.0000	0.0000

从整体层面来看,无论民营企业是在成长期,还是在成熟期,党组织的推动作用均通过了1%水平上显著性检验,说明"协调发展动力说"和"协调发展能力说"均发挥着重要作用。从系数大小来看,成熟期企业党组织的推动作用要大于成长期企业党组织的推动作用,这说明从总体层面来看,党组织的"协调发展能力说"占据一定的优势。

分类来看,党组织对产业结构优化($Coord1$)的推动作用所表现的规律,和总的协调发展规律一致。从系数大小比较来看,成熟期企业党组织的推动作用比成长期企业党组织推动作用高5.2%,说明在推动企业转向战略性新兴产业、资本和技术密集型制造业上,党组织的作用更符合"协调发展能力说"。由于投资这些产业,需要长期的发展积累,这种积累不仅是资金的积累,还是创办企业经验的积累、产品的积累、技术的积累、工艺的积累、产业配套的积累、标准的积累、质量管控的积累、市场认可度的积累,特别是一些专精特新企业和创新型企业,更需要长期的深耕。成熟期企业更有这方面的积累,因而可以为企业在实体领域投资提供更多的支持,党组织在引导推动方面可以更有基础,也更容易实现。

从产业链完善($Coord2$)来看,党组织的推动作用和总的协调发展规律一致。相比较成长期企业,在成熟期企业党组织推动作用提高8.6%,同样说明"协调发展能力说"起到了主要作用。推动企业进军上下游产业链,更多的是想打通上下游产业链,减少内部交易成本,提高企业发展的安全性,把企业做大做强,这不仅需要企业有着强烈的发展进取心,还需要企业在做精主业的基础上,有能力向上下游延伸,把企业发挥的主导权掌握在自己的手里,不受产业链供应链上下游企业的制约。有时候,企业收购或进军上下游关联业务领域,其主要是为了企业产业链安全和供应链畅通,在关键时候不受竞争对手和市场的制约,这对于一些产业链供应链生态较为脆弱的企业来说非常关键,也非常迫切。对于成熟期的企业来说,因为本身在自己所在的领域已经处于较为稳定的状态,知道自己的产业链短板在哪里,哪些可以稳定地从外部获取,哪些需要自己组建,哪一种方式更安全、更有效率。因此要进一步发展,维护产业链完整和安全就是考虑的最主要方面,如果能建立较为完备的产业链,对自己所在的产业链进行延链补链强链,这对自身的进一步发展有着重要的意义,因此也是这一类企业重点考虑的方面。而成长期的企业可能就要更多地考虑自身所在位置的发展,更多地想到如何给核心龙头企业做好配套,在延伸上下游产业链方面可能愿望就不太迫切。

对于区域布局优化(Coord 3)来说,党组织所表现出的规律同样和总的协调发展规律一致。区域布局优化既反映一地的地理环境,又是人口、资源、市场、政策、产业集聚等综合因素的反映,企业加强区域布局优化,通过组织创新来调整和变革组织结构及管理方式,分散或聚集企业,调整、优化企业区位,加强企业内资源整合、优势互补,拓展企业发展空间。区域布局优化一般是有实力的企业的主动选择,加强市场多样化选择,提升企业内部的资源整合效率,提高市场竞争力。同时,处于成熟期的企业,一般在所在的区域市场可能已经饱和,需要进一步拓展发展空间,或者有新技术的重大突破,或者有重大政策鼓励,有能力、有意愿进行区域布局变革,从而进一步提升企业的发展空间。而对于成长期的企业,无论是内部的资源整合需求度,还是外部市场的区域布局,一般还没有处于迫切的阶段。因而,党组织的推动作用在成熟期企业中更大。

3. 考虑资本密集度异质性的影响

民营企业加强协调发展,无论是加强产业结构优化,还是加强产业链完善,抑或是在不同区域布局优化,都涉及大量的投资,而这必然要涉及民营企业的资本密集度。从"协调发展能力说"角度来看,如果民营企业的资本密集度过高,则进行产业或区域转换,原先的资本转换特别是固定资产损失就较大,新的行业和区域所需要的投入就较大,这样的协调发展就会受到较大的限制。但是否遵从该规律,还需要进行实证检验。本小节以总资产与员工人数的比值界定民营企业的资本密集度,并按照均值进行分组,结果如表6-21所示。

表 6-21 民营企业资本密集度的异质性检验

	模型1	模型2	模型3	模型4	模型5	模型6	模型7	模型8	模型9	模型10
	高	低	高	低	高	低	高	低	高	低
	Dumcoord		*Sumcoord*		*Coord1*		*Coord2*		*Coord3*	
Party	0.3942*** (4.2121)	0.6145*** (10.2059)	0.5822*** (4.9869)	0.7473*** (10.5713)	0.4859*** (4.8563)	0.4292*** (6.9061)	0.3229*** (3.2072)	0.4371*** (6.5780)	0.2059** (2.0854)	0.3814*** (5.6420)
Size	0.3282** (2.0318)	0.3839*** (7.7106)	0.4187*** (3.8820)	0.4507*** (13.6371)	0.2692** (2.3615)	0.3013*** (8.2687)	0.5538*** (3.8475)	0.3686*** (10.4711)	0.0793 (0.8718)	0.2991*** (8.9924)
Age	0.7944* (1.6492)	0.0673 (0.3100)	0.8511 (1.4946)	0.4469* (1.9428)	0.5356 (1.1086)	0.3444* (1.6661)	0.3490 (0.7272)	0.5626*** (2.6641)	0.3511 (0.7213)	0.1169 (0.5537)

续表

	模型1	模型2	模型3	模型4	模型5	模型6	模型7	模型8	模型9	模型10
	高	低	高	低	高	低	高	低	高	低
	Dumcoord		Sumcoord		Coord1		Coord2		Coord3	
Tat	−0.0594***	−0.0161	−0.1119***	−0.0335***	−0.1131***	−0.0437***	0.0085	0.0012	−0.1349***	−0.0240*
	(−3.2567)	(−1.3962)	(−4.1394)	(−2.5970)	(−4.1174)	(−3.3438)	(0.4499)	(0.0978)	(−5.0167)	(−1.8889)
Roa	−1.1500	0.1006	−1.0271	0.2458	−0.7462	0.6781*	−1.4429	−0.3909	0.8915	0.1476
	(−1.4969)	(0.2679)	(−1.0600)	(0.6005)	(−0.9242)	(1.8277)	(−1.6167)	(−1.0121)	(1.1061)	(0.3835)
Lev	−0.5043**	−0.0050	−0.4728*	−0.0118	−0.7700***	−0.0287	−0.1534	−0.0716	0.3177	0.1232
	(−2.5022)	(−0.0431)	(−1.9561)	(−0.0919)	(−3.7957)	(−0.2499)	(−0.7503)	(−0.6124)	(1.5581)	(1.0344)
Inc	0.1002*	−0.0461	0.0899	−0.0060	0.1373**	0.0216	−0.0389	0.0379	0.0142	−0.0318
	(1.9300)	(−1.2200)	(1.3804)	(−0.1401)	(2.4643)	(0.5602)	(−0.7220)	(0.9846)	(0.2404)	(−0.7628)
Capi	0.1074***	0.0881***	0.1382***	0.0893***	0.0642***	0.0894***	0.1170***	0.0955***	0.0471	−0.0325*
	(3.5509)	(4.4946)	(3.5940)	(4.3317)	(2.0746)	(4.6369)	(3.5396)	(4.8275)	(1.4666)	(−1.6727)
_cons	−1.1573**	−1.2776***	−1.3243**	−1.1134***	−0.9688**	−1.7163***	−2.2250***	−2.0962***	−1.3857***	−0.6139**
	(−2.5202)	(−4.7427)	(−2.3088)	(−3.8690)	(−2.0606)	(−6.4134)	(−4.4540)	(−7.6125)	(−2.8858)	(−2.2656)
N	1127	3343	1127	3343	1127	3343	1127	3343	1127	3343
$Pse R^2$	0.0656	0.0620	0.0387	0.0399	0.0799	0.0474	0.0550	0.0554	0.0337	0.0464
Chi^2	94.0468	221.6590	126.5479	392.1862	97.0126	168.3671	62.5006	200.8360	40.6344	170.0346
p	0.0000	0.0000	0.0000	0.0000	0.0000	0.0000	0.0000	0.0000	0.0000	0.0000

从总的协调发展指标来看，在两类样本企业中，党组织的作用均显著，相比较资本密集度高的企业，党组织在资本密集度低的企业中，推动企业协调发展的力度更大。再从分类来看，在产业链完善（Coord 2）和区域布局优化（Coord 3）上，党组织在资本密集度低的企业中，和总的协调发展的规律基本一致，这与前面的分析假设一致。因为资本密集型行业进入新的区域和产业链领域，其门槛会显著高于劳动密集型行业，加之随着当前企业生产成本的上涨，市场内卷现象严重，获利难度越来越大，资本密集度低的企业更有动机进军新的领域，加强协调发展。许多民营企业相较于大型国有企业，资本密集度更低，相当部分是劳动密集型企业，他们受市场驱动的力度更大，战略上也会更加灵活，因而会通过协调发展，寻找更好的区位环境，更好的产业链配套，以获得更大的发展空间。但在产业结构优化（Coord 1）上，如进军战略性新兴产业、资本和技术密集型制造业方面，反而是在资本密集度高的企业表现得略占优势，可能的原因是，近年来，中国的民营企业在经过几十年的高速发展后，也逐步进入发展的新阶段，纯粹

地铺摊子、赚快钱、搞房地产等虚拟经济的时代已经过去,民营企业要想获取更好的发展,必须沉下心去做深做细,拥有自己的核心竞争力,特别是要在领域有所作为,要在更有发展前景的、有核心竞争力的产业中更好地布局。这些不仅仅是民营企业自身发展的需要,还是国家政策所鼓励的。这些产业对民营企业的资本实力有较高的要求,资本密集型企业进入可能更有条件优势。当然,由于民营企业整体实力相较其他所有制企业实力偏弱,尤其是中小型企业,因此其发展不仅仅要靠自身的资源积累,还需要来自外部资源和政策的支持,需要和国家的战略规划相契合。而发展战略性新兴产业、资本和技术密集型制造业是国家未来的重大规划。党组织可以推动民营企业响应国家的大政方针,寻求政策支持,能够弥补在协调发展方面的能力不足,因此,在资本密集度低的企业,党组织的推动作用同样显著,且与资本密集度高的企业较为接近。

(二)转型升级检验

由于协调发展对民营企业的资源能力都有较高的要求,而进入新的行业和区域,可能面临着核心竞争力不足、水土不服的困境,而产生较大的负面效应。近年来,很多民营企业积极主动进入高新技术产业和其他区域发展,但真正转型成功的并不多。党组织嵌入推动民营企业协调发展,对企业的转型升级整体效果如何?是促进还是阻碍?本小节在此进一步检验。调查问卷中有一项,询问民营企业转型升级的进度情况,答案有明显加快、尚未启动、刚刚启动、开始减缓四个选项,我们将选择明显加快的取1,其他取0,进行检验,相关结果见表6-22。可以看出,无论是总的协调发展变量,还是分类协调发展变量,党组织嵌入均显著促进了民营企业的转型升级步伐。具体对比来看,产业结构优化($Coord\ 1$)的指标对转型升级的步伐最大,其次是产业链完善($Coord\ 2$),而区域布局优化($Coord\ 3$)的推动作用相对最小。

表 6-22 协调发展对转型升级的影响检验

	模型1	模型2	模型3	模型4	模型5
$Dumcoord$	0.7573*** (17.5235)				
$Sumcoord$		0.3696*** (17.6796)			
$Coord1$			0.6352*** (15.7302)		

续表

	模型1	模型2	模型3	模型4	模型5
$Coord2$				0.4675***	
				(11.1720)	
$Coord3$					0.4011***
					(9.3810)
$Size$	0.3708***	0.3184***	0.3780***	0.3808***	0.4029***
	(9.7344)	(8.2770)	(9.8878)	(9.6989)	(10.2742)
Age	0.5523***	0.4804**	0.5559***	0.5669***	0.6486***
	(2.7935)	(2.4123)	(2.8241)	(2.9031)	(3.3372)
Tat	−0.0652***	−0.0599***	−0.0578***	−0.0740***	−0.0672***
	(−5.6759)	(−5.3506)	(−5.1947)	(−6.4752)	(−5.9658)
Roa	1.3084***	1.2607***	1.1564***	1.3473***	1.2028***
	(3.7494)	(3.6438)	(3.3839)	(3.9501)	(3.5319)
Lev	−0.2069**	−0.2309**	−0.2009**	−0.2377**	−0.2799***
	(−2.0424)	(−2.2903)	(−2.0156)	(−2.3904)	(−2.8259)
Inc	0.0564*	0.0458	0.0364	0.0479	0.0495
	(1.7366)	(1.4070)	(1.1493)	(1.5004)	(1.5602)
$Capi$	0.0836***	0.0832***	0.0866***	0.0858***	0.1030***
	(5.2302)	(5.2583)	(5.5023)	(5.4626)	(6.6349)
_cons	−1.8226***	−1.6848***	−1.6409***	−1.4826***	−1.6556***
	(−8.0239)	(−7.5404)	(−7.3976)	(−6.6845)	(−7.5291)
N	4470	4470	4470	4470	4470
$Pse R^2$	0.1116	0.1122	0.1001	0.0795	0.0734
$Log lik.$	−2681.3330	−2679.5902	−2716.0694	−2778.3234	−2796.7919
Chi^2	558.7560	566.4391	510.1614	378.4997	345.0617
p	0.0000	0.0000	0.0000	0.0000	0.0000

七、本章小结

本章利用2013年至2018年中国东部地区4502家上规模民营企业的调查数据,对党组织嵌入作用于民营企业协调发展进行检验,发现民营企业建立党组织对协调发展有显著的促进作用。可以优化产业结构、产业链上下游和区域布局,这种作用在不同生产效率、不同生命周期、不同资本密集度的民营企业有一定的区别。党组织通过外部作用机制和内部作用机制两个方向来推动民营企业协调发展,外部作用机制通过加强政策支持引导、加强融资支持、做好纠纷协商来实现;内部作用机制通过打造和谐文化、加强人才队伍建设、做好科学决策来实现。

当前,经济下行压力持续加大,民营企业的发展面临着较大的困难,投资动力不足,产业整体处于低端水平,在一定程度上存在着投资结构虚拟化倾向,产业链供应链不畅通,区域布局不合理,协调发展能力不足的现象。因此,本章的研究对于民营企业高质量发展有着重要启示,可以通过引导鼓励民营企业加强党组织建设,让党组织在公司治理中扮演着重要的作用,有序引导民营企业进行投资合理化转型。党组织的这些作用发挥都是实实在在的,具有现实中的可行性和有效性,必然受到民营企业的真心认可和欢迎。上级党委在推动党组织嵌入企业中时,不仅仅需要在组织上提升覆盖面,还需要在党组织的实际能力发挥上,加以推动提升,让党组织嵌入在实际工作中发挥作用。

第七章　党组织嵌入对民营企业绿色发展的影响

　　绿色发展是新发展理念的重要内容之一。2021年4月22日,习近平主席在全球领导人气候峰会上指出,"我们要摒弃损害甚至破坏生态环境的发展模式,摒弃以牺牲环境换取一时发展的短视做法,让良好生态环境成为全球经济社会可持续发展的支撑"。改革开放40多年来,中国经济持续快速发展,但生态环境也承受着越来越大的压力,冲击着人民群众对美好生活的向往,引起社会的强烈反响。据生态环境部通报,仅2021年1月至6月,全国下达环境行政处罚决定书就达到5.52万份,罚没款数额总计43.32亿元。一些重大违法案件也是触目惊心,2021年1月至6月,全国五类环境案件总数为6381件,其中,查封扣押3895件,限产停产487件,移送拘留1198件,移送犯罪案件714件。如何实现经济发展与生态环境保护之间的科学平衡,既是党和政府的施政重点,又是人民群众高度关注的问题。党的十九大提出,"建设生态文明是中华民族永续发展的千年大计"。2020年10月,党的十九届五中全会通过的《中共中央关于制定国民经济和社会发展第十四个五年规划和二〇三五年远景目标的建议》提出:到2035年,要广泛形成绿色生产生活方式,碳排放达峰后稳中有降,生态环境根本好转,美丽中国建设目标基本实现。随后这一建议在2021年的两会上得到通过,上升为国家政策,成为共同遵循的准则和奋斗目标。

　　为推动生态环境质量快速提升,2015年1月1日,被称为"史上最严"的新的《中华人民共和国环境保护法》开始实施,这部法律凸显了党和政府铁腕治污、猛药去疴的决心与力度,也凸显了中国发展转型阶段承受的巨大环保负荷。随后,党和政府又颁布了一系列配套的外部环境管制措施①,加强环保监督制度化建设(陈晓红等,2020),地方政府官员的考核指标也强化了环境保护内容(张军等,2020),这些对推动中国的生态文明建设起到了立竿见影的效果。2020年6月,国家相关部门联合发布的《第二次全国污染源普查公报》显示,与十年前第一次全国污染源普查数据同口径相比,全国主要污染物排放量大幅下降,如二氧化硫、化学需氧量、氮氧化物排放量分别下降了72%、46%、34%,体现了近年来污染防治取得的巨大成效。企业作为重要的市场主体,是绿色生产的重要行动者,对绿色环保行为有着重大意义(李维安等,2017)。相关研究也表明,外部环保压力对企业治理污染投入有显著的推动作用(张琦等,2019)。应该说,绝大部分企业有较强的社会责任意识,在外部环境规制巨大压力下会严格遵守国家的环保约束,为国家的环境改善作出了巨大贡献。

环保他律带来的环保压力是一种较为强制性的推动作用,但这种约束是在依法依规的基础上,同时要兼顾到整体发展环境和企业实际发展情况,避免运动式环保治理。近年来,部分地区运动式环保治理现象时有发生,把环保当作短期内压倒一切的政治任务,通过发起轰轰烈烈的"运动"来落实目标,而不是用循序渐进的方式推进。这种治理方式通常不去考虑协调好环境保护与经济发展之间的关系,用力过猛,超越经济发展阶段,制定不切实际的行动方案。一些地区不理解产业的内在规律,不调查企业的绿色技术改造升级,将一些产业和企业扣上污染的帽子,实施"一刀切"的关停政策。甚至有部分地区超前提出"零碳计划",打造"零碳社区",追求"零排放",这种做法虽然起到了立竿见影的效果,但科学性不足,对经济伤害面大。当前,重大社会风险发生概率无处不在,国际上"黑天鹅""灰犀牛"事件频发,国内转型期社会矛盾冲突问题日益凸显(杨瑞龙等,2017),多重风险叠加,企业面临的不确定性加强,给企业正常生产经营活动带来

---

① 2018年1月,中共中央办公厅、国务院办公厅印发的《关于在湖泊实施湖长制的指导意见》正式公布;2018年1月,党的十九届二中全会通过《中共中央关于修改宪法部分内容的建议》,建议增加建设生态文明和美丽中国方面的内容;2018年3月,十三届全国人大一次会议表决通过宪法修正案;2018年6月,《中共中央 国务院关于全面加强生态环境保护 坚决打好污染防治攻坚战的意见》发布;2018年7月,国务院印发《打赢蓝天保卫战三年行动计划》;2019年6月,中共中央办公厅、国务院办公厅印发的《中央生态环境保护督察工作规定》开始实施;2020年3月,中共中央办公厅、国务院办公厅印发《关于构建现代环境治理体系的指导意见》;2020年4月,中共中央办公厅、国务院办公厅印发的《省(自治区、直辖市)污染防治攻坚战成效考核措施》开始实施。

了巨大冲击(陈少凌等,2021),如果不加科学区别实施环保激进式去产能,以中小型为主的民营企业可能就会因生产成本上升、资金链断裂、订单转移等原因而出现经营困难和倒闭潮,如徐志伟等(2020)研究得出中心城市环境规制强度的提升恶化了域内污染企业的存续状态,这都会给国家"六稳"任务带来巨大压力。因此,2018年11月1日,习近平总书记在民营企业座谈会上强调,要完善政策执行水平,避免执法过程简单化,执行政策不能搞"一刀切"。2021年7月30日,中共中央政治局会议进一步强调,要统筹有序做好碳达峰、碳中和工作,纠正运动式"减碳"。很显然,要形成环境保护长效机制,需要推进环保管理范式转换,重视企业环保自律手段的运用,激发企业的自主环保意识。企业以自律进行环保投资,一是可以根据自己企业的实际情况科学安排环保投资,实现生产和环保在微观个体上的科学有效统一;二是以主动性姿态向外界释放信号,树立企业正面形象,增加社会公众和潜在投资者的信心(Shane 和 Spicer,1983;Hamilton 和 Zilberman,2006)。因此,在科学施加环保他律的情况下,加大推动企业的环保自律,应是未来重点鼓励的方向。

本章的边际贡献可能在于:首先,以往研究主要围绕政府外部环境规制的他律如何影响企业环保投资展开,但外部他律的范围较广,鲜有学者从行业、社会等更广维度对环保外部他律进行细分研究。结合数据可得性,本章将外部环保他律分为政府、行业及社区三个维度并展开研究,拓展了环保外部他律对企业环保投资影响的相关文献,丰富了理论研究。其次,现有的文献缺乏把环保他律、环保自律及企业环保投资三者放到一起进行研究,本章探讨了企业党组织作为环保自律方式对环保外部他律的替代,为下一步推动企业党组织参与企业环保治理工作提供了详细的参考方向。再次,本章从党组织的文化自觉、内部监督和组织协调三个方面论证了对环保他律的替代机制。虽然已有文献研究了党组织对民营企业环保投资的影响,但是缺乏深入分析且未总结出影响的具体机制。最后,本章验证了环保投资与企业绩效的关联,并比较环保他律和环保自律在其中的调节作用,为出台相应政策提供了实证依据。

一、理论分析与研究假设

(一)环保他律与企业环保投资

企业受到的外部环保他律主要有政府环保压力、行业环保压力、社区环保压力三种类型。第一,基于政府环保压力的分析。来自政府的环保压力是企业面临的最普遍的外部环保压力。Maxwell和Decker(2006)研究表明,企业主动开展环保项目的热情不高,需要政府的环保压力来推动。当前,党中央一再强调经济发展不能以牺牲环境为代价,并且高度重视地区的环境保护,不仅给企业提出更加严格的环保标准,而且将生态文明建设纳入地方政府考核标准,加大了地方政府治理环境污染的压力。政府以法律法规的形式推动企业重视排污及治污情况,并通过地方监管和垂直监管相结合的方式予以严格监督核查(谢东明,2020)。如果企业在经营过程中违规排污,或者未达到法律法规所规定的清洁生产要求,将会面临警告、罚款及勒令停产等不同程度的处罚。在这种政府环境管制的压力下,企业会重视环境污染问题,提高环保投资的力度。第二,基于行业环保压力的分析。行业组织参与社会治理,推动行业内企业遵纪守法,有利于提高整个社会的信用,在辅助政府、维系行业和服务企业方面发挥着重要作用(黄晓春,2021)。行业组织可以参与环境自治和行业自律,对企业的约束更具有针对性和时效性,对违反行业规制的企业进行惩罚也具有示范效应,兼具惩罚和激励的双重作用(沈永东、应新安,2020)。那些生产工艺落后、环保不达标的企业因为不适应新的发展理念,会受到行业规则的约束而优化生产流程、升级生产设备,以及引进更加清洁环保的生产技术(Russo和Fouts,1997;Leiter等,2011)。行业协会也会颁布相应的示范性条款,当大部分企业主动选择遵守规定,也会对其他企业带来较大的行业压力,迫使企业加强自身污染处理的能力。第三,基于社区环保压力的分析。公众环保诉求对环境规制监管有显著的正向推动效应(张宏翔、王铭槿,2020),社区居民出于满足自身物质和精神方面的追求,有动机地对居住地周边的企业排污和治污情况进行监督。早在2002年,中国就颁布了《中华人民共和国环境影响评价法》,充分肯定了社会大众参与环境治理的权利。当企业坐落在社区周围,达不到规定排污标准或者排放有害物质,社区居民会抵制企业,要求其搬迁,反对企业落户,企业想通过寻找环境洼地来减轻环保投入的想法越没有市场。要想继续生产经营,就必须重视污染处理,推动加强环保投资。

基于上述分析,提出如下假说:

假说1:来自外部环保他律可推动民营企业加强环保投资。

假说2:外部环保他律主要以政府环保压力、行业环保压力、社区环保压力三种类型推动企业加强环保投资。

(二)党组织对环保他律的替代作用

企业行为一般受外部环境塑造和内在激励共同影响,外部环境规制作为一种强制性的推动作用,在执行上往往容易"一刀切",刚性有余,柔性不足,不能很好地与企业的实际情况相结合,企业的自主决策权不高。环保投资属于企业投资决策中的一种,需要企业进行统筹考虑,科学规划,才能减少外部非预期冲击,实现企业发展和社会责任的有效统一。当前,中国经济已由高速增长转向为高质量发展,在新的发展理念下,绿色生产已经成为企业发展的必然选择,受外部较强的环境规制的影响也是必然趋势。但外部环境规制对企业生产经营所产生的负面影响,也让企业积极寻找自律性替代方案,来推动国家环保强约束和企业高质量发展的有效平衡。对于推动企业履行环保责任义务的自觉性,党组织可较好地发挥作用。民营企业党组织是党在企业的基层组织,是全国党组织的一个微观节点,同时也是企业治理结构的重要组成部分,可以起到较好的政企桥梁纽带作用(朱斌等,2021),把党的有关生态文明建设的方针政策有效传导到企业战略决策中,同时也把企业的实际情况向党委、政府进行反馈,对企业遇到的实际困难进行必然的资源协调,对企业在绿色环保上所作出的成绩给予必要的政策嘉奖和奖励。而企业环保自律展示的良好社会形象,有利于得到金融机构、市场合作伙伴的认可,进而推动企业更好地发展。从企业内部来说,有别于国有企业党组织在治理体系中的核心作用,民营企业党组织并不对企业的重大战略起到直接的决定性作用,不会对企业施加强制性环保约束,更多的是发挥着政治引领和示范作用,因而其作用发挥属于自律范畴。马连福等(2012)认为,党组织是制约内部人控制的重要的平衡力量,会推动企业重视法规政策的权威性,以更远大的目标和更强的社会责任感制定发展战略。Lu 和 Shang(2017)指出,党组织会将绿色生产的理念落实到生产经营过程中,在企业内部起到示范效应,并提高企业的内部治理水平,提高企业环保意识,增加环保投资。同时,对于企业来说,需要在企业发展和履行社会责任中间保持必要的平衡,而履行社会责任的基础则是在市场中取得竞争优势,高质量的发展本身就是一种履行社会责任的体现,如果超过企业承受能力不切实际地投入其他非生产性要素,则必然会在短期内挤压企业正常的生产经营,反而不利于企业的长远发展。因此,企业一般会根据自身的实际情况,将环保投资控制在一个合理的范围之内,在总量控制的前提下,环保自律带来的环保投资和环保他律带来的环保投资,将是一种跷跷板效应,企业加强环保自律,对环保他律将是一种取代的关系。基于此,提出如下假说:

假说3:党组织嵌入可推动民营企业加强环保投资。

假说4:民营企业党组织可推动内部环保自律,替代外部环保他律对环保投资的作用。

(三)党组织替代环保他律作用机制

民营企业党组织虽然不会对企业的环保决策施加强制性约束,但是仍然可以通过其他方法施加有效的引导自律作用,以对外部环保他律施加替代性。基于相关理论及文献综述,本章提出文化自觉假说、内部监督假说、网络构建假说,来验证民营企业党组织作为环保自律指标推动环保投资的作用机制。

文化自觉假说。企业作为社会组织结构的微观组成部分,必然会受到非正式制度的影响(胡珺等,2017),并进而影响到企业的战略规划(Hagedoorn,2006)。在新的发展阶段,绿色发展理念必然会影响到每一个社会组织,而民营企业党组织作为党的基层组织节点,能够发挥文化核心作用,必然会将党的绿色发展理念引导到企业文化建设中,培养企业的文化自觉。第一,党组织可以将绿色发展的文化传输到管理层中。在民营企业中,党组织虽然不承担重大决策的最终决定权,但是可以积极进行治理嵌入,发挥着建设性功能(何轩、马骏,2018;王浦劬、汤彬,2020)。如通过绿色人力资源管理在企业树立绿色发展的观念(Jabbour和Santos,2008;Ones和Dilchert,2012)。通过"双向嵌入"等方式,推动决策层的文化自觉,践行绿色发展理念。第二,党组织可以加强对工会和其他群众组织的领导,推动生产经营过程中的绿色文化自觉。根据相关规定,企业党组织履行对工会和相关群团组织的领导职能(董志强、魏下海,2018),因此可以将党的绿色发展理念通过工会和群团组织在企业中全面铺开,打造绿色工匠精神,将"绿色"植根到企业生产经营流程中,形成生产经营中的绿色文化自觉。第三,党组织可以通过党员的先锋模范作用,让全企业认识到环境治理的重要性,进而树立起绿色发展的文化自觉。

内部监督假说。加强企业内部监督功能,推动企业履行合法守信职能,是企业党组织的重要功能。民营企业受到的监督渠道有多种,外部有来自政府、行业组织和社区群众的监督,内部如监事会的监督,股东大会的监督,部分企业还成立合规部。但外部监督难以深入企业生产经营的一线,属于规则监督,往往只能在企业违法违纪发生后才能惩罚监督,预防作用不强。传统的内部监督主要是利益导向监督,主要监督内容是不能损害出资人和股东的利益,而对社会利益相关者如绿色社会责任的监督,则往往会缺失,而民营企业往往受制于家族企业的股权制约,内部监督会流于形式,因此,以损害环境来谋求企业发展的情况才会时有发生。民营企业党组织则可以克服以上两种缺陷,对企业的经营活动进行监督管理,保证企业合法守信经营(李胡扬等,2021)。企业党组织可以参与和了解企业从决策到生产经营的全过程,避免了外部监督的粗线条缺陷。同时企业党组织是党的全国组织的一个基层节点,是超脱于企业利益相关者之外的独立存在,因而立场具有客观独立性。党组织能够给予企业以方向引导,规范其生产流程,确保企业经营合法合规。党组织会督促企业管理层遵守环境政策,改变主观认识,提高环保意识,站在利益相关者的角度制定政策,从而促进企业绿色转型,提高社会责任(马凌远、李晓敏,2021),避免出现触及环保高压线的情况。当企业在生产经营中违反法律法规,党组织可以对管理层提出整改建议,或者借助于党政呼吁渠道和集体呼吁渠道,推动企业遵纪守法(董志强、魏下海,2018)。可见,民营企业党组织可以通过内部监督实现环保自律替代。

网络构建假说。党组织有助于企业加入全国网络大系统,加强组织之间的协同,获取发展资源和营造良好发展环境,提升环保投资能力,并满足网络中利益相关者的环保诉求。第一,党政网络构建。民营企业党组织和上级党委政府党组织有隶属关系,通过纵向网络加入而成为党的全国网络的一个节点,这样可以有顺畅的互动渠道(李世刚、章卫东,2018),并获取异质性资源,提升竞争优势(焦然等,2020)。由于每个企业都可以成立党组织,与传统的人大代表、政协委员政治关联沟通相比较,是组织之间的联系而非个人与组织之间的联系,不受名额和任期的限制,也不会有"亲""清"政商关系难以把握的困惑。第二,产业网络构建。近年来,行业商会协会党组织、产业链党组织、产业联盟党组织、产业园区党组织等与产业相关的党组织不断涌现,给民营企业党组织提供了又一横向网络联系渠道。通过这些党组织,加强内部不同党组织之间的联系,通过重大事项的党建联席会议等形式,民营企业获得了又一个加强产业内横向联系的沟通渠道,通过资源互补、信息互通、生产互促、规则互商、利益互享等方式,提升行业内企业的发展能力,并通过遵循环保纪律树立良好的行业整体形象。第三,社会网络构建。企业的发展,必然要和市场上的不同主体相关联,如金融机构、研发机构、要素供应主体、采购方等,在传统的市场联系之外,如果有党组织之间的相互联系,可进一步增进相互之间的了解和信任,大大降低市场交易成本,提升获取资源的能力,以绿色环保为共同方向,推动企业绿色发展,如增加绿色信贷、加强绿色创新研发、扩大绿色产品的销售市场,提升企业的赢利能力。

基于上述分析,提出如下假设:

假说5:民营企业党组织通过文化自觉、内部监督、网络构建三种机制来替代外部环保他律对企业环保投资的作用。

综上所述,设计逻辑框架如图7-1所示。

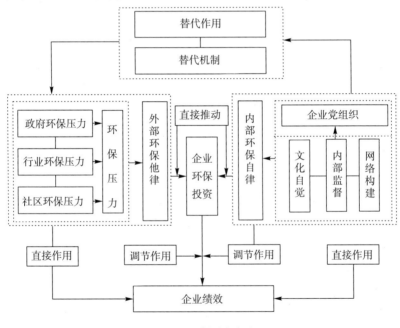

图 7-1 逻辑分析框架

二、数据与方法

本章数据来自2018年开展的第十三次全国私营企业抽样调查,为了控制样本数据中极端值造成的影响,对有极端值的连续性变量进行上下1%的缩尾处理,同时在回归过程中自动剔除缺失变量。

(一)模型设定

首先考察环保他律对企业环保投资的影响。设定回归模型为：

$$Epi_{ijk} = \alpha_0 + \alpha_1 \cdot Strict_{ijk} + \delta \cdot CV + \mu_j + \mu_k + \varepsilon_{ijk} \quad (1)$$

其中，下标 i、j、k 分别表示企业、行业、区域，ε 表示随机扰动项。被解释变量 Epi，表示表7-1中的企业环保投资指标。核心解释变量为环保他律 $Strict$，包括总的环保压力 $Strict\_a$，来自政府的环保压力 $Strict\_g$，来自行业的环保压力 $Strict\_i$，来自社区的环保压力 $Strict\_c$。α_1 是最关心的估计系数，预期符号为正。μ_j 和 μ_k 分别为企业所在行业($Indus$)、所在区域($Prov$)的固定效应，以控制行业、区域差异对企业环保投资的影响。

CV 是控制变量集，第一类是企业特征变量，包括：(1)企业规模($Size$)，用净资产对数来表示；(2)企业年龄($Firmage$)，用企业到调查年份的实际存续时间来衡量；(3)资产负债率(Lev)，用负债总额与总资产的比值来表示；(4)企业上市情况($List$)，上市企业因为是公众企业，其环保投资受到较强的关注，如果企业已上市或拟上市，取值为1，女性取0；(5)就业结构($Struc$)，企业员工文化结构对环保工艺及创新改造有一定影响，用企业中本科以下学历的员工数占总员工数的比例来表示。第二类是企业主要出资人特征变量，包括：(1)性别(Man)，如果为男性取1，女性取0；(2)学历(Edu)，依次是初中及以下、高中(职高/中专/技校)、大专、本科(含双学士)、硕士、博士，用离散数1至6来表示；(3)政治面貌(Pol)，企业家是党员的取1，非党员的取0。第三类是企业管理层情况($Seni$)，取企业高管人数占员工总数的比例。相关数据均来自第十三次全国私营企业抽样调查。

(二)变量选择

对于民营企业的环保投资，调查问卷中设置了这样一个问题："您企业为治理污染投入了多少万元？"结合企业的净资产值，来计算企业的相对环保投资指标。

对于民营企业所面临的环保他律，基于前述分析，主要来源于三个方面，相关数据直接来自调查问卷。对于环保自律，以是否成立党组织来衡量，相关数据直接来自调查问卷。对于党组织的作用机制，本章以民营企业出资人对党组织的作用认识来测度。从出资人角度来对民营企业党组织作用机制进行赋值，相对于地方党委、政府的评价和党组织的自我评价，相当于第三方评估，更符合企业的异质性实际。调查问卷中设置了如下问题："如果贵企业建有中共党组织,党组织发挥的作用有哪些?"根据前面的假说 4,选取四小类指标,并归纳为三大类:文化自觉、内部监督、网络构建,其中,文化自觉指标直接来源于对党组织推动民营企业文化建设的评价,内部监督指标直接来源于对党组织推动民营企业合法守信经营的评价,网络构建指标来源于两个细分指标的综合,党政网络构建来自党组织和政府联系沟通的评价,产业网络构建和社会网络构建主要体现在党组织推动民营企业的技术和业务发展上。相关核心指标具体赋值及核心解释变量、被解释变量的指标说明如表 7-1 所示。

表 7-1　外部环保他律、内部环保自律与环保投资的维度指标

指标名称	指标内涵		指标解释及赋值
环保他律	总环保压力	政府环保压力	相关数据直接来自调查问卷,压力赋值从 1 至 5 逐渐上升,得出三类细分指标,加总后得出总压力。
		行业环保压力	
		社区环保压力	
环保自律	企业党组织		成立党组织的为 1,未成立的为 0
内部自律替代机制	文化自觉	企业文化建设	为了让每一项指标可比较,选择没有成立党组织的企业为参照系,数据赋值为 0,有相应指标选项的为 1,得出细分的功能指标。对于推动发展,将相应的细分指标相加。
	内部监督	合法守信经营	
	网络构建	政府联系沟通	
		技术业务发展	
环保投资	相对环保投资指标		环保投资/净资产

三、基本回归结果

(一)描述性统计

表 7-2 给出变量统计信息,因环保投入和外部环保压力的缺失值较多,企业观测者剔除了相关缺失的样本。从中可以发现,最关心的企业环保投资和党组织变量,都存在显著的数值变异性,满足统计分析的需要。另外,相关系数矩阵结果缓解了对于自变量间多重共线性的担心:一方面,各控制变量之间的相关系数均低于 0.4 的多重共线性阈值,这说明各变量之间多重共线性程度不显著;另一方面,所选取的控制变量都和解释变量之间存在程度不同的相关性,说明选取的指标有很强的代表性。

表 7-2　变量统计特征

	观测值	平均值	标准差	极小值	极大值
Epi	3700	0.0180	0.0795	0.0000	0.6667
$Strict\_a$	3425	8.5711	3.3589	2.0000	15.0000
$Strict\_g$	3516	3.6499	1.2356	1.0000	5.0000
$Strict\_i$	3451	3.4596	1.1455	1.0000	5.0000
$Strict\_c$	3487	3.4282	1.1687	1.0000	5.0000
$Party$	3700	0.4113	0.4921	0.0000	1.0000
$Size$	3700	15.5346	2.5851	8.5174	21.6576
$Firmage$	3672	0.1212	0.0707	0.0100	0.6600
Lev	3254	0.2619	0.2806	0.0000	0.9900
$List$	3391	0.1147	0.3187	0.0000	1.0000
$Struc$	3485	0.6915	0.3170	0.0000	1.0000
Man	3688	0.7977	0.4018	0.0000	1.0000
Edu	3658	3.0946	1.1234	1.0000	6.0000
Pol	3633	0.3053	0.4606	0.0000	1.0000
$Seni$	3460	0.1980	0.1900	0.0000	1.0000

（二）基本估计结果

在回归前，为便于数据作用大小比较，对核心解释变量的环保他律指标进行 Z-score 标准化变化。进行处理后，回归的显著性不会发生变化，系数大小可进行比较。因为数据中有一定比例企业没有环保投资，线性回归可能会有偏差，本章采用 $Tobit$ 方法。相关回归结果如表 7-3 所示。

表 7-3　环保他律、环保自律对环保投资的影响

	模型 1	模型 2	模型 3	模型 4	模型 5
	被解释变量：Epi，方法：$Tobit$				
$Strict\_a$	0.0524*** (11.3483)				
$Strict\_g$		0.0499*** (10.7322)			
$Strict\_i$			0.0364*** (8.1928)		
$Strict\_c$				0.0360*** (8.4506)	

续表

	模型1	模型2	模型3	模型4	模型5
	被解释变量:Epi,方法:$Tobit$				
$Party$					0.0505*** (5.7213)
$Size$	−0.0073*** (−3.5864)	−0.0036* (−1.8461)	−0.0030 (−1.4990)	−0.0034* (−1.6992)	−0.0048** (−2.3714)
$Firmage$	0.1412** (2.4987)	0.1584*** (2.8833)	0.1783*** (3.1368)	0.1767*** (3.1786)	0.1331** (2.4225)
Lev	0.0485*** (3.4713)	0.0526*** (3.8338)	0.0588*** (4.1927)	0.0594*** (4.2751)	0.0479*** (3.4756)
$List$	0.0203* (1.8750)	0.0284*** (2.6830)	0.0290*** (2.6623)	0.0289*** (2.6894)	0.0206* (1.9304)
$Struc$	0.0549*** (3.4563)	0.0530*** (3.3765)	0.0576*** (3.6055)	0.0569*** (3.5859)	0.0645*** (4.1511)
Man	0.0301*** (2.8433)	0.0286*** (2.7287)	0.0310*** (2.9031)	0.0297*** (2.8044)	0.0329*** (3.1427)
Edu	0.0020 (0.5329)	0.0027 (0.7400)	0.0033 (0.8774)	0.0028 (0.7318)	0.0012 (0.3131)
Pol	−0.0018 (−0.2254)	0.0111 (1.4303)	0.0131* (1.6436)	0.0120 (1.5116)	0.0043 (0.5396)
$Seni$	−0.0626** (−2.3978)	−0.0713*** (−2.7866)	−0.0755*** (−2.8558)	−0.0760*** (−2.9173)	−0.0721*** (−2.8287)
$Indus$	Yes	Yes	Yes	Yes	Yes
$Prov$	Yes	Yes	Yes	Yes	Yes
$constant$	−0.0314 (−0.7165)	−0.0986** (−2.2859)	−0.1151*** (−2.6259)	−0.1077** (−2.4817)	−0.0961** (−2.2302)
N	2509	2564	2529	2538	2673
$Pse\ R^2$	0.9551	0.9656	0.8734	0.8844	0.8149
Chi^2	706.4153	703.9940	646.3038	649.7428	645.4106

表7-3中的模型1为总的外部环保压力对环保投资的回归结果。可以看出,总的外部环保压力的回归系数为正,且通过了1%水平上的显著性检验,说明外部环保压力增加,会显著推动民营企业进行环保投资。从细分的外部环保他律来看,无论是政府环保压力、行业环保压力,还是社区环保压力,回归系数均为正,且均通过了1%水平上显著性检验,同样对民

营企业环保投资有显著的推动作用。从系数大小来比较,可以看出,政府环保压力的作用最大,行业环保压力和社区环保压力的作用分列二、三位。这也与现实情况相吻合。长期以来,政府对民营企业的环保约束都发挥着重要的作用,政府积极回应人民群众的环境需求,制定环保治理标准,加强环保治理检查,对环保违法违规事件进行处理,虽然存在着一些执行上的瑕疵,但是总体上对推动中国环境质量提升起到了巨大的作用。行业环保压力作用排第二,也显示了近年来中国行业组织发展的成效。行业组织作为社会中介组织的重要组成部分,对推动社会从直接治理转向间接治理发挥着重要的作用。行业组织在一些市场经济发达的国家发挥着极为重要的作用,在中国,随着社会主义市场经济的进一步发展,行业组织也得到了较快的发展,并积极参与社会治理,推动社会治理效率提升,包括推动社会环境治理,但中国的行业组织整体发展并不是很成熟,在承担政府职能方面仍显得能力不足,因此,其推动环境治理作用方面小于政府的作用属于正常的表现。社会环保压力的作用仅略小于行业环保压力的作用,说明近年来社区群众对周边生态环境的高度关注。但由于中国不同地区经济发展水平的差异,有些地区因产业发展水平不高,因而带来的污染并不多,也有些地区的群众还是更关注自身的经济利益,环境意识并未有效树立,因此其对企业的环保压力作用相对小一些。总体来说,假说1、假说2得到了检验。从模型5可以看出,党组织嵌入对环保投资的作用为正,并通过了1%水平上显著性检验,说明其推动作用是显著的。

四、稳健性检验

内生性问题是实证完整性的重要一环。就本章的主要内容而言,逆向因果问题不必过于忧虑,对外部环保压力来说,其并不会受到单个企业的环保投入的影响,也不会因为企业的环保投入而消失。对党组织来说,根据相关法律法规,企业是否设立党组织并非根据企业环保投入来确定,只要党员人数达到3人即应该设立党组织,并且党组织一旦设立也并不会因为企业环保投入下降而撤销。因此,潜在的内生性问题可能是无法控制的遗漏变量问题带来的。为了让检验结果更加稳健,在此,仍然进行多种工具变量的内生性检验。主要对党组织进行多种方式的检验。

(一)Heckman选择模型

借鉴刘一鸣和王艺明(2022)的文献,以各省份"已设立党组织的社会团体数/社会团体数"(Soc)作为党组织嵌入的工具变量,该变量为笔者根据《中国民政统计年鉴》手动整理得出的数据,并按照被调查企业所属省份进行数据库匹配。各地区社会团体设立党组织的比例代表着该地区社会团体党组织嵌入的程度,与民营企业党组织嵌入具有一定的相关性;但各地区社会团体设立党组织的比例不会直接影响单个民营企业的环保投入,满足工具变量的外生性。表7-4中的模型1、模型2是未添加控制变量的检验,模型3、模型4是添加控制变量的检验。可以看出,在第一阶段回归中,当地社团设立党组织的比例与民营企业设立党组织之间存在显著正相关关系,即地方社团党组织设立比例越高,民营企业建立党组织的比例也越高。引入工具变量是为了利用工具变量所引发的自变量的差异,来获取对因变量的无偏估计。在第二阶段回归中,工具变量已被排除,作为排他性约束,通过逆米尔斯比率(IMR)来影响环保投资,可以看出IMR系数显著,说明存在样本选择偏差的影响,并且党组织嵌入对民营企业环保投资仍然存在显著的正向促进作用,说明考虑了样本自选择问题后,所得结论依旧稳健。

表 7-4　Heckman 选择模型

	模型 1	模型 2	模型 3	模型 4
	$Party$	Epi	$Party$	Epi
Soc	0.0053** (2.2862)		0.0970* (1.9537)	
$Party$		0.0979*** (14.1510)		0.0483*** (5.4806)
$Size$			0.1795*** (10.9542)	−0.0195*** (−4.6495)
$Firmage$			2.1694*** (4.8659)	−0.0128 (−0.1938)
Lev			0.4815*** (4.6865)	0.0064 (0.3691)
$List$			0.5485*** (5.7094)	−0.0068 (−0.5358)

续表

	模型1	模型2	模型3	模型4
	$Party$	Epi	$Party$	Epi
$Struc$			−0.1483	0.0787***
			(−1.3084)	(4.9198)
Man			0.0694	0.0272**
			(0.8969)	(2.5704)
Edu			0.0952***	−0.0047
			(3.1638)	(−1.1765)
Pol			0.7727***	−0.0497***
			(12.4078)	(−3.1416)
$Seni$			−0.4970***	−0.0353
			(−2.6388)	(−1.2876)
IMR		0.2743**		−0.1297***
		(2.5632)		(−3.9577)
$Indus$	N	N	Y	Y
$Prov$	N	N	Y	Y
$\_cons$	−0.2707***	−0.4033***	−4.2277***	0.3309***
	(−9.2703)	(−3.9586)	(−11.5320)	(2.8733)
N	3700	3700	2673	2673
$Log\ lik.$	−2503.5640	−526.1994	−1291.8334	−65.3444
Chi^2	5.2269	226.6361	726.1940	661.3410
p	0.0222	0.0000	0.0000	0.0000

(二)两阶段最小二乘法(2SLS)

借鉴刘长庚等(2022)、陈东等(2021)的做法,使用"组群类"工具变量,即样本中观测个体所在更高层级群体的特征作为个体层面特征的工具变量。选择两种工具变量,一是绝对变量。利用2016年第十二次全国私营企业抽样调查的数据计算行业-区域党组织成立变量,对当前的企业进行行业-区域匹配,由于时间不可逆,所以这个变量具有外生性。二是趋势变量。首先利用2018年的数据对行业-区域党组织成立情况进行计算,然后减去2016年计算出来的数据,再利用两阶段最小二乘法进行检验。表7-5表明,所有计量系数为正,均通过了1%水平上显著性检验,且不存在弱工具变量,进一步验证了假说2。

表 7-5 工具变量检验

	模型 1	模型 2
Party	0.0113***	0.0124***
	(3.0084)	(3.0352)
Size	−0.0034***	−0.0083***
	(−4.2280)	(−5.3819)
Firmage		0.0496**
		(2.4335)
Lev		0.0166***
		(2.9255)
List		0.0126*
		(1.9007)
Struc		0.0097**
		(2.4487)
Man		0.0121***
		(3.9281)
Edu		0.0020
		(1.2204)
Pol		0.0004
		(0.1166)
Seni		−0.0145**
		(−1.9672)
Indus	No	Yes
Prov	No	Yes
constant	0.0663***	0.1215***
	(5.3514)	(4.8563)
N	3692	2668
Kleibergen−Paap rk LM	1634.685	1051.809
Cragg−Donald Wald F	11000	18000
Kleibergen−Paap rk Wald F	12000	23000

(三)倾向得分匹配(PSM)

借鉴陈东等(2021)的方法,本书引入倾向得分匹配(PSM)方法,表7-6汇报了平均处理效应ATT,分别为1∶1近邻匹配、1∶4近邻匹配、卡尺内匹配、核匹配、马氏匹配。可以看出,无论从哪一项结果来分析,ATT 均为正,并通过显著性检验,说明外部环保他律对环保投资作用的稳健性,与前面的实证完全吻合。

表 7-6 全样本平均处理效应

PSM	$n(1)$	$n(4)$	$cal(0.01)$	kernel	mahal
ATT	0.0149*** (2.6400)	0.0141*** (2.7700)	0.0142*** (2.8300)	0.01116** (2.3500)	0.0073* (1.7600)

为进一步验证结果的稳健性,将匹配后的样本进行回归,实证结果见表 7-7,可以看出,党组织对环保投资的作用均显著为正,与匹配前的回归结果相一致,进一步验证了结论的稳健性。

表 7-7 PSM 匹配检验

	模型 1	模型 2	模型 3	模型 4	模型 5
	$n(1)$	$n(4)$	$cal(0.01)$	kernel	mahal
Party	0.0566*** (4.1529)	0.0536*** (5.4413)	0.0536*** (5.4413)	0.0502*** (5.5929)	0.0487*** (5.0129)
Size	−0.0030 (−0.7919)	−0.0036 (−1.3716)	−0.0036 (−1.3716)	−0.0046** (−2.2177)	−0.0058** (−2.3397)
Firmage	0.2917*** (2.6160)	0.2241*** (2.9736)	0.2241*** (2.9736)	0.1360** (2.4160)	0.2135*** (2.9432)
Lev	0.0675*** (2.6336)	0.0617*** (3.4882)	0.0617*** (3.4882)	0.0482*** (3.4234)	0.0548*** (3.3400)
List	0.0340 (1.5380)	0.0325** (2.1145)	0.0325** (2.1145)	0.0228** (2.0502)	0.0201 (1.4720)
Struc	0.0858*** (2.9697)	0.0682*** (3.3966)	0.0682*** (3.3966)	0.0639*** (4.0045)	0.0777*** (4.0723)
Man	0.0525*** (2.8163)	0.0265** (2.0428)	0.0265** (2.0428)	0.0325*** (3.0587)	0.0337*** (2.6880)
Edu	−0.0002 (−0.0270)	0.0010 (0.1990)	0.0010 (0.1990)	0.0012 (0.3164)	0.0018 (0.3939)
Pol	0.0044 (0.2970)	0.0080 (0.7827)	0.0080 (0.7827)	0.0058 (0.6972)	0.0004 (0.0371)
Seni	−0.0908* (−1.8795)	−0.0892** (−2.5464)	−0.0892** (−2.5464)	−0.0739*** (−2.8423)	−0.0737** (−2.1965)

续表

	模型1	模型2	模型3	模型4	模型5
	$n(1)$	$n(4)$	$cal(0.01)$	$kernel$	$mahal$
$Indus$	Yes	Yes	Yes	Yes	Yes
$Prov$	Yes	Yes	Yes	Yes	Yes
$constant$	−0.1504*	−0.1191**	−0.1191**	−0.1002**	−0.1056**
	(−1.9002)	(−2.1346)	(−2.1346)	(−2.2632)	(−1.9797)
N	900	1764	1764	2642	2058
$pseudo\ R^2$	0.6551	0.6901	0.6901	0.7736	0.7153
$Log\ lik.$	−59.3685	−93.0369	−93.0369	−92.8257	−95.6693
$Chi-squared$	225.4842	414.3691	414.3691	634.3525	480.7368

(四)熵平衡法

在倾向得分匹配法处理样本的过程中,可能因为无法成功匹配而将部分样本剔除,造成样本丢失。为了减少该问题对研究结论的影响,采用熵平衡重新处理样本。从表7-8和表7-9可以看出,在调整后,处理组和加权调整后的对照组的均值、方差和偏度都非常相近。具体回归结果见表7-10,党组织嵌入与民营企业环保投资之间依旧存在显著正相关关系,即党组织嵌入提高了民营企业环保投资。

表7-8 平衡前

	处理组			对照组		
	均值	方差	偏度	均值	方差	偏度
$Size$	17.1700	4.9070	−0.6680	14.6800	5.0490	0.1261
$Firmage$	0.1395	0.0057	1.1820	0.0953	0.0036	0.8604
Lev	0.3669	0.0747	0.2099	0.2179	0.0825	1.2180
$List$	0.2206	0.1721	1.3470	0.0466	0.0445	4.3030
$Struc$	0.6480	0.0880	−0.7666	0.7011	0.1096	−0.8779
Man	0.8624	0.1188	−2.1040	0.7562	0.1845	−1.1940
Edu	3.4880	1.2440	−0.1485	2.9480	1.1470	0.0704
Pol	0.5034	0.2502	−0.0134	0.1729	0.1431	1.7300
$Seni$	0.1641	0.0201	2.4940	0.2193	0.0440	1.9320

表 7-9 平衡后

	处理组			对照组		
	均值	方差	偏度	均值	方差	偏度
$Size$	17.1700	4.9070	−0.6680	17.1700	4.9070	−0.6676
$Firmage$	0.1395	0.0057	1.1820	0.1395	0.0057	1.1820
Lev	0.3669	0.0747	0.2099	0.3668	0.0747	0.2099
$List$	0.2206	0.1721	1.3470	0.2207	0.1721	1.3470
$Struc$	0.6480	0.0880	−0.7666	0.6479	0.0880	−0.7665
Man	0.8624	0.1188	−2.1040	0.8624	0.1188	−2.1040
Edu	3.4880	1.2440	−0.1485	3.4880	1.2440	−0.1483
Pol	0.5034	0.2502	−0.0134	0.5034	0.2502	−0.0134
$Seni$	0.1641	0.0201	2.4940	0.1641	0.0201	2.4940

表 7-10 熵平衡后党组织对环保投资的影响检验

	模型 1	模型 2
	被解释变量:Epi,方法:$Tobit$	
$Party$	0.0408***	0.0405***
	(3.8790)	(4.3795)
$Size$		−0.0063*
		(−1.8384)
$Firmage$		0.1358**
		(2.3417)
Lev		0.0100
		(0.6781)
$List$		0.0231*
		(1.7608)
$Struc$		0.0695***
		(4.4668)
Man		0.0221**
		(1.9836)
Edu		−0.0015
		(−0.3887)

续表

	模型 1	模型 2
	被解释变量:Epi,方法:$Tobit$	
Pol		−0.0081
		(−0.9660)
$Seni$		−0.0579
		(−1.5568)
$Indus$	No	Yes
$Prov$	No	Yes
constant	−0.0698***	−0.0371
	(−6.0873)	(−0.5719)
N	2673	2673
$Pse\ R^2$	1.3617	14.1856

五、党组织对环保他律的替代及机制

为检验假说 3 和假说 4,设计如下计量方程:

$$Epi_{ijk} = \beta_0 + \beta_1 \cdot RStrict_{ijk} + \beta_2 \cdot Party_{ijk} \times RStrict_{ijk} + \beta_3 \cdot Party_{ijk} + \delta \cdot CV + \mu_j + \mu_k + \varepsilon_{ijk} \qquad (2)$$

其中,$RStrict$ 是对 $Strict$ 进行反向变换后的指标,具体方法是将原先的压力赋值(1 代表压力最小,5 代表压力最大)进行反向变换(1 代表压力最大,5 代表压力最小)。$Party$ 包括企业是否组建党组织,以检验党组织的环保自律作用,以及作用功能:企业党组织文化自觉($Party\_cul$)、企业党组织内部监督($Party\_sup$)、企业党组织网络构建($Party\_net$),以检验企业党组织的环保自律对环保他律的替代机制。其他变量设置与计量方程(1)完全一致。预测 β_1 系数为负,β_2 和 β_3 系数为正。

(一)党组织对环保他律的替代

这里首先以民营企业党组织的各项指标来检验,当总体层面的外部环保压力强度下降时,党组织是否可以进行作用替代? 相关计量结果见表 7-11。

模型 1 检验的是党的组织覆盖对总环保压力的替代作用,模型 2、模型 3、模型 4 分别检验对政府环保压力、行业环保压力、社区环保压力的替代作用。从模型 1 可以看出,党组织与外部总环保压力交叉项系数为正,且通过了 5% 水平上显著性检验,说明党组织可以有效发挥环保自律作用,替代外部环保他律强度下降带来的环保投资下降。再看具体的三大类对冲作用,模型 2、模型 3、模型 4 显示,党组织与来自政府环保压力、行业环保压力和社区环保压力的交叉项系数均为正,且至少通过了 10% 水平上显著性检验。从系数大小和显著性对比来看,党组织对政府环保压力的替代作用最强,其次是对行业环保压力的替代,对社区环保压力的替代作用力度最小,假说 3 总体上得到了检验。

表 7-11 环保自律对环保他律的替代检验

	模型 1	模型 2	模型 3	模型 4
	被解释变量:Epi,方法:$Tobit$			
$Rstrict\_a$	−0.0595*** (−8.1648)			
$Party \times Rstrict\_a$	0.0205** (2.1919)			
$Rstrict\_g$		−0.0637*** (−8.9840)		
$Party \times Rstrict\_g$		0.0250*** (2.7561)		
$Rstrict\_i$			−0.0461*** (−6.7314)	
$Party \times Rstrict\_i$			0.0181** (2.0668)	
$Rstrict\_c$				−0.0440*** (−6.7401)
$Party \times Rstrict\_c$				0.0139* (1.6458)
$Party$	0.0575*** (6.1160)	0.0596*** (6.4702)	0.0540*** (5.8363)	0.0568*** (6.2309)
$Size$	−0.0071*** (−3.4489)	−0.0069*** (−3.4300)	−0.0062*** (−2.9836)	−0.0076*** (−3.5553)
$Firmage$	0.1497*** (2.6387)	0.1288** (2.3469)	0.1496*** (2.6345)	0.1580*** (2.6883)
Lev	0.0461*** (3.2745)	0.0420*** (3.0485)	0.0494*** (3.5122)	0.0463*** (3.1741)

续表

	模型 1	模型 2	模型 3	模型 4
	被解释变量:Epi,方法:$Tobit$			
$List$	0.0229**	0.0221**	0.0225**	0.0213*
	(2.1004)	(2.0921)	(2.0641)	(1.8947)
$Struc$	0.0555***	0.0553***	0.0593***	0.0620***
	(3.4776)	(3.5277)	(3.7203)	(3.7786)
Man	0.0300***	0.0284***	0.0308***	0.0280**
	(2.8144)	(2.7111)	(2.8950)	(2.5570)
Edu	0.0019	0.0016	0.0023	0.0018
	(0.5025)	(0.4436)	(0.6006)	(0.4635)
Pol	−0.0005	0.0001	0.0022	−0.0025
	(−0.0577)	(0.0083)	(0.2733)	(−0.2942)
$Seni$	−0.0652**	−0.0635**	−0.0678**	−0.0596**
	(−2.4777)	(−2.4818)	(−2.5657)	(−2.2297)
$Indus$	Yes	Yes	Yes	Yes
$Prov$	Yes	Yes	Yes	Yes
$constant$	−0.0569	−0.0574	−0.0754*	−0.0292
	(−1.2962)	(−1.3282)	(−1.7164)	(−0.6356)
N	2509	2564	2529	2414
$Pse\,R^2$	0.9735	1.0249	0.9207	0.9094

(二)党组织对外部环保压力替代机制

上一小节探讨了党组织作为环保自律指标对总环保他律的替代作用,总体替代效果较为显著。根据前面的假说 4,笔者认为党组织主要是通过文化自觉、内部监督、网络构建三个机制,来实现对环保他律的替代,本小节进行相应的验证。

1. 文化自觉假说

表 7-12 检验了党组织通过文化自觉对环保他律的替代作用机制。模型 1 检验的是文化自觉对总环保压力的替代作用,模型 2、模型 3、模型 4 分别检验对政府环保压力、行业环保压力、社区环保压力的替代机制。从模型 1 可以看出,文化自觉与外部总环保压力交叉项系数为正,且通过了 5% 水平上显著性检验,说明文化自觉是党组织环保自律的替代机制之一,假说 4 相应部分得到了检验。再看具体的三大类对冲作用,模型 2、模型

3、模型 4 显示,文化自觉与来自政府环保压力、行业环保压力和社区环保压力的交叉项系数均为正,且至少通过了 10% 水平上显著性检验。从系数大小和显著性对比来看,对政府环保压力的替代作用最强,其次是对行业环保压力的替代机制,对社区环保压力的替代作用力度最小。

表 7-12 文化自觉假说检验

	模型 1	模型 2	模型 3	模型 4
	被解释变量:Epi,方法:$Tobit$			
$Rstrict\_a$	−0.0524*** (−9.8328)			
$Party\_cul \times Rstrict\_a$	0.0107** (2.2565)			
$Rstrict\_g$		−0.0548*** (−10.5394)		
$Party\_cul \times Rstrict\_g$		0.0133*** (2.8965)		
$Rstrict\_i$			−0.0396*** (−7.9778)	
$Party\_cul \times Rstrict\_i$			0.0095** (2.1629)	
$Rstrict\_c$				−0.0394*** (−8.3269)
$Party\_cul \times Rstrict\_c$				0.0070* (1.6484)
$Party\_cul$	0.0323*** (6.6746)	0.0334*** (7.0129)	0.0309*** (6.4780)	0.0320*** (6.8300)
$Size$	−0.0079*** (−3.6612)	−0.0076*** (−3.6272)	−0.0071*** (−3.2957)	−0.0076*** (−3.5553)
$Firmage$	0.1537*** (2.5999)	0.1384** (2.3834)	0.1539*** (2.5992)	0.1580*** (2.6883)
Lev	0.0439*** (2.9788)	0.0403*** (2.7856)	0.0465*** (3.1607)	0.0463*** (3.1741)

续表

	模型1	模型2	模型3	模型4
	被解释变量:Epi,方法:$Tobit$			
$List$	0.0219*	0.0212*	0.0215*	0.0213*
	(1.9217)	(1.9082)	(1.8934)	(1.8947)
$Struc$	0.0592***	0.0597***	0.0620***	0.0620***
	(3.5771)	(3.6629)	(3.7523)	(3.7786)
Man	0.0276**	0.0260**	0.0284***	0.0280**
	(2.5034)	(2.3944)	(2.5792)	(2.5570)
Edu	0.0024	0.0019	0.0028	0.0018
	(0.6068)	(0.4887)	(0.7093)	(0.4635)
Pol	−0.0031	−0.0023	−0.0003	−0.0025
	(−0.3656)	(−0.2716)	(−0.0408)	(−0.2942)
$Seni$	−0.0563**	−0.0532**	−0.0589**	−0.0596**
	(−2.0765)	(−2.0090)	(−2.1695)	(−2.2297)
$Indus$	Yes	Yes	Yes	Yes
$Prov$	Yes	Yes	Yes	Yes
$constant$	−0.0231	−0.0244	−0.0399	−0.0292
	(−0.4980)	(−0.5356)	(−0.8601)	(−0.6356)
N	2388	2435	2404	2414
$Pse R^2$	0.9466	0.9895	0.8972	0.9094

2.内部监督假说

表7-13检验了党组织通过内部监督对环保他律的替代作用机制。模型1检验的是内部监督对总环保压力的替代作用,模型2、模型3、模型4分别检验对政府环保压力、行业环保压力、社区环保压力的替代机制。从模型1可以看出,内部监督与外部总环保压力交叉项系数为正,且通过了5%水平上显著性检验,说明内部监督也是党组织环保自律的替代机制之一,假说4相应部分得到了检验。再看具体的三大类对冲作用,模型2、模型3、模型4显示,内部监督与来自政府环保压力、行业环保压力和社区环保压力的交叉项系数均为正,且至少通过了10%水平上显著性检验。从系数大小和显著性对比来看,对政府环保压力的替代作用最强,其次是对社区环保压力的替代机制,对行业环保压力的替代作用力度最小,说明内部监督更注重对政府和社区的环保他律替代,这与党组织总体作用规律及

文化自觉替代机制略有区别。其可能的原因是,行业组织的成立,更多的是一种市场化力量的推动,本身对民营企业的约束作用中也带有对民营企业的自律引导。因此,即使行业环保压力下降,民营企业的部分自律意识也可能已经形成,党组织的内部监督发挥的空间就相对弱一些。

表 7-13 内部监督假说检验

	模型 1	模型 2	模型 3	模型 4
	被解释变量:Epi,方法:$Tobit$			
$Rstrict\_a$	-0.0509*** (-8.8878)			
$Party\_sup \times Rstrict\_a$	0.0095** (2.0043)			
$Rstrict\_g$		-0.0542*** (-9.7633)		
$Party\_sup \times Rstrict\_g$		0.0102** (2.2150)		
$Rstrict\_i$			-0.0391*** (-7.2916)	
$Party\_sup \times Rstrict\_i$			0.0078* (1.7494)	
$Rstrict\_c$				-0.0374*** (-7.3449)
$Party\_sup \times Rstrict\_c$				0.0087** (2.0254)
$Party\_sup$	0.0190*** (3.8078)	0.0207*** (4.2451)	0.0175*** (3.5492)	0.0189*** (3.8944)
$Size$	-0.0018 (-0.7279)	-0.0020 (-0.8675)	-0.0010 (-0.4098)	-0.0017 (-0.7151)
$Firmage$	0.1741** (2.5436)	0.1603** (2.3977)	0.1758** (2.5636)	0.1816*** (2.6742)
Lev	0.0419*** (2.5962)	0.0364** (2.3117)	0.0442*** (2.7483)	0.0438*** (2.7444)
$List$	0.0050 (0.3835)	0.0049 (0.3901)	0.0048 (0.3662)	0.0068 (0.5242)

续表

	模型 1	模型 2	模型 3	模型 4
	被解释变量:Epi,方法:$Tobit$			
$Struc$	0.0522***	0.0543***	0.0552***	0.0549***
	(2.8684)	(3.0495)	(3.0321)	(3.0433)
Man	0.0338***	0.0316***	0.0348***	0.0340***
	(2.7414)	(2.6185)	(2.8269)	(2.7813)
Edu	−0.0010	−0.0013	−0.0006	−0.0014
	(−0.2357)	(−0.3020)	(−0.1487)	(−0.3298)
Pol	−0.0038	−0.0038	−0.0009	−0.0025
	(−0.3963)	(−0.4148)	(−0.0963)	(−0.2601)
$Seni$	−0.0275	−0.0259	−0.0297	−0.0334
	(−0.9753)	(−0.9458)	(−1.0508)	(−1.1988)
$Indus$	Yes	Yes	Yes	Yes
$Prov$	Yes	Yes	Yes	Yes
constant	−0.1063**	−0.1012**	−0.1259**	−0.1088**
	(−2.0741)	(−2.0175)	(−2.4531)	(−2.1432)
N	2060	2102	2073	2083
$Pse\ R^2$	0.8868	0.9352	0.8409	0.8452

3. 网络构建假说

表 7-14 检验了党组织通过网络构建对环保他律的替代作用机制。模型 1 检验的是网络构建对总环保压力的替代作用,模型 2、模型 3、模型 4 分别检验对政府环保压力、行业环保压力、社区环保压力的替代机制。从模型 1 可以看出,网络构建与外部总环保压力交叉项系数为正,且通过了 10% 水平上显著性检验,说明网络构建也是党组织环保自律的替代机制之一,假说 4 相应部分得到了检验。再看具体的三大类对冲作用,模型 2、模型 3、模型 4 显示,网络构建与来自政府环保压力和行业环保压力的交叉项系数均为正,且均通过了 5% 水平上显著性检验,但与社区环保压力的交叉项系数未通过显著性检验,说明网络构建替代机制主要表现在政府环保压力和行业环保压力上。其可能的原因是,即使政府和行业的环保压力有所下降,但其有最基本的要求,民营企业的发展离不开政府的支持,也离不开行业的产业集群力量的支持,因此,如果民营企业发展较好,会尽量提高环保投资。社区的环保压力比较直接,有时候有群众的自发行动,因此,如

果社区环保压力下降,企业如果自律性不高,可能就会放松对环保的要求,且不会随着自身的发展而增加环保投资。

表 7-14 网络构建假说检验

	模型 1	模型 2	模型 3	模型 4
	被解释变量:Epi,方法:$Tobit$			
$Rstrict\_a$	-0.0531^{***} (-9.2577)			
$Party\_net \times Rstrict\_a$	0.0087^{*} (1.8977)			
$Rstrict\_g$		-0.0557^{***} (-10.0758)		
$Party\_net \times Rstrict\_g$		0.0089^{**} (1.9721)		
$Rstrict\_i$			-0.0416^{***} (-7.6582)	
$Party\_net \times Rstrict\_i$			0.0098^{**} (2.3351)	
$Rstrict\_c$				-0.0394^{***} (-7.7042)
$Party\_net \times Rstrict\_c$				0.0056 (1.3684)
$Party\_net$	0.0202^{***} (4.1488)	0.0215^{***} (4.5567)	0.0193^{***} (4.0178)	0.0196^{***} (4.1777)
$Size$	-0.0040^{*} (-1.7278)	-0.0039^{*} (-1.7385)	-0.0033 (-1.4180)	-0.0036 (-1.5773)
$Firmage$	0.1500^{**} (2.2414)	0.1220^{*} (1.9009)	0.1528^{**} (2.2755)	0.1533^{**} (2.3501)
Lev	0.0528^{***} (3.2813)	0.0498^{***} (3.1762)	0.0557^{***} (3.4629)	0.0558^{***} (3.5054)
$List$	0.0218^{*} (1.6770)	0.0199 (1.5738)	0.0226^{*} (1.7327)	0.0194 (1.5083)
$Struc$	0.0447^{**} (2.4377)	0.0451^{**} (2.5128)	0.0472^{**} (2.5727)	0.0475^{***} (2.6130)

续表

	模型1	模型2	模型3	模型4
	被解释变量:Epi,方法:$Tobit$			
Man	0.0207*	0.0196*	0.0214*	0.0212*
	(1.7277)	(1.6742)	(1.7856)	(1.7850)
Edu	−0.0018	−0.0023	−0.0012	−0.0021
	(−0.4162)	(−0.5465)	(−0.2763)	(−0.4797)
Pol	0.0092	0.0094	0.0120	0.0086
	(0.9480)	(1.0034)	(1.2410)	(0.8984)
$Seni$	−0.0497*	−0.0475*	−0.0536*	−0.0569**
	(−1.6949)	(−1.6748)	(−1.8193)	(−1.9648)
$Indus$	Yes	Yes	Yes	Yes
$Prov$	Yes	Yes	Yes	Yes
$constant$	−0.0626	−0.0602	−0.0809	−0.0708
	(−1.2315)	(−1.2079)	(−1.5885)	(−1.4050)
N	2043	2089	2056	2070
$Pse\,R^2$	0.8552	0.9026	0.8067	0.8155

通过对比可以看出,从是否成立党组织指标来看,可以较为有效地替代外部环保压力下降带来的对企业环保投资的冲击,其中,对政府环保压力替代效果最好,其次是对行业环保压力的替代效果,对社区环保压力的替代效果列第三。从作用机制来看,文化自觉的效果最好,其次是内部监督的效果,网络构建的效果相对最弱。可能的原因是,党组织在推动环保自律上,主要是响应党的大政方针政策,因此对来自政府环保压力的替代性较强,当政府放松环保压力时,党组织可以及时补位。对来自行业的环保压力,因为行业环保压力并无行政强制作用,在一定程度上对行业内企业有自律引导。因此,当行业外部压力下降时,党组织也可以进行一定的协同自律补充。对来自社区的环保压力,企业所在的社区群众可能会反应过度,如在中国,一些环保措施较好的大型化工类项目,也会因为当地群众的反对而被迫取消。因此,当社区环保压力下降时,党组织的对冲作用就表现得相对中性,说明党组织会提前对这些下降的压力进行科学的判断分析,并不会不分情况进行补位。

六、哪一种环保推动对企业发展更有利

目前环保投资对企业业绩的作用有正负两个不同的方向,在企业的远期绿色创新提升结论方面较为一致(李青原、肖泽华,2020;陶锋等,2021;王勇等,2019)。但在企业的绩效提升方面则有较多争论,如会增加生产成本(Porter 和 Linde,1995),减少内部流动资金(Orsato,2006),降低竞争优势(Arouri 等,2012),影响企业的存续(徐志伟等,2020)。只有环保投资对企业业绩有助推作用,才可以让企业有长久动力去加强环保投资。而两种环保推动力在其中是助推业绩提升,还是制约业绩提升,则是选择环保推动方式的重要参考。对于当前的中国民营企业来说,环保投资对业绩的作用如何?两种环保推动方式哪一种更有利于企业长远发展?

（一）计量设定

为此,设计如下计量方程:

$$ROE_{ijk} = \gamma_0 + \gamma_1 \cdot Epi_{ijk} + \gamma_2 \cdot Epi_{ijk} \times Strict_{ijk} + \gamma_3 \cdot Strict_{ijk} + \gamma_4 \cdot Epi_{ijk} \times Party_{ijk} + \gamma_5 \cdot Party_{ijk} + \delta \cdot CV + \mu_j + \mu_k + \varepsilon_{ijk} \tag{3}$$

其中,ROE 指净资产收益率,其他变量设置与计量方程(1)和(2)一致,在具体回归中,外部环保他律以总环保压力来替代,内部环保压力以党组织是否设立来替代。

（二）实证检验

表 7-15 为相关检验结果,模型 1 为单独环保投资对民营企业业绩的作用,系数为正,并通过了 1% 水平上显著性检验,说明环保投资对民营企业业绩不仅没有负面冲击,还有显著的正向推动作用,这也为民营企业是否加大环保投资提供了实证上的证据。模型 2 单独添加了外部他律的调节作用,可以看出,交叉项系数为负,外部他律本身的作用系数也为负,虽然没有通过显著性检验,但是说明外部环保他律对民营企业业绩并无推动作用,且对环保投资推动业绩增加有一定的负向调节作用。而环保投资对民营企业业绩的推动作用仍然在 5% 水平上正向显著。模型 3 单独添加了环保自律的调节作用,可以看出,交叉项系数为正,通过了 10% 水平上显著性检验,说明党组织可以放大环保投资对民营企业业绩的正向推动作用。而党组织本身对民营企业业绩的作用系数也为正,且通过了 1% 水平上显著性检验,进一步显示党组织作为环保自律对民营企业业绩的直接推动作用。同样环保投资对民营企业业绩的推动作用仍然在 5% 水平上正

向显著。模型 4 是将外部他律和内部自律的调节作用均加入计量方程,可以看出,调节系数的方向和显著性均没有改变,进一步证实了环境自律对环保投资推动业绩增长的放大作用。虽然环保投资的直接作用显著性有所下降,但是 t 值接近于 1.68 的 10% 水平临界值,也可近似认为具有显著正向推动作用。对比来看,无论是环保自律对民营企业业绩的直接推动作用,还是环保投资对民营企业业绩的推动作用,均显著优于环保他律对民营企业业绩的推动作用。因此,无论是从政策制定者来说,还是从民营企业决策者自身角度来考虑,均应大力加强民营企业党组织建设,以环保自律来推动民营企业环保投资的提升。

表 7-15 环保他律、环保自律与民营企业绩效

	模型 1	模型 2	模型 3	模型 4
	被解释变量:ROE,方法:$Tobit$			
Epi	1.0000*** (6.1343)	1.2598** (2.5470)	0.5894** (2.3636)	0.8484 (1.6193)
$Epi \times Strict\_a$		−0.0561 (−0.6235)		−0.0546 (−0.6076)
$Strict\_a$		−0.0024 (−0.5443)		−0.0020 (−0.4476)
$Epi \times Party$			0.6031* (1.8874)	0.5859* (1.8168)
$Party$			0.1158*** (3.6822)	0.1231*** (3.7603)
$Size$	−0.0885*** (−12.8060)	−0.0901*** (−12.5222)	−0.0952*** (−13.3837)	−0.0975*** (−13.1347)
$Firmage$	0.5167*** (2.6081)	0.6021*** (2.8959)	0.4460** (2.2532)	0.5322** (2.5640)
Lev	0.1251** (2.5602)	0.1141** (2.2564)	0.1021** (2.0858)	0.0910* (1.7967)
$List$	0.1450*** (3.5787)	0.1512*** (3.5841)	0.1251*** (3.0846)	0.1313*** (3.1119)
$Struc$	−0.2070*** (−4.1300)	−0.1978*** (−3.7979)	−0.2054*** (−4.1179)	−0.1981*** (−3.8218)
Man	0.0543 (1.6107)	0.0596* (1.7215)	0.0552* (1.6456)	0.0625* (1.8146)

续表

	模型 1	模型 2	模型 3	模型 4
	被解释变量:ROE,方法:Tobit			
Edu	0.0478***	0.0474***	0.0441***	0.0433***
	(3.6280)	(3.4789)	(3.3525)	(3.1857)
Pol	0.0325	0.0308	0.0034	−0.0004
	(1.1492)	(1.0528)	(0.1186)	(−0.0123)
$Seni$	−0.3042***	−0.3204***	−0.2898***	−0.3023***
	(−4.0015)	(−3.9948)	(−3.8268)	(−3.7839)
$Indus$	Yes	Yes	Yes	Yes
$Prov$	Yes	Yes	Yes	Yes
$constant$	1.6300***	1.6641***	1.7277***	1.7658***
	(11.2802)	(10.6684)	(11.8203)	(11.2138)
N	2156	2033	2156	2033
$Pse\ R^2$	0.0779	0.0794	0.0830	0.0849

七、本章小结

本章研究了环保他律对民营企业环保投资的影响，以及环保自律的替代作用。研究得出以下结论：第一，环保他律可以有效推动民营企业加强环保投资，即随着民营企业外部环保压力的增大，民营企业会倾向增加更多的环保投资；第二，环保他律通过政府环保压力、行业环保压力、社区环保压力三种类型推动民营企业进行环保投资，其中政府环保压力的作用效果最强，行业环保压力的作用效果其次，社区环保压力的作用效果最弱；第三，民营企业党组织可以发挥环保自律功效，替代环保他律对环保投资的推动作用，且其替代效果与环保他律的作用效果成正比；第四，民营企业党组织发挥环保自律功效对环保他律的替代，主要通过党组织的文化自觉、内部监督和网络构建三个机制实现；第五，环保投资对民营企业业绩有显著的推动作用，这也有助于激发民营企业环保投资意愿，有利于民营企业长远发展；第六，对民营企业来说，环保自律显著优于环保他律。环保他律不仅自身对民营企业业绩有负向作用，而且负向调节环保投资对民营企业业绩的提升作用。环保自律不仅自身对民营企业业绩有正向推动作用，而且正向调节环保投资对民营企业业绩的提升作用。

本章研究提供了民营企业党组织发挥环保自律的功效，对环保他律进行替代,并推动企业发展的证据。长期以来,推动民营企业加强环保投资,主要是从政府环保压力的角度来研究,对环保自律替代环保他律的作用及机制进行实证研究较为缺乏,也缺乏环保自律和环保他律在影响企业业绩上的比较。本研究对相关领域研究进行了边际补充,提示我们要立足于更全面的视角关注民营企业所受到的环保他律的影响;要大力发挥党组织的作用,推动民营企业加强环保自律;要积极发挥民营企业党组织的作用,推动环保自律对外部他律的替代;要积极发挥党组织的三大作用功能,推动环保自律替代环保他律的机制畅通。这些对如何科学推动民营企业加强环保投资有着一定的启示和价值。

第八章 党组织嵌入对民营企业开放发展的影响[①]

开放是实现高质量发展的必由之路。面向未来,中国开放的大门只会越开越大,不会关上。中国特色社会主义进入新时代,加快推动企业走出去,既能为中国经济发展注入新动力、增添新活力、拓展新空间,又能促进国际国内要素有序自由流动、资源全球高效配置、国际国内市场深度融合,加速形成"双循环"发展格局。党的十八大以来,在以习近平同志为核心的党中央坚强领导下,中国坚定不移推进高水平对外开放,坚持以开放促改革、促发展、促创新,推动建设开放型经济,开拓了广阔的发展空间,实现了与世界各国的互利共赢。回顾中国经济的发展历程,每一次成功转型,每一次跨越发展,都是以深化改革、扩大开放为根本动力的,极大地提升了中国的综合经济实力。可以说,没有开放之路,就没有我们今天这样的发展局面。现在,中国对外开放的外部环境和内在条件都发生了深刻变化,只有更新开放理念,创新开放路径,优化开放布局,深入推进国际化战略,才能巩固和发展中国开放型优势,为经济社会发展注入新的动力和活力。无论是以出口为导向,还是以走出去为导向的国际化战略,都为民营企业提供了极大的发展机遇。广大民营企业充分发挥自身优势,抓住政策和环境机遇,积极拓宽海外市场,在国际化道路上迈出了稳健的步伐。在"一带一路"倡议提出后,民营企业国际化步伐进一步加快,国际化的质量进一步提高。根据全国工商联发布的中国民营企业500强调研分析报告显示,2020年,民营企业500强出口总额再创新高,达1323.22亿美元,增幅为9.14%。民营企业500强出口总额占全国出口总额的比例为5.11%,较上年增加0.26%,民营企业500强出口总额对中国出口总额的贡献度加大。海外投资企业数量明显增长,2009—2020年,民营企业500强进行海外投资的企业数量从117家发展到229家,海外投资项目从481家(项)增加至

[①] 香港城市大学研究生俞心悦参与了本章的写作。

1815家(项)。2020年海外收入(不含出口)大幅提高,达8305.49亿美元,较上一年增加1569.51亿美元。2020年,民营企业500强中有191家在"一带一路"涉及国家拥有投资企业(项目)。

中国民营企业走出去总体来说起步较晚,规模较小,水平不高。在加入WTO之前,国有企业是国际化的主体,只有少数民营企业参与对外贸易中,对外投资更是罕见。所以,相对于大型国有企业和跨国公司来说,中国民营企业在20多年的国际化进程中,虽然取得了很大的进步,但是在经营规模、管理水平、领导艺术等方面,仍有一定的差距。随着中国民营企业的发展和规模的不断壮大,除先前以低端要素切入全球价值链增加出口的战略外,参与海外投资的规模也逐渐扩大,具体有独资兴建企业、合资新建企业、兼并海外企业,还有收购股权、建立合资联盟等模式,形式多样化,逐步形成了能源资源驱动、市场驱动、技术驱动等多种投资驱动格局,越来越多的民营企业海外投资涉足高科技领域,追求高附加值。为充分发挥民营企业在境外投资中的重要作用,引导民营企业更好地利用"两个市场、两种资源",加快提升国际化经营水平。2012年,国家发展改革委、商务部等部门联合下发《关于印发鼓励和引导民营企业积极开展境外投资的实施意见的通知》;2017年,《国务院办公厅转发国家发展改革委 商务部 人民银行 外交部〈关于进一步引导和规范境外投资方向指导意见的通知〉》发布;2017年,国家发展改革委、商务部等发布关于《民营企业境外投资经营行为规范》的通知;2018年,国家发展改革委、商务部等发布关于《企业境外经营合规管理指引》的通知;2020年,《商务部办公厅关于积极指导帮助走出去企业做好新冠肺炎疫情应对工作的通知》发布。总的来看,民营企业走出去的内在环境在逐步改善,国际化的动力进一步激活。

虽然政策文件出台很多,但是近年来中国民营企业走出去的质量和效益并没有大幅度增长,对外投资成功率不高。2008年以来,金融危机使得世界各经济体受到很大冲击,国际经济大环境有恶化趋势,中国民营企业的走出去进程受到一定程度的抑制,面临的困难越来越多。2020年以来,突发的新冠疫情让民营企业走出去遇到更大的阻力。从民营企业自身来说,走出去过程中专业人才缺乏,技术创新能力弱,品牌意识不足等,也让自身长期徘徊在全球产业链低端。对走出去可能产生的风险防范措施不力,应付处理东道国复杂政治社会和法律关系的能力不够。对走出去作用的认识不明确、战略不清晰,造成国际化盲动,一些项目匆忙决策。有的竞购项目不惜抬高成本,导致收购后财务压力大,企业经营困难。广大民营中小型企业在国际化道路上融资渠道狭窄,融资成本较高。值得注意的是,这些民营企业在走出去道路上一旦出现问题后,会在国内形成负反馈,从而进一步阻碍国内民营企业走出去的步伐。

目前对民营企业的走出去战略研究虽然较多,但是较少有从企业治理结构中来研究,特别是因为涉及民营企业的对外投资,分类不详细,很少有从企业党组织的角度来研究。那么,民营企业党组织是否对推动企业走出去的发展战略起作用?其具体的路径是什么?本章将对其进行深入剖析。

一、理论分析与研究假设

党组织在民营企业治理结构中虽不承担重大决策的最终决定权,但可以通过积极的治理嵌入,发挥着建设性管理功能(何轩、马骏,2018;王浦劬、汤彬,2020),为企业提供大量的社会资本和人力资本。从社会资本层面而言,党组织的政治引领作用,能激励企业积极参加社会治理和国家支持的战略规划,进而向社会释放良好的讯号,建立声誉机制及树立正面形象,增加社会公众与政府对企业的关注度(樊建锋等,2020;Navarro,1988;Godfrey,2005)。共产党是先进政党的代名词,人民群众信任共产党,党组织嵌入民营企业治理中,无形中提高了社会公众对企业未来发展的认可,增加了企业社会资本。从人力资本层面而言,民营企业党组织可以通过党员先锋示范引领工会加强与管理层的有效沟通,让企业管理层和员工都能从更深层次认识到党中央的精神与理念。此外,党组织嵌入民营企业治理中,强化"政企"关系纽带,增强企业家与政府官员的沟通,有利于企业向政府传达自身利益诉求,解决发展中面临的难点、痛点及堵点,提高盈利能力(Zhang等,2016;高勇强等,2011)。具体来说,民营企业党组织是党在企业的基层组织,是全国党组织的一个微观节点,同时也是企业治理结构的重要组成部分,可以起到较好的政企桥梁纽带作用(马连福等,2013,陈仕华、卢昌崇,2014),把党的方针政策有效传导到企业战略决策中,使得管理层更明晰宏观政策导向及国际环境变化,进而了解在哪投资及投资什么能获取更多的利润,提高了企业对外投资效率。

民营企业在走出去过程中,由于国际经营环境及管理的复杂性,面临着众多不确定性风险,按不同的研究角度分类,其风险主要表现为企业境外融资风险、投资决策风险、政府监管及服务风险、境外投资保护风险、投资环境风险等。其中,从投资所在国角度看,由于走出去,特别是沿"一带一路"走出去,投资环境的政治风险也是一个需要慎重考虑的方面;从企业角度看,主要是融资风险、投资决策风险、合同执行风险等,其风险程度受投资所在国环境和政府监管、服务与保护力度制约。对于民营企业所面临的各种风险,建立一套风险控制体系和预警防范机制非常有必要,而这些往往又是民营企业所忽视的。相对于国有企业走出去所能承受的风险能力,民营企业风险承受能力较弱,在这方面尤其要引起重视。根据本书前文所述,党组织嵌入民营企业中,可以发挥自身的监督监察优势,加强对企业风险的防范,推动在健全合同审核、决策论证等相关环节的法律风险控制体系和预警防范机制。也可以通过加强和党委、政府及驻外机构的联系,防范和化解政治风险,推动企业更好地走出去。

十年企业看管理,百年企业看文化,民营企业走出去发展,其所体现的文化要适应海外发展需要,必须有规则意识、法治意识、诚信意识,形成讲法治、讲规则、讲诚信的企业文化,只有这样,才能形成良好的企业形象,更好地和目标地民众、政府、商会等交流合作,为当地社会所接受,真正实现本土化经营。在这种企业文化的熏陶下,无论是企业股东,还是管理层和职工,甚至会影响到产业链供应链上的企业,都会积极支持企业的这一行动,并在日常的生产管理中加以体现。而党组织嵌入民营企业的重要职能之一就是积极打造健康向上的企业文化,推动企业讲法治、讲规则、讲诚信,这种民营企业走出去与文化走进去同步发展,是推动民营企业海外发展的成功之道,也是企业党组织所应承担的责任之一。

企业实施走出去发展战略,是一项事关企业发展甚至是生死攸关的重大战略决策,必须建立在科学决策、民主决策、依法决策的基础上,必须建立在充分论证的基础上,必须依托于有效的现代企业制度来实施,避免"拍脑袋"决策,这对民营企业的决策管理制度提出了极高的要求。中国民营企业主要由家族企业构成,存在规章制度不健全、决策流程较随意等缺陷,很多重大决策或日常管理由企业出资人来拍板,这种决策虽然高效,执行力强,但是容易出现决策错误,对民营企业发展带来较大的负面作用,如盲目投资,导致重大损失。特别是在走出去过程中,民营企业家本身受信息渠道、自身评价或判断能力等方面因素的影响,很难正确判断某项目在国外是否具有发展前景。由于部分海外投资企业对投资项目的前期调查不充分、不科学,从而导致项目投资后经营亏损。因此,在决策中没有良好的规章制度遵循，民营企业的海外投资可能就会出现无序现象。党组织嵌入民营企业后，会积极督促民营企业改变家族治理的非科学性，推动各类规章制度的制定和执行，进而通过建章立制，推动民营企业海外投资决策走上科学的轨道。

企业在走出去过程中，不可避免地会遇到各种摩擦和困难，如果企业单枪匹马，则力量薄弱，应对起来较为困难，联合起来应对是一种较好的办法。如近年来，大量的中国企业去柬埔寨、越南等东南亚国家进行投资，为应对各种外部环境风险和挑战，解决受到的不平等待遇，企业会积极加入当地的中资企业商会，依托于商会的力量联合起来应对困难挑战。即使没有加入商会，如在遇到特殊困难时，一些受到影响的企业也可以在短期内联合起来，组建利益共同体共同应对挑战。但在走出去过程中，企业一般较为分散，信息互通和联合较为困难，这个就需要党组织在中间加强协调，推动企业加入中资企业商会或联合起来共同应对困难。

企业走出去遇到困难，可以依托于商会或联合起来应对，必要的时候，寻求政府的帮助是必不可少的。政府可以为企业提供必要的信息、资源和法律服务，以及因为对东道国当地政府了解不够，帮企业解决沟通上的不畅。这个可以从以下两个方面来理解。一方面，从走出去的需求来看，因为走出去是一项高风险的行为，在这个过程中，政府的各种支持、协调显得非常重要，包括前期收集、传递和发布境外市场、境外项目信息，为民营企业走出去提供信息咨询服务，中期为企业培养开展走出去业务所需要的经营管理人员等，后期在财税、信贷、保险、外汇、通关、质检、出入境、领事保护等政策措施帮扶上都有非常大的服务空间。民营企业走出去，相比较大型国有企业，在信息、资源、人才等方面，均有较大的短板，因此，党组织可以协调政府为民营企业提供更好的走出去服务。另一方面，从在外部遇到的困难和摩擦来看，如果企业在走出去过程中，遇到一些发展的瓶颈，或在当地遇到一些不公正的待遇，可以依托于政府去进行交涉，以期待得到更好的解决方案。截至2022年年底，中国已经与世界上180多个国家和国际组织签署超过200份的共建"一带一路"合作文件，因此，企业在投资"一带一路"过程中，有困难可以寻求政府协助，在合作框架内加以有效解决。

企业走出去遇到困难，依靠专业机构来应对也是必不可少的。海外投资不仅仅需要激情，还需要在充分了解自身情况及外部情况的基础上进行理性决策，这就需要专业化的机构来帮助，如法律服务机构、会计服务机构、投资服务机构、信息咨询机构,如何准确了解东道国的政局、法规、政策、市场环境、劳工政策、文化和宗教信仰等,在遇到困难时如何进行科学应对而不是非理性决策,避免出现大的决策失误和重大损失,这些均需要专业的机构和人员来开展。但对外寻找匹配的专业化机构,又会让企业投入大量的精力,有些企业处于信息孤岛,不知道如何去寻求专业机构的帮助,而这时党组织就可以利用自己的网络优势,来为企业提供相应的服务。

基于上述分析,本章提出:民营企业建立党组织可有效推动企业实施走出去战略。

二、数据与方法

(一)数据来源

本章数据来自2011年至2018年中国东部地区6623家上规模民营企业混合截面调查,上一年度营业收入总额在5亿元人民币以上(2011年前为3亿元人民币以上)的民营企业、非公有制经济成分控股的有限责任公司和股份有限公司,国有绝对控股企业、外资绝对控股企业、港澳台控股企业不在调查范围内。该调查数据是由工商联系统组织实施,通过对上规模民营企业连续多年的调查和研究,为分析民营企业发展趋势、民营企业发展规律提供依据,为党委、政府分析本地民营企业发展水平及存在的问题、制定民营企业发展政策提供参考。为了控制极端值对实证的影响,采用 $Winsor$ 方法,对连续变量极端值进行修正,对小于1%分位数和大于99%分位数的变量,令其值分别等于1%分位数和99%分位数。同时,在每一次回归中,剔除相关缺失数据。

(二)模型设定

为了检验党组织对民营企业走出去的作用,构建如下模型:

$$OFDI = \alpha_0 + \alpha_1 Party + \alpha_i Control + \varepsilon$$

(三)变量选择

1.被解释变量

企业走出去($OFDI$):本章重点关注民营企业党组织对企业走出去的影响,因此将民营企业对外投资作为走出去变量。我们设置两种变量,一是对外投资哑变量($OFDI1$),有对外投资取1,没有取0。二是对外投资的规模($OFDI2$),以海外投资企业(项目)数量的对数来衡量。

2.解释变量

党组织($Party$):将企业中有相关组织的设为1,没有的设为0。

(3) 控制变量

根据调查问卷,设置相关控制变量如下:

企业规模($Size$):以企业员工总数来衡量,单位为万人;

企业年龄(Age):企业至调查年份的实际存续时长/100;

资产周转率(Tat):即当年销售收入与资产总额的比值;

资产净利率(Roa):净利润/总资产;

资产负债率(Lev):负债总额/总资产;

成长机会(Inc):(本期营业收入-上期营业收入)/上期营业收入;

资本密集度($Capi$),即人均固定资产(单位为元),取对数。

为避免极端值的影响,对连续性变量采取上下1%缩尾处理。

三、实证结果及分析

(一)描述性统计和相关系数

表 8-1 通过统计可以看出,14.22%的民营企业有对外投资,成立党组织的民营企业比例为 79.33%,企业平均接近 3000 人,规模较大,但最小的企业仅有 17 人,最大的企业有 46000 人。企业平均存续时间为 16.91 年,总资产周转率超过 2,资产净利率为 6.26%,资产负债率为 57.52%,营业收入年均增长率为 25.2%,总体处于较为健康的水平。

表 8-1 描述性统计

Variable	N	Mean	Sd	Min	Max
OFDI1	6623	0.1422	0.3493	0.0000	1.0000
OFDI2	6623	0.1594	0.4412	0.0000	3.7612
OFDI3	5859	0.8315	2.3365	0.0000	12.6443
Party	6623	0.7933	0.4050	0.0000	1.0000
Size	6605	0.2949	0.6615	0.0017	4.6000
Age	6623	0.1691	0.1066	0.0100	0.7500
Tat	6616	2.1135	2.2332	0.2588	14.6389
Roa	6615	0.0626	0.0680	-0.0677	0.3961
Lev	6615	0.5752	0.2159	0.0086	0.9934
Inc	6523	0.2520	0.6293	-0.4325	5.0055
Capi	6604	12.0200	1.4080	7.6847	14.9224

2. 基本回归结果

表 8-2 验证企业党组织对民营企业走出去影响的基准回归。其中,模型 1 和模型 2 是对对外投资哑变量的回归,采取 $Probit$ 方法。模型 3 和模型 4 是对对外投资的规模的影响,采取 $Tobit$ 的方法。可以看出,无论哪一种情况,民营企业成立党组织,对民营企业走出去的回归系数均为正,且全部通过了 1% 水平上显著性检验,即民营企业党组织不仅显著推动了民营企业走出去的概率,而且推动多种走出去类型的增长,假设得到了检验。进一步从控制变量来看,企业规模扩大、企业存续时间增加、企业营利能力提高、企业资本密集度增加,均有助于推动民营企业进行海外投资。企业负债率增加、企业总资产周转率上升,均降低了民营企业进行海外投资。负债率增加可能会带来资金压力,不利于海外投资。虽然总资产周转率上升代表周转速度快,但背后可能是降低总资产带来的,如短期内大量固定资产的报废或股权投资和无形资产的下降,反而是民营企业对外投资能力的下降;也可能是仅仅增加销售额,薄利多销,加强资金回收,而海外投资短期内并不能形成销售额,会占用大量的资金,因而从这个角度来说民营企业会降低海外投资。

表 8-2 党组织对民营企业走出去的影响检验

	模型 1	模型 2	模型 3	模型 4
	OFDI1		OFDI2	
$Party$	0.6485***	0.4298***	1.2365***	0.7445***
	(10.8340)	(6.6585)	(10.6716)	(6.7891)
$Size$		0.4456***		0.7294***
		(14.8952)		(16.6398)
Age		1.0104***		1.7001***
		(5.2814)		(5.4059)
Tat		−0.1338***		−0.2310***
		(−6.1114)		(−8.1183)
Roa		0.7467*		1.1147*
		(1.9182)		(1.8321)
Lev		−0.1930*		−0.3339*
		(−1.7679)		(−1.8717)
Inc		0.0059		0.0103
		(0.1563)		(0.1608)

续表

	模型 1	模型 2	模型 3	模型 4
	OFDI1		OFDI2	
$Capi$		0.0898***		0.1468***
		(5.3027)		(5.3335)
$\_cons$	−1.6202***	−2.5747***	−3.0680***	−4.2905***
	(−28.8328)	(−10.1510)	(−21.7818)	(−10.3417)
N	6623	6509	6623	6509
$Pse\ R^2$	0.0253	0.1032	0.0193	0.0799
$Log\ lik.$	−2640.2312	−2407.0325	−3605.6093	−3355.9305
Chi^2	117.3760	401.7390	141.8113	582.7381
p	0.0000	0.0000	0.0000	0.0000

四、稳健性检验

内生性问题是实证完整性的重要一环。第一,就本章的样本数据而言,数据是政府调查得出的,其权威性得到了官方认证和检验,因此不用担心测量误差问题。第二,就本书的主要内容而言,逆向因果问题也不必过于忧虑,根据相关法律规章,民营企业是否设立党组织并非根据民营企业是否走出去来确定的,只要党员人数达到3人即应该设立党组织,而且党组织一旦设立也并不会因为民营企业是否走出去而受影响。第三,潜在的内生性问题可能是无法控制的遗漏变量问题带来的。在此进行多种工具变量的内生性检验。

本小节采取以下方法进行稳健性检验:

(一) Heckman 选择模型

考虑到样本内生性自选择偏误,借鉴陈东等(2021)的方法,使用上位法的党组织指标作为 Heckman 模型的工具变量。其中,上位法的工具变量为基于样本的行业—年份的党组织均值(IVParty)来测度。从表 8-3 回归可知,在第一阶段中,工具变量与党组织之间存在正相关关系。在第二阶段中,IMR 系数显著为负,并且党组织对民营企业对外投资存在正向促进作用,说明研究结论是稳健的。

表 8-3 Heckman 选择模型

	模型 1	模型 2	模型 3	模型 4	模型 5	模型 6
	$Party$	OFDI1	OFDI2	$Party$	OFDI1	OFDI2
$IVParty$	3.2502*** (15.0283)			2.3450*** (10.4744)		
$Party$		0.5949*** (9.9410)	1.1337*** (9.7797)		0.3609*** (5.5819)	0.6167*** (5.5895)
$Size$				0.3117*** (4.4152)	0.3144*** (7.4739)	0.5096*** (9.4951)
Age				3.1651*** (11.6048)	−0.4940 (−1.1864)	−0.8468* (−1.6785)
Tat				−0.0667*** (−8.0872)	−0.0796*** (−3.0948)	−0.1378*** (−4.3512)
Roa				0.2695 (0.8504)	0.4914 (1.2503)	0.6661 (1.0852)
Lev				−0.2353** (−2.3690)	0.0288 (0.2297)	0.0485 (0.2591)
Inc				−0.1204*** (−4.4048)	0.1078** (2.3201)	0.1836*** (2.6013)
$Capi$				0.0434*** (2.8874)	0.0713*** (4.0829)	0.1132*** (4.0679)
IMR		−1.1214*** (−3.3575)	−1.9844*** (−5.4647)		−1.7706*** (−4.0861)	−3.0317*** (−6.2883)
_cons	−1.7393*** (−10.1704)	−1.1839*** (−9.2409)	−2.2790*** (−12.1811)	−1.7863*** (−6.2680)	−1.6642*** (−5.2566)	−2.6948*** (−5.7288)
N	6623	6623	6623	6509	6509	6509
$Pse R^2$	0.0329	0.0319	0.0238	0.1070	0.1108	0.0860
$Log lik.$	−3263.8124	−2622.2998	−3588.9957	−2917.5568	−2386.7051	−3333.7395
Chi^2	225.8492	112.2018	175.0386	494.4225	377.1478	627.1201
p	0.0000	0.0000	0.0000	0.0000	0.0000	0.0000

(二) 倾向得分匹配(PSM)

借鉴相关研究方法,本章引入倾向得分匹配(PSM)方法,将控制变量作为协变量进行多项匹配检验,匹配后的数据均符合检验要求。表 8-4 汇报了对两类走出去被解释变量的平均处理效应ATT，分别为1:1近邻匹配、1:4近邻匹配、半径卡尺内匹配、核匹配、马氏匹配。可以看出，无论从哪一项结果来分析，ATT均为正，并通过了1%水平上显著性检验，说明党组织对民营企业走出去作用的稳健性，与前面的实证完全吻合。

表 8-4 ATT 效应检验

$PSM-ATT$	$OFDI1$	$OFDI2$
$n(1)$	0.0781*** (6.4000)	0.0996*** (7.2800)
$n(4)$	0.0866*** (8.4500)	0.1095*** (8.8600)
$radius\ cal(0.01)$	0.0865*** (8.4400)	0.1094*** (8.8400)
$kernel$	0.0849*** (8.9800)	0.1041*** (9.0900)
$mahal$	0.0801*** (6.3000)	0.1096*** (9.1400)

为进一步验证结果的稳健性，将匹配后的样本进行回归，实证结果见表8-5和表8-6，可以看出，党组织对民营企业走出去的作用均同样显著为正，与匹配前的回归结果相一致，进一步验证了结论的稳健性。

表 8-5 PSM 匹配检验（一）

	模型 1	模型 2	模型 3	模型 4	模型 5
	$n(1)$	$n(4)$	$radius\ cal(0.01)$	$kernel$	$mahal$
			$OFDI1$		
$Party$	0.3329*** (3.8911)	0.4128*** (6.0651)	0.4128*** (6.0645)	0.4261*** (6.5800)	0.3549*** (5.1414)
$Size$	0.3980*** (5.0972)	0.4282*** (7.8169)	0.4282*** (7.8168)	0.4578*** (14.3899)	0.3443*** (6.9885)
Age	1.5580*** (3.0425)	1.6014*** (4.7451)	1.6014*** (4.7450)	1.1001*** (5.6263)	1.1782*** (3.5198)
Tat	−0.2276*** (−4.2307)	−0.1546*** (−4.6814)	−0.1546*** (−4.6777)	−0.1366*** (−6.1079)	−0.2042*** (−6.0527)
Roa	0.3623 (0.4739)	0.1170 (0.2108)	0.1167 (0.2102)	0.7311* (1.8675)	−0.0056 (−0.0109)

续表

	模型 1	模型 2	模型 3	模型 4	模型 5
	$n(1)$	$n(4)$	$radius\ cal(0.01)$	$kernel$	$mahal$
	$OFDI1$				
Lev	−0.3921*	−0.2850*	−0.2850*	−0.2017*	−0.4242***
	(−1.7811)	(−1.8967)	(−1.8967)	(−1.8421)	(−2.9390)
Inc	0.0210	−0.0016	−0.0016	0.0074	−0.0231
	(0.3861)	(−0.0345)	(−0.0329)	(0.1952)	(−0.5611)
$Capi$	0.0172	0.0685***	0.0686***	0.0899***	0.0376
	(0.4989)	(3.0644)	(3.0644)	(5.2891)	(1.5247)
$\_cons$	−1.4869***	−2.2630***	−2.2632***	−2.5812***	−1.6601***
	(−2.8751)	(−6.7372)	(−6.7369)	(−10.1444)	(−4.6423)
N	2020	3932	3930	6471	3894
$Pse\ R^2$	0.1013	0.0986	0.0984	0.0993	0.0874
$Log\ lik.$	−522.1328	−1238.4956	−1238.4927	−2381.4289	−1142.3831
Chi^2	91.7666	180.9303	180.8623	377.0044	165.5524
p	0.0000	0.0000	0.0000	0.0000	0.0000

表 8-6　PSM 匹配检验（二）

	模型 1	模型 2	模型 3	模型 4	模型 5
	$n(1)$	$n(4)$	$radius\ cal(0.01)$	$kernel$	$mahal$
	$OFDI2$				
$Party$	0.6013***	0.7373***	0.7372***	0.7390***	0.6255***
	(3.7934)	(6.0194)	(6.0190)	(6.6886)	(5.0732)
$Size$	0.7468***	0.7560***	0.7560***	0.7577***	0.6267***
	(5.6754)	(9.2114)	(9.2113)	(16.3553)	(7.6989)
Age	2.6304***	2.7674***	2.7673***	1.9076***	1.8354***
	(2.9525)	(4.7012)	(4.7011)	(5.7877)	(3.0396)
Tat	−0.4136***	−0.2795***	−0.2794***	−0.2372***	−0.3604***
	(−5.3535)	(−6.8963)	(−6.8934)	(−8.1793)	(−7.1800)
Roa	0.4872	0.0575	0.0569	1.0914*	−0.1659
	(0.3851)	(0.0666)	(0.0658)	(1.7769)	(−0.1912)
Lev	−0.7097*	−0.5199**	−0.5199**	−0.3516*	−0.7154***
	(−1.8432)	(−2.0463)	(−2.0461)	(−1.9552)	(−2.8285)

续表

	模型1	模型2	模型3	模型4	模型5
	$n(1)$	$n(4)$	$radius\ cal(0.01)$	$kernel$	$mahal$
	OFDI2				
Inc	0.0132	−0.0043	−0.0041	0.0137	−0.0516
	(0.1248)	(−0.0549)	(−0.0529)	(0.2131)	(−0.6390)
$Capi$	0.0323	0.1188***	0.1188***	0.1463***	0.0617
	(0.5288)	(2.9537)	(2.9540)	(5.2615)	(1.5322)
$\_cons$	−2.6815***	−3.9651***	−3.9654***	−4.3147***	−2.8494***
	(−3.0260)	(−6.6267)	(−6.6268)	(−10.3056)	(−4.7076)
N	2020	3932	3930	6471	3894
$Pse\ R^2$	0.0836	0.0786	0.0784	0.0774	0.0706
$Log\ lik.$	−681.5570	−1670.5570	−1670.5536	−3308.0726	−1500.2953
Chi^2	124.3410	284.8691	284.3905	554.9665	227.7981
p	0.0000	0.0000	0.0000	0.0000	0.0000

(三)熵平衡法

在倾向得分匹配法处理样本的过程中,可能因为无法成功匹配而将部分样本剔除,造成样本丢失。为了减少该问题对研究结论的影响,采用熵平衡法重新处理样本。从表8-7和表8-8可以看出,在调整后,处理组和加权调整后的对照组的各个指标的均值、方差和偏度都非常相近。具体回归结果见表8-9,党组织嵌入与民营企业对外投资之间依旧存在显著正相关关系,即党组织嵌入推动了民营企业的对外投资。

表8-7 平衡前

	处理组			对照组		
	均值	方差	偏度	均值	方差	偏度
$Size$	0.3411	0.5085	4.1330	0.1293	0.1496	8.4580
Age	0.1813	0.0121	1.7400	0.1263	0.0060	1.7220
Tat	1.9070	3.4950	3.5370	2.7940	9.1600	2.4420
Roa	0.0635	0.0042	2.2140	0.0597	0.0062	1.8480
Lev	0.5644	0.0439	−0.3092	0.6121	0.0542	−0.5087
Inc	0.2185	0.2728	5.9880	0.3849	0.8671	3.6750
$Capi$	12.0400	1.8810	−0.7282	11.9700	2.2780	−0.8084

表 8-8 平衡后

	处理组			对照组		
	均值	方差	偏度	均值	方差	偏度
$Size$	0.3411	0.5085	4.1330	0.3411	0.5085	4.1330
Age	0.1813	0.0121	1.7400	0.1813	0.0121	1.7400
Tat	1.9070	3.4950	3.5370	1.9080	3.4990	3.5370
Roa	0.0635	0.0042	2.2140	0.0635	0.0042	2.2140
Lev	0.5644	0.0439	−0.3092	0.5644	0.0439	−0.3092
Inc	0.2185	0.2728	5.9880	0.2187	0.2734	5.9860
$Capi$	12.0400	1.8810	−0.7282	12.0400	1.8820	−0.7282

表 8-9 熵平衡后回归

	模型 1	模型 2	模型 3	模型 4
	OFDI1		OFDI2	
$Party$	0.2885***	0.3382***	0.5660***	0.6086***
	(2.6670)	(3.8765)	(2.8322)	(4.0209)
$Size$		0.2988***		0.5169***
		(5.0845)		(6.0305)
Age		2.0087***		3.0012***
		(3.3870)		(4.5045)
Tat		−0.2129***		−0.3568***
		(−6.1621)		(−6.8105)
Roa		0.2105		0.0899
		(0.3768)		(0.0950)
Lev		−0.1416		−0.2513
		(−0.8353)		(−0.9351)
Inc		0.0473		0.0646
		(0.6999)		(0.6336)
$Capi$		0.0090		0.0216
		(0.2864)		(0.4100)
$\_cons$	−1.2565***	−1.5115***	−2.3417***	−2.5714***
	(−11.8318)	(−3.5971)	(−8.8416)	(−3.4086)
N	6509	6509	6509	6509
$Pse\ R^2$	0.0104	0.0966	0.0091	0.0734
$Log\ lik.$	−4082.7820	−3727.3513	−5462.3194	−5107.8433
Chi^2	7.1129	163.2166		

续表

	模型 1	模型 2	模型 3	模型 4
	OFDI1		OFDI2	
p	0.0077	0.0000	0.0046	0.0000
F			8.0214	28.1892

(四)工具变量法

为解决内生性问题,采用工具变量法来进行检验。借鉴刘长庚等(2022)、陈东等(2021)、魏下海等(2018)的做法,使用"组群类"工具变量,即样本中观测个体所在更高层级群体的特征作为个体层面特征的工具变量。采取两个工具变量:一是基于行业-年份的党组织工具变量($IVParty$),二是参考魏下海等(2018)的做法,采取基于行业-年份的工会工具变量($IVUnion$)。分别采用 $IV\text{-}Probit$、$IV\text{-}Tobit$、$2SLS$ 等多种方法来检验,具体见表 8-10。所有的检验均拒绝了弱工具变量,并显示工具变量的外生性。同样,党组织对民营企业走出去的各变量均有显著的正向推动作用,内生性问题得到了解决。

表 8-10 工具变量法

	模型 1	模型 2	模型 3	模型 4	模型 5	模型 6
	OFDI1				OFDI2	
	$IV\text{-}Probit$		$IV\text{-}Tobit$		$2SLS$	
$Party$	2.0172***	1.9705***	4.7594***	4.4141***	0.5354***	0.3792**
	(15.2320)	(9.4048)	(7.9170)	(5.2348)	(5.1323)	(2.5233)
$Size$		0.2616***		0.5437***		0.1762***
		(5.1531)		(8.2775)		(10.1349)
Age		−0.2933		−0.7370		−0.0351
		(−1.0411)		(−1.1282)		(−0.3078)
Tat		−0.0596***		−0.1314***		−0.0041
		(−2.8445)		(−3.5864)		(−0.8894)
Roa		0.3523		0.5923		−0.0874
		(1.0950)		(0.8678)		(−1.0904)
Lev		0.0042		0.0149		−0.0068
		(0.0425)		(0.0696)		(−0.2207)

续表

	模型1	模型2	模型3	模型4	模型5	模型6
	OFDI1				OFDI2	
	IV-Probit		IV-Tobit		2SLS	
Inc		0.0714**		0.1601**		0.0136
		(2.1272)		(2.0526)		(1.5016)
$Capi$		0.0579***		0.1199***		0.0223***
		(3.5172)		(3.8413)		(4.8865)
$\_cons$	−2.4791***	−3.1455***	−5.8663***	−6.8485***	−0.2653***	−0.4416***
	(−38.6319)	(−15.1796)	(−11.6658)	(−9.1273)	(−3.2174)	(−3.7454)
N	6623	6509	6623	6509	6623	6509
$adj. R^2$					−0.1218	0.0286
$Log\ lik.$	−5902.4985	−5325.2210	−6867.5059	−6272.7145	−4357.4940	−3847.0638
Chi^2	232.0132	1021.0994	62.6782	335.5969		
p	0.0000	0.0000	0.0000	0.0000	.	.
F					26.3328	44.2812
Weakiv Wald	62.90	25.30	62.68	27.40		
Kleibergen Paap					145.105	78.028
Cragg-Donald					126.935	64.195
Hansen J					0.2790	0.9310
Exogeneity chi^2	50.39	24.70	50.60	27.38		

五、作用机制分析

基于前述的分析,本小节对党组织对民营企业走出去的作用机制进行检验。

(一)内部作用机制检验

1.加强风险防控

依据理论分析,推测加强风险防控是党组织的作用中介。关于风险防控变量($Risk$),调查问卷设计了相关题目,询问了民营企业是否在关键环节形成法律风险控制体系和预警防范机制,我们对选择这一项的赋值为1,没有选择的赋值为0,对民营企业风险防控进行中介效应检验。计量检验结果见表8-11。

模型1、模型2、模型3为未添加控制变量的检验结果,模型4、模型5、模型6为添加控制变量的检验结果。模型1显示,党组织对民营企业风险防控的回归系数为正,且通过了1%水平上显著性检验。模型2和模型3显示,民营企业风险防控变量对对外投资哑变量和对外投资的规模的回归系数为正,并通过了1%水平上显著性检验,同时党组织的作用系数为正,并通过了1%水平上显著性检验,说明党组织部分通过加强风险防控这一渠道,推动了民营企业的走出去战略。模型4、模型5、模型6在添加控制变量后,与未添加控制变量的检验结果基本一致,党组织的作用没有发生改变,风险防控变量($Risk$)的中介效应得到了检验。

表8-11 民营企业风险防控的中介效应检验

	模型1	模型2	模型3	模型4	模型5	模型6
	$Risk$	$OFDI1$	$OFDI2$	$Risk$	$OFDI1$	$OFDI2$
$Party$	0.7695***	0.8691***	1.6026***	0.7284***	0.6702***	1.1350***
	(10.7183)	(7.5604)	(7.5586)	(9.2967)	(5.4948)	(5.7137)
$Risk$		0.3651***	0.6524***		0.3107***	0.5031***
		(3.7424)	(3.7851)		(3.0772)	(3.1308)
$Size$				0.1760***	0.4216***	0.6496***
				(3.1156)	(9.2202)	(10.6037)
Age				−0.4549	0.9234***	1.5136***
				(−1.4365)	(2.8956)	(3.1154)
Tat				0.0039	−0.1088***	−0.1761***
				(0.2422)	(−3.1625)	(−4.2368)
Roa				1.5283**	0.6970	0.7868
				(2.5046)	(1.0978)	(0.8456)
Lev				0.2840*	−0.0079	−0.0818
				(1.7193)	(−0.0444)	(−0.3009)
Inc				−0.1003**	0.0866	0.1601*
				(−2.1302)	(1.5175)	(1.7315)
$Capi$				0.0346	0.0690***	0.1073***
				(1.5227)	(2.5979)	(2.7212)

续表

	模型 1	模型 2	模型 3	模型 4	模型 5	模型 6
	Risk	OFDI1	OFDI2	Risk	OFDI1	OFDI2
_cons	0.3179***	−1.9818***	−3.5679***	−0.2615	−2.8351***	−4.4962***
	(5.1562)	(−15.0833)	(−12.7569)	(−0.7871)	(−7.0220)	(−7.3085)
N	2235	2235	2235	2214	2214	2214
Pse R^2	0.0530	0.0492	0.0372	0.0611	0.1166	0.0903
Log lik.	−1010.0644	−1005.6328	−1428.7016	−983.4476	−930.5810	−1345.9692
Chi^2	114.8814	79.0127	110.4326	125.8093	180.3334	267.1336
p	0.0000	0.0000	0.0000	0.0000	0.0000	0.0000

2.打造规则文化

依据理论分析,推测打造规则文化是党组织的作用中介。关于民营企业规则文化变量(Cul),调查问卷设计了相关题目,询问了民营企业是否形成讲法治、讲规则、讲诚信的企业文化,我们对选择这一项的赋值为1,没有选择的赋值为0,对民营企业规则文化进行中介效应检验。计量检验结果见表8-12。

模型1、模型2、模型3为未添加控制变量的检验结果,模型4、模型5、模型6为添加控制变量的检验结果。模型1显示,党组织对民营企业规则文化的回归系数为正,且通过了1%水平上显著性检验。模型2和模型3显示,民营企业规则文化变量对对外投资哑变量和对外投资的规模的回归系数为正,并通过了1%水平上显著性检验,同时党组织的作用系数为正,并通过了1%水平上显著性检验,说明党组织部分通过打造规则文化这一渠道,推动了民营企业的走出去战略。模型4、模型5、模型6在添加控制变量后,与未添加控制变量的检验结果基本一致,党组织的作用没有发生改变,规则文化变量(Cul)的中介效应得到了检验。

表 8-12　民营企业规则文化的中介效应检验

	模型 1	模型 2	模型 3	模型 4	模型 5	模型 6
	Cul	OFDI1	OFDI2	Cul	OFDI1	OFDI2
Party	0.9178***	0.8517***	1.5728***	0.9126***	0.6419***	1.0941***
	(12.7251)	(7.5189)	(7.3828)	(11.5146)	(5.3639)	(5.4560)
Cul		0.3275***	0.5809***		0.3057***	0.4768***
		(3.2625)	(3.2509)		(2.9435)	(2.8627)

续表

	模型 1	模型 2	模型 3	模型 4	模型 5	模型 6
	Cul	$OFDI1$	$OFDI2$	Cul	$OFDI1$	$OFDI2$
$Size$				0.0672	0.4279***	0.6570***
				(1.3389)	(9.3743)	(10.7149)
Age				−0.7330**	0.9360***	1.5262***
				(−2.3630)	(2.9303)	(3.1391)
Tat				0.0020	−0.1069***	−0.1735***
				(0.1189)	(−2.9926)	(−4.1754)
Roa				0.6129	0.7748	0.9345
				(0.9956)	(1.1885)	(1.0081)
Lev				0.1859	−0.0074	−0.0788
				(1.1240)	(−0.0417)	(−0.2900)
Inc				−0.0799*	0.0840	0.1562*
				(−1.6695)	(1.4498)	(1.7058)
$Capi$				0.0126	0.0708***	0.1101***
				(0.5308)	(2.6448)	(2.7905)
$\_cons$	0.2509***	−1.9364***	−3.4868***	0.1003	−2.8411***	−4.4938***
	(4.0988)	(−14.0048)	(−12.7249)	(0.2934)	(−6.8764)	(−7.3034)
N	2235	2235	2235	2214	2214	2214
$Pse\ R^2$	0.0774	0.0474	0.0358	0.0780	0.1161	0.0897
$Log\ lik.$	−956.0791	−1007.5368	−1430.7964	−935.9122	−931.0836	−1346.8512
Chi^2	161.9283	68.9379	106.2431	158.3959	172.7146	265.3696
p	0.0000	0.0000	0.0000	0.0000	0.0000	0.0000

3.加强科学决策

依据理论分析,推测加强科学决策是党组织的作用中介。关于企业科学决策变量(Dec),调查问卷涉及这一选项,企业是否已执行现代企业制度,确保依法决策、民主决策、科学决策,如果是,赋值为 1;如果否,赋值为 0。计量结果见表 8-13。

模型 1、模型 2、模型 3 为未添加控制变量的检验结果,模型 4、模型 5、模型 6 为添加控制变量的检验结果。模型 1 显示,党组织对民营企业科学决策的回归系数为正,且通过了 1% 水平上显著性检验。模型 2 和模型 3 显示,民营企业科学决策变量对对外投资哑变量和对外投资的规模的回归系数为正,并通过了1%水平上显著性检验,同时党组织的作用系数为正,并通过了1%水平上显著性检验,说明党组织部分通过科学决策这一渠道,推动了企业的走出去战略。模型4、模型5、模型6在添加控制变量后,与未添加控制变量的检验结果基本一致,党组织的作用没有发生改变,科学决策变量(Dec)的中介效应得到了检验。

表 8-13 民营企业科学决策的中介效应检验

	模型 1	模型 2	模型 3	模型 4	模型 5	模型 6
	Dec	$OFDI1$	$OFDI2$	Dec	$OFDI1$	$OFDI2$
$Party$	1.0527***	0.8571***	1.5696***	1.0542***	0.6583***	1.1027***
	(13.8155)	(7.4641)	(7.3355)	(12.3321)	(5.3820)	(5.4697)
Dec		0.3444***	0.6817***		0.2828**	0.5169**
		(2.7918)	(3.0953)		(2.2069)	(2.5158)
$Size$				0.2028**	0.4252***	0.6550***
				(2.4718)	(9.3501)	(10.6780)
Age				−1.2363***	0.9436***	1.5438***
				(−3.5309)	(2.9678)	(3.1704)
Tat				−0.0289*	−0.1075***	−0.1737***
				(−1.6752)	(−3.0733)	(−4.1650)
Roa				0.2708	0.8191	0.9950
				(0.4274)	(1.2850)	(1.0727)
Lev				0.1808	0.0093	−0.0552
				(1.0175)	(0.0524)	(−0.2033)
Inc				0.0041	0.0748	0.1407
				(0.0732)	(1.3241)	(1.5341)
$Capi$				0.0073	0.0719***	0.1120***
				(0.2821)	(2.6817)	(2.8415)
$\_cons$	0.3926***	−1.9712***	−3.6006***	0.4294	−2.8722***	−4.5995***
	(6.3063)	(−13.2619)	(−12.0575)	(1.1588)	(−6.7875)	(−7.3351)
N	2235	2235	2235	2214	2214	2214
$Pse\ R^2$	0.1115	0.0461	0.0355	0.1195	0.1144	0.0890
$Log\ lik.$	−754.4750	−1008.9068	−1431.2331	−729.7481	−932.9575	−1347.7989
Chi^2	190.8688	69.9708	105.3698	198.2185	173.3879	263.4742
p	0.0000	0.0000	0.0000	0.0000	0.0000	0.0000

(二)外部作用机制检验

1.联合应对困难

依据理论分析,推测联合应对困难是党组织推动民营企业走出去的中介变量。在调查问卷中有一项,民营企业走出去遇到困难主要依靠的力量,其中涉及两项,包括借助于商会的力量、联合同行共同应对,在此设置中介变量联合应对困难($Unite$),只要选择一项就取1,一项都没有选择的取0,并作相应检验,相关结果见表8-14。

模型1、模型2、模型3为未添加控制变量的检验结果,模型4、模型5、模型6为添加控制变量的检验结果。模型1显示,党组织对民营企业联合应对困难的回归系数为正,且通过了1%水平上显著性检验。模型2和模型3显示,民营企业联合应对困难变量对对外投资哑变量和对外投资的规模的回归系数为正,并通过了1%水平上显著性检验,同时党组织的作用系数为正,并通过了1%水平上显著性检验,说明党组织部分通过联合应对困难这一渠道,推动了民营企业的走出去战略。模型4、模型5、模型6在添加控制变量后,与未添加控制变量的检验结果基本一致,党组织的作用没有发生改变,联合应对困难变量($Unite$)的中介效应得到了检验。

表8-14 民营企业联合应对困难的中介效应检验

	模型1	模型2	模型3	模型4	模型5	模型6
	$Unite$	$OFDI1$	$OFDI2$	$Unite$	$OFDI1$	$OFDI2$
$Party$	0.2682***	0.6345***	1.1784***	0.1548**	0.4273***	0.7315***
	(4.3943)	(10.5041)	(10.3363)	(2.3586)	(6.6002)	(6.7220)
$Unite$		0.6981***	1.2483***		0.5604***	0.8819***
		(11.5939)	(11.5484)		(8.7489)	(8.6675)
$Size$				0.2727***	0.4176***	0.6677***
				(9.7091)	(13.6907)	(15.4380)
Age				0.1954	0.9924***	1.6065***
				(0.8685)	(5.1690)	(5.1700)
Tat				−0.0366**	−0.1307***	−0.2212***
				(−2.2776)	(−6.0423)	(−7.9187)
Roa				−1.4717***	0.8957**	1.3245**
				(−3.0698)	(2.3206)	(2.2037)
Lev				−0.0479	−0.2117*	−0.3631**
				(−0.4060)	(−1.9219)	(−2.0574)

续表

	模型 1	模型 2	模型 3	模型 4	模型 5	模型 6
	Unite	OFDI1	OFDI2	Unite	OFDI1	OFDI2
Inc				0.0209	0.0090	0.0168
				(0.5162)	(0.2405)	(0.2684)
$Capi$				0.1014***	0.0776***	0.1243***
				(5.4261)	(4.5317)	(4.5662)
$\_cons$	−1.6134***	−1.6862***	−3.1021***	−2.7030***	−2.4776***	−4.0498***
	(−28.8398)	(−29.6500)	(−22.1002)	(−9.7447)	(−9.7221)	(−9.9138)
N	6623	6623	6623	6509	6509	6509
$Pse\ R^2$	0.0055	0.0495	0.0378	0.0417	0.1174	0.0901
$Log\ lik.$	−1865.5944	−2574.7293	−3537.7116	−1783.6763	−2368.9631	−3318.5702
Chi^2	19.3096	254.8136	277.6067	131.5414	488.1598	657.4587
p	0.0000	0.0000	0.0000	0.0000	0.0000	0.0000

2. 政府协助应对困难

依据理论分析,推测寻求政府协助应对困难是党组织推动民营企业走出去的中介变量,在此设置中介变量寻求政府协助应对困难(Gov)。在调查问卷中有一项,民营企业走出去遇到困难主要依靠的力量,如果有选择依靠政府就取1,没有的取0,并作相应检验,相关结果见表8-15。

模型1、模型2、模型3为未添加控制变量的检验结果,模型4、模型5、模型6为添加控制变量的检验结果。模型1显示,党组织对民营企业寻求政府协助应对困难的回归系数为正,且通过了1%水平上显著性检验。模型2和模型3显示,企业寻求政府协助应对困难变量对对外投资哑变量和对外投资的规模的回归系数为正,并通过了1%水平上显著性检验,同时党组织的作用系数为正,并通过了1%水平上显著性检验,说明党组织部分通过推动政府协助应对困难这一渠道,推动了民营企业的走出去战略。模型4、模型5、模型6在添加控制变量后,与未添加控制变量的检验结果基本一致,党组织的作用没有发生改变,寻求政府协助应对困难变量(Gov)的中介效应得到了检验。

表 8-15 民营企业寻求政府协助应对困难的中介效应检验

	模型 1 Gov	模型 2 OFDI1	模型 3 OFDI2	模型 4 Gov	模型 5 OFDI1	模型 6 OFDI2
$Party$	0.2103*** (3.5550)	0.6415*** (10.5591)	1.1845*** (10.3948)	0.1125* (1.7993)	0.4641*** (7.1710)	0.8086*** (7.3266)
Gov		0.7891*** (13.3174)	1.3612*** (12.7530)		0.7079*** (11.4817)	1.1160*** (11.0400)
$Size$				0.1108*** (5.9786)	0.2158*** (7.3455)	0.2998*** (12.4420)
Age				0.3675* (1.6675)	1.1871*** (6.4233)	2.0375*** (6.5293)
Tat				−0.0476*** (−3.0431)	−0.1280*** (−6.3820)	−0.2193*** (−7.9155)
Roa				−0.4836 (−1.0701)	0.7724** (2.0687)	1.1797* (1.9559)
Lev				0.0954 (0.7883)	−0.2385** (−2.2113)	−0.4014** (−2.2611)
Inc				−0.0179 (−0.4110)	0.0205 (0.5614)	0.0381 (0.6136)
$Capi$				0.0400** (2.2155)	0.0555*** (3.3032)	0.0828*** (3.0958)
$\_cons$	−1.5556*** (−28.8535)	−1.7060*** (−29.7218)	−3.1183*** (−22.1659)	−1.9969*** (−7.3749)	−2.2118*** (−8.9353)	−3.5959*** (−8.9325)
N	6623	6623	6623	6509	6509	6509
$Pse\ R^2$	0.0035	0.0571	0.0422	0.0228	0.1091	0.0814
$Log\ lik.$	−1890.9189	−2553.9905	−3521.2233	−1835.0996	−2391.0823	−3350.4596
Chi^2	12.6377	293.5236	310.5834	63.5380	412.9868	593.6799
p	0.0004	0.0000	0.0000	0.0000	0.0000	0.0000

3. 专业机构帮助应对困难

依据理论分析,推测寻求专业机构帮助应对困难是党组织推动民营企业走出去的中介变量,在此设置中介变量寻求专业机构帮助应对困难($Prof$)。在调查问卷中有一项,民营企业走出去遇到困难主要依靠的力量,如果有选择依靠专业机构就取 1,没有的取 0,并作相应检验,相关结果见表 8-16。

模型1、模型2、模型3为未添加控制变量的检验结果,模型4、模型5、模型6为添加控制变量的检验结果。模型1显示,党组织对民营企业寻求专业机构帮助应对困难的回归系数为正,且通过了1%水平上显著性检验。模型2和模型3显示,民营企业寻求专业机构帮助应对困难变量对对外投资哑变量和对外投资的规模的回归系数为正,并通过了1%水平上显著性检验,同时党组织的作用系数为正,并通过了1%水平上显著性检验,说明党组织部分通过推动民营企业寻求专业机构帮助应对困难这一渠道,推动了民营企业的走出去战略。模型4、模型5、模型6在添加控制变量后,与未添加控制变量的检验结果基本一致,党组织的作用没有发生改变,寻求专业机构帮助应对困难变量($Prof$)的中介效应得到了检验。

表 8-16 民营企业寻求专业机构帮助应对困难的中介效应检验

	模型1	模型2	模型3	模型4	模型5	模型6
	$Prof$	$OFDI1$	$OFDI2$	$Prof$	$OFDI1$	$OFDI2$
$Party$	0.3904***	0.8109***	1.4396***	0.3111***	0.6238***	1.0285***
	(4.6889)	(8.6446)	(8.5610)	(3.5317)	(6.3410)	(6.4502)
$Prof$		0.7302***	1.1953***		0.6537***	0.9513***
		(10.0466)	(9.7298)		(8.6082)	(8.3102)
$Size$				0.2054***	0.3907***	0.5936***
				(5.7794)	(9.7250)	(11.2150)
Age				0.0638	0.8819***	1.4125***
				(0.2232)	(3.1667)	(3.3713)
Tat				−0.0540**	−0.1015***	−0.1638***
				(−2.5114)	(−3.3743)	(−4.5915)
Roa				0.0074	1.1326**	1.4867*
				(0.0134)	(1.9779)	(1.8218)
Lev				0.3395**	−0.0134	−0.0679
				(2.0947)	(−0.0857)	(−0.2858)
Inc				0.0900**	0.0226	0.0599
				(2.0307)	(0.4293)	(0.7368)
$Capi$				0.0695***	0.0730***	0.1136***
				(3.0877)	(3.0684)	(3.2755)
$\_cons$	−1.4362***	−1.7461***	−3.0289***	−2.4244***	−2.6907***	−4.1947***
	(−18.6693)	(−19.5539)	(−15.4239)	(−7.2411)	(−7.5551)	(−7.9286)

续表

	模型 1	模型 2	模型 3	模型 4	模型 5	模型 6
	$Prof$	$OFDI1$	$OFDI2$	$Prof$	$OFDI1$	$OFDI2$
N	2917	2917	2917	2894	2894	2894
$Pse\ R^2$	0.0103	0.0742	0.0544	0.0341	0.1322	0.1002
$Log\ lik.$	−1133.7048	−1267.3479	−1808.9404	−1101.5430	−1183.9984	−1717.0334
Chi^2	21.9855	185.0720	207.9702	62.5353	284.0790	382.3546
p	0.0000	0.0000	0.0000	0.0000	0.0000	0.0000

六、进一步分析

(一)异质性分析

1. 考虑生产效率异质性的影响

国内外企业的竞争环境有着本质的不同,民营企业走出去,参与国际激烈残酷的竞争,是对民营企业的重大考验,很多企业在国内经营效益良好,但到国际上却遭到了滑铁卢。近年来,很多民营企业走出去,失败的例子比比皆是,这也是中国民营企业走出去必须交的学费。不同赢利能力的民营企业,在对外投资上是否表现出异质性?本小节对此进行检验。参考相关研究,以资产净利率(Roa)的均值作为分界点,将样本分为高($Roa1$)和低($Roa2$)两类进行检验,相关结果如表 8-17 所示。

结果表明,在高生产率和低生产率两种情况下,党组织对民营企业走出去均有显著的正向推动作用,但从推动力大小和显著性来看,低生产率企业的党组织推动民营作用要明显占据优势。以模型 2 和模型 4 对比,低生产率组相比较高生产率组,党组织推动民营企业对外投资的概率提升了8.66%,以模型 6 和模型 8 对比,低生产率组相比较高生产率组,党组织推动民营企业对外投资的项目数量提升了 8.9%。因此,虽然民营企业在走出去过程中党组织均可发挥较好的作用,但是相对于高生产率企业,低生产率企业在走出去过程中,党组织的作用发挥更大。其可能的原因是,一方面,通过走出去寻求发展机会,改变盈利劣势,是低生产率企业的追求。近年来,国家提出的"一带一路"倡议,给民营企业带来了很大的发展空间,党组织可以通过政策引导,推动低生产率企业抓住机会走出去,实现发展能级跃升。另一方面,党组织可以积极为这些民营企业走出去提供全方位帮助,让低生产率企业成功走出去的概率更大。

表 8-17 民营企业生产率的异质性检验

	模型 1	模型 2	模型 3	模型 4	模型 5	模型 6	模型 7	模型 8
	$Roa1$		$Roa2$		$Roa1$		$Roa2$	
	OFDI1				OFDI2			
$Party$	0.5428***	0.3772***	0.7162***	0.4638***	1.0718***	0.6887***	1.3406***	0.7777***
	(5.7763)	(3.7976)	(9.2049)	(5.4288)	(5.9310)	(4.0446)	(8.8809)	(5.3927)
$Size$		0.4392***		0.4453***		0.7364***		0.7105***
		(9.4238)		(11.2501)		(10.4865)		(12.5816)
Age		0.4029		1.4409***		0.6485		2.4407***
		(1.4010)		(5.6049)		(1.3584)		(5.7809)
Tat		−0.1078***		−0.1747***		−0.1891***		−0.2973***
		(−4.3702)		(−4.5413)		(−4.7977)		(−6.9289)
Roa		1.6237***		−0.1045		2.6257***		−1.0243
		(3.4066)		(−0.0836)		(3.0027)		(−0.4978)
Lev		−0.1923		−0.3206**		−0.2781		−0.5806**
		(−1.1153)		(−2.1763)		(−0.9385)		(−2.4787)
Inc		−0.0136		0.0300		−0.0313		0.0535
		(−0.2802)		(0.5937)		(−0.2894)		(0.6861)
$Capi$		0.0272		0.1160***		0.0546		0.1826***
		(0.9852)		(5.4031)		(1.1929)		(5.2005)
_cons	−1.5551***	−1.8800***	−1.6633***	−2.8170***	−2.9623***	−3.3045***	−3.1348***	−4.5370***
	(−17.7290)	(−4.7258)	(−22.6889)	(−8.6642)	(−13.3328)	(−5.0399)	(−17.2062)	(−8.3072)
N	2540	2491	4083	4018	2540	2491	4083	4018
$Pse R^2$	0.0186	0.0906	0.0299	0.1195	0.0154	0.0740	0.0218	0.0894
$Log lik.$	−992.2063	−906.1907	−1646.4100	−1485.1692	−1340.5789	−1243.4842	−2263.7067	−2097.5628
Chi^2	33.3659	156.8355	84.7300	257.3471	41.9381	198.7517	101.1133	412.0502
p	0.0000	0.0000	0.0000	0.0000	0.0000	0.0000	0.0000	0.0000

2. 考虑生命周期异质性的影响

不同生命周期的民营企业,在面对党组织嵌入情况下可能会有不同的反应。以民营企业成立时间中值为参照,高于中值的为成熟期($Age1$),其他为成长期($Age2$),分类进行检验,相关结果见表 8-18。结果显示,在成熟期和成长期民营企业中,党组织对民营企业走出去均有显著的正向推动作用,相比较来说,成熟期企业的党组织的正向推动作用更显著。可能的原因是,走出去面临着巨大的不确定性和风险,成熟期的民营企业市场运营模式相对稳定,内部管理也较为成熟,战略决策也更加科学稳重,应对复杂多变的外部环境经验丰富,因此有意愿和有能力响应"一带一路"倡议等走出去政策,这样党组织的推动作用也更强一些。

表 8-18 民营企业生命周期的异质性检验

	模型1	模型2	模型3	模型4	模型5	模型6	模型7	模型8
	$Age1$		$Age2$		$Age1$		$Age2$	
	$OFDI1$				$OFDI2$			
$Party$	0.6026***	0.4561***	0.5623***	0.3676***	1.1073***	0.7532***	1.1106***	0.6688***
	(6.1720)	(4.4321)	(7.2091)	(4.3360)	(6.1943)	(4.5230)	(7.0095)	(4.3562)
$Size$		0.4354***		0.5112***		0.6838***		0.9338***
		(13.2317)		(6.9165)		(14.1609)		(9.2444)
Age		0.5618**		3.7034***		0.9888**		6.0742***
		(2.1577)		(3.2838)		(2.4492)		(3.0868)
Tat		−0.0716***		−0.2528***		−0.1191***		−0.4601***
		(−3.2461)		(−6.3818)		(−3.7638)		(−7.3108)
Roa		−0.0402		1.6267***		−0.2597		2.7331***
		(−0.0720)		(3.1684)		(−0.3152)		(2.8998)
Lev		−0.1893		−0.1148		−0.3251		−0.1903
		(−1.2937)		(−0.7175)		(−1.4148)		(−0.6556)
Inc		0.0663		−0.0098		0.1097		−0.0239
		(1.0745)		(−0.2090)		(1.1566)		(−0.2516)
$Capi$		0.1210***		0.0440		0.1938***		0.0677
		(5.7142)		(1.6145)		(5.6327)		(1.4804)
_cons	−1.4587***	−2.9052***	−1.7015***	−2.2016***	−2.6572***	−4.6902***	−3.3460***	−3.7412***
	(−15.5238)	(−8.9837)	(−24.0993)	(−5.1956)	(−13.4265)	(−8.8638)	(−15.2431)	(−5.2270)
N	3330	3304	3293	3205	3330	3304	3293	3205
$Pse R^2$	0.0139	0.0881	0.0269	0.1120	0.0103	0.0675	0.0212	0.0893
$Log lik.$	−1553.2696	−1428.9322	−1062.3272	−957.0233	−2179.8475	−2043.6158	−1399.4944	−1288.0139
Chi^2	38.0937	230.8661	51.9716	146.3960	45.3812	295.8718	60.5140	252.4963
p	0.0000	0.0000	0.0000	0.0000	0.0000	0.0000	0.0000	0.0000

3.考虑行业异质性的影响

现有的研究认为,资本密集度会因为民营企业所处行业的不同而具有较大的差异性，会导致民营企业走出去的不同结果（蒋冠宏，2017，Cingano，2014），资本密集型行业进入东道国的门槛会显著高于劳动密集型行业（蒋冠宏，2017）。中国是世界第一制造业大国，在党组织推动民营企业走出去过程中，制造业和其他行业存在什么区别？制造业内部的劳动密集型、资本密集型、技术密集型三大行业存在什么区别？我们对此进行分类比较，其中，制造业的三大行业分类参考熊然等（2023）的分类方法。结果如表8-19所示。

表8-19 民营企业行业异质性检验

	模型1	模型2	模型3	模型4	模型5	模型6	模型7	模型8
	制造业			其他行业	制造业			其他行业
	劳动密集	资本密集	技术密集		劳动密集	资本密集	技术密集	
	OFDI1				OFDI2			
$Party$	0.2895**	0.4828***	0.3157**	0.5962***	0.4338**	0.8690***	0.4811***	1.1665***
	(2.3484)	(3.7973)	(2.3548)	(3.9109)	(2.2470)	(3.8490)	(2.6198)	(4.0413)
$Size$	0.4400***	0.4642***	1.1346***	0.4079***	0.7112***	0.7672***	1.5266***	0.7204***
	(5.2530)	(5.8077)	(8.0054)	(10.9049)	(6.3813)	(6.8672)	(10.3450)	(10.1163)
Age	1.8065***	0.6063	−0.0022	1.5898***	2.5263***	0.9855	0.0571	2.9554***
	(4.4581)	(1.6360)	(−0.0049)	(4.7068)	(3.7816)	(1.3800)	(0.0962)	(4.9338)
Tat	−0.0431	−0.1680***	−0.2709***	−0.1064***	−0.0759*	−0.2846***	−0.3713***	−0.2138***
	(−1.3785)	(−3.7491)	(−3.7966)	(−4.3296)	(−1.6506)	(−4.2858)	(−4.3493)	(−3.9832)
Roa	0.2311	−0.0640	1.0238	0.5018	0.3311	0.0580	1.2673	0.2265
	(0.2908)	(−0.0813)	(1.3592)	(0.6023)	(0.2928)	(0.0449)	(1.1669)	(0.1494)
Lev	−0.0820	−0.0790	−0.5083**	−0.0871	−0.2437	−0.1094	−0.6618**	−0.2566
	(−0.3551)	(−0.3930)	(−2.2039)	(−0.3758)	(−0.6844)	(−0.3184)	(−2.1530)	(−0.5864)
Inc	0.0517	−0.0864	−0.0654	0.1155**	0.0939	−0.1649	−0.0904	0.2021
	(0.6375)	(−1.2484)	(−0.8950)	(1.9787)	(0.7475)	(−1.0450)	(−0.8802)	(1.4523)
$Capi$	−0.0138	0.0569	0.0704	0.1388***	−0.0342	0.0809	0.1226**	0.2578***
	(−0.3330)	(1.3695)	(1.4224)	(4.9975)	(−0.5328)	(1.1276)	(1.9977)	(5.0157)
$\_cons$	−1.5325***	−2.2102***	−1.7058**	−3.5953***	−2.1185**	−3.6469***	−2.7498***	−6.6090***
	(−2.7016)	(−3.8155)	(−2.4810)	(−8.1544)	(−2.4085)	(−3.5709)	(−3.2119)	(−7.6347)
N	1949	1347	1670	1543	1949	1347	1670	1543
$Pse\ R^2$	0.0681	0.0908	0.1274	0.1941	0.0537	0.0718	0.0960	0.1381
$Log\ lik.$	−568.5640	−624.6271	−604.2499	−534.9606	−753.0187	−834.7117	−879.6006	−808.5729

续表

	模型1	模型2	模型3	模型4	模型5	模型6	模型7	模型8
	制造业			其他行业	制造业			其他行业
	劳动密集	资本密集	技术密集		劳动密集	资本密集	技术密集	
	OFDI1				OFDI2			
Chi^2	81.1185	97.2170	106.6405	206.6751	85.3848	129.1342	186.9176	259.0567
p	0.0000	0.0000	0.0000	0.0000	0.0000	0.0000	0.0000	0.0000

从总体走出去来看,党组织在不同行业推动走出去均显著为正,显示了党组织推动作用的稳健性。从具体细分来看,党组织在制造业行业的推动作用要显著低于其他行业。在制造业行业内部,在资本密集型行业的推动作用最强,其次是技术密集型行业,最后是劳动密集型行业。可以看出,虽然中国是世界第一制造业大国,但是在走出去过程中,党组织的推动作用反而在其他行业作用更强,说明制造业本身在国际上的竞争力并不强,大而不强是其显著特征。而在制造业内部,党组织的推动作用表现在资本密集型行业强于技术密集型行业,中国制造业并没有体现出走出去的技术相对优势。另外,在走出去过程中,中国的劳动力优势并未体现出来,反而成为最弱的一项,说明在对外投资的过程中,在国内依赖的劳动力优势到国外反而成为劣势。

(二)对走出去质量的检验

前面已经验证了党组织可以有效推动民营企业走出去,但走出去的真实效果如何?是否能取得较好的本土化效果和国际化效果?在现实中,很多民营企业走出去后,并没有达到较好的本地化和国际化效果,只是地理位置进行了变换,而所有的运营管理,还是将国内的方式方法平移过去,甚至连员工都采取劳务派遣的方式,这样就很容易出现水土不服,也容易因为管理与当地文化的不兼容而产生矛盾。因此,本小节对此进行检验,以进一步分析党组织对民营企业走出去的细分影响。

1.对企业本土化程度的影响

企业走出去是第一步,但是否能走进去,即真正实现本土化,和当地融为一体,则是衡量企业走出去与否的重要指标。出海企业在进行业务全球化过程中,不可避免地需要在海外当地用工。虽然在走出去初期,可能是中企外派人员比较多,但也面临着本地化运营的问题。而解决本地化的问题,就要因地制宜进行属地化管理。中国民营企业走出去,受当地文化、宗教、政策等的影响,很多时候不愿意用当地的员工,而是从国内直接雇用员工过去工作,或者通过劳务外包使用国内的员工,在这种情况也经常被国外所诟病,引发当地政府的不满。特别是一些工程承包项目,经常是员工全部来自国内,采取封闭化管理,这种情况离真正的国际化企业还有一定的距离。因此,党组织在推动民营企业走出去过程中,是否能同步增加企业的本土化过程,和当地融为一体,并大力使用当地人力资源,是衡量民营企业是否真正走出去的一个重要指标。因此,本小节对企业全球化过程中的对外投资进行检验。衡量企业走出去的指标主要有两项:一是以民营企业海外雇佣人数的绝对数量作为被解释变量($Local1$),取自然对数;二是以民营企业海外雇佣人数的相对数量作为被解释变量($Local2$),具体计算为海外员工数量占总员工数量的比例。相关计量结果见表 8-20。从计量结果可以看出,党组织无论是对海外员工的绝对数量,还是对海外员工的相对数量,均有着显著的正向影响,说明党组织对民营企业从走出去向走进去转换,有着显著的推动作用。

表 8-20 党组织对民营企业本土化程度的影响检验

	模型 1	模型 2	模型 3	模型 4
	$Local1$		$Local2$	
$Party$	2.4637***	0.9640***	6.5095***	3.0697***
	(7.2728)	(3.2139)	(6.2958)	(2.9115)
$Size$		2.6368***		6.0538***
		(20.3712)		(13.4103)
Age		3.4105***		13.9404***
		(3.6238)		(4.2100)
Tat		−0.4373***		−1.1310***
		(−5.7575)		(−4.5034)
Roa		8.2723***		29.6332***
		(4.8224)		(4.9588)
Lev		−0.3956		0.5814
		(−0.7325)		(0.3046)
Inc		0.1657		0.3133
		(0.9398)		(0.4977)
$Capi$		0.2764***		1.0361***
		(3.3867)		(3.5758)

续表

	模型 1	模型 2	模型 3	模型 4
	$Local1$		$Local2$	
_cons	−9.0292***	−11.1310***	−27.8589***	−42.0148***
	(−21.2383)	(−9.1249)	(−22.6926)	(−9.7687)
N	6616	6509	6605	6509
$Pse\ R^2$	0.0071	0.0750	0.0044	0.0331
$Log\ lik.$	−4154.1994	−3837.2044	−4908.2761	−4714.0709
Chi^2	59.1131	622.4352	43.6649	322.8772
p	0.0000	0.0000	0.0000	0.0000

2. 对企业国际化程度的影响

真正的国际化企业，海外收入占总收入的比例较高，而超过40%的就可被定义为国际化企业，如海信集团发布2021年全年业绩，海外收入731亿元，同比增长33%，占全部收入的42%。近年来，中国民营企业出海数量快速增加，但很多企业虽然形式上走出去了，但海外收入却表现平平，甚至一直处于亏损状态，就像一个无底洞，靠国内市场收入来进行补充。因此，除走出去形式外，有必要通过海外收入来测算企业的国际化程度，是实质上的走出去，还是形式上的走出去，给企业收入结构带来什么样的影响。对此，本小节进行验证。以两个被解释变量来衡量：一是海外收入绝对规模（不含出口），以海外收入对数来测量（$Inter1$）；二是海外收入相对规模（不含出口），以海外收入与企业总销售收入的比值来测量（$Inter2$）。相关结果见表8-21。对比结果可以看出，党组织无论是对企业海外收入的绝对规模，还是对企业海外收入的相对规模，其作用均通过了1%水平上显著性检验，在推动民营企业国际化程度上，有着显著的正向推动作用。

表 8-21 党组织对民营企业国际化程度的影响检验

	模型 1	模型 2	模型 3	模型 4
	$Inter1$		$Inter2$	
$Party$	8.8554***	4.7114***	0.0490***	0.0321***
	(6.9462)	(4.1778)	(6.5736)	(4.0378)
$Size$		6.2670***		0.0340***
		(15.9513)		(12.9516)

续表

	模型 1	模型 2	模型 3	模型 4
	$Inter1$		$Inter2$	
Age		12.9238***		0.0830***
		(4.5312)		(4.1491)
Tat		−0.6762***		−0.0057***
		(−2.9562)		(−3.3950)
Roa		6.0567		0.0464
		(1.0524)		(1.1426)
Lev		−1.8380		−0.0073
		(−1.0283)		(−0.5794)
Inc		1.7461***		0.0107***
		(3.5126)		(3.0333)
$Capi$		0.1060		0.0001
		(0.4227)		(0.0711)
_cons	−31.3602***	−29.0188***	−0.1843***	−0.1946***
	(−17.0210)	(−7.4935)	(−18.7573)	(−7.2341)
N	6616	6509	6616	6509
$Pse R^2$	0.0110	0.0906	0.0497	0.3217
$Log lik.$	−2837.5200	−2587.1759	−526.5061	−371.1579
Chi^2	63.1250	515.2366	55.1207	352.0694
p	0.0000	0.0000	0.0000	0.0000

3. 对"一带一路"倡议响应的检验

2013年秋,国家主席习近平在访问哈萨克斯坦、印度尼西亚期间,先后提出共建"丝绸之路经济带"和"21世纪海上丝绸之路"两大倡议(简称"一带一路"倡议),在国内外产生了极大的影响,大大激励了包括民营企业在内的不同所有制企业沿"一带一路"走出去的热情。那么,考虑到政策的刺激效应,在倡议提出前和提出后,党组织的推动作用有什么区别呢? 在此进行检验。以2013年(含)作为为分界点,将样本分为前($Before$)和后($After$)两类进行检验,相关结果如表8-22所示。

结果表明,在倡议提出前和提出后两种情况下,党组织对民营企业走出去均有显著的正向推动作用,但从推动力大小和显著性来看,倡议提出后党组织推动作用要明显占据优势。以模型2和模型4对比,倡议提出相比提出前,党组织推动民营企业对外投资的概率提升了40.39%。以模型6和模型8对比,倡议提出后相比提出前,党组织推动民营企业对外投资的概率提升了65.68%。因此,"一带一路"倡议的提出,给民营企业带来了很大的发展空间,也为党组织发挥作用推动民营企业走出去提供了更大的空间。

表8-22 "一带一路"倡议响应的异质性检验

	模型1	模型2	模型3	模型4	模型5	模型6	模型7	模型8
	Before		*After*		*Before*		*After*	
	OFDI1				OFDI2			
$Party$	0.4718***	0.2492***	0.8437***	0.6531***	0.9153***	0.4418***	1.5505***	1.0986***
	(5.9775)	(2.9065)	(9.1283)	(6.6456)	(5.8602)	(2.9240)	(9.0223)	(6.7811)
$Size$		0.4651***		0.4139***		0.7926***		0.6516***
		(10.0000)		(10.5805)		(11.0249)		(12.0070)
Age		0.9562***		0.8763***		1.5905***		1.4751***
		(3.4788)		(3.1912)		(3.3655)		(3.4587)
Tat		−0.1599***		−0.1077***		−0.2865***		−0.1794***
		(−5.2996)		(−3.6307)		(−6.3854)		(−4.9103)
Roa		0.5839		1.1150*		0.9921		1.5390*
		(1.1417)		(1.9546)		(1.1074)		(1.8573)
Lev		−0.3679**		0.0541		−0.5926**		0.0254
		(−2.3662)		(0.3471)		(−2.2261)		(0.1049)
Inc		0.0018		0.0356		−0.0180		0.0806
		(0.0365)		(0.6982)		(−0.1891)		(0.9702)
$Capi$		0.0825***		0.0832***		0.1398***		0.1300***
		(3.3536)		(3.5717)		(3.2347)		(3.6801)
_cons	−1.6008***	−2.2593***	−1.6474***	−2.7625***	−3.1270***	−3.9339***	−2.9773***	−4.3985***
	(−21.8589)	(−6.1193)	(−18.7881)	(−7.8936)	(−15.4399)	(−6.1426)	(−15.0869)	(−8.1459)
N	3706	3615	2917	2894	3706	3615	2917	2894
$Pse\ R^2$	0.0152	0.0969	0.0377	0.1049	0.0115	0.0744	0.0285	0.0817
$Log\ lik.$	−1291.9530	−1167.3016	−1317.3271	−1221.1527	−1713.7244	−1583.0501	−1858.4952	−1752.3912
Chi^2	35.7304	194.7035	83.3266	212.7343	39.9865	254.3839	108.8606	311.6390
p	0.0000	0.0000	0.0000	0.0000	0.0000	0.0000	0.0000	0.0000

七、本章小结

本章利用 2011 年至 2018 年中国东部地区 6623 家上规模民营企业混合截面调查数据,对党组织嵌入是否影响民营企业走出去进行检验,发现党组织对民营企业对外投资的规模和倾向性均有显著的影响,经过系列稳健性检验后,该作用依然有效。通过检验发现,党组织通过推动民营企业加强风险防控、打造规则文化、加强科学决策、推动民营联合应对困难、寻求政府协助应对困难、寻求专业机构帮助应对困难等途径,推动民营企业对外投资。进一步分析表明,党组织对民营企业走出去过程中的本土化程度和国际化程度有着显著的正向影响,并在 2013 年"一带一路"倡议提出后的推动作用更大。党组织的推动作用表现出显著的异质性,包括推动低效率企业更显著、推动成熟期企业更显著、推动非制造业企业和资本密集型行业更显著。

伴随着改革开放的步伐,广大民营企业已经成为中国新增投资的主力、吸收就业的主渠道和推动经济发展的最大动力,同时也是响应国家"一带一路"倡议走出去的重要力量,对于化解产能过剩、扩大销售渠道、提升技术含量、推动全球价值链的攀升、构建"双循环"发展格局,均有着重要的作用。一般来说,在全球价值链分工体系中,国际大买家处于价值链链主的位置,发展中国家本土出口企业被锁定在价值链的低端,通过加工贸易获得微薄的利润。鉴于国内市场容量较小,发展中国家企业仍会努力嵌入全球价值链,虽然要接受苛刻的质量和环保标准,但是如果能跨越相关门槛,则可以通过打开国外广阔的消费市场而获取规模效应(Şeker,2012)。中国民营企业经过几十年的发展,伴随着实力的提升,逐渐成为走出去的主力军,而在此过程中,党组织亦可以积极发挥作用,不仅在民营企业前期的走出去准备过程中发挥作用,还可以在民营企业走出去过程中全程提供服务。

第九章 党组织嵌入对民营企业共享发展的影响

企业的发展不仅需要追求自身的发展，还需要以共享发展为己任，加强社会责任投资。社会责任投资（SRI）是基于社会责任理念的一种投资行为，投资者在进行投资决策时，不仅要考虑传统的财务指标，还要考虑该投资将给社会等利益相关者带来的积极或消极影响（朱忠明、祝健等，2010）。在国际上，联合国于2000年正式启动了"全球契约"计划。国际标准化组织于2004年启动了社会责任国际标准ISO26000的制定工作，全球约120个国家及国际组织的400多名专家参与该标准的制定工作。一些跨国公司纷纷制定社会责任生产守则，发布社会责任报告或可持续发展报告，出现了企业履行社会责任的全球性趋势。中国也越来越重视企业履行社会责任，党和政府积极推动企业社会责任工作的开展。《中华人民共和国公司法》第五条明确规定："公司从事经营活动，必须遵守法律、行政法规，遵守社会公德、商业道德，诚实守信，接受政府和社会公众的监督，履行社会责任。"党的十八届三中全会通过的《中共中央关于全面深化改革若干重大问题的决定》，对各种所有制企业的改革目标提出了不同要求，但其中有一个共同的要求，就是承担社会责任。习近平总书记在党的十九大报告中指出"只有积极承担社会责任的企业才是最有竞争力和生命力的企业"。社会是企业家施展才华的舞台。在2020年7月的企业家座谈会上，习近平总书记再次指出，"社会是企业家施展才华的舞台。只有真诚回报社会、切实履行社会责任的企业家，才能真正得到社会认可，才是符合时代要求的企业家"。可以说，积极履行社会责任已成为中国社会各界对企业的殷切希望和广泛要求，是改革开放发展到当前阶段需要重点关注的问题。

总体来说，企业社会责任可分为两个层次。一是企业的基本责任，包括创造利润、企业发展等方面的经济责任、遵守法律法规的法律责任（Friedman，1970）。二是更高层次的社会责任，包括道义（伦理）责任、公益慈善责任等（全哲洙，2014）。企业慈善捐赠被誉为企业社会责任的最高表现形式和企业公民行为的核心内容之一(Tuzzolino 和 Armandi,1981,Saiia,2001),是企业在履行其基本责任的基础上,将一定数量的资金、实物或者服务捐赠给需要帮助的对象(戴亦一等,2021)。企业对财富的态度,决定着其发展的高度和未来。用公益慈善的方式来实现与社会的良性互动,是企业履行社会责任最快、最直接和最有效的途径之一(全哲洙,2014)。改革开放以来的实践证明,民营经济发展有力地支持了国民经济持续、健康、快速的发展,促进了所有制结构和产业结构的调整和优化,在拓宽民间投资和增加就业渠道等方面发挥着重要作用,民营企业已成为推动中国国民经济和社会发展的中坚力量。在转方式、调结构、惠民生、走可持续发展道路的背景下,民营企业积极履行社会责任,无疑对中国经济社会公平发展具有重大的现实意义和深远的历史意义。因而,民营企业履行社会责任问题备受关注,这不仅关乎解决中国当前社会矛盾,促进经济社会协同发展,关乎公众对企业发展的期望,还关乎民营企业自身的可持续发展。《2020年度中国慈善捐赠报告》显示,中国内地接受款物捐赠共计2086.13亿元,企业捐赠为1218.11亿元,其中,民营企业的贡献占比为51.79%,达630.86亿元,比2019年增长32.78%,民营企业捐赠占据企业捐赠总额的一半以上,已成为中国慈善捐赠的主力军。

虽然民营企业的地位日趋重要,但是其在现实中仍受到一定程度上的不公正待遇。根据追踪近十次中国民营企业抽样调查结果可知,这些年来,中国的民营经济发生了跨越式的发展,所作出的贡献有目共睹,但在自我评价上,这些企业出资人对自身政治地位的评价要明显低于经济地位和社会地位,而且多年来保持高度一致。据2018年第十三次全国民营企业抽样调查数据显示,在评价自身声望地位时,民营企业家对自己的政治地位评分低于中位数,而对经济地位的评分高于中位数,政治地位与其经济地位不相称(范晓光、吕鹏,2018;陈光金,2011)。针对该现象,有研究认为,伴随着社会转型的急剧加快,"原罪"、政治热衷行为、责任意识、内部合作等问题困扰着民营企业家的发展,阻碍了其政治地位的进一步提高(李河新、姚亮,2013);也有研究认为,民营企业家阶层的发展状态与程度如何,在很大程度上受中国政治生态的影响。而舆论与传统价值观念定势也产生一定的影响。在中国传统社会,"不患寡而患不均"的观念较深。而且"为富不仁""唯利是图"似乎已成为很多人看待富人的固定思维,人们在思想深处存在着对民营企业家莫名的歧视,这种与生俱来的反感严重影响了人们对民营企业家阶层的公正评价。这也导致了民营企业家对自身的政治地位和社会地位评价较低(范晓光、吕鹏,2018)。在对自身地位评价并不高的背景下,民营企业家必然会采取一定的政治战略来进行对冲,处理好与外界的关系,才能保证企业的生存和发展(张建君、张志学,2005)。因此,民营企业家进行慈善捐赠有其背后合理的逻辑。目前对民营企业的捐赠因素研究多限于理论总结(陈凌、陈华丽,2014,睦文娟等,2016,彭柏林、陈东利,2021),或是中外企业的比较研究(戴长征、黄金铮,2015;张其伟、徐家良,2020)。学术界在批判企业过多关注赢利能力而忽视社会责任的同时(吴宝晶,2013,易开刚,2012),或者多从民营企业或民营企业主的客观异质性上研究捐赠的影响(姜丽群、郭昕,2021,阳镇等,2021),但忽略了对民营企业家受内部党组织建设方面影响的相关研究。依据外部环境和内部能力两个维度,Bruch and Walter(2005)将同时兼顾外部利益相关者期望和内部核心能力的企业慈善行为称为战略性慈善行为。从外部经营环境看,民营企业的慈善公益事业往往是回应利益相关者(如政府机构、社会团体和民众)的隐形诉求,以配置民营企业发展必需的道德形象,提升自身的地位判断,从而巩固和加强其竞争地位。从民营企业自身看,民营企业进行慈善捐赠,也受到民营企业内部治理结构,特别是党组织嵌入治理结构中,对民营企业社会公益型投资的影响,本章将对此进行研究。

一、理论分析与研究假设

根据马斯洛的需求层次理论,民营企业家的社会公益事业也是分不同层次的,而且民营企业家的社会责任投资随着低层次动机得到满足而转向高层次动机。所以,随着民营企业家社会地位的提升,通过进行社会公益投资特别是慈善性捐赠被认为是民营企业家实现个人价值的动机类型。中国民营企业是在党和政府的改革开放政策下成长起来的,各级党委、政府对民营企业的成长给予了较多指导、关心和支持,也推动了民营企业积极向党组织靠拢,加强内部党组织建设。而反过来,党组织建设又会进一步推动民营企业发展及回报社会。很多老一代的民营企业家是农民出身,他们从内心感谢党和国家的关心,感谢时代给予的机遇,随着自己经济地位的提升,也形成了强烈的回馈社会的感恩情结(马凌远、李晓敏,2021)。发展民族产业,为困难群体、为国家社会多做贡献,成为许多民营企业家的基本追求。如果说,公有制企业和外资企业的社会责任投资首先是内部制度的原因,即来源于企业的公有性质或公司的制度要求,那么,民营企业的社会责任投资则是外部社会需求和内在价值驱动的共同产物,其中,党组织起到了非常重要的价值观引领作用。正是这种特殊的情感,使得并无制度安排的民营企业在社会责任型投资上并不逊于其他所有制企业。据《中国慈善排行榜》统计,在2010年36笔过亿元的捐赠中,民营企业占到了一半,首次出现了民营企业与国有企业旗鼓相当的局面。民营企业家因为财富和地位的提升,内心向善的力量被逐步激发出来,慈善理论逐渐由空泛的口号演变成有责任感的具体行动(朱光明、李蕾,2015)。加强党组织建设是民营企业家寻求与社会共享发展的重要体现,在谈到民营企业家加强党组织和其他一些政治参与的原因时,叶闽慎(2015)指出,民营企业家想把自己成功的经验进行推广,把推动社会进步的一些有见地的意见纳入国家有关政策和法律法规当中,以实现自己的理想和抱负。这代表了民营企业家的一种内心情感追求。吴潜涛和姜珂(2018)的研究也发现,越来越多的民营企业家认为有义务来为社会贡献自己的力量,为党和政府分忧,进而实现中华优秀传统文化和企业责任文化的融合。徐光伟等(2019)研究指出,党组织的存在显著增加了民营企业公益事业捐助,而民营企业出资人在党委中任职也显著增加了民营企业社会责任投入,显示了党组织在推动民营企业社会责任上的巨大作用。在西方国家,虽然没有党组织建设,但是企业的政治倾向还是存在的,企业政治倾向的总体目标是产生有利于企业持续发展的公共政策结果(Keim和Baysinger,1988)。中国民营企业主在地位得到提升后,当然会想谋求企业的进一步发展,通过慈善捐赠等公益性投资,进一步提升自身和企业的形象,增加企业影响力(顾雷雷、黄欣桐,2020;马凌远、李晓敏,2021)。

从外部来看,党组织嵌入民营企业治理中,推动民营企业更好地和政府、社会加强联系,提升民营企业家的社会地位,为民营企业加强社会责任提供了有效的发展环境,进一步促进了民营企业履行社会责任的能力和动力。民营企业并不是孤立存在的,它处于一定的社会环境中,与社会有着千丝万缕的联系,它不可能脱离社会独自生存和发展。因而,加强和外部的联系也是影响民营企业慈善捐赠行为的重要因素。第一,加强和政府的联系可以为民营企业营造良好的发展环境。发展环境好的地区,往往拥有良好的基础设施、健全的法律体系,使得民营企业盈利成果能得到较好的保护,不需要过分担忧自身权益受到不法侵害(刘慧龙、吴联生,2014,何凌云、陶东杰,2020),而党组织推动的慈善捐赠,也有一部分原因是为民营企业营造良好的社会形象,获得较好的发展环境,在这方面,党组织和制度环境在作用发挥上具有一定的重叠性。第二,党组织推动民营企业履行社会责任能为企业带来优质的生产要素服务和广阔的市场。当前,市场竞争更为激烈,倒逼民营企业更加注重提升竞争力。虽然说社会责任投资可能会挤压民营企业的生产性资源,但是社会形象的改善可帮助其提高社会地位,更能得到市场的认可、消费者的认可、合作者的认可,特别是开拓国际市场,都需要在社会责任上有相应的认证,否则将不被市场准入,因此,履行社会责任事实上可以让民营企业得到更多的要素支持和发展机会。第三,党组织嵌入民营企业,可以让民营企业的社会责任文化和外部的非营利性慈善机构的宗旨更好地协调起来,和国家推动共同富裕、共享发展的目标一致起来,让企业能更方便、快捷、有效、精准地做好社会责任事业,将有限的资源用在最需要的地方,这样既实现了民营企业的社会责任形象提升,又不至于有太大的经济压力,可以腾出更多的资源来推动民营企业发展。

从内部来看,党组织嵌入民营企业治理中,通过制度建设和文化塑造,影响管理层的投资决策行为,使其在追求利润最大化的同时兼顾社会责任,促使民营企业进行慈善捐赠行为,以此体现执政党带领全国人民实现共同富裕的政治纲领。"制度变迁理论"认为,价值形态是降低交易成本的一种制度安排(道格拉斯·C.诺斯,1994)。如果民营企业和社会能形成统一的价值形态和利益导向,就会减少遵从规则的成本。党组织作为政治核心,可以平衡好国家政策和民营企业战略之间的利益偏差,寻求共同的价值取向,减少民营企业的负外部性,营造和谐氛围、引领跨越发展。并且党员还能起到模范带头作用,通过自身行为或者党课培训等形式向民营企业出资人、管理层和职工传递"利他""先进"等价值理念,树立"人人为我,我为人人"的价值观,激发管理者的奉献精神,进而使得民营企业积极主动履行社会责任(马凌远、李晓敏,2021;郑登津、谢德仁,2019)。

基于以上分析,本章提出:党组织嵌入能推动民营企业加强社会责任投资。

二、数据与方法

(一)数据来源

本章数据来自2018年开展的第十三次全国民营企业抽样调查。为了控制极端值对实证的影响,采用 Winsor 方法,对极端值进行修正,对小于 1% 分位数和大于 99% 分位数的变量,令其值分别等于 1% 分位数和 99% 分位数。同时,在每一次回归中,均剔除相关缺失数据。

(二)模型设定

为了检验党组织对社会责任投资的作用,构建如下模型:

$$SRI = \alpha_0 + \alpha_1 Party + \alpha_i Control + \varepsilon$$

(三)变量选择

社会责任投资(SRI):本章重点关注民营企业党组织对社会责任投资的影响,因此将慈善捐赠作为核心被解释变量。调查问卷对民营企业的社会责任投资进行了归类:是否为扶贫、救灾、环保、慈善等公益事业捐助过?(捐助包括现金,捐助的实物、工程劳务需折合成现金),对该数值取对数,作为社会责任投资的规模变量(SRI1)。同时,对社会责任投资强度(SRI2,以社会责任投资占销售额的百分比来衡量)和社会责任投资倾向(SRI3,以是否有社会责任投资来衡量,有取1,没有取0)进行进一步对比检验。

自变量和控制变量与第五章相同,在此不再赘述。

三、实证检验

(一)描述性统计

表 9-1 给出变量统计信息,从描述性统计可以看出,样本企业的社会责任投资规模平均值约为 0.71%,其中,44.19% 的企业有捐赠行为。样本企业中有 39.52% 建立了党组织,说明组建党组织还有一定的空间。男性企业出资人占比为 76.93%,女性企业出资人占比较低。企业出资人平均教育程度超过 3,略高于高中和中专水平。企业出资人平均年龄约为 45.48 岁,处于中年水平。企业平均存续时间约为 11.88 年,员工平均超过 139 人,负债率平均约为 24.16%,均处于较为健康的水平。

表 9-1 变量统计特征

	观测值	平均值	标准差	极小值	极大值
SRI	5596	4.8784	5.5938	0.0000	15.3240
SRI1	4937	0.7115	3.1672	0.0000	27.2727
SRI2	5596	0.4419	0.4967	0.0000	1.0000
Party	7473	0.3952	0.4889	0.0000	1.0000

续表

	观测值	平均值	标准差	极小值	极大值
$Gender$	7438	0.7693	0.4213	0.0000	1.0000
$Ceoedu$	7381	3.0568	1.1024	1.0000	6.0000
$Ceoage$	7380	45.4846	9.8841	18.0000	81.0000
$Firmage$	7303	11.8824	7.1127	1.0000	67.0000
$Size$	7095	1.3974	3.5889	0.0100	25.0000
Lev	5853	24.1655	27.9327	0.0000	99.3600

(二)基本估计结果

表9-2为验证民营企业党组织对社会责任投资影响的基准回归,其中,模型1、模型2、模型3为只添加行业和区域控制变量的回归检验,模型4、模型5、模型6为添加企业主和企业控制变量的回归检验,模型7、模型8、模型9为添加所有控制变量的回归检验。可以看出,无论是在哪一种情况下,民营企业成立党组织,对社会责任投资的回归系数均为正,且全部通过了1%水平上显著性检验,即民营企业党组织显著推动了民营企业的社会责任投资。假设得到了检验。

表9-2 党组织对社会责任投资的影响检验

	模型1	模型2	模型3	模型4	模型5	模型6	模型7	模型8	模型9
	社会责任投资规模	社会责任投资强度	社会责任投资倾向	社会责任投资规模	社会责任投资强度	社会责任投资倾向	社会责任投资规模	社会责任投资强度	社会责任投资倾向
$Party$	8.1788*** (26.0537)	2.4060*** (13.9242)	1.6158*** (23.8665)	6.3610*** (17.8717)	1.8872*** (10.6937)	1.1120*** (14.8903)	5.7899*** (16.6009)	1.7562*** (9.5911)	1.1387*** (14.0357)
$Gender$				2.4243*** (5.9832)	0.7302*** (3.5788)	0.4362*** (5.3962)	1.3376*** (3.3911)	0.3814* (1.8142)	0.2458*** (2.8037)
$Ceoedu$				0.8230*** (5.3920)	0.2220*** (2.9106)	0.1333*** (4.1751)	0.8557*** (5.5476)	0.1759* (2.1623)	0.1643*** (4.5553)
$Ceoage$				0.0439** (2.4007)	0.0180* (1.9561)	0.0067* (1.7866)	0.0502*** (2.8239)	0.0190** (2.0054)	0.0096** (2.3136)
$Firmage$				0.2511*** (10.4273)	0.0505*** (4.2413)	0.0532*** (9.0438)	0.2112*** (8.9729)	0.0441*** (3.5789)	0.0493*** (7.8278)
$Size$				0.3603*** (8.5808)	0.0431** (2.1467)	0.1605*** (4.1309)	0.3109*** (7.6982)	0.0420** (2.0528)	0.1314*** (4.0277)

续表

	模型1	模型2	模型3	模型4	模型5	模型6	模型7	模型8	模型9
	社会责任投资规模	社会责任投资强度	社会责任投资倾向	社会责任投资规模	社会责任投资强度	社会责任投资倾向	社会责任投资规模	社会责任投资强度	社会责任投资倾向
Lev				0.0160***	−0.0071**	0.0025**	0.0070	−0.0084***	0.0012
				(2.8707)	(−2.4894)	(2.2344)	(1.2554)	(−2.8225)	(0.9722)
$Indus$	Y	Y	Y	N	N	N	Y	Y	Y
$Prov$	Y	Y	Y	N	N	N	Y	Y	Y
$\_cons$	0.3692	−1.7634***	−0.3180*	−7.9766***	−3.6227***	−1.7574***	−5.3351***	−2.7517***	−1.5772***
	(0.4447)	(−3.8368)	(−1.6864)	(−6.7180)	(−6.1191)	(−7.2804)	(−3.6368)	(−3.5645)	(−4.5771)
N	5454	4819	5454	4711	4185	4711	4611	4098	4611
$Pse\,R^2$	0.0713	0.0316	0.2011	0.0619	0.0204	0.1755	0.0859	0.0351	0.2428
$Log\,lik.$	−10586.1910	−8269.0151	−2993.8254	−9188.6734	−7008.2779	−2665.6506	−8795.2135	−6796.9747	−2398.2396
Chi^2	1625.2924	539.8735	1089.5694	1211.7267	291.2808	682.9779	1653.9608	494.8878	906.5546
p	0.0000	0.0000	0.0000	0.0000	0.0000	0.0000	0.0000	0.0000	0.0000

四、稳健性检验

内生性问题是实证完整性的重要一环。第一,就本章的样本数据而言,数据是课题组在全国相应地区按照一定比例的多阶段抽样,其权威性得到了认证和检验,因此不用担心测量误差问题。第二,就本章的主要内容而言,逆向因果问题也不必过于忧虑,根据相关法律法规,企业是否设立党组织并非根据企业社会责任投资来确定,只要党员人数达到3人即应该设立党组织,而且党组织一旦设立也并不会因为企业社会责任投入下降而撤销。第三,潜在的内生性问题可能是无法控制的遗漏变量问题带来的。在此进行多种工具变量的内生性检验。

(一)Heckman选择模型

借鉴刘一鸣和王艺明(2022)的文献,以各省份"已设立党组织的社会团体数/社会团体数"(Soc)作为党组织嵌入的工具变量,该变量为作者根据《中国民政统计年鉴》整理得出的数据,并按照被调查企业所属省份进行数据库匹配。各地区社会团体设立党组织的比例代表着该地区社会团体党组织嵌入的程度,与民营企业党组织嵌入具有一定的相关性;但各地区社会团体设立党组织的比例不会直接影响民营企业的社会责任,满足工具变量的外生性。表 9-3 中的模型 1、模型 2 是未添加控制变量的检验,模型 3、模型 4 是添加控制变量的检验。可以看出,在第一阶段回归中,当地社团设立党组织比例与民营企业党组织之间存在显著正相关关系,即地方社团党组织设立比例越高,民营企业建立党组织的比例也越高。引入工具变量是为了利用工具变量所引发的自变量的差异,来获取对因变量的无偏估计。在第二阶段回归中,工具变量已被排除,作为排他性约束,通过 IMR 系数来影响社会责任投资,可以看出 IMR 系数显著,说明存在样本选择偏差的影响,并且党组织嵌入对民营企业社会责任投资仍然存在显著的正向促进作用,说明考虑了样本选择偏差后,所得出的结论依旧稳健。

表 9-3　Heckman 选择模型

	模型 1 Party	模型 2 SRI	模型 3 SRI1	模型 4 SRI2
Soc	0.1049*** (3.0396)			
Party		4.4896*** (13.0150)	1.4460*** (7.7027)	0.9404*** (11.3445)
Gender	0.1738*** (3.6012)	−0.9627** (−2.3390)	−0.1952 (−0.8674)	−0.4155*** (−3.8078)
Ceoedu	0.2029*** (9.9377)	−1.6270*** (−7.3928)	−0.4564*** (−3.8739)	−0.5611*** (−7.3555)
Ceoage	0.0085*** (3.7674)	−0.0536*** (−2.8983)	−0.0076 (−0.7489)	−0.0208*** (−3.9585)
Firmage	0.0289*** (8.6606)	−0.1263*** (−4.0243)	−0.0401** (−2.4034)	−0.0524*** (−4.8438)
Size	0.1926*** (5.7127)	−0.3331*** (−5.7916)	−0.1222*** (−4.0420)	−0.0889*** (−4.8933)
Lev	0.0044*** (6.6310)	−0.0542*** (−8.0702)	−0.0241*** (−6.5645)	−0.0160*** (−8.1185)
IMR		−18.2699*** (−15.1669)	−4.7231*** (−7.4132)	−5.2246*** (−11.2620)
Indus	Y	Y	Y	Y
Prov	Y	Y	Y	Y

续表

	模型 1	模型 2	模型 3	模型 4
	$Party$	SRI	$SRI1$	$SRI2$
_cons	−2.0062***	28.8168***	5.8428***	8.5595***
	(−10.3176)	(10.5930)	(4.0352)	(8.3790)
N	5587	4608	4095	4608
Log lik.	−2925.9250	−8670.7733	−6763.6060	−2300.7382
Chi^2	903.9769	1885.1164	550.6238	1002.7834
p	0.0000	0.0000	0.0000	0.0000

(二)工具变量检验

为避免党组织和社会责任投资之间的互为内生性,在此进行工具变量的内生性检验。选用两种工具变量。一是绝对变量。利用 2016 年第十二次全国私营企业抽样调查的数据计算行业-区域党组织成立变量,对当前的企业进行行业-区域匹配,由于时间不可逆,所以这个变量具有外生性。二是趋势变量。首先利用 2018 年的数据对行业-区域党组织成立情况进行计算,然后减去 2016 年计算出来的数据,再利用 $Iv\text{-}Tobit$ 方法进行检验。从表 9-4 可以看出,无论是添加部分控制变量,还是添加全部控制变量,在工具变量检验下,党组织对民营企业社会责任投资的规模和强度均通过了 1% 水平上显著性检验,显示了结论的稳健性。

表 9-4 党组织对社会责任投资的影响检验

	模型 1	模型 2	模型 3	模型 4	模型 5	模型 6
	社会责任投资规模	社会责任投资强度	社会责任投资规模	社会责任投资强度	社会责任投资规模	社会责任投资强度
Party	8.0848***	2.5887***	13.2322***	4.0757***	5.7660***	1.8980***
	(7.1405)	(4.1226)	(11.1829)	(7.2378)	(4.1537)	(2.5938)
Gender			1.8820***	0.0053**	1.3565***	0.0037*
			(4.3976)	(2.4858)	(3.3893)	(1.7402)
Ceoedu			0.3050*	0.0006	0.8472***	0.0018*
			(1.7087)	(0.7113)	(4.8124)	(1.9301)
Ceoage			0.0202	0.0001	0.0495***	0.0002*
			(1.0464)	(0.8280)	(2.7322)	(1.7256)

续表

	模型1	模型2	模型3	模型4	模型5	模型6
	社会责任投资规模	社会责任投资强度	社会责任投资规模	社会责任投资强度	社会责任投资规模	社会责任投资强度
$Firmage$			0.1705***	0.0003**	0.2135***	0.0004***
			(6.0086)	(1.9637)	(7.7568)	(3.0203)
$Size$			0.1675***	−0.0001	0.3109***	0.0004
			(3.1313)	(−0.5862)	(5.7796)	(1.3835)
Lev			0.0015	−0.0001***	0.0072	−0.0001***
			(0.2320)	(−3.6939)	(1.1915)	(−2.6755)
$Indus$	Y	Y	N	N	Y	Y
$Prov$	Y	Y	N	N	Y	Y
_cons	0.4058	−0.0182***	−7.2599***	−0.0339***	−5.2913***	−0.0267***
	(0.3915)	(−3.1580)	(−5.8773)	(−5.6433)	(−3.6029)	(−3.4818)
N	5441	4807	4699	4174	4601	4089
$Log\ lik.$	−13847.9345	−233.5685	−11660.0709	158.3652	−11202.5414	289.0619
Chi^2	961.3680	326.4340	928.7494	209.6310	1305.4298	363.7619
p	0.0000	0.0000	0.0000	0.0000	0.0000	0.0000
稳健弱识别检验 Anderson Rubin Wald	47.66***	16.51***	145.85***	55.58***	19.09***	7.07**

(三)熵平衡法

在进行随机实验时,需要对处理组和对照组的协变量进行平衡性检验,以保证实验的随机性或外生性,增强回归结果的有效性,在此,采用熵平衡法处理样本,匹配前后的样本如表9-5和表9-6所示。可以看出,在调整后,处理组和加权调整后对照组的年龄均值、方差和偏度都非常相近。具体回归结果见表9-7,党组织嵌入与民营企业社会责任投资之间依旧存在显著正相关关系,即党组织嵌入提高了民营企业社会责任投资。

表 9-5 平衡前

	处理组			对照组		
	均值	方差	偏度	均值	方差	偏度
$Gender$	0.8376	0.1361	−1.8300	0.7302	0.1971	−1.0370
$Ceoedu$	3.4070	1.2110	−0.0786	2.8530	1.1330	0.0871
$Ceoage$	47.6100	93.5000	−0.1413	44.5400	95.5500	0.1996
$Firmage$	13.7100	57.8200	1.2730	9.2490	38.7900	1.2800
$Size$	2.8300	25.4700	3.1110	0.4113	1.4840	10.9800
Lev	34.8200	857.2000	0.4103	20.3300	881.3000	1.4380

表 9-6 平衡后

	处理组			对照组		
	均值	方差	偏度	均值	方差	偏度
$Gender$	0.8376	0.1361	−1.8300	0.8375	0.1361	−1.8300
$Ceoedu$	3.4070	1.2110	−0.0786	3.4070	1.2110	−0.0785
$Ceoage$	47.6100	93.5000	−0.1413	47.6000	93.5000	−0.1411
$Firmage$	13.7100	57.8200	1.2730	13.7100	57.8200	1.2730
$Size$	2.8300	25.4700	3.1110	2.8300	25.4700	3.1110
Lev	34.8200	857.2000	0.4103	34.8200	857.2000	0.4104

表 9-7 熵平衡后党组织对社会责任投资的影响检验

	模型 1	模型 2	模型 3
	社会责任投资规模	社会责任投资强度	社会责任投资倾向
$Party$	2.9988***	1.0072***	1.0072***
	(5.5839)	(5.1793)	(5.1793)
$Gender$	1.6212**	0.2973	0.2973
	(2.5162)	(1.2334)	(1.2334)
$Ceoedu$	0.5794**	0.0494	0.0494
	(2.3618)	(0.5101)	(0.5101)
$Ceoage$	0.0388	0.0103	0.0103
	(1.3627)	(0.9728)	(0.9728)
$Firmage$	0.2296***	0.0395***	0.0395***
	(7.1587)	(3.2132)	(3.2132)

续表

	模型1	模型2	模型3
	社会责任投资规模	社会责任投资强度	社会责任投资倾向
$Size$	0.3274***	0.0332	0.0332
	(3.4642)	(0.9476)	(0.9476)
Lev	−0.0081	−0.0139***	−0.0139***
	(−1.0809)	(−3.6707)	(−3.6707)
$Indus$	Y	Y	Y
$Prov$	Y	Y	Y
$\_cons$	−6.1344***	−1.7558**	−1.7558**
	(−3.4194)	(−2.2200)	(−2.2200)
N	4711	4098	4098
$Pse\ R^2$	0.0264	0.0172	0.0172
$Log\ lik.$	−9525.3373	−7047.2730	−7047.2730

(四)倾向得分匹配(PSM)方法

借鉴相关研究方法,本章进一步引入倾向得分匹配(PSM)方法,将控制变量作为协变量进行多项匹配检验,匹配后的数据均符合检验要求。表9-8汇报了平均处理效应ATT,分别为1∶1近邻匹配、1∶4近邻匹配、半径卡尺内匹配、核匹配、马氏匹配。可以看出,无论从哪一项结果来分析,ATT均为正,并通过1%水平上显著性检验,说明党组织对民营企业社会责任投资作用的稳健性,与前面的实证完全吻合。

表9-8 ATT效应检验

PSM	ATT-SDI1
$n(1)$	1.8559***
	(5.1900)
$n(4)$	2.1271***
	(7.3600)
$radius\ cal(0.01)$	2.0829***
	(8.0500)
$kernel$	1.9036***
	(7.7200)
$mahal$	3.4536***
	(15.3000)

利用匹配后的数据对社会责任投资规模进行检验,相关结果见表 9-9,可以看出,党组织嵌入对民营企业社会责任投资规模的作用同样全部通过了 1% 水平上显著性检验,显示了结果的稳健性。

表 9-9 PSM 匹配后影响检验

	模型 1	模型 2	模型 3	模型 4	模型 5
	$n(1)$	$n(4)$	$radius\ cal(0.01)$	$kernel$	$mahal$
$Party$	4.5169***	5.1832***	5.6988***	5.6856***	5.3166***
	(8.8805)	(13.5559)	(16.2398)	(16.2781)	(14.3624)
$Gender$	1.3306**	1.5544***	1.3512***	1.3287***	1.4685***
	(2.0582)	(3.2402)	(3.4023)	(3.3611)	(3.2757)
$Ceoedu$	0.8216***	1.0060***	0.8761***	0.8661***	0.9501***
	(3.1672)	(5.3258)	(5.5973)	(5.5964)	(5.3151)
$Ceoage$	0.0069	0.0391*	0.0506***	0.0515***	0.0514**
	(0.2327)	(1.7971)	(2.8100)	(2.8911)	(2.4426)
$Firmage$	0.3042***	0.2430***	0.2161***	0.2129***	0.2012***
	(7.7379)	(8.3289)	(8.9881)	(8.9908)	(7.0542)
$Size$	0.6738***	0.6527***	0.3867***	0.3884***	0.6320***
	(5.8105)	(7.9087)	(8.6452)	(8.7207)	(8.2682)
Lev	−0.0002	0.0012	0.0069	0.0063	0.0044
	(−0.0202)	(0.1877)	(1.2321)	(1.1264)	(0.6972)
$Indus$	Y	Y	Y	N	N
$Prov$	Y	Y	Y	N	N
_$cons$	−5.5341**	−5.7560***	−5.5336***	−5.4397***	−5.2542***
	(−2.2368)	(−3.1963)	(−3.7331)	(−3.7007)	(−3.1490)
N	1664	3177	4535	4573	3575
$Pse\ R^2$	0.0593	0.0694	0.0863	0.0863	0.0752
$Log\ lik.$	−3387.2452	−6274.0270	−8590.4350	−8700.0071	−7027.6308
Chi^2	427.2403	935.3042	1623.2093	1643.5847	1142.3315
p	0.0000	0.0000	0.0000	0.0000	0.0000

(五)改变样本的检验

民营企业出资人是中共党员,或者具有政治关联(具有现任人大代表、政协委员身份,或者担任工商联常委以上领导职务),和党委政府的联系较多,可能会倾向于加强党建工作,这样党组织作用的发挥或许被放大了,而如果民营企业出资人是非党员,无政治关联,党组织的作用发挥相对更加客观。因此,剔除民营企业出资人是中共党员和有政治关联的样本,继续进行检验,具体结果见表9-10。结果显示,党组织对推动民营企业社会责任投资的作用同样显著,说明党组织的作用发挥是基于治理结构的需要,而非企业家的个人意愿,具有客观必然性。

表9-10 党组织对社会责任投资影响检验(改变样本)

	模型1	模型2	模型3	模型4	模型5	模型6	模型7	模型8	模型9
	去除党员企业家样本			去除人大、政协政治关联样本			去除工商联常委以上领导样本		
Party	5.4277***	1.6716***	0.9804***	6.9062***	2.3641***	1.1121***	8.0665***	2.9495***	1.2531***
	(11.1044)	(6.8134)	(9.2867)	(11.7604)	(7.8733)	(10.1564)	(10.9973)	(8.6937)	(10.0684)
Gender	1.4542***	0.4366***	0.2382**	2.0911***	0.7222**	0.3451***	1.2732*	0.4774	0.1934
	(2.8531)	(1.6735)	(2.3204)	(3.2636)	(2.1588)	(2.9498)	(1.6657)	(1.3171)	(1.5207)
Ceoedu	1.1124***	0.2797**	0.1998***	0.6806**	0.0898	0.1115**	0.6101*	0.0831	0.0899
	(5.0984)	(2.5335)	(4.3612)	(2.5141)	(0.6379)	(2.2823)	(1.8421)	(0.5317)	(1.5715)
Ceoage	0.0852***	0.0341***	0.0147***	0.0039	0.0011	0.0005	−0.0644*	−0.0185	−0.0118*
	(3.3803)	(2.6534)	(2.8103)	(0.1357)	(0.0737)	(0.0930)	(−1.8344)	(−1.1160)	(−1.9141)
Firmage	0.3103***	0.0882***	0.0631***	0.2934***	0.0911***	0.0526***	0.3217***	0.0904***	0.0531***
	(9.0312)	(5.1060)	(8.3603)	(6.9953)	(4.2154)	(6.5087)	(6.2268)	(3.7346)	(5.9106)
Size	0.4486***	0.0594*	0.1839***	0.5609***	0.1604***	0.2005***	0.5788***	0.0674	0.1354**
	(6.2793)	(1.6977)	(3.0250)	(6.8168)	(3.9651)	(3.1022)	(4.7458)	(1.2105)	(1.9806)
Lev	0.0104	−0.0090**	0.0017	0.0079	−0.0125**	0.0008	0.0174	−0.0093*	0.0027
	(1.3417)	(−2.2351)	(1.1352)	(0.8622)	(−2.5688)	(0.5243)	(1.5602)	(−1.7315)	(1.5121)
Indus	Y	Y	Y	Y	Y	Y	Y	Y	Y
Prov	Y	Y	Y	Y	Y	Y	Y	Y	Y
_cons	−8.6483***	−3.7355***	−2.0113***	−6.7563***	−2.6499**	−1.3275***	−6.3207**	−2.6640*	−1.0473*
	(−4.2606)	(−3.6513)	(−4.6479)	(−2.7034)	(−2.0561)	(−2.8694)	(−2.0623)	(−1.8534)	(−1.9539)
N	3203	2773	3201	3111	2641	3111	2757	2294	2754
$PseR^2$	0.0921	0.0471	0.2451	0.0935	0.0577	0.2351	0.1004	0.0681	0.2315
Log lik.	−5322.8169	−4093.8884	−1589.2513	−4276.1853	−3337.3318	−1427.1460	−3177.5891	−2435.7043	−1140.9093
Chi^2	1080.1342	404.4219	595.4826	882.5191	408.9549	539.5072	709.5673	356.2369	477.2945
p	0.0000	0.0000	0.0000	0.0000	0.0000	0.0000	0.0000	0.0000	0.0000

五、作用机制分析

本小节开展党组织对民营企业社会责任投资影响的机制检验。党组织推动民营企业进行社会责任投资,主要并非想从社会争取更多资源,而是一种无形的影响,不仅能为民营企业塑造良好的发展环境,还可以得到更多的合作机会,以及从内部塑造民营企业的社会责任文化,提升企业家的价值观。下面,将从几个方面进行分析。

(一)外部作用机制检验

1.加强政府联系

基于前述研究,本书认为党组织可以有效加强和政府的联系,获取发展支持,解决民营企业面临的发展困境,同时也可以及时了解政府的产业政策,引领发展方向,获得最大的发展机遇,为社会责任投资提供有效的方向支持。同时,加强和政府的联系,也要积极响应国家的政策号召,在发展的同时反哺社会,在不影响发展的前提下积极履行社会责任,加强社会责任捐赠。因此,和政府的联系理应是党组织推动社会责任投资的中介变量。

根据调查问卷,"过去两年来贵公司是否遇到过以下情形",其中包括三个选项,分别为"向政府的投诉得到有关部门回应""政府领导来公司视察与现场办公""参加政府的咨询会与座谈会",我们对每选择一项赋值为1,没有选择赋值为0,然后将三项相加,得到政府联系强度变量(Gov1),数值越大,说明和政府联系得越紧密。另外,设置政府联系哑变量(Gov2),上述三项只要有1项,就为1,全部没有的为0。相关检验结果见表9-11。

表9-11 政府联系的中介效应检验

	模型1	模型2	模型3	模型4	模型5	模型6	模型7	模型8
	政府联系强度变量	社会责任投资规模	社会责任投资强度	社会责任投资倾向	政府联系哑变量	社会责任投资规模	社会责任投资强度	社会责任投资倾向
$Gov1$		2.1495***	0.4222***	0.4978***				
		(12.1786)	(4.4775)	(11.2410)				
$Gov2$						3.8439***	0.9175***	0.7781***
						(11.3951)	(5.0058)	(10.0210)
$Party$	0.4476***	5.1271***	1.6541***	1.0338***	0.2040***	5.3219***	1.6734***	1.0777***
	(11.1180)	(14.8871)	(8.9485)	(12.5782)	(8.6130)	(15.4511)	(9.0922)	(13.1920)

续表

	模型1 政府联系强度变量	模型2 社会责任投资规模	模型3 社会责任投资强度	模型4 社会责任投资倾向	模型5 政府联系哑变量	模型6 社会责任投资规模	模型7 社会责任投资强度	模型8 社会责任投资倾向
$Gender$	0.0541 (1.2473)	1.2561*** (3.2418)	0.3688* (1.7482)	0.2357*** (2.6213)	0.0274 (1.0789)	1.2459*** (3.2001)	0.3607* (1.7107)	0.2327*** (2.6051)
$Ceoedu$	0.1213*** (6.8066)	0.6718*** (4.4211)	0.1412* (1.7224)	0.1315*** (3.5716)	0.0558*** (5.3289)	0.7159*** (4.6958)	0.1433* (1.7516)	0.1408*** (3.8452)
$Ceoage$	0.0030 (1.4957)	0.0436** (2.4958)	0.0176* (1.8531)	0.0088** (2.0859)	0.0002 (0.1846)	0.0502*** (2.8623)	0.0190** (1.9977)	0.0100** (2.3641)
$Firmage$	0.0059** (2.1059)	0.2011*** (8.7102)	0.0431*** (3.4860)	0.0482*** (7.4978)	0.0036** (2.2164)	0.2020*** (8.7121)	0.0427*** (3.4588)	0.0486*** (7.5600)
$Size$	0.0284*** (5.4959)	0.2706*** (6.8268)	0.0354* (1.7227)	0.1108*** (3.9388)	0.0099*** (3.2306)	0.2905*** (7.3127)	0.0383* (1.8664)	0.1167*** (4.0079)
Lev	0.0026*** (4.1506)	0.0030 (0.5567)	−0.0092*** (−3.0527)	0.0005 (0.3996)	0.0012*** (3.1868)	0.0046 (0.8340)	−0.0089*** (−2.9555)	0.0008 (0.5874)
$Indus$	Y	Y	Y	Y	Y	Y	Y	Y
$Prov$	Y	Y	Y	Y	Y	Y	Y	Y
$\_cons$	−0.0386 (−0.2262)	−6.1617*** (−4.2719)	−2.9626*** (−3.8180)	−1.8488*** (−5.2425)	0.2549** (2.5431)	−7.2501*** (−4.9646)	−3.2623*** (−4.1754)	−2.0147*** (−5.6560)
N	5590	4611	4098	4611	5590	4611	4098	4611
$Pse R^2$	0.0598	0.0937	0.0366	0.2634	0.0543	0.0928	0.0369	0.2587
$Log\ lik.$	−7226.8888	−8720.5929	−6786.8615	−2332.9846	−5571.6576	−8729.0398	−6784.2723	−2347.8601
Chi^2	920.0369	1803.2020	515.1142	983.1956	639.8714	1786.3082	520.2927	983.1998
p	0.0000	0.0000	0.0000	0.0000	0.0000	0.0000	0.0000	0.0000

模型1、模型2、模型3、模型4将政府联系强度变量($Gov1$)作为中介效应指标。从模型1可以看出,党组织对政府联系强度的回归系数为正,且通过了1%水平上显著性检验。模型2、模型3、模型4显示,党组织和政府联系强度对社会责任投资规模、强度和倾向的作用均为正,且均通过了1%水平上显著性检验,政府联系强度变量($Gov1$)的中介效应得到了检验。

模型5、模型6、模型7、模型8将政府联系哑变量($Gov2$)作为中介效应指标。从模型5可以看出,党组织对政府联系哑变量的回归系数为正,且通过了1%水平上显著性检验。模型6、模型7、模型8显示,党组织和政府联系哑变量对社会责任投资规模、强度和倾向的作用均为正,且均通过了1%水平上显著性检验,政府联系哑变量($Gov2$)的中介效应得到了检验。

2. 获得社会认可

基于前述研究,民营企业建立党组织可以推动民营企业得到社会的认可,提升企业家的社会地位,这样一方面可以让民营企业的产品更容易得到消费者的认可,推动民营企业更好地发展,有能力进行更多的社会责任投资;另一方面因为民营企业家自身社会地位的提升,会激励民营企业家注重自身的社会责任形象,更加关注民众的利益,加大对社会的反哺力度。因此,提升社会地位可能是党组织推动社会责任投资的中介变量。在此,进行中介效应检验。

根据调查问卷,民营企业家社会地位的评价有两类:一是民众对民营企业家社会地位的评价,这是一种外在的对民营企业家的客观评价($Sta1$);二是民营企业家本人对自己社会地位的评价($Sta2$),这是一种民营企业家自我认可的感受。所有评价均分为10个档次,分别进行1到10离散变量赋值,1评价地位最低,10评价地位最高。相关检验结果见表9-12。我们预计,党组织可以推动民营企业家获得更高的社会地位,进而推动民营企业的社会责任投资。

表9-12 社会地位的中介效应检验

	模型1	模型2	模型3	模型4	模型5	模型6	模型7	模型8
	社会地位民众评价	社会责任投资规模	社会责任投资强度	社会责任投资倾向	社会地位自我评价	社会责任投资规模	社会责任投资强度	社会责任投资倾向
$Sta1$		0.3403*** (3.9780)	0.1037** (2.3519)	0.0689*** (3.4537)				
$Sta2$						0.6294*** (7.2859)	0.2176*** (4.9090)	0.1328*** (6.7008)
$Party$	0.2275*** (3.7681)	5.6945*** (15.7737)	1.5985*** (8.6200)	1.1206*** (13.3175)	0.4697*** (7.8235)	5.5271*** (15.5445)	1.5327*** (8.4680)	1.1027*** (13.1742)
$Gender$	0.0948 (1.4852)	1.3396*** (3.2683)	0.5074** (2.3712)	0.2374** (2.5949)	0.3441*** (5.4225)	1.1573*** (2.8759)	0.3340 (1.6077)	0.2086** (2.2949)
$Ceoedu$	0.0203 (0.7616)	0.8486*** (5.3117)	0.1638** (1.9895)	0.1640*** (4.4047)	0.1342*** (5.0809)	0.7823*** (4.9902)	0.1321* (1.6515)	0.1495*** (3.9995)
$Ceoage$	−0.0033 (−1.1122)	0.0555*** (3.0138)	0.0215** (2.2381)	0.0111*** (2.5763)	0.0145*** (4.8699)	0.0466** (2.5596)	0.0158* (1.6767)	0.0093** (2.1544)

续表

	模型1 社会地位民众评价	模型2 社会责任投资规模	模型3 社会责任投资强度	模型4 社会责任投资倾向	模型5 社会地位自我评价	模型6 社会责任投资规模	模型7 社会责任投资强度	模型8 社会责任投资倾向
$Firmage$	0.0071* (1.7182)	0.1993*** (8.2145)	0.0353*** (2.8410)	0.0468*** (7.2742)	0.0109*** (2.6297)	0.2005*** (8.3881)	0.0383*** (3.1581)	0.0481*** (7.4740)
$Size$	0.0328*** (4.1105)	0.3026*** (7.2359)	0.0425** (2.0477)	0.1264*** (3.9426)	0.0336*** (4.2530)	0.2820*** (6.9090)	0.0367* (1.8300)	0.1162*** (3.8635)
Lev	0.0010 (1.0836)	0.0067 (1.1649)	−0.0080*** (−2.6298)	0.0011 (0.8572)	0.0015 (1.6135)	0.0070 (1.2354)	−0.0076** (−2.5627)	0.0012 (0.9131)
$Indus$	Y	Y	Y	Y	Y	Y	Y	Y
$Prov$	Y	Y	Y	Y	Y	Y	Y	Y
$\_cons$	6.2752*** (24.7180)	−7.6264*** (−4.7535)	−3.3378*** (−4.0454)	−2.1011*** (−5.5443)	5.0416*** (19.9550)	−8.5836*** (−5.5285)	−3.6515*** (−4.6209)	−2.3179*** (−6.2340)
N	5197	4329	3856	4329	5309	4406	3926	4406
$Pse\ R^2$	0.0134	0.0882	0.0367	0.2465	0.0276	0.0904	0.0388	0.2525
$Log\ lik.$	−10526.9411	−8197.7998	−6309.5615	−2238.0337	−10714.2861	−8352.2512	−6401.5934	−2261.3624
Chi^2	285.2126	1586.0387	481.3956	868.8962	607.8310	1659.6452	516.2707	912.1435
p	0.0000	0.0000	0.0000	0.0000	0.0000	0.0000	0.0000	0.0000

模型1、模型2、模型3、模型4将外在的对企业家的客观评价($Sta1$)作为中介效应指标。从模型1可以看出,党组织对民众心目中民营企业家的客观评价的回归系数为正,且通过了1%水平上显著性检验。模型2、模型3、模型4显示,党组织和民众心目中民营企业家的社会地位对社会责任投资规模、强度和倾向的作用均为正,且均通过了1%水平上显著性检验,外在的对民营企业家的客观评价($Sta1$)的中介效应得到了检验。

模型5、模型6、模型7、模型8将民营企业家本人对自己社会地位的评价($Sta2$)作为中介效应指标。从模型5可以看出,党组织对民营企业家社会地位自我评价的回归系数为正,且通过了1%水平上显著性检验。模型6、模型7、模型8显示,党组织和民营企业家社会地位自我评价对社会责任投资规模、强度和倾向的作用均为正,且均通过了1%水平上显著性检验,企业家本人对自己社会地位的评价($Sta2$)的中介效应得到了检验。

3.外部慈善合作

民营企业党组织可以提升民营企业自身形象,便于加强和外部不同单位之间的联系。企业加强慈善捐赠,一般会通过非营利性组织来完成,包括慈善总会/协会、基金会、红十字会系统、行业协会商会、其他社会组织,也有的会通过一些未注册的草根组织(未注册的非营利组织)来完成,这些组织既有依法注册的,又有未注册的。企业选择通过哪一种渠道加强社会捐赠,会影响其捐赠的积极性。一般来说,一方面,企业会选择依法注册的慈善机构开展活动,这些慈善机构一般具有更为正规的制度约束,有更强的外部监督,也容易和国家的共同富裕理念相符合,同时,因为依法注册,内部一般会建立党组织,便于和民营企业党组织加强沟通。另一方面,就是选择那些和自己企业文化相似、和企业家理念相近的非营利性组织来开展慈善合作。在党的领导下,共享发展理念具有强大的群众基础,这也为民营企业党组织推动与外部慈善理念协调提供了根本的标准。和这两类非营利性组织加强沟通协调和合作,则为党组织作用的发挥提供了广阔的舞台,能让两个单位的慈善事业同频共振,相向而行。

因此,本小节将这种外部慈善机构的合作作为中介变量,根据上文分析,可以分为两类变量,一是注重和依法注册的慈善机构合作(Chaco1),二是注重和价值观匹配的慈善机构合作(Chaco2)。相关变量来自调查问卷,每个变量共分为5个等级,分别进行1至5的离散变量赋值,数字越大,说明慈善合作匹配度越强,对此进行中介效应检验,相关检验结果见表9-13。我们预计,党组织可以推动民营企业加强与外部依法注册的慈善机构和价值观匹配的慈善机构合作,进而推动民营企业的慈善捐赠。

表 9-13 外部慈善合作的中介效应检验

	模型 1	模型 2	模型 3	模型 4	模型 5	模型 6	模型 7	模型 8
	与依法注册的慈善机构合作	社会责任投资规模	社会责任投资强度	社会责任投资倾向	与价值观匹配的慈善机构合作	社会责任投资规模	社会责任投资强度	社会责任投资倾向
$Chaco\ 1$		0.1952 (1.4486)	0.1345* (1.9336)	0.0434 (1.3745)				
$Chaco\ 2$						0.7566*** (5.2903)	0.1981*** (2.6528)	0.1650*** (4.7607)
$Party$	0.0758* (1.8437)	5.7020*** (15.1109)	1.7237*** (8.9135)	1.1215*** (13.0250)	0.1628*** (4.4544)	5.6524*** (15.5059)	1.7512*** (9.2551)	1.1184*** (13.1844)

续表

	模型1 与依法注册的慈善机构合作	模型2 社会责任投资规模	模型3 社会责任投资强度	模型4 社会责任投资倾向	模型5 与价值观匹配的慈善机构合作	模型6 社会责任投资规模	模型7 社会责任投资强度	模型8 社会责任投资倾向
$Gender$	0.0633 (1.4642)	1.3904*** (3.2685)	0.4354** (1.9674)	0.2498*** (2.6658)	0.0018 (0.0463)	1.3426*** (3.2634)	0.3193 (1.4764)	0.2460*** (2.6719)
$Ceoedu$	0.0829*** (4.6064)	0.8887*** (5.3511)	0.1464* (1.7117)	0.1773*** (4.5774)	0.1200*** (7.4942)	0.7860*** (4.8899)	0.1494* (1.7848)	0.1534*** (4.0422)
$Ceoage$	0.0039* (1.9339)	0.0532*** (2.7712)	0.0137 (1.3702)	0.0103** (2.3322)	0.0016 (0.8807)	0.0483*** (2.5985)	0.0150 (1.5315)	0.0091** (2.0942)
$Firmage$	0.0015 (0.5196)	0.2138*** (8.4118)	0.0468*** (3.6001)	0.0497*** (7.3511)	0.0050** (1.9712)	0.2091*** (8.4228)	0.0457*** (3.5566)	0.0483*** (7.3073)
$Size$	0.0007 (0.1354)	0.3013*** (7.0448)	0.0324 (1.5261)	0.1124*** (3.8574)	0.0014 (0.2980)	0.3107*** (7.4634)	0.0423** (2.0244)	0.1248*** (3.9565)
Lev	0.0008 (1.2205)	0.0057 (0.9491)	−0.0067** (−2.1056)	0.0010 (0.7194)	0.0024*** (4.2864)	0.0053 (0.9071)	−0.0083*** (−2.6807)	0.0008 (0.6413)
$Indus$	Y	Y	Y	Y	Y	Y	Y	Y
$Prov$	Y	Y	Y	Y	Y	Y	Y	Y
$\_cons$	3.0583*** (17.9793)	−6.4406*** (−3.9786)	−2.8514*** (−3.4277)	−1.8260*** (−4.8236)	2.8405*** (18.6149)	−7.8447*** (−4.9586)	−3.2483*** (−3.9565)	−2.1351*** (−5.7357)
N	4781	4028	3575	4028	4985	4200	3739	4200
$Pse\ R^2$	0.0111	0.0873	0.0370	0.2437	0.0217	0.0876	0.0372	0.2464
$Log\ lik.$	−7676.3232	−7602.9684	−5849.3896	−2087.9363	−7530.5517	−8003.1548	−6168.1493	−2174.0810
Chi^2	171.8536	1454.5116	449.8550	791.9268	334.1246	1536.6191	476.4339	836.4060
p	0.0000	0.0000	0.0000	0.0000	0.0000	0.0000	0.0000	0.0000

模型1、模型2、模型3、模型4将与依法注册的慈善机构合作(Chaco1)作为中介效应指标。从模型1可以看出,党组织对与依法注册的慈善机构合作的回归系数为正,且通过了10%水平上显著性检验。模型2、模型3、模型4显示,党组织和与依法注册的慈善机构合作对社会责任投资规模、强度和倾向的作用均为正,其中,与依法注册的慈善机构合作对社会责任投资强度通过了10%水平上显著性检验,与依法注册的慈善机构合作(Chaco1)的中介效应在部分程度上得到了检验。

模型5、模型6、模型7、模型8将与价值观匹配的慈善机构合作

(Chaco2)作为中介效应指标。从模型5可以看出,党组织对与价值观匹配的慈善机构合作的回归系数为正,且通过了1%水平上显著性检验。模型6、模型7、模型8显示,党组织和与价值观匹配的慈善机构合作对社会责任投资规模、强度和倾向的作用均为正,且均通过了1%水平上显著性检验,与价值观匹配的慈善机构合作(Chaco2)的中介效应得到了检验。

对比两类慈善机构合作可以看出,党组织通过与价值观匹配的慈善机构合作,推动社会责任投资的作用更显著,而与依法注册的慈善机构合作只是部分程度上显著,说明党组织推动对外合作,更注重的是理念上一致的合作,而不是形式上合法性的合作,这也反映了党组织在民营企业价值观上作用发挥的重要性。

(二)内部作用机制检验

1. 打造企业社会责任文化

民营企业在高质量发展的同时,积极投身于社会责任事业,这更多地体现出一种企业文化。在这种企业文化的熏陶下,无论是民营企业股东,还是广大干部职工,甚至产业链供应链上的相关企业,都会积极支持民营企业的这一行动,并在日常的生产管理中加以体现。而党组织嵌入民营企业的重要职能之一,就是积极打造健康向上的企业文化,包括这种把企业自我发展与社会共同进步相融合的社会责任文化。根据调查问卷,目前民营企业在社会责任文化上主要分为五个等次:一是本企业是传统商业机构,唯一的目的是实现利润;二是虽在生产经营中考虑到企业的社会责任,但并未在章程中做具体规定;三是在章程中明确规定一定的社会责任,并在公司决策过程中充分考虑;四是公司具有盈利和社会价值实现的双重责任,将盈利与社会价值并举;五是企业经营并不是以利润为主,而是用利润来辅助企业社会价值的实现。可以看出,在企业文化中,越来越体现出社会责任的重要性,因此,设置民营企业社会责任文化变量(Cul),将上述五个等次分别进行1至5的离散变量赋值,数值越大,企业文化中社会责任文化越强。我们推测,民营企业党组织通过推动民营企业建立社会责任文化,进而推动民营企业的慈善捐赠。在此,对民营企业社会责任文化进行中介效应检验。计量检验结果见表9-14。

模型1、模型2、模型3、模型4仅添加行业和区域控制变量进行中介效应检验,模型5、模型6、模型7、模型8为添加所有控制变量进行中介效检验。从模型1可以看出,党组织对企业社会责任文化的回归系数为正,且通过了1%水平上显著性检验。模型2、模型3、模型4显示,党组织和企业社会责任文化对社会责任投资规模、强度和倾向的作用均为正,且均通过了1%水平上显著性检验。模型5、模型6、模型7、模型8添加全部控制变量后,得出同样的规律,民营企业社会责任文化（Cul）的中介效应得到了检验。

表9-14 民营企业社会责任文化的中介效应检验

	模型1	模型2	模型3	模型4	模型5	模型6	模型7	模型8
	社会责任文化	社会责任投资规模	社会责任投资强度	社会责任投资倾向	社会责任文化	社会责任投资规模	社会责任投资强度	社会责任投资倾向
Cul		1.3411***	0.4427***	0.2592***		1.1173***	0.4183***	0.2208***
		(10.7255)	(6.1987)	(9.9150)		(8.3832)	(5.8295)	(7.4929)
Party	0.5252***	7.5864***	2.2764***	1.5304***	0.3687***	5.4171***	1.6541***	1.0784***
	(14.0283)	(24.0953)	(12.9282)	(22.0319)	(8.2913)	(15.5176)	(8.9667)	(13.0906)
Gender					0.0012	1.5478***	0.4512**	0.2915***
					(0.0257)	(3.9029)	(2.1268)	(3.2701)
Ceoedu					0.1567***	0.7385***	0.1305	0.1419***
					(7.9683)	(4.7670)	(1.5876)	(3.8562)
Ceoage					0.0066***	0.0409**	0.0153	0.0076*
					(2.9913)	(2.2973)	(1.5970)	(1.8032)
Firmage					0.0067**	0.2073***	0.0425***	0.0498***
					(2.1853)	(8.8187)	(3.4345)	(7.7584)
Size					0.0157***	0.2981***	0.0369*	0.1287***
					(2.6779)	(7.3688)	(1.7872)	(3.9842)
Lev					0.0038***	0.0041	−0.0092***	0.0005
					(5.5891)	(0.7424)	(−3.0501)	(0.4024)
Indus	Y	Y	Y	Y	Y	Y	Y	Y
Prov	Y	Y	Y	Y	Y	Y	Y	Y
_cons	2.9780***	−3.6243***	−3.1221***	−1.1127***	2.0130***	−7.4845***	−3.5673***	−2.0149***
	(27.8079)	(−3.9615)	(−6.0569)	(−5.3589)	(10.7431)	(−4.9901)	(−4.4900)	(−5.6745)
N	6921	5313	4711	5310	5441	4505	4014	4504
Pse R^2	0.0263	0.0765	0.0347	0.2137	0.0372	0.0895	0.0380	0.2512
Log lik.	−11464.2318	−10280.3854	−8070.2256	−2870.0278	−8887.7160	−8582.1209	−6643.8932	−2317.7081

续表

	模型1	模型2	模型3	模型4	模型5	模型6	模型7	模型8
	社会责任文化	社会责任投资规模	社会责任投资强度	社会责任投资倾向	社会责任文化	社会责任投资规模	社会责任投资强度	社会责任投资倾向
Chi²	619.0737	1702.0118	579.7883	1090.6453	686.0704	1686.4355	525.2331	909.9710
p	0.0000	0.0000	0.0000	0.0000	0.0000	0.0000	0.0000	0.0000

2.加强制度建设

中国民营企业绝大部分是中小微企业,这些企业的主要特征是规章制度不健全,很多重大决策或日常管理由企业出资人拍板,这种决策虽然高效,执行力强,但是容易出现决策错误,给企业发展带来较大的负面作用。同时,缺少规章制度,也会给企业的慈善捐赠等非生产性投资带来一定的负面影响,当企业生产效益较好,有较多的流动资金时,这种社会责任投资可能不会遭到企业出资人反对,但当企业经营出现一定的困难时,企业出资人可能首先就会降低社会责任投资。另外,没有良好的规章制度遵循,企业的社会责任投资可能就会出现无序状态,并不是出于帮助社会上所需要的人,而是从企业自身利益角度来考虑,如为了企业的发展,为了个人的声望,导致目的的不纯洁性,其社会效果也会大打折扣。党组织嵌入民营企业后,会积极督促民营企业家改变家族治理模式的非科学性,推动各类规章制度的制定和执行,进而通过建章立制,推动民营企业的社会责任投资走上科学的轨道。

对于民营企业制度建设变量($Inst$),调查问卷涉及这一选项,共包括7项制度:企业组织或董事会章程,人事、劳动任用管理章程,家族宪法或类似章程,工资、福利章程,岗位职能管理章程,财务管理章程,供销管理章程。对于每选择1项,赋值为1,没有选择的赋值为0,然后将7项选择相加,数值越大,代表制度建设越健全。计量结果见表9-15。

模型1、模型2、模型3、模型4仅添加行业和区域控制变量进行中介效应检验,模型5、模型6、模型7、模型8为添加所有控制变量进行中介效应检验。从模型1可以看出,党组织对民营企业制度建设变量的回归系数为正,且通过了1%水平上显著性检验。模型2、模型3、模型4显示,党组织和民营企业制度建设变量对社会责任投资规模、强度和倾向的作用均为正,且均通过了1%水平上显著性检验。模型5、模型6、模型7、模型8添加全部控制变量后,虽然显著性略有下降,但是得出同样的规律,民营企业制度建设变量（Inst）的中介效应得到了检验。

表 9-15　民营企业制度建设的中介效应检验

	模型 1 制度建设水平	模型 2 社会责任投资规模	模型 3 社会责任投资强度	模型 4 社会责任投资倾向	模型 5 制度建设水平	模型 6 社会责任投资规模	模型 7 社会责任投资强度	模型 8 社会责任投资倾向
$Inst$		1.3531*** (16.6919)	0.3241*** (6.9484)	0.2755*** (15.0500)		1.2211*** (13.7032)	0.3355*** (6.9529)	0.2556*** (11.8545)
$Party$	1.1408*** (23.2349)	6.7327*** (21.6814)	2.1167*** (11.9213)	1.3915*** (19.7963)	0.6726*** (12.0233)	4.9815*** (14.5056)	1.5716*** (8.4911)	1.0243*** (12.3982)
$Gender$					0.1397** (2.3618)	1.2301*** (3.1777)	0.3563* (1.6869)	0.2350*** (2.5946)
$Ceoedu$					0.3309*** (13.4429)	0.4943*** (3.2371)	0.0879 (1.0650)	0.0866** (2.3351)
$Ceoage$					0.0097*** (3.5052)	0.0391** (2.2446)	0.0158* (1.6634)	0.0075* (1.7608)
$Firmage$					0.0081** (2.1003)	0.2006*** (8.7174)	0.0426*** (3.4491)	0.0484*** (7.5674)
$Size$					0.0517*** (6.9640)	0.2577*** (6.5226)	0.0287 (1.3933)	0.1075*** (3.7986)
Lev					0.0102*** (12.0207)	−0.0085 (−0.6393)	−0.0111*** (−3.6706)	−0.0011 (−0.8426)
$Indus$	Y	Y	Y	Y	Y	Y	Y	Y
$Prov$	Y	Y	Y	Y	Y	Y	Y	Y
$\_cons$	3.3511*** (23.5431)	−4.2661*** (−4.9526)	−2.9571*** (−5.9845)	−1.2923*** (−6.3673)	1.7074*** (7.2408)	−7.6043*** (−5.2444)	−3.4968*** (−4.4671)	−2.0656*** (−5.8673)
N	7201	5454	4819	5454	5590	4611	4098	4611
$Pse\,R^2$	0.0449	0.0838	0.0345	0.2325	0.0694	0.0959	0.0386	0.2659
$Log\ lik.$	−14431.0755	−10443.6780	−8244.3848	−2876.0897	−10879.1296	−8699.4394	−6772.3514	−2324.9516
Chi^2	1358.3402	1910.3184	589.1340	1217.6999	1621.4526	1845.5089	544.1344	1018.9539
p	0.0000	0.0000	0.0000	0.0000	0.0000	0.0000	0.0000	0.0000

3. 引导企业家树立社会责任意识

正如前文所述，中国的民营企业出资人在整个企业治理体系中扮演着核心的角色，虽然党组织嵌入可以推动民营企业加强制度建设，但是民营企业出资人的作用仍然不可忽视。一般来说,即使制度健全,如何得到高质量地执行和落实,也需要民营企业出资人支持。民营企业出资人在企业中一般会担任董事长或总经理,即使现在有的新生代企业家开始接班,但在重大决策和把关定向上,仍然离不开老一代企业家的支持。因此,推动民营企业加强社会责任投资,在推动制度健全的基础上,同样更需要民营企业出资人在思想观念上的支持。党组织嵌入民营企业的重要功能之一就是宣传引导,对企业出资人、管理层和广大员工进行政治引导和思想教育,而其中,如果能对民营企业出资人进行有效的教育引导,那么可以起到事半功倍的效果。

对于民营企业家社会责任意识(CSR),调查问卷有涉及,在对企业家慈善捐赠的动机进行询问中,有3项选择:对社会多做贡献、报答父老乡亲、自己内心的召唤与感动。对于每选择1项,赋值为1,没有选择赋值为0,再将三项选择相加,得到离散变量0、1、2、3,数值越大,企业家内心的社会责任感越强,越支持企业的回馈社会事业。本小节验证,党组织嵌入民营企业中,通过提升民营企业家的社会责任感,来推动民营企业的慈善捐赠。对此,进行中介效应检验,相关结果见表9-16。

模型1、模型2、模型3、模型4仅添加行业和区域控制变量进行中介效应检验,模型5、模型6、模型7、模型8为添加所有控制变量进行中介效应检验。从模型1可以看出,党组织对民营企业家社会责任意识的回归系数为正,且通过了1%水平上显著性检验。模型2、模型3、模型4显示,党组织和民营企业家社会责任意识对社会责任投资规模、强度和倾向的作用均为正,且均通过了1%水平上显著性检验。模型5、模型6、模型7、模型8添加全部控制变量后,得出同样的规律,民营企业家社会责任意识(CSR)的中介效应得到了检验。

表9-16 民营企业家社会责任意识的中介效应检验

	模型1	模型2	模型3	模型4	模型5	模型6	模型7	模型8
	企业家社会责任意识	社会责任投资规模	社会责任投资强度	社会责任投资倾向	企业家社会责任意识	社会责任投资规模	社会责任投资强度	社会责任投资倾向
CSR		0.0733***	0.0877***	0.0104***		0.0515***	0.0707***	0.0086***
		(9.3073)	(9.3419)	(8.3815)		(6.1015)	(6.7710)	(5.5283)
Party	11.7861***	9.8852***	6.4527***	1.4369***	6.4025***	6.5186***	4.6896***	0.9504***
	(12.7622)	(21.4282)	(12.0674)	(20.2376)	(6.1488)	(13.1529)	(7.8016)	(10.8411)

续表

	模型1 企业家社会责任意识	模型2 社会责任投资规模	模型3 社会责任投资强度	模型4 社会责任投资倾向	模型5 企业家社会责任意识	模型6 社会责任投资规模	模型7 社会责任投资强度	模型8 社会责任投资倾向
Gender					0.5832 (0.5172)	2.0132*** (3.4547)	1.3889* (1.9575)	0.3242*** (3.0558)
Ceoedu					11.4379*** (24.5271)	1.9138*** (8.3534)	1.4721*** (5.3216)	0.3297*** (7.7291)
Ceoage					−0.0856 (−1.6358)	0.0307 (1.2141)	0.0130 (0.4192)	0.0066 (1.4185)
Firmage					0.0325 (0.4504)	0.1234*** (3.7080)	0.0012 (0.0282)	0.0199*** (3.2789)
Size					−0.3340** (−2.4790)	0.5173*** (9.5887)	0.2333*** (3.6443)	0.1509*** (5.9856)
Lev					0.0523*** (3.2733)	0.0239*** (3.0593)	0.0081 (0.8376)	0.0029** (2.0940)
Indus	Y	Y	Y	Y	Y	Y	Y	Y
Prov	Y	Y	Y	Y	Y	Y	Y	Y
_cons	24.0103*** (9.0213)	−2.9431** (−2.3581)	−3.4032** (−2.3657)	−0.7008*** (−3.4957)	−13.2393*** (−2.9783)	−8.6230*** (−4.1133)	−6.4289** (−2.5252)	−1.9143*** (−4.8688)
N	6637	6237	5303	6216	5263	5063	4421	5060
Pse R^2	0.0243	0.1218	0.0726	0.2991	0.0409	0.1384	0.0752	0.3493
Log lik.	−27405.9910	−8931.1556	−8394.4872	−2650.6760	−21375.0878	−7386.7917	−7155.3061	−2041.3083
Chi^2	1366.2323	2478.5072	1313.5686	1437.8528	1822.9891	2372.8597	1163.1544	1179.4118
p	0.0000	0.0000	0.0000	0.0000	0.0000	0.0000	0.0000	0.0000

六、进一步分析

(一)异质性检验

1. 考虑企业规模异质性的影响

不同规模的企业受实力影响,在社会责任投资上会表现出一定的差异性。本部分依据世界银行对调查企业的界定,将企业分为大型企业和中小型企业(张三峰、魏下海,2019),然后再分别进行回归分析,结果见表9-17。结果表明,党组织嵌入不同规模的企业,大部分推动企业增加了社会责任投资,其中在中小型企业群体中的作用相对更强。进行具体对比,以社会责任投资规模对比来看,党组织嵌入对中小型企业社会责任投资推动作用约为大型企业的2.24倍;以社会责任投资强度对比来看,党组织嵌入对中小型企业社会责任投资推动作用显著强于大型企业,约为3.32倍;以社会责任投资倾向对比来看,党组织嵌入对中小型企业社会责任投资推动作用约为大型企业的1.23倍。可以看出,党组织嵌入在中小型企业的作用更为明显。这对当前的工作也有较大启示,中小型企业在规模实力上与大型企业有一定差距,但在党组织的作用下,更加积极地投入社会责任事业上,这种社会责任心需要鼓励,同时也要给予更多的支持,以使中小型企业有更多的发展支撑。

表9-17 党组织对研发投资影响的规模异质性检验

	模型1	模型2	模型3	模型4	模型5	模型6
	社会责任投资规模		社会责任投资强度		社会责任投资倾向	
	中小型	大型	中小型	大型	中小型	大型
$Party$	4.0494***	1.8100***	1.6163***	0.4862*	0.7870***	0.6376***
	(7.9562)	(3.9096)	(5.9983)	(1.7043)	(7.5742)	(3.4687)
$Gender$	1.5362***	0.2876	0.5718*	0.0401	0.2818**	0.0123
	(2.7947)	(0.5445)	(1.9229)	(0.1245)	(2.5695)	(0.0571)
$Ceoedu$	0.4185*	0.1693	0.1044	−0.0100	0.0724	0.0091
	(1.7583)	(0.9867)	(0.8093)	(−0.0965)	(1.5178)	(0.1246)
$Ceoage$	0.0374	0.0187	0.0203	0.0007	0.0072	0.0035
	(1.4031)	(0.9255)	(1.3923)	(0.0599)	(1.3771)	(0.3848)
$Firmage$	0.2118***	0.0479*	0.0609***	−0.0015	0.0412***	0.0140
	(5.6488)	(1.9420)	(3.0282)	(−0.0969)	(5.2207)	(1.2397)
$Size$	15.2611***	0.1277***	3.8929***	0.0106	2.9299***	0.0341**
	(14.9744)	(4.1630)	(7.2209)	(0.5730)	(13.1435)	(2.0071)
Lev	−0.0152*	−0.0257***	−0.0162***	−0.0138***	−0.0030*	−0.0073**
	(−1.8328)	(−3.6913)	(−3.5774)	(−3.2384)	(−1.8263)	(−2.5383)
$Indus$	Y	Y	Y	Y	Y	Y
$Prov$	Y	Y	Y	Y	Y	Y
$\_cons$	−8.4819***	5.8326***	−3.6412***	−0.2659	−1.7946***	0.5804
	(−3.8853)	(3.4264)	(−3.1130)	(−0.2560)	(−4.0351)	(0.8235)
N	3337	1274	2841	1257	3337	1267

续表

	模型 1	模型 2	模型 3	模型 4	模型 5	模型 6
	社会责任投资规模		社会责任投资强度		社会责任投资倾向	
	中小型	大型	中小型	大型	中小型	大型
$Pse\ R^2$	0.0986	0.0215	0.0555	0.0158	0.2479	0.0833
$Log\ lik.$	−4863.4473	−3505.1899	−3811.1700	−2820.7375	−1563.5211	−611.1399
Chi^2	1063.6951	154.2559	447.9178	90.7430	647.9477	97.5565
p	0.0000	0.0000	0.0000	0.0007	0.0000	0.0001

2.考虑生命周期异质性的影响

不同生命周期的企业,在面对党组织嵌入情况下可能会有不同的反应。以企业成立时间中值为参照,低于中值的为成长期,其他为成熟期,分类进行检验,相关结果见表 9-18。结果显示,无论企业是处于成长期还是成熟期,党组织对社会责任投资的作用都是显著的,而成长期企业党组织的作用相对而言强一些。进行具体对比,以社会责任投资规模对比来看,党组织嵌入对成长期企业社会责任投资推动作用约为成熟期企业的 1.28 倍;以社会责任投资强度对比来看,党组织嵌入对成长期企业社会责任投资推动作用约为成熟期企业的 1.73 倍;以社会责任投资倾向对比来看,党组织嵌入对成长期企业社会责任投资推动作用略低于成熟期企业。可能的原因是,一方面,成长期企业处于利润高增长期,因而也有较多的利润空间投入社会责任投资上;另一方面,因为还有更大的成长需求,更需要通过社会责任投资来树立企业形象,为政府、社会、产业链合作者等利益相关者所接受,但受实力所限又难以有较多的投入,因而也更愿意通过配合党组织嵌入,获取更多的支持。成熟期企业,相对来说无论是增长模式、利润增速,还是竞争环境,都已经相对稳定,企业形象也已基本定型,一般更会注重现有发展状态的维持,因此,在维持利益相关者关系上,除非有重大社会需求,一般不会有更大的动力去提升,包括社会责任投资,更多的是一种相对稳定的投入维持。

表 9-18 党组织对研发投资影响的生命周期异质性检验

	模型 1	模型 2	模型 3	模型 4	模型 5	模型 6
	社会责任投资规模		社会责任投资强度		社会责任投资倾向	
	成长期	成熟期	成长期	成熟期	成长期	成熟期
$Party$	6.2882***	4.8992***	2.1517***	1.2405***	1.0539***	1.1212***
	(10.1871)	(11.8048)	(7.3632)	(5.2099)	(7.8461)	(10.0517)
$Gender$	2.1224***	0.6730	0.9765***	0.1025	0.3407**	0.1258
	(3.1283)	(1.3894)	(2.9513)	(0.3673)	(2.5629)	(1.0020)
$Ceoedu$	0.8785***	0.8242***	0.2034	0.1338	0.1355**	0.1913***
	(3.0948)	(4.6039)	(1.4715)	(1.3175)	(2.4151)	(3.7475)
$Ceoage$	0.0806**	0.0115	0.0296*	0.0036	0.0114*	0.0040
	(2.4776)	(0.5543)	(1.8424)	(0.3004)	(1.8242)	(0.6776)
$Firmage$	0.5250***	0.1135***	0.0991*	0.0092	0.0968***	0.0345***
	(4.8358)	(3.5682)	(1.8695)	(0.5109)	(4.5389)	(3.1274)
$Size$	0.8427***	0.2596***	0.1101*	0.0504**	0.4201***	0.0896***
	(6.5612)	(6.7221)	(1.8597)	(2.3561)	(2.6800)	(3.5492)
Lev	0.0098	−0.0030	−0.0096**	−0.0099**	0.0010	−0.0003
	(0.9976)	(−0.4429)	(−1.9873)	(−2.5402)	(0.5363)	(−0.1708)
$Indus$	Y	Y	Y	Y	Y	Y
$Prov$	Y	Y	Y	Y	Y	Y
$\_cons$	−9.7394***	−1.1731	−2.9993**	−1.7585*	−1.9506***	−1.2296**
	(−3.6253)	(−0.6416)	(−2.3231)	(−1.6947)	(−3.6528)	(−2.3147)
N	2419	2192	2039	2059	2419	2192
$Pse\ R^2$	0.0961	0.0593	0.0589	0.0220	0.2525	0.1876
$Log\ lik.$	−3540.3422	−5138.4121	−2679.4185	−4054.3311	−1124.8807	−1206.8344
Chi^2	753.0688	648.0826	335.6031	182.2684	441.8508	370.9318
p	0.0000	0.0000	0.0000	0.0000	0.0000	0.0000

3. 考虑业绩变化异质性的影响

社会责任投资是非直接生产性投资,短期内可能会对企业的现金流产生一定的挤压,因此,企业在面临不同的业绩背景下,在社会责任投资上会有较大的区别,为此,进行分类计量检验。在调查问卷中,有企业净利润同比的情况,包括增长、持平、下降,根据这个分类,将企业分为三类,进而进行检验。相关结果见表 9-19。

结果显示,在不同的利润情况下,党组织对社会责任投资的作用都是显著的,显示了结论的稳健性,并未受到企业业绩的根本性影响。而从分类来看,在推动社会责任投资规模和社会责任投资强度上,利润同比增长越高,党组织的作用越弱,两者之间呈现反作用。而在推动社会责任投资倾向上,这种差别并不显著,在利润增长的情况下推动作用最强,其次是利润下降的背景下,利润持平的情况下推动作用最弱。按传统的规律,利润同比增长越高,越有能力进行社会责任投资,但检验结果并不一致。其可能的原因是,在利润下降的情况下,从民营企业实力来说,或者从维护家族利益和股东利益角度来说,如果在没有外力的情况下,可能会将有限的资源去维护民营企业的发展或维护股东的收益,因而社会责任投资的规模和强度处于一个较低的水平。但党组织嵌入后,一方面会督促民营企业履行正常的社会责任义务,另一方面也会通过各种渠道给民营企业带来发展资源,营造良好的环境,推动民营企业发展,进而带动民营企业在短期内提升社会责任投资水平。但在推动社会责任投资倾向上,可以看出,党组织推动作用在利润增长的企业表现更强,说明党组织虽会引导更多业绩较好的民营企业加入,但并不追求规模和强度的上升。对于利润下降的民营企业,如前面分析,党组织通过帮扶和约束让其提升社会责任投资。相比较来说,党组织对于利润持平企业的推动作用相对小一些,可能是利润持平的民营企业,发展较为稳定,因而党组织的作用对于一些决策的改变作用相对较小。

表 9-19　党组织对社会责任投资影响的业绩异质性检验

	模型 1	模型 2	模型 3	模型 4	模型 5	模型 6	模型 7	模型 8	模型 9
	社会责任投资规模			社会责任投资强度			社会责任投资倾向		
	利润增长	利润持平	利润下降	利润增长	利润持平	利润下降	利润增长	利润持平	利润下降
Party	5.0451***	5.2149***	5.7686***	1.5776***	1.7714***	1.8127***	1.2154***	1.0193***	1.1051***
	(10.0680)	(7.7641)	(8.3691)	(6.2516)	(4.6510)	(5.2707)	(8.5509)	(6.1993)	(7.4049)
Gender	1.2571**	1.1540	1.2195	0.2314	0.7917*	0.1046	0.3274**	0.1761	0.2122
	(2.0972)	(1.5474)	(1.6019)	(0.7676)	(1.8087)	(0.2735)	(1.9948)	(1.0072)	(1.3849)
Ceoedu	0.3775*	1.0729***	1.3469***	−0.0734	0.3463*	0.2990**	0.0484	0.1990**	0.2730***
	(1.7698)	(3.3525)	(4.4064)	(−0.6890)	(1.8860)	(1.9632)	(0.7470)	(2.5210)	(4.0719)
Ceoage	0.0515**	0.0609*	0.0492	0.0103	0.0167	0.0212	0.0118	0.0130	0.0099
	(2.0748)	(1.7032)	(1.4167)	(0.8313)	(0.7900)	(1.1928)	(1.5344)	(1.5801)	(1.3319)

续表

	模型1	模型2	模型3	模型4	模型5	模型6	模型7	模型8	模型9
	社会责任投资规模			社会责任投资强度			社会责任投资倾向		
	利润增长	利润持平	利润下降	利润增长	利润持平	利润下降	利润增长	利润持平	利润下降
Firmage	0.1576***	0.2378***	0.2426***	0.0189	0.0817***	0.0640***	0.0492***	0.0546***	0.0506***
	(4.8907)	(4.8971)	(5.1880)	(1.1759)	(2.9407)	(2.7553)	(4.1798)	(4.0979)	(4.7042)
Size	0.2051***	0.5472***	0.3118***	0.0185	0.0350	0.0906*	0.0709***	0.4412***	0.1121
	(4.7294)	(4.2344)	(3.2851)	(0.8670)	(0.4999)	(1.9659)	(2.5965)	(2.7458)	(1.6252)
Lev	−0.0221***	0.0143	0.0137	−0.0174***	−0.0062	−0.0047	−0.0054**	0.0024	0.0026
	(−2.7745)	(1.2655)	(1.2482)	(−4.3058)	(−0.9262)	(−0.8317)	(−2.3508)	(0.9342)	(1.1688)
Indus	Y	Y	Y	Y	Y	Y	Y	Y	Y
Prov	Y	Y	Y	Y	Y	Y	Y	Y	Y
_cons	−1.6043	−6.3611**	−6.9498**	−1.0785	−3.3682**	−2.8985*	−1.1742*	−1.9015***	−1.7816***
	(−0.8025)	(−2.1776)	(−2.3121)	(−1.0805)	(−2.0131)	(−1.9332)	(−1.9556)	(−2.6073)	(−2.6521)
N	1429	1288	1534	1398	1109	1372	1410	1286	1532
$Pse\,R^2$	0.0644	0.0993	0.0976	0.0272	0.0592	0.0540	0.2021	0.2873	0.2548
Log lik.	−3399.6921	−2297.1450	−2501.8462	−2600.2094	−1780.8512	−1939.3336	−755.8588	−621.5883	−748.2500
Chi^2	467.9851	506.2342	541.0882	145.4918	224.0770	221.3749	266.4432	269.0462	328.2775
p	0.0000	0.0000	0.0000	0.0000	0.0000	0.0000	0.0000	0.0000	0.0000

4. 考虑家族企业异质性的影响

中国的民营企业很多采取家族式治理方式,党组织嵌入后的作用发挥空间受到影响。民营企业发展可能更多地满足于家族利益,而非其他公众利益。因此,党组织在推动社会责任投资上的作用可能有所区别。为此,进行分类检验。对民营企业是否是家族企业进行分类,如果企业家族资本占比超过50%,则企业被定义为家族企业,其他为非家族企业,相关结果见表9-20。结果显示,无论是家族企业还是非家族企业,党组织对社会责任投资的作用都是显著的,而在非家族企业中党组织的作用相对强一些。产生这一现象可能的原因是,家族企业在治理过程中,企业主要出资人或家族出资代理人在其中扮演着关键的角色。在其他治理结构中,包括党组织在内,其作用发挥的空间可能更多受到上述作用限制,而社会责任投资本身可能会挤压企业的现金流,因此并不一定受到家族企业重视,这也就在一定程度上影响了党组织发挥作用的空间。

表 9-20 党组织对社会责任投资影响的家族异质性检验

	模型 1	模型 2	模型 3	模型 4	模型 5	模型 6
	社会责任投资规模		社会责任投资强度		社会责任投资倾向	
	非家族企业	家族企业	非家族企业	家族企业	非家族企业	家族企业
$Party$	9.0330***	5.3200***	2.0074***	1.6593***	2.1579***	1.0098***
	(9.1662)	(14.3423)	(6.0572)	(8.1387)	(7.5197)	(11.4037)
$Gender$	0.9683	1.4009***	0.0171	0.4380*	0.2585	0.2406**
	(0.8943)	(3.3272)	(0.0467)	(1.8617)	(0.9428)	(2.5264)
$Ceoedu$	0.8540**	0.8526***	0.1665	0.1820**	0.2017*	0.1538***
	(2.1000)	(5.1382)	(1.2155)	(1.9820)	(1.6998)	(3.9634)
$Ceoage$	0.0182	0.0550***	0.0093	0.0225**	0.0030	0.0102**
	(0.3681)	(2.8998)	(0.5588)	(2.1241)	(0.2068)	(2.3182)
$Firmage$	−0.0155	0.2373***	−0.0128	0.0529***	−0.0092	0.0555***
	(−0.2431)	(9.4333)	(−0.5872)	(3.8449)	(−0.5154)	(8.2466)
$Size$	0.1559*	0.3901***	−0.0009	0.0702***	0.0187	0.2285***
	(1.9497)	(8.3105)	(−0.0343)	(2.8242)	(0.7214)	(4.2016)
Lev	0.0186	0.0068	−0.0107**	−0.0077**	0.0056	0.0006
	(1.2351)	(1.1370)	(−2.0785)	(−2.2957)	(1.3669)	(0.4739)
$Indus$	Y	Y	Y	Y	Y	Y
$Prov$	Y	Y	Y	Y	Y	Y
$\_cons$	−0.0823	−6.1018***	−0.9625	−3.2111***	−0.3494	−1.7491***
	(−0.0210)	(−3.8802)	(−0.7487)	(−3.6921)	(−0.2811)	(−4.7513)
N	588	4023	522	3576	584	4023
$Pse\ R^2$	0.1100	0.0882	0.0836	0.0367	0.3005	0.2546
$Log\ lik.$	−1139.3364	−7605.2795	−751.6166	−5953.6154	−282.2895	−2056.9173
Chi^2	281.7278	1470.6371	137.1514	453.1926	155.8580	796.9408
p	0.0000	0.0000	0.0000	0.0000	0.0000	0.0000

(二)绩效检验

由于社会责任投资是非生产性投资,如果其能长久地得到民营企业出资人的支持,从长远来看,不能影响民营企业的业绩。因此,有必要对社会责任投资的绩效进行检验,具体从如下两个方面展开:

1.对企业利润静态指标的影响

本小节对民营企业社会责任投资的利润影响效应进行检验,民营企业利润指标从两个方面进行衡量,一是利润规模,取民营企业净利润的对数进行衡量;二是销售净利率,以净利润与销售额的比值进行衡量,取百分数。相关结果见表9-21。

模型1、模型2、模型3是对利润规模的回归,模型4、模型5、模型6是对销售净利率的回归。从总体上来看,除社会责任投资强度对利润规模的回归作用系数不显著外,其他回归指标均为正,且均通过了1%水平上显著性检验,反映了社会责任投资整体上对民营企业利润有显著的正向推动作用,这也可以从实证上打消民营企业家对社会责任投资影响民营企业业绩的担忧。

表9-21 社会责任投资对民营企业利润静态指标影响的检验

	模型1	模型2	模型3	模型4	模型5	模型6
	利润规模			销售净利率		
$SRI1$	0.3249*** (18.9884)			0.5340*** (4.3192)		
$SRI2$		−0.0142 (−0.5601)			0.6445*** (2.9158)	
$SRI3$			3.5524*** (18.7822)			6.0316*** (4.4230)
$Gender$	0.5560*** (2.6678)	0.5101*** (3.0670)	0.5797*** (2.7771)	3.2069** (2.1071)	3.4240** (2.2492)	3.2228** (2.1181)
$Ceoedu$	0.4059*** (4.8405)	0.4994*** (7.6248)	0.4394*** (5.2424)	−1.3619** (−2.2060)	−1.0610* (−1.7281)	−1.3208** (−2.1437)
$Ceoage$	−0.0043 (−0.4436)	0.0049 (0.6476)	−0.0026 (−0.2715)	−0.0715 (−1.0122)	−0.0565 (−0.7995)	−0.0702 (−0.9934)
$Firmage$	0.0951*** (7.3418)	0.0776*** (7.7590)	0.0974*** (7.5130)	−0.0255 (−0.2663)	0.0416 (0.4391)	−0.0237 (−0.2483)
$Size$	0.2032*** (8.6571)	0.2533*** (14.5246)	0.2338*** (10.0645)	0.2562 (1.4727)	0.4125** (2.4239)	0.3039* (1.7681)
Lev	0.0209*** (6.6619)	0.0077*** (3.1102)	0.0201*** (6.3827)	−0.2309*** (−10.7172)	−0.2257*** (−10.4577)	−0.2319*** (−10.7634)
$Indus$	Y	Y	Y	Y	Y	Y
$Prov$	Y	Y	Y	Y	Y	Y

续表

	模型1	模型2	模型3	模型4	模型5	模型6
	利润规模			销售净利率		
$\_cons$	8.2259***	11.0222***	8.1119***	28.7899***	29.5436***	28.5797***
	(10.3226)	(17.6396)	(10.1577)	(4.9260)	(5.0529)	(4.8885)
N	3612	3236	3612	3784	3784	3784
$Pse\ R^2$	0.0713	0.0570	0.0710	0.0068	0.0065	0.0068
$Log\ lik.$	−9924.9524	−8559.5570	−9928.3363	−18898.8713	−18903.9319	−18898.4196
Chi^2	1524.9936	1035.5925	1518.2258	257.0604	246.9393	257.9639
p	0.0000	0.0000	0.0000	0.0000	0.0000	0.0000

2. 对企业利润变动趋势的影响

上一小节验证了社会责任投资对民营企业利润静态水平的作用,本小节进一步研究社会责任投资对民营企业利润变动趋势的影响。社会责任投资虽然总体上推动了民营企业业绩的增长,但是我们同时希望,民营企业利润同比往年也是增长的,这样就能进一步验证社会责任投资的驱动作用。在调查问卷中,企业净利润同比变化有相关数据,即下降、持平、增长,分别赋值为1、2、3,然后作为被解释变量,进行检验。相关结果见表9-22。可以看出,社会责任投资总体上推动了企业利润率的同比增长,进一步验证了社会责任投资对业绩推动的作用效应。

表9-22 社会责任投资对民营企业利润变动趋势影响的检验

	模型1	模型2	模型3	模型4	模型5	模型6
$SRI1$	0.0355***			0.0326***		
	(10.4921)			(8.4208)		
$SRI2$		0.0023			0.0044	
		(0.3856)			(0.6196)	
$SRI3$			0.3599***			0.3274***
			(9.4064)			(7.6323)
$Gender$				0.0238	0.0569	0.0270
				(0.5037)	(1.1234)	(0.5713)
$Ceoedu$				0.0579***	0.0759***	0.0626***
				(2.9885)	(3.7439)	(3.2348)

续表

	模型1	模型2	模型3	模型4	模型5	模型6
$Ceoage$				−0.0072*** (−3.3003)	−0.0065*** (−2.7802)	−0.0070*** (−3.1860)
$Firmage$				−0.0026 (−0.8658)	0.0005 (0.1457)	−0.0020 (−0.6660)
$Size$				0.0214*** (3.9491)	0.0294*** (5.4056)	0.0252*** (4.7001)
Lev				0.0025*** (3.6538)	0.0027*** (3.7048)	0.0024*** (3.5840)
$Indus$	Y	Y	Y	Y	Y	Y
$Prov$	Y	Y	Y	Y	Y	Y
$\_cons$	1.9638*** (19.0781)	2.1992*** (20.6955)	1.9934*** (19.3324)	2.0608*** (11.3299)	2.1665*** (11.2657)	2.0527*** (11.2593)
N	4991	4532	4991	4251	3879	4251
$Pse\ R^2$	0.0284	0.0196	0.0268	0.0375	0.0301	0.0364
$Log\ lik.$	−6624.5624	−6124.4725	−6635.2354	−5604.9971	−5197.4254	−5611.2950
Chi^2	387.2662	245.4107	365.9203	436.3334	322.5525	423.7418
p	0.0000	0.0000	0.0000	0.0000	0.0000	0.0000

七、本章小结

本章利用2018年第十三次全国民营企业抽样调查数据,对党组织嵌入作用于社会责任投资进行检验,有以下重要发现:第一,在促进社会责任投资作用上。民营企业建立党组织对社会责任投资规模、社会责任投资强度和社会责任投资倾向均有显著的促进作用。第二,从异质性检验来看,党组织在中小型企业、成长期企业、非家族企业中的作用表现相对更强一些,而在不同业绩变化的企业中则表现出"U"型规律。第三,从绩效检验来看,社会责任投资显著促进企业的利润率增长。第四,从作用机制分析来看,党组织通过外部作用机制和内部作用机制两个方向来推动民营企业的社会责任投资,外部作用机制包括加强政府联系、提升企业家社会地位、推动与外部非营利性慈善机构合作来实现;内部作用机制包括打造企业社会责任文化、加强制度建设、引导企业家树立社会责任意识来实现。

伴随着改革开放的步伐,广大民营企业已经成为中国新增投资的主力、吸收就业的主渠道和推动经济发展的最大动力,同时也是推动社会公益事业的重要力量,对于调节贫富差距、缓解社会矛盾、改善社会民生、促进社会和谐,都有着重要的作用。构建好的激励机制,保护民营企业的捐赠热情,鼓励更多的民营企业参与公益慈善事业,有着十分重要而深远的意义。政府是民营企业参与社会公益事业的组织者和引导者,民营企业慈善捐赠等社会公益事业的正向效应的显现,需要政府的决策安排并予以鼓励推动。政府应加强对民营企业履行社会责任的鼓励引导,推动民营企业在发展好的基础上,力所能及地对弱势群体进行慈善捐赠和其他帮扶,在社会公益性事业上多做贡献,展现民营企业的良好社会形象。

第十章 研究结论、启示与展望

一、研究结论

党组织嵌入民营企业并发挥作用已经成为中国特色企业治理领域的热门话题。党中央始终高度重视民营企业党建工作,习近平总书记强调,要积极推动民营企业党建工作探索,因地制宜抓好党建、促进企业健康发展。党的十八大以来,党中央提出了系列加强民营企业党建的重大观点,推出了系列重要举措。在各级"两新工委"、统战、市场监管、工商联等职能部门的具体指导下,民营企业党的组织覆盖和工作覆盖工作取得了突出成就,党组织嵌入和作用发挥成效显著,民营企业党建工作正越来越多地从原来的低调到如今的昂首阔步,从以前的小步细改到现在的大刀阔斧,从以前的幕后支持到现在的台前直接发挥作用,这不仅是党的基层组织建设所取得的重大成就,还是很多民营企业在取得突出成绩时的骄傲。

党组织嵌入民营企业经历了一个较长的发展过程,逐步实现了从"应然"到"实然"的巨大转变,取得了许多卓越成果,越来越得到广大民营企业家的真心认可与积极支持。改革开放初期,政策环境对民营经济的定位是一个逐步转变和升级的过程,民营经济整体面临着较大的观念制约和制度壁垒。在这种情况下,党组织嵌入无论是在理论突破上,还是在现实条件可行性上,都面临较大的障碍,因此也未深入广大民营企业家的观念认知中。随着民营企业的逐步发展壮大,民营企业的党员数量越来越多,特别是在中国东部一些民营经济发展较快的地区,组建党组织成了一种必然趋势。1984年,福建省泉州市南安县(现为南安市)的"南丰针织厂"(现在的南益集团)成立了全国第一家非公有制企业党组织,共有党员6人。随后,党组织如雨后春笋般出现在越来越多的民营企业中。伴随着党对非公有制经济理论的进一步拓展,把民营企业家定义为中国特色的社会主义建设者,加入中共党组织也成了很多民营企业家的政治追求,部分民营企业家还成了各级党的代表大会代表。这些企业家不仅对自己企业的党建工作大力支持,还对其他民营企业家起到了很好的示范引领作用,共同推动民营企业党建工作在探索中前进,在创新中发展。2012年,随着全国非公有制企业党的建设工作会议的召开,民营企业党组织嵌入及作用发挥有了更加科学的顶层规范和引导,党建工作进入了加速度轨道。中共中央组织部公布的《2018年中国共产党党内统计公报》显示,截至2018年12月31日,全国有158.5万家非公有制企业法人单位建立党组织。而党组织的嵌入与民营企业发展是相得益彰、互为成就的,特别是在规模以上民营企业中,党组织作用发挥得更好。分析显示,中国民营企业500强榜单靠前的企业,一般都是"党建强+发展强"的"双强"特点,民营企业重视创新发展,也重视党建工作,现代企业制度和党建工作制度配合较好,管理中高管团队与党委班子协调一致、相得益彰。党建促进生产力发展,促进竞争力提升,促进凝聚力增强,正在成为越来越多民营企业所有者、管理层和整个社会的共识。根据全国民营企业抽样调查数据,在2006年、2012年和2018年的三次调查中,民营企业家不仅认为党组织设立会对企业没有负面影响,而且对党组织的嵌入给予期待,认为党组织设立有助于企业发展。例如,2006年,超过75%的民营企业家认为党组织嵌入帮助企业了解把握党的方针政策和国家法律法规;2012年,超过72%的民营企业家认为党组织可以帮助企业获得更好的发展;到了2018年,超过89%的民营企业家认为党组织可以助推企业加强文化建设。

在中国社会中,党领导一切,扮演着核心角色,在各类基层组织中加强党的组织覆盖和工作覆盖,既是制度规定,又是现实需要,因此,在条件具备的情况下成立党组织,是广大民营企业家的"应然"和"必然"选择。截至2021年年底,中国民营企业数量已经超过4457.5万户,相较十年前翻了两番多,加强对民营企业这一庞大群体党组织嵌入建设,推动党组织对民营企业高质量发展发挥重要作用,是党的建设理论的重大探索和创新,也为中国特色社会主义理论的拓展作出历史性贡献,践行了党的领导是中国特色社会主义最本质特征的根本要求。党组织嵌入民营企业,健全和完善党的基层组织建设体系,让民营企业拥有了代表先进生产力和先进文化发展方向的战斗堡垒,推动"两个健康"发展有了更可靠的支持,也让党的执政基础更加稳固。新时代中国民营企业党组织嵌入作为基层党建重要内容,既是推进新时代党的建设伟大工程的必然要求,更是推动民营企业创新发展的思想再解放、理论再拓展、改革再深入的必然选择,具有开创"两个一百年"党的建设新局面的伟大时代意义。

本书基于新时代中国特色社会主义的制度背景和高质量发展的时代背景,深入探究党组织嵌入对民营企业高质量发展的影响。首先,本书梳理了涉及党组织嵌入、企业投资和高质量发展的相关理论和内涵。其次,本书分析了中国民营企业高质量发展的历史脉络、经验启示与未来展望。再次,本书对党组织嵌入的制度背景、运行模式进行了阐述,并利用超边际模型,对党组织嵌入民营企业的治理结构进行了数理模型推演,为全书提供了科学的理论基础。最后,从党组织嵌入推动民营企业创新发展、协调发展、绿色发展、开放发展、共享发展五个方面进行实证检验,在每一个发展方向上,结合党组织的实际作用发挥路径,进行机制检验,并在进一步研究中,对党组织嵌入作用发挥存在的规模、效益、行业、年龄等异质性进行了详细的对比分析,并对相关效用进行了验证。

本书的主要研究结论总结如下:

第一,党组织嵌入推动民营企业创新发展。①本书发现,党组织嵌入民营企业,可以有效推动民营企业研发投入规模、研发投入强度(占营业收入的百分比)、研发投入倾向的提升,且该结论经过 Heckman 选择模型的二阶段检验,基于工具变量的 IV-tobit 检验,基于1:1近邻匹配、1:4近邻匹配、半径卡尺内匹配、核匹配、马氏匹配五种方法的倾向得分匹配(PSM)检验,熵平衡检验,以及改变样本范围检验等多种方法,结论依旧保持不变,显示了结论的稳健性。②在作用机制检验中,本书发现,党组织嵌入主要是通过以下五大途径来推进民营企业的研发投入:推动民营企业内部提高管理水平、推动核心团队建设、吸引优秀人才队伍加入、推动民营企业加强与外部科研部门及外部科研人员的合作、缓解民营企业的流动资金和扩大再生产资金的融资约束。综合来看,前三项主要是从民营企业内部能力提升角度来实现,后两项主要是通过与外部的沟通协调来实现,这些作用和传统的观点认为党组织是通过加强和政府的联系而获取发展资源有一定的出入,说明在"亲""清"新型政商关系背景下,党组织嵌入作用更多体现在从民营企业内部挖潜和外部协作等途径来赋能,是一种提升民营企业发展竞争力的有效途径,与党组织的基本理念相吻合。③在异质性检验中,本书发现,考虑规模异质性的影响,党组织嵌入在不同规模企业均推动其增加了研发投资,其中在中小型企业群体中的作用相对更强。以研发规模对比来看,党组织嵌入对中小型企业研发投资推动作用约为大型企业的2.56倍。考虑生命周期异质性的影响,无论是成长期企业,还是成熟期企业,党组织嵌入对研发投资的作用都是显著的,而成长期企业党组织的作用相对强一些。以研发强度对比来看,党组织嵌入对成长期企业研发投资推动作用约为成熟期企业的1.73倍。考虑行业异质性的影响,无论是制造业还是服务业,党组织对研发投资的作用都是显著的,而制造业中党组织的作用发挥明显要弱于服务业。以研发强度对比来看,党组织嵌入对服务业企业研发投资推动作用约为制造业企业的2.95倍。④从绩效检验来看,党组织嵌入推动企业加强研发投资,实现了两个目标:一是在技术来源上,实现一定程度上的以自主研发替代技术引进,这是解决自有技术"有"和"无"的问题;二是在技术定位上,实现了在同行业的技术领先地位,这是解决技术"好"和"坏"的问题,这两个方面都是有效应对外部技术"卡脖子"的重大现实问题。说明党组织嵌入,提升了民营企业的核心竞争力,不仅解决了民营企业自身的技术来源可控性和引领性问题,还可以聚沙成塔,最终对国家的技术安全可控性起到极大的推动作用。

第二,党组织推动民营企业协调发展。①本书发现,党组织嵌入民营企业,在总体层面上可以有效推动民营企业协调发展,在细分层面上,可以推动民营企业产业结构优化、产业链完善、区域布局优化,且该结论经过 $Heckman$ 选择模型的二阶段检验,基于1:1近邻匹配、1:4近邻匹配、半径卡尺内匹配、核匹配、马氏匹配五种方法的倾向得分匹配(PSM)检验,熵平衡检验,以及经过 $IV\text{-}Probit$、$IV\text{-}Tobit$、$2SLS$ 等多种方法检验,结论依旧保持不变,显示了结论的稳健性。②在作用机制检验中,本书发现,党组织嵌入主要是通过以下六大途径来推进民营企业的协调发展:加强政策支持引导、加强融资支持、做好纠纷协商、打造和谐文化、加强人才队伍建设、提升企业科学决策水平。前三项主要是从民营企业加强外部沟通协调角度来实现,后三项主要是通过提升民营企业内部能力来实现的,这些作用同样和传统的观点认为党组织嵌入是通过加强和政府的联系而获取发展资源有一定的出入,更多的是提升民营企业的内部管理、决策和经营能力,推动民营企业与外部的沟通协调,为民营企业营造良好的营商环境,这种赋能并不会为民营企业增加额外的资金负担,只是为民营企业增加腾飞的翅膀,是一种提升民营企业发展竞争力的有效途径,与党组织的基本理念相吻合。③在异质性检验中,本书发现,考虑生产效率异质性的影响,党组织嵌入在不同生产效率的企业中,都推动了企业的协调发展,但从推动力大小来看,高生产率企业党组织的推动作用要占据一定的优势。考虑生命周期异质性的影响,无论是成长期企业,还是成熟期企业,党组织的推动作用均通过了 1% 水平上显著性检验,从推动作用大小来看,成熟期企业党组织作用发挥力度要大于成长期党组织作用发挥力度。考虑资本密集度异质性的影响,无论是在资本密集度高的企业中,还是在资本密集度低的企业中,党组织的作用均显著,相比较资本密集度高的企业,党组织在资本密集度低的企业中推动协调发展的力度更大。④从绩效检验来看,党组织嵌入民营企业,显著促进了民营企业的转型升级步伐。具体对比来看,产业结构优化的指标对转型升级的步伐最大,其次是产业链完善,而区域布局优化的推动作用相对最小。

第三,党组织推动民营企业绿色发展。①本书发现,来自外部的环保他律可以推动民营企业加大环保投入力度,外部环保他律主要以来自政府的环保压力、来自同行业的环保压力、来自所在社区的环保压力三种类型为主。从作用大小来比较,可以看出,来自政府的环保压力推动作用最大,来自同行业的环保压力和来自企业所在社区的环保压力作用分列二、三位。党组织嵌入可以发挥环保自律的作用,推动民营企业加强环保投资。党组织对民营企业环保投入的推动作用经过 Heckman 选择模型的二阶段检验,两阶段最小二乘法(2SLS)检验,基于 1∶1 近邻匹配、1∶4 近邻匹配、半径卡尺内匹配、核匹配、马氏匹配五种方法的倾向得分匹配(PSM)检验,熵平衡检验,结论依旧保持不变,显示了结论的稳健性。②替代效应表明,当环境规制强度下降时,民营企业党组织可发挥环境自律作用的替代,推动民营企业加强环保投资,从系数大小和显著性对比来看,对来自政府的环保压力的替代作用最强,其次是对来自同行业环保压力的替代,对来自所在社区环保压力的替代作用力度最小。③作用机制检验表明,党组织嵌入主要是通过推动民营企业文化自觉、推动企业加强内部监督、推动企业网络构建三个机制来实现对外部环保他律的替代。细分来看,文化自觉的效果最好,其次是内部监督的效果,网络构建的效果相对最弱。背后的原因是,党组织在推动环保自律上,主要是响应党的大政方针政策,因此对来自政府环保压力的替代性较强,当政府放松环保压力时,党组织可以及时补位。对来自同行业环保压力的下降,因为同行业环保压力并无行政强制作用,在一定程度上对行业内企业有自律引导。因此,当来自同行业外部压力下降时,党组织也可以进行一定程度上的协同自律补充。对来自社区的环保压力,企业所在的社区群众可能会反应过度,如在中国,一些环保措施较好的大型化工类项目,也会因为当地群众的反对而被迫取消。因此,当来自社区的环保压力下降时,党组织的对冲作用就表现得相对中性,说明党组织会提前对这些下降的压力进行科学的判断分析,并不会不分情况进行补位。④进一步研究表明,外部环保他律对民营企业业绩并无推动作用,且对环保投资推动业绩增加有一定的负向调节作用。党组织嵌入作为环保自律指标,无论是对民营企业业绩的直接推动作用,还是环保投资调节作用对民营企业业绩的推动作用,均显著优于环保他律对民营企业业绩的推动作用。无论是从政策制定者来说,还是从企业决策者自身角度来考虑,均应大力加强民营企业党组织建设,以党组织引导的环保自律来推动民营企业环保投资的提升。

第四,党组织推动民营企业开放发展。①本书发现,党组织嵌入民营企业,在总体层面不仅显著推动了民营企业的走出去概率,同时还推动了多种走出去类型的增长,且该结论经过 Heckman 选择模型的二阶段检验,基于1∶1近邻匹配、1∶4近邻匹配、半径卡尺内匹配、核匹配、马氏匹配五种方法的倾向得分匹配(PSM)检验,熵平衡检验,以及经过 IV-Probit、IV-Tobit、2SLS 等多种方法检验,结论保持不变,显示了结论的稳健性。②在作用机制检验中,本书发现,党组织嵌入主要是通过以下六大途径来推进民营企业的开放发展:形成法律风险控制体系和预警防范机制,建设讲法治、讲规则、讲诚信的企业文化,执行现代企业制度以确保依法决策、民主决策、科学决策,借助于商会的力量或联合同行共同应对风险挑战,寻求政府协助应对困难,寻求专业机构协助应对困难。前三项主要是通过提升民营企业内部能力和正规运行机制来实现的,后三项是立足于民营企业加强外部沟通协调角度来实现的,这些作用同样和传统的观点认为党组织是通过加强和政府的联系而获取发展资源有一定的出入,更多是提升民营企业的内部管理、决策和经营能力,推动民营企业与外部的沟通协调,为民营企业营造良好的走出去环境,这种赋能并不会为民营企业增加额外的资金和精力负担,只会为民营企业增加腾飞的翅膀,是一种提升民营企业发展竞争力的有效途径,与党组织的基本理念相吻合。③在异质性检验中,本书发现,考虑生产效率异质性的影响,在高生产率和低生产率两种情况下,党组织嵌入对民营企业走出去均有显著的正向推动作用,从推动力大小和显著性来看,低生产率企业的党组织推动作用要明显占据优势。考虑生命周期异质性的影响,在成熟期和成长期的民营企业中,党组织对走出去均有显著的正向推动作用,相比较来说,成熟期民营企业党组织的正向推动作用更显著。考虑行业异质性的影响,无论是在劳动密集型制造业企业、资本密集型制造业企业、技术密集型制造业企业,还是在其他行业企业,党组织嵌入对走出去均有显著的正向推动作用。具体细分来看,在制造业行业党组织的推动作用要显著低于在其他行业党组织的推动作用。在制造业行业内部,在资本密集型行业中党组织的推动作用最强,其次是技术密集型行业,最后是劳动密集型行业。④在绩效检验中,本书发现,党组织嵌入不仅推动了民营企业海外投资的增加,还可以有效提升走出去的国际化和本土化效果,即推动民营企业显著增加了海外员工在企业总员工数量中间的占比,增加了海外收入占总营业收入的占比,真正实现了从走出去到走进去,再到走上去的转换。⑤对企业响应"一带一路"倡议的检验。在倡议提出前后,党组织的推动作用均显著,倡议提出后相比提出前,党组织推动民营企业对外投资的概率提升了 65.68%。这反映了"一带一路"倡议的提出,给民营企业带来了很大的发展空间,也为党组织发挥作用推动民营企业走出去提供了更大的空间和动力。

第五,党组织推动民营企业共享发展。①本书发现,党组织嵌入民营企业,可以有效推动民营企业社会责任投资规模、社会责任投资强度(占营业收入百分比)、社会责任投资倾向(是否开展社会责任投资)的提升,且该结论经过 Heckman 选择模型的二阶段检验,基于工具变量的 IV-tobit 检验,熵平衡检验,基于1∶1近邻匹配、1∶4近邻匹配、半径卡尺内匹配、核匹配、马氏匹配五种方法的倾向得分匹配(PSM)检验,以及改变样本范围检验等多种方法,结论依旧保持不变,显示了结论的稳健性。②在作用机制检验中,本书发现,党组织嵌入主要是通过以下六大途径来推进民营企业的共享发展:加强和政府的沟通联系、提升民营企业家的社会地位、加强和外部慈善机构的合作、打造民营企业的社会责任文化、推动民营企业的现代企业制度建设、引导民营企业家的价值观转型。前三个途径主要通过与外部的沟通协调来实现,后三个途径主要是从民营企业内部能力提升和民营企业家价值观转型角度来实现,这些作用和传统的观点认为党组织是通过加强和政府的联系而获取发展资源有一定的出入,说明在"亲""清"新型政商关系背景下,党组织嵌入的作用更多的是从民营企业(家)内部挖潜和加强与外部协作等途径来赋能,并没有干涉民营企业的自身正常运营,与党组织的基本理念相吻合。③在异质性检验中,本书发现,考虑规模异质性的影响,党组织嵌入在不同规模企业大部分推动增加了社会责任投资,其中在中小型企业群体中的作用相对更强。考虑生命周期异质性的影响,无论是在成长期还是在成熟期的民营企业,党组织对社会责任投资的作用都是显著的,而处于成长期的民营企业党组织的作用相对强一些。考虑业绩变化的异质性影响,在不同利润的民营企业背景下,党组织对社会责任投资的作用都是显著的,显示了结论的稳健性,并未受到民营企业业绩的根本性影响。从分类来看,在推动社会责任投资规模和社会责任投资强度上,利润同比增长越高,党组织的作用越弱,两者之间呈现反作用。考虑家族企业异质性的影响,无论是家族企业还是非家族企业,党组织嵌入对社会责任投资的作用都是显著的,而在非家族企业中党组织的作用相对强一些。④从绩效检验来看,由于社会责任投资是非生产性投资,如果其能长久地得到民营企业出资人的支持,从长远来看,则不能影响民营企业的业绩,因此,绩效检验非常重要。结果表明,民营企业加强社会责任投资整体上对民营企业利润有显著的正向推动作用,对民营企业利润增长率也有正向推动作用,这也可以从实证上打消民营企业家对社会责任投资影响民营企业业绩的担忧。

二、研究启示

第一,深刻认识民营企业党组织嵌入的时代意义。党的十九大报告明确指出"党政军民学,东西南北中,党是领导一切的"重要论断,并对推进党的建设新的伟大工程作出了战略部署,强调要以提升组织力为重点,突出政治功能,把企业、农村、机关、学校、科研院所、街道社区、社会组织等基层党组织建设成为宣传党的主张、贯彻党的决定、领导基层治理、团结动员群众、推动改革发展的坚强战斗堡垒。推进党的建设新的伟大工程,实现全面从严治党目标,不能缺少民营企业党组织嵌入这一重要方面。改革开放40多年来,中国民营经济从小到大、从弱到强,不断发展壮大,贡献了50%以上的税收,60%以上的国内生产总值,70%以上的技术创新成果,80%以上的城镇劳动就业,90%以上的企业数量。民营经济已经成为实现"两个一百年"的重要力量。根据国家发展改革委数据显示,2012年到2023年,民营企业占全国企业数量由79.4%提升至92.3%,超过5300万户。其中既有位列全球500强的重量级明星企业,又有大量在某一领域拥有独门绝技的专精特新中小企业和创新型中小企业。既有表面上是"传统产业"但可以在国际上攻城拔寨创造大量外汇的出口型企业,又有为解决大量社会就业的劳动密集型企业,在每一个领域都为国家安全稳定和产业创新发展作出了杰出贡献。特别是在近几年中国经济面临重大风险挑战甚至惊涛骇浪的背景下,民营经济成为中国经济强大韧性的重要基石,让中国这艘经济巨轮行稳致远,砥砺前行。民营企业是技术、资本、人员大量汇集的市场主体,是社会主义市场经济的重要组成部分,如果党的组织缺位、党的建设缺失、党的工作不力,就会弱化"两个健康"的顺利推进,影响"两个毫不动摇"的政策,影响高质量发展全局,甚至影响党的执政基础的稳定性。因此,指导和推动破解党组织嵌入民营企业这个世纪要题、世纪新题、世纪难题,是各级党委、政府等职能部门的职责所在。各级党委、政府和相应的职能部门,要进一步围绕加强党的基层组织建设这个重大任务,贴近基层、面向企业,指导和推动民营企业积极主动为党组织嵌入提供条件,实现高质量发展和高质量党建工作相互融入、相互支持,为民营企业高质量发展提供坚强的组织保障和政治保障。

第二,切实提升民营企业家对党组织嵌入重要性的认识。推动新形势下民营企业党组织嵌入和作用发挥,提高民营企业家的思想认识是前提。民营企业家是改革开放的重要受益者,其所取得的成就是在党的领导和政策推动下取得的,同时也是改革开放的重要实践者和进一步推动者。党的理论创新为民营企业发展去除了成长壮大的桎梏,党的政策创新为民营企业发展指引了正确的方向,党的坚强领导为民营企业发展提供了稳定的发展环境,时代创造了无数个成功的民营企业家,自觉拥护党的领导、紧跟党的路线方针政策,做到心中装着党、方向跟着党、行动拥护党,是民营企业未来进一步实现高质量发展的现实选择。对民营企业家来说,贯彻落实习近平新时代中国特色社会主义思想,切实增强"四个意识",坚定"四个自信",一个重要的落脚点就是重视和支持所在企业的党建工作,不仅要支持党组织嵌入,还要创造条件让党组织有充分发挥作用的平台和舞台,让党建工作和企业经营管理有效融合,让高质量党建和企业高质量发展比翼双飞。要通过多种渠道让民营企业家了解到,党组织虽然不是民营企业的所有者和经营管理层,但是能为企业高质量发展引领方向、凝心聚力、协调资源、树立形象、提高效益,是发展赋能的重要力量,是合规发展的重要保障,党建工作和民营企业高质量发展在总的目标上是相向而行的,党组织嵌入在推动民营企业高质量发展中有着其他组织不具备的独特优势和作用。

推进民营企业党组织嵌入,就是架起党与民营企业连通之"桥"、培育民营企业发展之"根"和方向之"灯"。实践表明,民营企业党组织嵌入要深入,作用发挥要顺畅,其重要影响因素是民营企业家对党组织嵌入的作用认识要到位,不把党组织嵌入作为一种被动的、形式的、功利的想法,认为党组织嵌入是法律法规和政策文件的要求,或者认为党组织嵌入可以为企业带来政治资源和发展资源,这种浅层次的、功利性的想法都会影响党组织功效的发挥,或者在内心上并不情愿,或者如果发现党组织没有给企业带来资源而产生失望的心理。而要从更高层面、更深层次充分认识党组织嵌入工作的重要性,切实从思想认识上和具体行动上重视和支持民营企业党组织嵌入和作用发挥。要认识到在民营企业中建立党组织、开展高质量党建工作,既是中国特色社会主义的制度安排和必然要求,又是民营企业高质量发展的内在需要,更是中国特色现代企业制度的独特优势,从而切实把党建工作融入公司章程、列入工作日程、放在心上、抓在手上,创造条件和平台,让民营企业党组织有充分的作用发挥空间。民营企业家如果是党员,要协调好企业经营工作和党建工作之间的关系,不能游离于民营企业党组织之外,要亲力亲为抓党建,或者亲自担任党组织负责人,或者支持能力强的专职书记抓党建工作,自己任何时候都要做一名党员,不搞特殊,带头参与组织活动,发挥模范带头作用。

第三,切实激发党组织嵌入推动民营企业高质量发展的动力。新时代民营企业党组织嵌入,重要的任务就是在党的重大方针政策的指引下,推动民营企业走高质量发展之路。习近平总书记在中央财经委员会第一次会议上强调指出,要完整、准确、全面贯彻新发展理念,加快构建新发展格局,着力推动高质量发展。党组织嵌入是推动民营企业高质量发展的重要政治保障和组织保障。根据新修订的《中国共产党章程》对基层党组织的职能定位,民营企业党组织是企业的政治核心,有利于保持党的先进性和纯洁性,又要适应中国特色社会主义市场经济发展规律,契合民营企业整体现状和个体实际,有利于保证党组织作用的充分发挥。党的十八大以来,党和国家事业发展遇到了极不寻常、极不平凡的经历,中国经济发展取得了很大的成就,同时民营经济大发展大跨越。但也要清醒地认识到,当前中国发展的内外部环境依然严峻复杂,各种风险在叠加,未来还会有惊涛骇浪的风险,所面临的国家安全问题的复杂程度、艰巨程度明显加大。民营企业虽然数量众多,但大部分是中小型企业,总体来说规模小、抗风险能力弱,在经营发展中遇到不少困难和问题,这些困难既有宏观环境风险的问题,又有企业自身治理能力不足的问题,这也对做好民营企业党建工作提出了新挑战新要求。形势越是复杂,困难越是集聚,任务越是艰巨,就越是为党组织发挥作用提供攻坚克难的机会,就越要加强党的基层组织建设。党组织嵌入民营企业中,可以更好地宣传党的路线方针政策和法律法规,帮助民营企业了解掌握党和国家的路线方针政策、重大决策部署,做到大局意识强、投资方向明、发展信心足。可以因地制宜开展党的活动,更精准地梳理各级党委、政府的方针政策,发挥政策计算器功能,为民营企业经营发展提供更加符合政策支持的方向引导。可以引导民营企业守法合规、诚信经营,注重产品质量和社会责任,树立良好的社会形象。可以结合所在民营企业生产经营特点,发挥好战斗堡垒作用,更好地把企业各方力量凝聚起来,把不同岗位人员干事创业的激情调动起来,把蕴藏在企业内部的智慧和能量激发出来。要充分发挥党组织和党员的模范带头作用,在关键岗位把控、重大订单完成、重大技术攻关等特殊岗位和任务需求中,敢于斗争、善于斗争,促进企业产品质量、技术创新和经营管理水平的提高,把党的优势转换成企业发展的优势,为民营企业转型升级、提质增效、实现高质量发展提供坚强的组织保障。要推动民营企业提高社会大局意识,积极参与"一带一路"倡议,投身于国际国内大循环发展格局,在走出去过程中提升发展品质和竞争力。要注重把企业发展和社会利益结合起来,突出党建协调功能,既要维护职工群众当前权益,又要保证企业的长远发展潜力,构建和谐劳动关系,促进企业团结稳定。要引导企业注重绿色环保投资,在条件允许范围内加强对欠发达地区的产业帮扶,注重社会捐赠和公益事业,提升企业家的社会地位,并进一步反哺企业的发展。党组织通过多种方式促进民营企业高质量发展,以确保党和国家的各项决策部署在民营经济领域贯彻落实,实现党建工作与民营企业发展同频共振、互利双赢,永葆党组织的生机和活力。

第四,切实强化所在地党委、政府对民营企业党组织嵌入的支持。党组织嵌入民营企业中,离不开所在地党委、政府和党建职能部门的大力支持。很多民营企业的初次党组织嵌入,以及嵌入后的工作顺利开展,都离不开所在地党委、政府和职能部门的关心支持。很多民营企业家对党组织作用的认识,对党组织嵌入的支持,也离不开当地党委、政府及职能部门的政策普及、联系沟通和有效督促。坚持"两个毫不动摇"的基本经济制度,推动新时代党的建设伟大工程,必须把民营企业党组织建设放到十分重要的位置,基层党委、政府要把"服务民营企业、服务民营企业党组织、服务民营企业党员"作为基层党委和党建职能部门服务民营企业党建工作的出发点,以服务凝聚人心,在工作中变"领导者"的身份为民营企业高质量发展的推动者、民营企业和谐关系的促进者和民营企业党建工作的服务者。通过服务贴近民营企业内心、引导民营企业发展、赢得民营企业拥护,更好地发挥基层党委、政府的服务功能。基层党委、政府要开展大走访、大调研活动,了解和掌握民营企业的实际需求,了解民营企业碰到的难点和问题,和民营企业党组织一起,满腔热情地为他们排忧解难,在服务中加深理解,在服务中沟通思想,在服务中会商发展,在服务中实现目标,在服务中进一步发挥民营企业党组织的作用,提升民营企业党组织的地位。基层党委、政府和党建职能部门要及时将党和政府的方针政策、发展信息通过企业党组织和其他渠道送达到民营企业,让企业家和管理层及时了解环境动态,引导民营企业的战略方向,保障民营企业的发展空间,通过服务激发民营企业对党建工作的内生需求和动力,提升党组织嵌入民营企业的实效。基层党委、政府和党建职能部门要严格落实党的各项规定及其实施细则的精神,进一步改进工作作风,发挥上级机关党组织在联系企业、服务企业、服务职工、服务基层党组织中的示范作用,深化党员志愿服务活动,找准服务民营企业党组织、服务民营企业的切入点、契合点和需求点,以真情服务民营企业的实际行动、实际成效,密切党群干群关系,夯实党的群众基础。在服务民营企业党建工作过程中,基层党委、政府和党建职能部门要建立健全科学严密的责任分工体系。进一步明确职责分工,细化责任清单,构筑形成责任明确、领导有力、规范有序、保障到位的工作机制,基层党委、组织部门、统战部门、市场监管部门、工商联等部门要形成合力,分类协作,经常研究、检验、督促,指导所属民营企业党组织建设情况,提升民营企业党组织工作能力,支持民营企业党组织开展工作,帮助民营企业党组织协调困难,如设置前置条件,企业各种评奖申报,各种参加招投标等,评选各级"两代表一委员"、工商联常执委,以及相关职能部门的各种荣誉表彰,享受有关荣誉等,都需要得到民营企业党组织的认定,提升民营企业党组织工作的抓手。如果民营企业负责人支持党建工作不力,则相应的职能部门或党委、政府部门负责人可以去进行谈心谈话、督促改正。要健全责任传导机制,把责任压实到基层党委、政府和相关职能部门所有成员、所有党员,构建纵向到底、横向到边的责任体系。

第五,切实加强民营企业党组织核心队伍建设。党组织嵌入后开展工作要发挥有效作用,必须有一支素质高、精党务、善协调、会经营、懂管理的优秀党务工作者队伍。高素质的党组织负责人和党务工作者,可以与企业负责人和管理层做到有效沟通,善于在工作中春风化雨,在潜移默化中让企业负责人和管理层了解党的方针政策,支持党组织的嵌入,并切实为党组织开展工作提供条件,并知道如何利用党组织的优势来提升企业的发展质量。在党组织负责人和党务工作者队伍建设上,考虑到民营企业党建人才队伍薄弱的实际,企业所在地的党委要采取多种方法和手段,协助建设一支素质优良、结构合理、数量充足、专兼职结合的高素质党建核心队伍。要建立外部优秀党组织负责人和优秀党务工作者到民营企业任职的制度化渠道和激励机制,提升民营企业党组织建设水平。上级党组织可以应企业申请,以一定的制度化形式,派遣机关优秀党务工作者赴企业帮带指导党建工作,或鼓励退居二线的党政机关和国有企事业单位优秀党务工作者到民营企业担任专职党组织书记,这些优秀党务工作者既可以集中组织在本地选聘派遣,又可以向全国招聘。对于一些党组织嵌入前和嵌入初期的民营企业,党建工作尚处于探索开创时期,应企业邀请,从外部选拔派遣优秀党务工作者到民营企业做党建工作指导员非常有必要,可以推动民营企业党建工作的快速有效展开。要把党建人才纳入党委、政府的人才队伍建设总盘子中,给予认定和待遇保障。如温州大力开展的民营企业党组织书记"红领"人才队伍建设,开展"双强红领"认证体系,其核心内容是对民营企业党组织书记按一级到五级进行考核评定,按级落实红领津贴、人才政策等十项激励保障待遇,并实行动态管理,推行"持证"上岗。其中,最大的亮点在培养机制的创新,温州尝试将符合条件的优秀"双强红领"书记纳入机关、事业单位、国有企业领导干部选拔视野中,打通"双强红领"享受人才待遇的政策通道。要让民营企业党务工作者的知识得到动态更新,加强对民营企业党务工作者的业务培训,并将民营企业党建人才纳入当地的人才队伍建设总规划中。在做好党务工作者队伍建设的基础上,还要做大员工党员基数,扩大党的群众基础,要为民营企业选拔优秀管理人才和技术人才提供支持,尤其要为民营企业出资人加入中国共产党创造有利条件。

第六,切实发挥好党组织在民营企业的战斗堡垒作用。党组织嵌入是组织覆盖的形式,而有效开展工作则是提升党组织影响力的重要保障。当前,虽然党组织嵌入民营企业中的比例得到了大幅度提升,但是还存在党组织乃至企业各个支部专业性不足、组织力不强,党建与业务"两张皮"等现象,这也是许多民营企业党组织建设工作的痛点,需要切实发挥好党组织的战斗堡垒作用,找准党的建设与促进民营企业高质量发展的最大公约数,创新推动民营企业党组织与产业链、供应链、创新链、人才链、价值链相融互动,把党组织的战斗堡垒建在每个"链"上、服务保障抓在每一个"线"上,持续瞄准强基固本,创新基层党组织的融入场景,夯实民营企业党组织的堡垒根基,进一步使民营企业党组织嵌入为民营企业发展所需要、为企业家所支持、为广大党员所欢迎、为全体职工所拥护。首先,是加强党组织嵌入量化目标管理制度建设。民营企业党组织发挥战斗堡垒作用,要有明确的制度保障,有科学的规则可依,有可实现的目标遵循,有细化的指标可分解,把加强党建工作的每一个服务场景进行量化分解,科学管理,把党建工作中的各项工作,转化成责任和任务清单,以清单量化形式严格落实到各级党组织中,以强大的组织力一级抓一级、层层抓落实。党组织嵌入要把制度建设与企业发展目标、量化指标和企业文化建设深度融合,围绕提高企业运行效率、经济效益、社会效益,制定党组织嵌入的组织建设、制度建设、作风建设等各个方面,制定党建绩效目标考核细则,把党建工作的"软任务"变成"硬指标"。其次,要做好党组织嵌入在民营企业内部的"毛细血管"建设。党组织嵌入并不只是在企业战略层面建立一个党组织,而是要学习"支部建在连上"的优良传统,进一步把党的组织建设延伸到企业的每一条生产线、每一个项目、每一个运营过程中,开展清单化推进工作。特别是要把党建工作和企业具体业务工作紧密结合,业务工作延伸到哪里,党的组织就要建到哪里,确保企业发展与党组织建设同步,确保基层党组织对企业全方位全流程的覆盖。要适应不同企业生产经营特点,及时建立健全或调整党组织的分支机构,明确每个点线的责任,细化党组织领导的责任与范围,既要保证党建工作不冲击企业的生产经营,又要确保党建工作在企业的各个末梢有影响力、有推动力。再次,做好融合式骨干人才培养。人才是民营企业高质量发展的关键生产要素和内部动能。党组织嵌入要与民营企业人才培养同频共振、互融共进,推动实现"党员是企业骨干,企业骨干是党员"的培养目标,要通过各种重大任务攻关、加强内部优秀党员职工的选拔与培养,畅通职工上升通道,为党建工作和企业发展选好"种子",从而实现"党建凝聚人才、人才引领发展"的最佳效果,真正实现党建强、人才强、企业强。最后,切实激发党员骨干的先锋模范作用。党员在民营企业中首先应该是一个合格乃至优秀的员工,从工作和生活中积极地发挥新时代共产党员的先锋模范作用,无论是遵守法律规章,还是主动迎接和圆满完成急、难、险、重任务,推动企业创新发展,都要做好表率,走在前面。

三、研究展望

本书初步研究了党组织嵌入民营企业中,对企业创新发展、协调发展、绿色发展、开放发展、共享发展的影响,尽管笔者尽力对这一问题进行了阐述,但是受数据可得性和笔者研究能力所限,尚有一些问题可以在未来进一步深化和延伸研究。譬如:从民营企业内部来看,党组织和工会等群团组织在推动民营企业高质量发展方面的协同性研究、党组织和现代企业治理结构在推动民营企业高质量发展方面的协同性研究、党组织内部不同工作部门在推动民营企业高质量发展方面的协同性研究;在民营企业外部,民营企业党建和商会党建、园区党建、产业联盟党建、产业链党建等在推动企业高质量发展方面的协同性研究。未来,随着新时代中国特色社会主义的进一步发展,民营企业党组织嵌入和作用发挥必将会面临更多的新场景、新需求、新问题,也需要对该研究领域持续跟踪和研究,为新时代党的建设伟大工程作出新的理论和实践上的贡献。

参考文献

[1] Abel A B. Tax neutrality in the presence of adjustment costs [J]. *The Quarterly Journal of Economics*, 1983, 98(4): 705-712.

[2] Allen F, Qian J, and Qian M. Law, finance, and economic growth in China[J]. *Journal of Financial Economics*, 2005, 77(1): 57-116.

[3] Amit R, and Schoemaker P J. Strategic assets and organizational rent [J]. *strategic Management Journal*, 1993, 14(1): 33-46.

[4] Ancona D G, and Caldwell D F. Bridging the boundary: external activity and performance in organizational teams [J]. *Administrative Science Quarterly*, 1992,37(4): 634-665.

[5] Andersson U, Forsgren M, and Holm U. The strategic impact of external networks: subsidiary performance and competence development in the multinational corporation[J]. *Strategic Management Journal*, 2002, 23(11): 979-996.

[6] Arouri M E H, Caporale G M, Rault C, Sova R and Souva A. Environmental regulmion and competitiveness: evidence from Romania [J]. *Ecological Economics*, 2012,81: 130-139.

[7] Arranz N, Arroyabe M F, and Fernandez de Arroyabe J C. Network embeddedness in exploration and exploitation of joint R&D projects: a structural approach[J]. *British Journal of Management*, 2020, 31(2): 421-437.

[8] Barney J B. Organizational culture: can it be a source of sustained competitive advantage? [J]. *Academy of Management Review*, 1986, 11(3): 656-665.

[9] Barney J. Firm resources and sustained competitive advantage [J]. *Journal of Management*, 1991, 17(1): 99-120.

[10] Baum J A C, and Oliver C. Institutional embeddedness and the

dynamics of organizational populations[J]. *American Sociological Review*, 1992, 57(4): 540-559.

[11] Bencivenga V R, and Smith B D. Deficits, inflation, and the banking system in developing countries: the optimal degree of financial repression[J]. *Oxford Economic Papers*, 1992, 44(4): 767-790.

[12] Bertola G, and Caballero R J. Irreversibility and aggregate investment[J]. *The Review of Economic Studies*, 1994, 61(2): 223-246.

[13] Bester H, and Hellwig M. Moral hazard and equilibrium credit rationing: an overview of the issues[J]. *Agency theory, information, and incentives*, 1987: 135-166.

[14] Blanchard O J, and Wyplosz C. An empirical structural model of aggregate demand[J]. *Journal of Monetary Economics*, 1981, 7(1): 1-28.

[15] Brainard W C, and Tobin J. Pitfalls in financial model building[J]. *The American Economic Review*, 1968, 58(2): 99-122.

[16] Bruch H, and Walter F. The keys to rethinking corporate philanthropy[J]. *MIT Sloan Management Review*, 2005, 47(1): 49-55.

[17] Burt R S. *Structural holes: the social of competition*[M]. Boston: Harvard University Press, 1992.

[18] Caballero R J. On the sign of the investment-uncertainty relationship[J]. *The American Economic Review*, 1991, 81(1): 279-288.

[19] Chang E C, and Wong S M L. Political control and performance in China's listed firms[J]. *Journal of Comparative Economics*, 2004, 32(4): 617-636.

[20] Chatelain J B. Investment facing credit rationing[J]. *The Manchester School*, 1998, 66(S): 102-115.

[21] Chenery H B. Overcapacity and the acceleration principle[J]. *Econometrica: Journal of the Econometric Society*, 1952, 20(1): 1-28.

[22] Choi J N. External activities and team effectiveness: review and theoretical development[J]. *Small Group Research*, 2002, 33(2): 181-208.

[23] Chor D, Manova K, and Yu Z. Growing like China: firm performance and global production line position[J]. *Journal of International Economics*, 2021, 130: 103445.

[24] Cingano F. Trends in income inequality and its impact on economic growth[R]. OECD Social, Employment and Migration Working Paper, 2014.

[25] Clark J M. Business acceleration and the law of demand: A technical factor in economic cycles[J]. *Journal of Political Economy*, 1917, 25(3): 217-235.

[26] Coase R H. The nature of the firm[J]. *Economica*, 1937, 4(16): 386-405.

[27] Coibion O, Gorodnichenko Y, and Kumar S. How do firms form their expectations? new survey evidence[J]. *American Economic Review*, 2018, 108(9): 2671-2713.

[28] Conner K R. A historical comparison of resource-based theory and five schools of thought within industrial organization economics: do we have a new theory of the firm? [J]. *Journal of Management*, 1991, 17(1): 121-154.

[29] Cooper R W, and Haltiwanger J C. On the nature of capital adjustment costs[J]. *The Review of Economic Studies*, 2006, 73(3): 611-633.

[30] Dacin M T, Beal B D, and Ventresca M J. The embeddedness of organizations: dialogue & directions[J]. *Journal of Management*, 1999, 25(3): 317-356.

[31] Edmondson A C. The local and variegated nature of learning in organizations: a group-level perspective[J]. *Organization Science*, 2002, 13(2): 128-146.

[32] Fazzari S, Hubbard R G, and Petersen B. Investment, financing decisions, and tax policy[J]. *The American Economic Review*, 1988, 78(2): 200-205.

[33] Friedman M. The social responsibility of business is to increase its profit [J]. *New York Times Magazine*, 1970: 122-126.

[34] Godfrey P C. The relationship between corporate philanthropy and shareholder wealth: a risk management perspective[J]. *Academy of Management Review*, 2005, 30(4): 777-798.

[35] Granovetter M. The strength of weak ties[J]. *American Journal of Sociology*, 1973, 78(6): 1360-1380.

[36] Granovetter M. Economic action and social structure: the problem of embeddedness[J]. *American Journal of Sociology*, 1985, 91(3): 481-510.

[37] Granovetter M. The impact of social structure on economic outcomes[J]. *Journal of Economic Perspectives*, 2005, 19(1): 33-50.

[38] Granovetter M. *The sociology of economic life*[M]. London: Routledge, 2018.

[39] Greif A. Cultural beliefs and the organization of society: a historical and theoretical reflection on collectivist and individualist societies[J]. *Journal of Political Economy*, 1994, 102(5): 912-950.

[40] Hagedoorn J. Understanding the cross-level embeddedness of interfirm partnership formation[J]. *Academy of Management Review*, 2006, 31(3): 670-680.

[41] Halinen A, and Törnroos J Ä. The role of embeddedness in the evolution of business networks[J]. *Scandinavian Journal of Management*, 1998, 14(3): 187-205.

[42] Hamilton S F, and Zilberman D. Green markets, eco-certification, and equilibrium fraud[J]. *Journal of Environmental Economics and Management*, 2006, 52(3): 627-644.

[43] Hansen M T. The search-transfer problem: the role of weak ties in sharing knowledge across organization subunits[J]. *Administrative Science Quarterly*, 1999, 44(1): 82-111.

[44] Hess M. "Spatial" relationships? towards a reconceptualization of embedded ness[J]. *Progress in Human Geography*, 2004, 28(2): 165-186.

[45] Hope O K, Thomas W, and Vyas D. Financial credibility, ownership, and financing constraints in private firms[J]. *Journal of International Business Studies*, 2011, 42(7): 935-957.

[46] Huang D F, Chen N Y, and Gao K W. The tax burden of listed companies in China[J]. *Applied Financial Economics*, 2013, 23(14): 1169-1183.

[47] Hubbard R G, and Palia D. A reexamination of the conglomerate merger wave in the 1960s: an internal capital markets view[J]. *The Journal of Finance*, 1999, 54(3): 1131-1152.

[48] Jabbour C J C, and Santos F C A. The central role of human resource management in the search for sustainable organizations[J]. *The International Journal of Human Resource Management*, 2008, 19(12): 2133-2154.

[49] Jack S L, and Anderson A R. The effects of embeddedness on the entrepreneurial process[J]. *Journal of Business Venturing*, 2002, 17(5): 467-487.

[50] Jensen M C, and Meckling W H. Theory of the firm: managerial behavior, agency costs and ownership structure[J]. *Journal of Financial Economics*, 1976, 3(4): 305-360.

[51] Jha S K, Dhanaraj C, and Krishnan R T. From arbitrage to global innovation: evolution of multinational R&D in emerging markets[J]. *Management International Review*, 2018, 58(4): 633-661.

[52] Jorgenson D W. Econometric studies of investment behavior: a survey[J]. *Journal of Economic literature*, 1971, 9(4): 1111-1147.

[53] Keim G, and Baysinger B. The efficacy of business political activity: competitive considerations in a principal-agent context[J]. *Journal of Management*, 1988, 14(2): 163-180.

[54] Kirzner I M. *Competition and entrepreneurship*[M]. Chicago: University of Chicago Press, 2015.

[55] Knack S, and Keefer P. Does social capital have an economic payoff? a cross-country investigation[J]. *The Quarterly Journal of Economics*, 1997, 112(4): 1251-1288.

[56] Koyck L M. *Distributed lags and investment analysis*[M]. Amsterdam: North-Holland Publishing Company, 1954.

[57] Kydland F E, and Prescott E C. Rules rather than discretion: the inconsistency of optimal plans[J]. *Journal of Political Economy*, 1977, 85(3): 473-491.

[58] La Porta R, Lopez-de-Silanes F, Shleifer A and Vishny R.

Investor protection and corporate valuation[J]. *The Journal of Finance*, 2002, 57(3): 1147-1170.

[59] Larson A. Network dyads in entrepreneurial settings: a study of the governance of exchange relationships[J]. *Administrative Science Quarterly*, 1992, 37(1): 76-104.

[60] Leiter A M, Parolini A, and Winner H. Environmental regulation and investment: evidence from european industries [J]. *Ecological Economics*, 2011, 70(4):759-770.

[61] Lu G, and Shang G. Impact of supply base structural complexity on financial performance: roles of visible and not-so-visible characteristics[J]. *Journal of Operations Management*, 2017, 53: 23-44.

[62] Lucas Jr R E, and Prescott E C. Investment under uncertainty[J]. *Econometrica: Journal of the Econometric Society*, 1971, 39(5): 659-681.

[63] March J G, and Olsen J P. *Rediscovering Institutions* [M]. New York: Simon and Schuster, 2010.

[64] Marrone J A, Tesluk P E, and Carson J B. A multilevel investigation of antecedents and consequences of team member boundary-spanning behavior[J]. *Academy of Management Journal*, 2007, 50(6): 1423-1439.

[65] Marrone J A. Team boundary spanning: a multilevel review of past research and proposals for the future[J]. *Journal of Management*, 2010, 36(4): 911-940.

[66] Maxwell J W, and Decker C S. Voluntary environmental investment and responsive regulation[J]. *Environmental and Resource Economics*, 2006, 33(4):425-439.

[67] Mertzanis C. Financial supervision structure, decentralized decision-making and financing constraints [J]. *Journal of Economic Behavior and Organization*, 2020, 174: 13-37.

[68] Meyer J W, and Rowan B. Institutionalized organizations: formal structure as myth and ceremony[J]. *American Journal of Sociology*, 1977, 83(2): 340-363.

[69] Modigliani F, and Miller M H. Corporate income taxes and the

cost of capital: a correction[J]. *The American Economic Review*, 1963, 53(3): 433-443.

[70] Modigliani F, and Miller M H. The cost of capital, corporation finance and the theory of investment [J]. *The American Economic Review*, 1958, 48(3): 261-297.

[71] Mokyr J. Intellectual property rights, the industrial revolution, and the beginnings of modern economic growth[J]. *American Economic Review*, 2009, 99(2): 349-55.

[72] Mowery D C, Oxley J E, and Silverman B S. Strategic alliances and interfirm knowledge transfer[J]. *Strategic Management Journal*, 1996, 17(S2): 77-91.

[73] Mussa M. External and internal adjustment costs and the theory of aggregate and firm investment[J]. *Economica*, 1977, 44(174): 163-178.

[74] Navarro P. Why do corporations give to charity? [J]. *Journal of Business*, 1988: 65-93.

[75] Nickell S J. Fixed costs, employment and labour demand over the cycle[J]. *Economica*, 1978, 45(180): 329-345.

[76] North D C. *Institutions, institutional change and economic performance*[M]. Cambridge:Cambridge University Press,1990.

[77] Oh H, Labianca G, and Chung M H. A multilevel model of group social capital[J]. *Academy of Management Review*, 2006, 31(3): 569-582.

[78] Ojo J S. Looting the looters: the paradox of anti-corruption crusades in Nigeria's fourth republic (1999-2014)[J]. *Canadian Social Science*, 2016, 12(9): 1-20.

[79] Oliver C. The antecedents of deinstitutionalization [J]. *Organization Studies*, 1992, 13(4): 563-588.

[80] Oliver C. The institutional embeddedness of economic activity [J]. *Advances in Strategic Management*, 1996, 13: 163-186.

[81] Ones D S, and Dilchert S. Environmental sustainability at work: a call to action[J]. *Industrial and Organizational Psychology*,

2012, 5(4):444-466.

[82] Opper S, Wong S M L, and Ruyin H. Party power, market and private power: Chinese communist party persistence in China's listed companies[J]. *Research in Social Stratification and Mobility*, 2002, 19: 105-138.

[83] Orsato R J. Competitive environmental strategies: when does it pay to be green? [J]. *California Management Review*, 2006, 48(2): 127-143.

[84] Peng M Y P. The roles of dual networks and ties on absorptive capacity in SMEs: the complementary perspective[J]. *Total Quality Management and Business Excellence*, 2021, 33(2): 1-24.

[85] Penrose E, and Penrose E T. *The theory of the growth of the firm*[M]. Oxford: Oxford university press, 2009.

[83] Porter M E, and Linde C V D. Toward a new conception of the environment-competitiveness relationship[J]. *Journal of Economic Perspectives*, 1995, 9(4):97-118.

[87] Porter M E. How competitive forces shape strategy[J]. *International Library of Critical Writings in Economics*, 2003, 163, 59-67.

[88] Porter M E. Towards a dynamic theory of strategy[J]. *Strategic Management Journal*, 1991, 12(S2): 95-117.

[89] Portes A, and Sensenbrenner J. Embeddedness and immigration: notes on the social determinants of economic action[J]. *American Journal of Sociology*, 1993, 98(6): 1320-1350.

[90] Qian Y, and Roland G. Federalism and the soft budget constraint[J]. *American Economic Review*, 1998, 88(5): 1143-1162.

[91] Rentschler J, Bleischwitz R, and Flachenecker F. On imperfect competition and market distortions: the causes of corporate under-investment in energy and material efficiency[J]. *International Economics and Economic Policy*, 2018, 15(1): 159-183.

[92] Rothschild M. On the cost of adjustment[J]. *The Quarterly Journal of Economics*, 1971, 85(4): 605-622.

[93] Roussanov N. Diversification and its discontents: idiosyncratic

and entrepreneurial risk in the quest for social status[J]. *The Journal of Finance*, 2010, 65(5): 1755-1788.

[94] Rowley T, Behrens D, and Krackhardt D. Redundant governance structures: an analysis of structural and relational embeddedness in the steel and semiconductor industries[J]. *Strategic Management Journal*, 2000, 21(3): 369-386.

[95] Rumelt R P. Towards a strategic theory of the firm[J]. *Competitive Strategic Management*, 1984, 26(3): 556-570.

[96] Russo M V, and Fouts P A. A resource-based perspective on corporate environmental performance and profitability[J]. *Academy of Management Journal*, 1997, 40(3): 534-559.

[97] Saiia D H. Philanthropy and corporate citizenship: strategic philanthropy is good corporate citizenship[J]. *Journal of Corporate Citizenship*, 2001 (2): 57-74.

[98] Sargent T J. "Tobin's q" and the rate of investment in general equilibrium[A]//*Carnegie-Rochester Conference Series on Public Policy*[C]. North-Holland, 1980, 12: 107-154.

[99] Schad J, Lewis M W, Raisch S, and Smith W K. Paradox research in management science: looking back to move forward[J]. *Academy of Management Annals*, 2016, 10(1): 5-64.

[100] Scott W R, and Davis G F. *Organizations and organizing: rational, natural and open systems perspectives*[M]. New Nork: Routledge, 2015.

[101] Scott W R. The adolescence of institutional theory[J]. *Administrative Science Quarterly*, 1987: 493-511.

[102] Şeker M. Importing, exporting, and innovation in developing countries[J]. *Review of International Economics*, 2012, 20(2): 299-314.

[103] Shane P B, and Spicer B H. Market response to environmental information produced outside the firm[J]. *Accounting Review*, 1983: 521-538.

[104] Shleifer A, and Vishny R W. Management entrenchment: the case of manager-specific investments [J]. *Journal of Financial Economics*, 1989, 25(1): 123-139.

[105] Sineviciene L, and Railiene G. The nexus between government size, tax burden and private investment[J]. *Procedia-Social and Behavioral Sciences*, 2015, 213: 485-490.

[106] Stam W, Arzlanian S, and Elfring T. Social capital of entrepreneurs and small firm performance: a meta-analysis of contextual and methodological moderators[J]. *Journal of Business Venturing*, 2014, 29(1): 152-173.

[107] Sylla R. The political economy of early US financial development[J]. *Political Institutions and Financial Development*, 2005: 60-91.

[108] Teece D J, Pisano G, and Shuen A. Dynamic capabilities and strategic management[J]. *Strategic Management Journal*, 1997, 18(7): 509-533.

[109] Tobin J. A general equilibrium approach to monetary theory[J]. *Journal of Money, Credit And Banking*, 1969, 1(1): 15-29.

[110] Tuzzolino F, and Armandi B R. A need-hierarchy framework for assessing corporate social responsibility[J]. *Academy of Management Review*, 1981, 6(1): 21-28.

[111] Uhlenbruck K, Meyer K E, and Hitt M A. Organizational transformation in transition economies: resource-based and organizational learning perspectives[J]. *Journal of Management Studies*, 2003, 40(2): 257-282.

[112] Uzzi B. Social structure and competition in interfirm networks: The paradox of embeddedness[J]. *Administrative Science Quarterly*, 1997, 42(1): 35-67.

[113] Uzzi B. The sources and consequences of embeddedness for the economic performance of organizations: the network effect[J]. *American Sociological Review*, 1996, 61(4): 674-698.

[114] Von Furstenberg G M, Lovell M C, and Tobin J. Corporate investment: does market valuation matter in the aggregate?[J]. *Brookings Papers On Economic Activity*, 1977, 1977(2): 347-408.

[115] Walumbwa F O, Hartnell C A, and Misati E. Does ethical

leadership enhance group learning behavior? examining the mediating influence of group ethical conduct, justice climate, and peer justice[J]. *Journal of Business Research*, 2017, 72: 14-23.

[116] Wan Z, Huang T, and Craig B. Barriers to the development of China's shale gas industry[J]. *Journal of Cleaner Production*, 2014, 84: 818-823.

[117] Wang Q, and Chen X. China's electricity market-oriented reform: from an absolute to a relative monopoly[J]. *Energy Policy*, 2012, 51: 143-148.

[118] Wang Y, and You J. Corruption and firm growth: evidence from China[J]. *China Economic Review*, 2012, 23(2): 415-433.

[119] Wernerfelt B. A resource-based view of the firm[J]. *Strategic Management Journal*, 1984, 5(2): 171-180.

[120] Wernerfelt B. The resource-based view of the firm: ten years after[J]. *Strategic Management Journal*, 1995, 16(3): 171-174.

[121] Williamson O E. The new institutional economics: taking stock, looking ahead[J]. *Journal of Economic Literature*, 2000, 38(3): 595-613.

[122] Wood A J, Graham M, Lehdonvirta V, and Hjorth I. Networked but commodified: the (dis) embeddedness of digital labour in the gig economy[J]. *Sociology*, 2019, 53(5): 931-950.

[123] Yakubovich V, Granovetter M, and McGuire P. Electric charges: the social construction of rate systems[J]. *Theory and Society*, 2005, 34(5): 579-612.

[124] Miller S M. New classical versus neoclassical frameworks: a review of Yang[J]. *Journal of Economic Behavior and Organization*, 2004, 55(2):175-185.

[125] Zhang J, Marquis C, and Qiao K. Do political connections buffer firms from or bind firms to the government? a study of corporate charitable donations of Chinese firms[J]. *Organization Science*, 2016, 27(5): 1307-1324.

[126] Zucker L G. Institutional theories of organization[J]. *Annual*

Review of Sociology, 1987, 13(1): 443-464.

[127] Zukin S, and DiMaggio P. *Structures of capital: the social organization of the economy*[M]. Cambridge: Cambridge University Press, 1990.

[128] 安强身、颜笑笑. 民间资本异化、全要素生产率与民营实体经济高质量发展[J]. 财经科学, 2021(01): 29-39.

[129] [美]Y. 巴泽尔著, 费方域、段毅才译. 产权的经济分析[M]. 上海: 生活·读书·新知三联书店、上海人民出版社, 1997.

[130] 薄一波. 若干重大决策与事件的回顾(修订本)[M]. 北京: 人民出版社, 1997.

[131] 北京大学中国经济研究中心宏观组. 宏观政策调整与坚持市场取向[M]. 北京: 北京大学出版社, 1999.

[132] 卜长莉. 布尔迪厄对社会资本理论的先驱性研究[J]. 学习与探索, 2004(06): 35-38.

[133] 蔡伟贤、吕函枰、沈小源、陈彦辰. 疫情冲击下财税扶持政策的有效性研究——基于政策类型与中小微企业经营状况的分析[J]. 财政研究, 2021(09): 71-84.

[134] 陈昌盛、许伟、兰宗敏、江宇. "十四五"时期我国发展内外部环境研究[J]. 管理世界, 2020(10): 1-14+40.

[135] 陈传明、孙俊华. 企业家人口背景特征与多元化战略选择——基于中国上市公司面板数据的实证研究[J]. 管理世界, 2008(05): 124-133+187-188.

[136] 陈东、陈爱贞、刘志彪. 重大风险预期、企业投资与对冲机制[J]. 中国工业经济, 2021(02): 174-192.

[137] 陈东、陈建军. 产业集群高质量发展与党建工作创新[J]. 国家治理, 2019(16): 3-8.

[138] 陈东、刘志彪. 新中国70年民营经济发展: 演变历程、启示及展望[J]. 统计学报, 2020, 1(02): 83-94.

[139] 陈东、洪功翔、汪敏. 党组织建设与民营企业投资——基于全国民营企业抽样调查江苏样本的实证研究[J]. 现代经济探讨, 2017(10): 7-14+53.

[140] 陈东、邢霂、汪敏. 重大社会风险、环保投资与党组织对冲[J]. 山西财经大学学报, 2021, 43(12): 96-110.

[141] 陈东、邢霂.税收优惠与企业研发投入:内部控制的视角[J].现代经济探讨,2020(12):80-90.

[142] 陈东、邢霂.政府补贴会提升企业的投资规模和质量吗——基于国有企业和民营企业对比的视角[J].山西财经大学学报,2019,41(08):84-99.

[143] 陈东、邢霂.环境规制、党组织嵌入与企业环保投资——基于2018年全国民营企业抽样调查的分析[J].福建论坛,2022(11):37-50.

[144] 陈东、杨平宇.新时代我国产权制度改革的路径选择[J].山东财经大学学报,2019,31(5):25-35.

[145] 陈东.私营企业出资人背景、投机性投资与企业绩效[J].管理世界,2015(8):97-119+187-188.

[146] 陈光金.中国私营企业主的形成机制、地位认同和政治参与[J].黑龙江社会科学,2011(01):63-74.

[147] 陈红、张玉、刘东霞.政府补助、税收优惠与企业创新绩效——不同生命周期阶段的实证研究[J].南开管理评论,2019,22(03):187-200.

[148] 陈凌、陈华丽.家族涉入、社会情感财富与企业慈善捐赠行为——基于全国私营企业调查的实证研究[J].管理世界,2014(08):90-101+188.

[149] 陈启斐、刘志彪.生产性服务进口对我国制造业技术进步的实证分析[J].数量经济技术经济研究,2014(03):74-88.

[150] 陈秋霖、胡钰曦、傅虹桥.群体性失业对健康的短期与长期影响——来自中国20世纪90年代末下岗潮的证据[J].中国人口科学,2017(5):51-61.

[151] 陈少凌、李广众、杨海生、梁伟娟.规制性壁垒、异质不确定性与企业过度投资[J].经济研究,2021(5):162-179.

[152] 陈仕华、卢昌崇.国有企业党组织的治理参与能够有效抑制并购中的"国有资产流失"吗?[J].管理世界,2014(05):106-120.

[153] 陈维、吴世农、黄飘飘.政治关联、政府扶持与公司业绩——基于中国上市公司的实证研究[J].经济学家,2015(09):48-58.

[154] 陈享光、黄泽清.金融化、虚拟经济与实体经济的发展——兼论"脱实向虚"问题[J].中国人民大学学报,2020(05):53-65.

[155] 陈晓红、蔡思佳、汪阳洁.我国生态环境监管体系的制度变迁逻辑与启示[J].管理世界,2020(11):160-172.

[156] 陈兴、韦倩.寻租活动、行政距离与政府补助——基于上市公司数据的实证研究[J].山东大学学报,2017(04):65-72.

[157] 程博、宣扬、潘飞.国有企业党组织治理的信号传递效应——基于审计师选择的分析[J].财经研究,2017,43(03):69-80.

[158] 程建华、郭莹莹.新中国成立70年来我国民营经济发展历程、成就及经验启示[J].河北省社会主义学院学报,2019(4):36-41.

[159] 初明利、张敏.民营企业党建嵌入公司治理的思路与模式[J].天津师范大学学报,2011(01):12-16.

[160] 戴维奇、刘洋、廖明情.烙印效应:民营企业谁在"不务正业"?[J].管理世界,2016(05):99-115+187-188.

[161] 戴翔、金碚.服务贸易进口技术含量与中国工业经济发展方式转变[J].管理世界,2013(09):21-31+54+187.

[162] 戴亦一、潘越、冯舒.中国企业的慈善捐赠是一种"政治献金"吗?——来自市委书记更替的证据[J].经济研究,2014(02):74-86.

[163] 戴长征、黄金铮.比较视野下中美慈善组织治理研究[J].中国行政管理,2015(02):141-148.

[164] 党力、杨瑞龙、杨继东.反腐败与企业创新:基于政治关联的解释[J].中国工业经济,2015(07):146-160.

[165] [美]道格拉斯·C.诺斯著,刘守英译.制度、制度变迁与经济绩效[M].上海:生活·读书·新知三联书店,1994.

[166] 邓凌.构建"亲""清"新型政商关系:症结与出路[J].中央社会主义学院学报,2016(04):67-70.

[167] 邓路、谢志华、李思飞.民间金融、制度环境与地区经济增长[J].管理世界,2014(03):31-40+187.

[168] 邓新明.我国民营企业政治关联、多元化战略与公司绩效[J].南开管理评论,2011,14(04):4-15+68.

[169] 丁俊萍.党的领导是中国特色社会主义最本质的特征和最大优势[J].红旗文稿,2017(01):15-17.

[170] 董志强、魏下海.党组织在民营企业中的积极作用——以职工权益保护为例的经验研究[J].经济学动态,2018(1):14-26.

[171] 窦超、王乔菀、陈晓.政府背景客户关系能否缓解民营企业融资约束?[J].财经研究,2020(11):49-63+168.

[172] 段姝、杨彬.财政补贴与税收优惠的创新激励效应研究——来自民营科技型企业规模与生命周期的诠释[J].科技进步与对策,2020,37(16):120-127.

[173] 樊纲、王小鲁、朱恒鹏.中国市场化指数:各地区市场化相对进程2011年报告[M].北京:经济科学出版社,2011.

[174] 樊建锋、赵秋茹、田志龙.危机情境下的企业社会责任保险效应与挽回效应研究[J].管理学报,2020,17(05):746-754.

[175] 范晓光、吕鹏.中国私营企业主的"盖茨比悖论"——地位认同的变迁及其形成[J].社会学研究,2018(6):62-82.

[176] 范子英、田彬彬.政企合谋与企业逃税:来自国税局长异地交流的证据[J].经济学,2016,15(04):1303-1328.

[177] 冯庆元.中国民营企业产权保护:理论逻辑与制度完善[D].成都:西南财经大学,2021.

[178] 付佳迪、高红波.积极分子与政治结构的稳定性——基于非公党建行动者策略的考察[J].社会主义研究,2016(06):109-117.

[179] 高菠阳、尉翔宇、黄志基、冯锐、刘卫东.企业异质性与中国对外直接投资——基于中国微观企业数据的研究[J].经济地理,2019,39(10):130-138.

[180] 高德步.中国民营经济的发展历程[J].行政管理改革,2018(9):40-47.

[181] 高红波、邱观建.共产党支部:非公有制企业的一种政治资源[J].社会主义研究,2012(01):76-79.

[182] 高勇强、何晓斌、李路路.民营企业家社会身份、经济条件与企业慈善捐赠[J].经济研究,2011(12):111-123.

[183] 高云龙主编,徐乐江主审.中国民营经济发展报告No.15(2017-2018)[M].北京:中华工商联合出版社,2019.

[184] 高云龙、徐乐江主编.中国民营企业社会责任报告(2018)[M].北京:社会科学文献出版社,2018.

[185] 高祖林.构建和谐社会:巩固党执政基础的必然要求[J].毛泽东邓小平理论研究,2004(10):26-30.

[186] 宫晓辰、孙涛、叶士华.政治关联可以提升社会组织生存能力吗?——基于收入多样性的中介效应分析[J].公共管理与政策评论,2022

(01):131-144.

[187] 龚刚、高坚、李炳念.储备型汇率制度:发行非国际货币的发展中国家(地区)之选择[J].经济研究,2012(9):4-17.

[188] 顾雷雷、黄欣桐.慈善捐赠能否促进企业绩效?[J].经济学动态,2020(12):58-73.

[189] 管考磊.亲清政商关系会影响企业创新吗——来自中国上市公司的经验证据[J].当代财经,2019(06):130-141.

[190] 郭剑花、杜兴强.政治联系、预算软约束与政府补助的配置效率——基于中国民营上市公司的经验研究[J].金融研究,2011(02):114-128.

[191] 郭劲光、高静美.网络、资源与竞争优势:一个企业社会学视角下的观点[J].中国工业经济,2003(3):79-86.

[192] 郭丽婷.社会信任、政治关联与中小企业融资[J].金融论坛,2014(04):34-42+51.

[193] 韩保江.民营经济是我国经济制度的内在要素[N].光明日报,2018-11-7(C13).

[194] 韩文秀.贯彻新发展理念构建新发展格局以高质量发展为"十四五"开好局——学习中央经济工作会议精神的几点体会[J].宏观经济管理,2021(02):1-3+21.

[195] 韩影、丁春福.建立新型政商关系亟需治理"权""利"合谋行为[J].毛泽东邓小平理论研究,2016(04):48-52+93.

[196] 何凌云、陶东杰.税收征管、制度环境与企业创新投入[J].科研管理,2020,41(09):42-50.

[197] 何晓斌、柳建坤.政治联系对民营企业经济绩效的影响研究[J].管理学报,2020,17(10):1443-1452.

[198] 何晓斌、郑刚、滕颖.民营企业家的政治关联类型与企业绩效——基于2014年全国私营企业调查数据的实证检验[J].学海,2019(06):73-81.

[199] 何轩、马骏.被动还是主动的社会行动者?——中国民营企业参与社会治理的经验性研究[J].管理世界,2018(02):34-48.

[200] 何轩、马骏.党建也是生产力——民营企业党组织建设的机制与效果研究[J].社会学研究,2018(03):1-24+242.

[201] 贺小刚、李婧、吕斐斐、邓浩.绩优企业的投机经营行为分析——来自中国上市公司的数据检验[J].中国工业经济,2015(05):110-121.

[202] 洪功翔.关于社会主义初级阶段民营经济地位和作用的理论争论[J].当代经济研究,2020(06):24-31+113.

[203] 胡迟.坚持和完善基本经济制度促进公有制经济与非公有制经济协同发展[N].光明日报,2018-2-7(C11).

[204] 胡珺、宋献中、王红建.非正式制度、家乡认同与企业环境治理[J].管理世界,2017(3):76-94+187-188.

[205] 胡绳.胡绳全书(第3卷)[M].北京:人民出版社,1998.

[206] 胡旭阳、史晋川.民营企业的政治资源与民营企业多元化投资——以中国民营企业500强为例[J].中国工业经济,2008(04):5-14.

[207] 黄宏斌、刘志远、靳光辉.投资者情绪、预算软约束预期与投资现金流敏感性[J].经济与管理研究,2014(2):56-62.

[208] 黄孟复主编,全哲洙主审.中国民营经济发展报告No.5(2007—2008)[M].北京:社会科学文献出版社,2008.

[209] 黄孟复主编.中国民营经济史·大事记[M].北京:社会科学文献出版社,2009.

[210] 黄孟复主编.中国民营经济史·纪事本末[M].北京:中华工商联合出版社,2010.

[211] 黄少卿、潘思怡、施浩.反腐败、政商关系转型与企业绩效[J].学术月刊,2018,50(12):25-40.

[212] 黄晓春.党建引领下的当代中国社会治理创新[J].中国社会科学,2021(6):116-135+206-207.

[213] 黄一松.政治关联程度、政治关联成本与企业税收优惠关系[J].江西社会科学,2018(02):50-59.

[214] 江伟、李斌.制度环境、国有产权与银行差别贷款[J].金融研究,2006(11):116-126.

[215] 姜丽群、郭昕.私营企业家主观社会地位感知对社会责任表现的影响研究——基于性别差异和企业发展环境的调节作用[J].软科学,2021,35(07):59-64.

[216] 蒋大兴.走向"政治性公司法"——党组织如何参与公司治理

[J].中南大学学报,2017,23(03):27-33.

[217]蒋冠宏.中国企业对"一带一路"沿线国家市场的进入策略[J].中国工业经济,2017(9):119-136.

[218]蒋铁柱、沈桂龙.企业党建与公司治理的融合[J].社会科学,2006(01):144-153.

[219]蒋铁柱.论企业党建与公司治理和谐发展的制度创新[J].社会科学,2007(07):31-39.

[220]焦然、温素彬、张金泉.研发影响绩效的门槛现象与企业社会责任的缓解作用研究[J].中国软科学,2020(3):110-121.

[221]金碚.牢牢把握发展实体经济这一坚实基础[J].求是,2012(07):24-26.

[222]金洪飞、陈秋羽.产学研合作与价值链低端困境破解——基于制造业企业出口国内附加值率的视角[J].财经研究,2021,47(11):94-108.

[223]李传宪、干胜道.政治关联、补贴收入与上市公司研发创新[J].科技进步与对策,2013,30(13):102-105.

[224]李广众.中国的实际利率与投资分析[J].中山大学学报,2000,40(1):89-95.

[225]李河新、姚亮.转型期提高私营企业主政治地位的现实困境及路径选择[J].东岳论丛,2013(1):44-47.

[226]李胡扬、柳学信、孔晓旭.国有企业党组织参与公司治理对企业非市场战略的影响[J].改革,2021(5):102-117.

[227]李孔岳、谢琳、宋丽红.企业家从政经历、参政身份与高壁垒行业的进入[J].学术研究,2012(12):74-79+160.

[228]李明辉、程海艳.党组织参与治理对上市公司风险承担的影响[J].经济评论,2020(05):17-31.

[229]李明辉、程海艳.党组织参与治理与企业创新——来自国有上市公司的经验证据[J].系统管理学报,2021,30(03):401-422.

[230]李青原、肖泽华.异质性环境规制工具与企业绿色创新激励——来自上市企业绿色专利的证据[J].经济研究,2020(9):192-208.

[231]李世刚、章卫东.民营企业党组织参与董事会治理的作用探讨[J].审计研究,2018(4):120-128.

[232] 李姝、谢晓嫣.民营企业的社会责任、政治关联与债务融资——来自中国资本市场的经验证据[J].南开管理评论,2014,17(06):30-40+95.

[233] 李维安、徐建、姜广省.绿色治理准则:实现人与自然的包容性发展[J].南开管理评论,2017,20(5):23-28.

[234] 李哲、王文翰、王遥.企业环境责任表现与政府补贴获取——基于文本分析的经验证据[J].财经研究,2022,48(02):78-92+108.

[235] 李拯.踏踏实实把民营经济办得更好[N].人民日报,2018-9-14(C5).

[236] 李子奈.计量经济学应用研究的总体回归模型设定[J].经济研究,2008(8):136-144.

[237] 梁季、陈少波.基于投入产出模型看新冠肺炎疫情对我国税收收入的影响——以旅游业为例[J].税务研究,2020(12):107-114.

[238] 梁莱歆、冯延超.民营企业政治关联、雇员规模与薪酬成本[J].中国工业经济,2010(10):127-137.

[239] 林丽鹂.改革开放40年全国个体工商户增长500多倍[N].人民日报,2018-12-9(C1).

[240] [美]林南著,张磊译.社会资本:关于社会结构与行动的理论[M].上海:上海人民出版社,2005.

[241] 林家彬、刘洁、项安波.中国民营企业发展报告[M].北京:社会科学文献出版社,2014.

[242] 刘贯春、张军、刘媛媛.金融资产配置、宏观经济环境与企业杠杆率[J].世界经济,2018(1):148-173.

[243] 刘鹤.必须实现高质量发展[N].人民日报,2021-11-24(06).

[244] 刘慧龙、吴联生.制度环境、所有权性质与企业实际税率[J].管理世界,2014(04):42-52.

[245] 刘建明.国家治理视域下社会矛盾的多元化解路径研究[J].探索,2015(6):173-177.

[246] 刘杰.私营企业主的角色特征及执政党政治整合的价值取向[J].理论探讨,2006(04):120-123.

[247] 刘俊、曹向.信息披露、寻租与政府补贴有效性[J].财经理论与实践,2014,35(03):92-98.

[248] 刘民权、孙波.商业地价形成机制、房地产泡沫及其治理[J].金

融研究,2009,(10):22-37.

[249] 刘长庚、王宇航、江剑平.党组织能提高企业劳动收入份额吗?——基于中国民(私)营企业调查数据的实证研究[J].上海财经大学学报,2022,24(01):16-31.

[250] 刘志彪、吴福象."一带一路"倡议下全球价值链的双重嵌入[J].中国社会科学,2018(08):17-32.

[251] 刘志彪、张杰.我国本土制造业企业出口决定因素的实证分析[J].经济研究,2009(08):99-112+159.

[252] 刘志彪.建设法治化市场营商环境的关键因素[J].中国政协,2017(1):34-35.

[253] 刘志彪.提升生产率:新常态下经济转型升级的目标与关键措施[J].审计与经济研究,2015(4):77-84.

[254] 刘志彪.振兴实体经济的战略思路和关键举措[J].新疆师范大学学报,2017,38(05):52-60.

[255] 柳学信、李胡扬、孔晓旭.党组织治理对企业ESG表现的影响研究[J].财经论丛,2022(01):100-112.

[256] 柳学信、张宇霖.大力支持民营企业发展壮大[N].人民日报,2018-11-14(C7).

[257] 卢正文、陈鹏.制度环境、客户定位与企业慈善捐赠[J].山西财经大学学报,2020,42(05):76-85.

[258] 陆浩.积极探索新形势下加强非公有制企业党建工作的有效途径[J].求是,2011(03):15-17.

[259] 陆正飞、祝继高、樊铮.银根紧缩、信贷歧视与民营上市公司投资者利益损失[J].金融研究,2009(08):124-136.

[260] 罗党论、刘晓龙.政治关系、进入壁垒与企业绩效——来自中国民营上市公司的经验证据[J].管理世界,2009(05):97-106.

[261] 罗党论、唐清泉.政治关系、社会资本与政策资源获取:来自中国民营上市公司的经验证据[J].世界经济,2009(07):84-96.

[262] 罗党论、杨玉萍.产权、政治关系与企业税负——来自中国上市公司的经验证据[J].世界经济文汇,2013(04):1-19.

[263] 罗党论、甄丽明.民营控制、政治关系与企业融资约束——基于中国民营上市公司的经验证据[J].金融研究,2008(12):164-178.

[264]罗连发、叶青青、王昇唯.党组织对企业管理效率的影响研究——基于中国企业-劳动力匹配调查数据的实证分析[J].经济评论,2021(05):17-31.

[265]罗长林、邹恒甫.预算软约束问题再讨论[J].经济学动态,2014(5):115-124.

[266]吕劲松.关于中小企业融资难、融资贵问题的思考[J].金融研究,2015(11):115-123.

[267]马骏、黄志霖、梁浚朝.党组织参与公司治理与民营企业高管腐败[J].南方经济,2021(07):105-127.

[268]马骏、罗衡军、肖宵.私营企业家地位感知与企业创新投入[J].南开管理评论,2019,22(02):142-154.

[269]马连福、王元芳、沈小秀.国有企业党组织治理、冗余雇员与高管薪酬契约[J].管理世界,2013(5):100-115+130.

[270]马连福、王元芳、沈小秀.中国国有企业党组织治理效应研究——基于"内部人控制"的视角[J].中国工业经济,2012(08):82-95.

[271]马凌远、李晓敏.民营企业家社会经济地位主观认知与个人慈善捐赠[J].统计研究,2021,38(01):105-118.

[272]梅冬州、温兴春.外部冲击、土地财政与宏观政策困境[J].经济研究,2020(05):66-82.

[273]孟宪春、张屹山、张鹤、冯叶.预算软约束、宏观杠杆率与全要素生产率[J].管理世界,2020(8):50-64.

[274]聂辉华、阮睿、沈吉.企业不确定性感知、投资决策和金融资产配置[J].世界经济,2020(6):77-98.

[275]宁吉喆.大力支持民营经济持续健康发展[J].人民论坛,2018(36):6-8.

[276]潘越、戴亦一、李财喜.政治关联与财务困境公司的政府补助——来自中国ST公司的经验证据[J].南开管理评论,2009,12(05):6-17.

[277]彭柏林、陈东利.中国特色社会主义慈善治理的经验与展望[J].伦理学研究,2021(02):30-37.

[278]彭方平、王少平.我国利率政策的微观效应——基于动态面板数据模型研究[J].管理世界,2007(1):24-29.

[279][美]小艾尔雷德·D.钱德勒著,张逸人等译.企业规模经济与

范围经济:工业资本主义的原动力[M].北京:中国社会科学出版社,1999.

[280] 全国工商联研究室编著.中国改革开放30年民营经济发展数据[M].北京:中华工商联合出版社,2010.

[281] 全哲洙.光彩事业20年历程的回顾和未来发展的努力方向[J].中国统一战线,2014(8):15-17.

[282] 任力.马克思与凯恩斯投资理论的比较[J].当代经济研究,2009(07):15-18.

[283] 沈红波、谢越、陈峥嵘.企业的环境保护、社会责任及其市场效应[J].中国工业经济,2012(1):141-151.

[284] 沈永东、应新安.行业协会商会参与社会治理的多元路径分析[J].治理研究,2020(1):16-23.

[285] 沈云锁、潘强恩主编.共产党通史(第3卷)[M].北京:人民出版社,2011.

[286] 石亚军.排除市场壁垒须推倒"五门"建构五位一体制度体系[J].中国行政管理,2014(10):6-9.

[287] 睢文娟、张慧玉、车璐.寓利于义? 企业慈善捐赠工具性的实证解析[J].中国软科学,2016(03):107-129.

[288] 孙明、吕鹏.政治吸纳与民营企业家阶层的改革信心:基于中介效应和工具变量的实证研究[J].经济社会体制比较,2019(04):92-106.

[289] 唐松、孙铮.政治关联、高管薪酬与企业未来经营绩效[J].管理世界,2014(05):93-105+187-188.

[290] 陶锋、赵锦瑜、周浩.环境规制实现了绿色技术创新的"增量提质"吗——来自环保目标责任制的证据[J].中国工业经济,2021(02):136-154.

[291] 佟延成.关于国有企业党建工作中几个重大关系的思考[J].求是,2000(08):32-34.

[292] 汪海波等.新中国工业经济史[M].北京:经济管理出版社,2017.

[293] 汪敏、陈东.民营企业融资被挤压与对国有企业的反向竞争[J].当代财经,2020(11):50-62.

[294] 汪伟、史晋川.进入壁垒与民营企业的成长——吉利集团案例研究[J].管理世界,2005(04):132-140.

[295] 王满.绿色产业打造生态文明新局面[J].中国林业产业,2014

(11):24-29.

[296] 王浦劬、汤彬.基层党组织治理权威塑造机制研究——基于 T 市 B 区社区党组织治理经验的分析[J].管理世界,2020(06):106-119.

[297] 王钦敏主编,金哲洙主审.中国民营经济发展报告 No.13(2015—2016)[M].北京:中华工商联合出版社,2017.

[298] 王曙光、冯璐、徐余江.混合所有制改革视野的国有股权、党组织与公司治理[J].改革,2019(07):27-39.

[299] 王文吉.浅谈如何将党建优势转化为企业发展力[J].学习与探索,2015(10):31-32.

[300] 王小鲁、胡李鹏、樊刚.中国分省份市场化指数报告(2021)[M].北京:社会科学文献出版社,2021.

[301] 王亚平.中国民营科技企业发展状况及政策建议[J].经济研究参考,1999(B1):10-25.

[302] 王一鸣.为民营企业发展创造更好条件[N].光明日报,2018-11-13(C11).

[303] 王永昌、尹江燕.以新发展理念引领高质量发展[N].人民日报,2018-10-12(C7).

[304] 王永丽、郑婉玉.双重角色定位下的工会跨界职能履行及作用效果分析[J].管理世界,2012(10):130-145.

[305] 王勇、李雅楠、俞海.环境规制影响加总生产率的机制和效应分析[J].世界经济,2019,42(2):97-121.

[306] 王玉鹏、李鑫.非公企业党建"有效覆盖"的现实困境及破解路径[J].中州学刊,2020(10):20-25.

[307] 王元芳、马连福.国有企业党组织能降低代理成本吗?——基于"内部人控制"的视角[J].管理评论,2014,26(10):138-151.

[308] 王正位、朱武祥.市场非有效与公司投机及过度融资[J].管理科学学报,2010,13(02):50-57.

[309] 卫兴华、谭璇.2018 年理论经济学若干热点问题研究及讨论综述[J].经济纵横,2019(1):118-128.

[310] 吴宝晶.转型期中国企业社会责任的缺失与提升机制[J].学海,2013(06):117-121.

[311] 吴家庆、瞿红.论党的领导是中国特色社会主义制度的最大优

势[J].当代世界与社会主义,2019(05):97-105.

[312] 吴潜涛、姜珂.企业履行社会责任的新时代诉求[J].伦理学研究,2018(05):124-129.

[313] 吴文锋、吴冲锋、刘晓薇.中国民营上市公司高管的政府背景与公司价值[J].经济研究,2008(07):130-141.

[314] 吴文锋、吴冲锋、芮萌.中国上市公司高管的政府背景与税收优惠[J].管理世界,2009(03):134-142.

[315] 吴跃农.论"统战性"是工商联的重要属性[J].中央社会主义学院学报,2013(6):27-32.

[316] 吴兆春、林柳琳.新中国成立70年来民营经济理论与实践的历史演进及现实启示[J].岭南学刊,2019(6):11-18.

[317] 习近平.习近平谈治国理政[M].北京:外文出版社,2017.

[318] 习近平.在民营企业座谈会上的讲话[N].人民日报,2018-11-2(C2).

[319] 肖云林.ISO9000标准在私营企业党建中的实践[J].学习月刊,2007(10):71+74.

[320] 谢东明.地方监管、垂直监管与企业环保投资——基于上市A股重污染企业的实证研究[J].会计研究,2020(11):170-186.

[321] 谢琳、李孔岳、周影辉.政治资本、人力资本与行政垄断行业进入——基于中国私营企业调查的实证研究[J].中国工业经济,2012(09):122-134.

[322] 谢卫群、方敏."万企帮万村"惠及近千万贫困人口[N].人民日报,2019-10-25(C7).

[323] 熊然、穆广园、卫平.外商撤资对东道国被投资企业出口规模的影响研究[J].世界经济研究,2023(05):120-134.

[324] 徐光伟、李剑桥、刘星.党组织嵌入对民营企业社会责任投入的影响研究——基于私营企业调查数据的分析[J].软科学,2019,33(8):26-31+38.

[325] 徐细雄、严由亮.党组织嵌入、晋升激励与员工雇佣保障——基于全国私营企业抽样调查的实证检验[J].外国经济与管理,2021,43(03):72-88.

[326] 徐志伟、殷晓蕴、王晓晨.污染企业选址与存续[J].世界经济,2020(7):122-145.

[327] 颜俊儒、魏成富.国家治理现代化视角下基层党组织功能发挥机制的完善[J].理论探讨,2016(05):134-137.

[328] 阳春花、庞绍堂.民营企业嵌入式政治参与的模式与策略:基于亲清政商关系的视域[J].江海学刊,2020(06):242-247.

[329] 阳镇、马光源、陈劲.企业家综合地位、家族涉入与企业社会责任——来自中国私营企业调查的微观证据[J].经济学动态,2021(08):101-115.

[330] 杨继生、黎娇龙.制约民营制造企业的关键因素:用工成本还是宏观税负?[J].经济研究,2018(5):103-117.

[331] 杨其静.企业成长:政治关联还是能力建设?[J].经济研究,2011(10):54-66+94.

[332] 杨瑞龙、章逸然、杨继东.制度能缓解社会冲突对企业风险承担的冲击吗?[J].经济研究,2017(8):140-154.

[333] 杨小勇、余乾申.新时代共同富裕实现与民营经济发展协同研究[J].上海财经大学学报,2022,24(01):3-15+31.

[334] 杨晔、谈毅、杨大楷.打破"玻璃门"卸掉"弹簧门"补齐"短板门"——进一步促进非公资本发展的调研报告[J].财政研究,2014(02):14-18.

[335] 叶闽慎.民营企业家社会责任观浅析[J].湖北社会科学,2015(09):96-100.

[336] 叶永卫、云锋、袁溥.经济政策不确定性、党组织参与公司治理与民营企业固定资产投资[J].经济评论,2021(05):3-16.

[337] 易开刚.群体性企业社会责任缺失的深层透视——基于责任博弈失衡的视角[J].经济理论与经济管理,2012(10):82-89.

[338] 尹智超、彭红枫、肖祖沔、王营.融资约束视角下非公有制企业的"党建红利"[J].经济评论,2021(04):3-19.

[339] 于文超、梁平汉.不确定性、营商环境与民营企业经营活力[J].中国工业经济,2019(11):136-154.

[340] 余明桂、回雅甫、潘红波.政治联系、寻租与地方政府财政补贴有效性[J].经济研究,2010(03):65-77.

[341] 余明桂、潘红波.政府干预、法治、金融发展与国有企业银行贷款[J].金融研究,2008(09):1-22.

[342] 原东良、周建、秦蓉、李建莹.私营企业创新投资:基于营商环境视角的分析[J].经济学家,2021(08):89-98.

[343] 原东良、周建.非公党建能够促进民营企业参与光彩事业吗——基于第十一次全国私营企业调查的微观数据[J].当代财经,2020(05):123-134.

[344] 张曾莲、严秋斯.土地财政、预算软约束与地方政府债务规模[J].中国土地科学,2018,32(5):45-53.

[345] 张晨、冯志轩.再工业化,还是再金融化?——危机后美国经济复苏的实质与前景[J].政治经济学评论,2016,07(06):171-189.

[346] 张敦力、李四海.社会信任、政治关系与民营企业银行贷款[J].会计研究,2012(08):17-24+96.

[347] 张宏翔、王铭槿.公众环保诉求的溢出效应——基于省际环境规制互动的视角[J].统计研究,2020,37(10):29-38.

[348] 张建君、张志学.中国民营企业家的政治战略[J].管理世界,2005(07):94-105.

[349] 张军、樊海潮、许志伟、周龙飞.GDP增速的结构性下调:官员考核机制的视角[J].经济研究,2020(05):31-48.

[350] 张莉、朱光顺、李夏洋、王贤彬.重点产业政策与地方政府的资源配置[J].中国工业经济,2017(08):63-80.

[351] 张亮亮.论科学认识"中国共产党领导是中国特色社会主义最本质的特征"的三个维度[J].社会主义研究,2018(04):69-75.

[352] 张其伟、徐家良.金砖四国慈善组织准入制度比较研究[J].经济社会体制比较,2020(04):130-139.

[353] 张琦、郑瑶、孔东民.地区环境治理压力、高管经历与企业环保投资——一项基于《环境空气质量标准(2012)》的准自然实验[J].经济研究,2019(06):183-198.

[354] 张三峰、魏下海.信息与通信技术是否降低了企业能源消耗——来自中国制造业企业调查数据的证据[J].中国工业经济,2019(02):155-173.

[355] 张志勇.民营企业四十年[M].北京:经济日报出版社,2019.

[356] 章高荣.组织同构与治理嵌入:党建何以促进私营企业发展——以D市J科技园企业党建为例[J].经济社会体制比较,2019(06):53-61.

[357] 赵璨、王竹泉、杨德明、曹伟.企业迎合行为与政府补贴绩效研究——基于企业不同盈利状况的分析[J].中国工业经济,2015(07):130-145.

[358] 赵军.权力依赖型企业生存模式与腐败犯罪治理——以民营企业行贿犯罪为中心[J].江西社会科学,2019(05):184-192.

[359] 赵文军、于津平.贸易开放、FDI 与中国工业经济增长方式——基于30个工业行业数据的实证研究[J].经济研究,2012(08):18-31.

[360] 郑登津、谢德仁、袁薇.民营企业党组织影响力与盈余管理[J].会计研究,2020(05):62-79.

[361] 郑登津、袁薇、邓祎璐.党组织嵌入与民营企业财务违规[J].管理评论,2020,32(08):228-243+253.

[362] 郑长忠.党建工作与非公企业有机融合的逻辑、空间与机制[J].毛泽东邓小平理论研究,2019(11):75-80+108.

[363] 郑小碧、庞春、刘俊哲.数字经济时代的外包转型与经济高质量发展——分工演进的超边际分析[J].中国工业经济,2020(07):117-135.

[364] 中共中央党史研究室.中国共产党的九十年——改革开放和社会主义现代化建设新时期[M].北京:中共党史出版社,2016.

[365] 中共中央 国务院关于营造更好发展环境支持民营企业改革发展的意见[M].北京:人民出版社,2019.

[366] 中共中央文献研究室编.建国以来重要文献选编(第一册)[M].北京:中央文献出版社,1992.

[367] 中共中央文献研究室编.十四大以来重要文献选编(上)[M].北京:人民出版社,1996.

[368] 中国人民大学中国宏观经济分析与预测课题组.2018—2019年中国宏观经济报告——改革开放新征程中的中国宏观经济[J].经济理论与经济管理,2019(01):4-26.

[369] 中国社会科学院,中央档案馆编.中华人民共和国经济档案资料选编·综合卷(1949—1952)[M].北京:中国城市经济社会出版社,1990.

[370] 中国社会科学院,中央档案馆编.中华人民共和国经济档案资料选编·工商体制卷(1949—1952)[M].北京:中国社会科学出版社,1993.

[371] 中华全国工商业联合会研究室编著.中国私营企业调查(2008—2028)[M].北京:中华工商联合出版社,2019.

[372] 钟伟、宛圆渊.预算软约束和金融危机理论的微观建构[J].经济研究,2001(8):44-52.

[373] 周海江.现代企业制度的中国化研究[D].北京:中国社会科学院研究生院,2014.

[374] 周林彬、李胜兰.我国民营企业产权法律保护思路刍议——一种法律经济学的观点[J].制度经济学研究,2003(2):34-50.

[375] 周晓红.促进民间投资和提高实体经济投资回报率[J].江苏行政学院学报,2017(03):52-57.

[376] 朱斌、苗大雷、王修晓.控制与合法化——中国私营企业建立党组织的机制分析[J].社会学研究,2021(03):71-90+227.

[377] 朱光明、李蕾.企业家慈善公益意识研究[J].中国特色社会主义研究,2015(04):91-96.

[378] 朱世武、陈健恒.利用均衡利率模型对浮动利率债券定价[J].世界经济,2005(02):48-59.

[379] 朱妍.民营企业营商环境的现状特征、变迁趋势与影响因素——基于第十三次中国私营企业调查数据[J].统一战线学研究,2019,03(02):48-61.

[380] 朱忠明、祝健等.社会责任投资——一种基于社会责任理念的新型投资模式[M].北京:中国发展出版社,2010.

[381] 祝灵君.社会资本与政党领导:一个政党社会学研究框架的尝试[M].北京:中央编译出版社,2010.

[382] 庄聪生.中国民营经济四十年[M].北京:民主与建设出版社,2018.

[383] 庄新霞、欧忠辉、周小亮、朱祖平.风险投资与上市企业创新投入:产权属性和制度环境的调节[J].科研管理,2017,38(11):48-56.

[384] 邹东涛、欧阳日辉等.新中国经济发展60年(1949—2009)[M].北京:人民出版社,2009.